私人财富管理

理论与实务

魏小军 刘宁辉 何永萍 程宇 张海涛 宋词 主编

企业管理出版社

图书在版编目（CIP）数据

私人财富管理理论与实务 / 魏小军等主编. —— 北京：企业管理出版社，2020.12

ISBN 978-7-5164-2273-1

Ⅰ. ①私… Ⅱ. ①魏… Ⅲ. ①私人投资—基本知识 Ⅳ. ①F830.59

中国版本图书馆 CIP 数据核字（2020）第 203409 号

书　　名：	私人财富管理理论与实务
作　　者：	魏小军　刘宁辉　何永萍　程宇　张海涛　宋词
选题策划：	周灵均
责任编辑：	张羿　周灵均
书　　号：	ISBN 978-7-5164-2273-1
出版发行：	企业管理出版社
地　　址：	北京市海淀区紫竹院南路 17 号　　邮编：100048
网　　址：	http://www.emph.cn
电　　话：	编辑部（010）68456991　　发行部（010）68701073
电子信箱：	emph003@sina.cn
印　　刷：	涞水建良印刷有限公司
经　　销：	新华书店
规　　格：	170 毫米 ×240 毫米　　16 开本　　32 印张　　520 千字
版　　次：	2020 年 12 月第 1 版　2020 年 12 月第 1 次印刷
定　　价：	138.00 元

版权所有　翻印必究・印装错误　负责调换

PWM 教材编写委员会

主　编　魏小军　刘宁辉　何永萍　程　宇　张海涛　宋　词
副主编　祝忠火　王薇娜　蔡绍辉　王常栋　陈　岳　王见洋
编　委　陈云之　赵箭冰　刘伟渊　马　颖　秦蔚敏　刘金涛
　　　　　李雪梅　李银华　朱　剑　常　亮　姜文钢　任智健
　　　　　白定球　李　露　庄荣华　陶　林　苏吉瑜　薛丽琴
　　　　　宁淑娟　龚桂华　张正广　张　弛　唐亚妮　梁姝霞
　　　　　金培荣　程馨瑶

主编介绍

　　魏小军　民商法学（家事）博士。杭州师范大学法学院财富传承法律研究中心主任，大成律师事务所高级顾问，国际注册高级私人财富管理师（SPWM），杭州仲裁委员会金融院资深仲裁员，杭州市律师协会家事专业委员会主任。曾在政府经济部门工作六年并有十几年律师执业经验，担任多家驰名金融机构的家族财富管理法律顾问。

　　刘宁辉　光大银行深圳分行私人银行部原负责人，国际注册高级私人财富管理师（SPWM）。深圳市金融学会多项私人银行重点课题牵头人或主要参与者。《零售银行》杂志年度作者，胡润百富"TOP100中国金牌理财师"。

何永萍　北京市京师律师事务所合伙人，财富传承部主任。国家婚姻家庭咨询师、国际注册高级私人财富管理师（SPWM），北京市律师协会婚姻与家庭法律专业委员会委员，北海国际仲裁院仲裁员。专注于婚姻家事、私人财富管理与传承，其研发的"高端私人财富保护及传承"服务模式深受高净值人士欢迎。

程宇　北京大成律师事务所高级合伙人，国际注册高级私人财富管理师（SPWM）。1994年毕业于西南政法大学法律系法学专业，1997年专职从事律师工作，深耕于民营企业及企业家综合法律风险防范服务领域，在民商事纠纷的诉讼解决方面有着丰富的经验。

序 一

法律和经济交融下的财富管理理念与技术

私人财富管理，古已有之。中国语境中的"经济"本意为"经世济民"，与之对应的英文"economy"，源自古希腊语"οικονομα"，最初的意义即为家政管理技术。从这个意义上说，私人财富的管理源远流长。

现代社会的变迁使财产管理的理念和技术发生了沧桑巨变。财富管理的主体从名公巨卿、富商蓄贾走向贩夫走卒、凡夫俗子；财富管理方式从单一走向多元，甚至令人眼花缭乱；财富专业管理机构也从无到有，遍地开花。

根据中国银行业协会发布的《中国私人银行行业发展报告》，截至2017年第一季度末，中国银行业协会私人银行业务专业委员会19家成员单位服务的高净值客户已达到61万户，同比增长19%；管理资产近9万亿元，同比增长26%。这表明我国社会存在巨大的财富专业管理需求。

现代财富管理最重要的特征是它必须在法律框架下进行，法律也刷新了财富管理的理念，为财富管理提供了现代法律工具。财富管理的根本理念在于财产传承和财富增值。对前者，法律提供了信托、保险等手段；对后者，法律提供了各种合同规则，裨益财富在流通中增值保值。然而，令人遗憾的是，我国有关财富管理的作品主要是从经济角度阐述的，历来缺乏在法律框架下如何进行财富管理的作品，更遑论法律和经济结合视角下阐释私人财富管理的作品。

《私人财富管理理论与实务》在很大程度上弥补了这一缺陷，在法律和经济双重框架下分析私人财富管理。本书具有如下突出的优点。

一是实操性强。本书详细介绍了私人财富管理的各种方式和手段，如私人财富管理的流程、管理的工具、资产配置与组合管理、私人财富管理与境内境外税务筹划等。详细阐述了应如何在现行法律框架下使用这些工具。其中既包括主要适用于高净值人群的境外理财产品、信托等方式，也包括每个人都会遇到的婚姻家庭财富的管理方式。更重要的是，它对这些工具做了巨细无遗的解读，读者可按图索骥寻求适合自己的财富管理方式。此外，它还涉及财富管理的投资、融资、法律、税务、养老、慈善等各类复杂问题。

二是中西结合。在全球化的今天，任何国家的经济运行都无法不与他国发生联系。财富的流通同样如此。近年来，国人通过海外财富管理机构管理财产的，不在少数。财富管理和财富传承也存在源于社会土壤的差异，不可能存在完全相同的财富管理和传承工具，即使是相同的工具如信托或保险，在不同社会语境中，其功能也可能存在差异，甚至是较大差异。因此，本书虽然以中国法律为基础，但同时也参酌了海外的投资手段。

值得一提的是，本书诞生于《中华人民共和国民法典》（以下简称《民法典》）颁行之际。本书也按照《民法典》撰写。在成文法系国家，《民法典》作为市民社会的基本法，甚或具有民族史诗般的意义。它是生活的圣经，规范日常涓滴，含蕴民族精神；它是权利宣言书，护持权利，照拂人生；它是市场的规则，兴生财利，沟通有无；它是政治文明的助推器，厘定公私，遏制滥权。《民法典》的真正践行，必将全面释放社会的活力和个体的能量，从而民殷国强。在一个"民法社会"中，可以期待的是，私人财富的传承和增值保值将成为一项基业长青的事业。

谢鸿飞
中国法学会民法学研究会副会长
中国社会科学院法学研究所民法室主任
2020年10月

序 二

财富管理"知"与"行"

在很多人的生活中,对财富管理这件事的定位很模糊。最常见的情景就是,有的人买件衣服都会做比较,谈价格,而在投资上,却会跟着一个小道消息就把数十万元,甚至数百万元的资金投入某只股票上去,这类投资决策的结果可想而知。这种场景反映出来的是很多人对财富目标预期的高估,以及对财富管理背后深刻逻辑的低估。

财富管理是一套实践性的知识体系,就像我们小时候从来没有刻意训练过,不知不觉中就学会了灵活地使用筷子。二者重大的区别在于:使用筷子不需要复杂的理论体系,其结果也直观可控;而财富管理恰恰相反,其背后有着深刻的财富逻辑,结果也充满不确定性。于是,现实中各种简化了中间过程,只将结果呈现在众人面前的财富故事、案例或者新闻报道,在普及了一些基本财富概念的同时,一定程度上也带来了不少的认知偏差,将复杂的财富管理概括成为某些因素之间简单的因果关系。例如,"资产配置"这个概念应该说已经得到了广泛普及,也是一个大众耳熟能详的词语,但多数人对"资产配置"的理解还局限在"鸡蛋不要放在一个篮子里"这样的维度,并遵循这样的认知进行了资产的分散。事实上,对"资产配置"更深刻的理解在于资产还需要进行组合和对冲,在这个框架下,决定整个配置的风险不再是单个资产价格的起伏涨跌,而是组合中资产与资产之间的相关性,单个资产的波动会被其他资产平衡掉,对风险没有影响,人们只需要关心资产之间的相关性有没有发生变化,而不需要关注单个资产的涨跌。但是,现实中绝大部分人的意识里还是把它们分开处理,总在关注某个资产亏了,某个资产赚了,亏的资产总是关心它能不能涨回来,而忽略了"这个配置组合的整体其实是赚的"这个重要的、根本的逻辑和结果,进而影响自己的后续决策,没有达到平衡风险的目的。

类似的情形还有很多，例如税收问题，财富管理领域里税的筹划不仅仅在于在合法合规的范围内避免多缴税误缴税，更在于在全球化背景下，一个人的税务身份就决定了其所有其他的财富逻辑。再如关于婚姻财产规划，它所解决的问题不仅仅是婚姻关系中个人财富的区划与分割，更在于在现行的法律体系下，如何更好地规划私人财富，实现财富的有效控制，最终实现"我的幸福我做主，我的财富我做主"，而这些普通的愿望想要最终成为现实，并不是件容易的事。再如关于大额保单，风险保障与风险对冲仅仅是它基础的、表面的功能，其作用还在于其作为一种法律架构和合同架构，更应该成为人们主动选择的一种财富存放形式，进而帮助财富主人达到财富的安全、隔离、转移、复利等复杂诉求；与此类似，家族信托的作用也在于在相应法律体系的保护下，通过对信托架构的精妙构建，实现企业财富与家业财富等的所有权、控制权、经营权、收益权的复杂组合和过程管理，从而将财富管理的范畴从一代人的时间维度上延长到家族的基业长青。

历尽千帆之后，我们常常会感叹：财富管理，知之不易！但其实，财富管理还面临着另外一个挑战——行之甚难。

财富管理在实务层面也面临着众多的挑战。例如从事后来看，很多人的股市投资都呈现出倒金字塔形投入、金字塔形卖出的规律，也就是在投入阶段，投资者往往是随着股价的上涨不断加大投入，导致最后的成本高企，很难对抗股价的波动；而在卖出阶段，大部分人担心到手的盈利又飞了，在股价上涨初期可能就卖出了大量的仓位，在股价高点时已经没有太多的筹码了，错失了牛市牛股的机会，而这也是专业领域里常说的"投资是反人性的"这句话的典型例子。再如在任何一个时点面对任何一项资产的时候，我们的目光看得是否足够长远，也深刻地影响着我们对资产的价值判断和后续的财富管理安排。再如作为财富的主人，我们都希望财富的分配和流动能遵循自己的意愿，但实际上，在财富的所有权和控制权之间存在着巨大的博弈空间，而当关于财富的争端升起的时候，人们才会留意到财富关系的底层实际上都是法律关系……所以，在现实的场景中，一位财富人士所能拿到的财富管理方案，是看起来富丽堂皇但又似是而非，还是能够化繁为简直达核心，其中的高低优劣其实并没有那么容易区分。

毫无疑问，过去这十年，中国的财富管理行业已经取得了巨大的进步，但从某种角度而言，整个市场仍然处于初级的阶段，我们所说的"知之不易"与"行之甚难"也大多来源于此，财富管理众多的领先理念和方法与市场实践之间，还隔着深深的沟壑。好在本书的几位作者都是身处中国财富管理一线的人士，他们或来自银行、信托等行业，或从业于税务、律所等机构，他们不一定是广为人知的名人，但他们一定是最接地气的实践者，而这恰恰是他们最大的优势。他们通过各自的实务工作，一方面对市场与客户的需求痛点有着深刻的体验，另一方面也对理论与实践之间的沟壑有着敏锐的了解，这些特点与本书的定位是如此的一致。注重实务，关注财富管理发展进程中当下最需要解决的断层与沟壑，就是本书最鲜明的特点与定位。由此，本书的编撰也成了这些凝聚在一起的作者从另一个维度再次实践自己的理念和经验的最佳契机，他们那些超越了条条框框、对微妙之处细致把握的实务经验，是在所有的其他书籍中都找寻不到的，这就是一线实践者最大的价值。

对于我们的读者，无论是财富行业的从业者，如银行的理财经理、证券公司的财富师、保险公司的代理人、转型家事领域的律师和税务师，还是直接的财富所有者，如企业家、职业金领、中产人士、职业投资者等，最需要的就是明确财富管理这件事在自己生活中应有的定位，那就是：财富管理是一件虽然不紧急，但是影响深远、无比重要的事情，每一个事关财富管理的决策，都应该是在谨慎、周密、客观、平衡的前提下做出的；而要具备这样的能力，唯一的捷径就是学习，通过学习来打通我们对财富管理的"知"与"行"。

愿诸君开卷有益。

王绪瑾
教授、博士研究生导师
北京工商大学保险研究中心主任
2020年11月

目录 CONTENTS

第一部分　新时代下的婚姻家庭财富规划

第一章　私人财富风险 ………………………………………… 2
第二章　婚姻家庭财富规划的重要意义 ……………………… 4
第三章　婚姻家庭财富的界定和分类 ………………………… 6
　一、婚姻家庭财富中的夫妻共同财产 ……………………… 7
　二、关于夫妻共同债务 ……………………………………… 9
　三、对于夫妻之间订立借款协议的处理 …………………… 10
　四、夫妻共同债务的清偿 …………………………………… 10
第四章　婚姻家庭财富的风险预防 …………………………… 12
　一、个人财产和夫妻共同财产的隔离 ……………………… 12
　二、夫妻财产和家庭财产的隔离 …………………………… 12
　三、家庭财产和公司财产的隔离 …………………………… 13
　四、忠诚协议的效力 ………………………………………… 18
第五章　婚姻家庭财富的传承 ………………………………… 20
　一、遗嘱 ……………………………………………………… 20
　二、保险 ……………………………………………………… 22
　三、家族信托 ………………………………………………… 22

第六章　夫妻离婚时家庭财富的处理 ··· 24
　　一、夫妻财产分割的原则 ··· 24
　　二、不同形式财产的分割 ··· 27
第七章　夫妻离婚子女抚养问题 ··· 61
　　一、子女抚养的确定 ··· 61
　　二、非法代孕引发的子女抚养权的纠纷 ································· 65
第八章　夫妻赠与子女财产的效力 ··· 67
第九章　收养与成人监护 ·· 69

第二部分　保险在财富管理中的运用

第十章　保险概述 ·· 72
　第一节　保险的起源 ·· 72
　　一、保险的萌芽 ·· 72
　　二、人身保险的起源和发展 ··· 73
　　三、中国近代保险的兴起 ·· 74
　第二节　人身保险的分类 ··· 75
　　一、健康保险 ·· 76
　　二、意外伤害保险 ··· 77
　　三、人寿保险 ·· 78
第十一章　人身保险的法律架构 ·· 79
　第一节　投保人的权利义务 ·· 80
　　一、按约缴纳保费的义务 ·· 81
　　二、如实告知的义务 ··· 81
　　三、保费豁免权 ·· 82
　　四、指定受益人的权利 ·· 82

五、解除保险合同的权利 ·················· 82
　第二节　被保险人的权利义务 ················ 82
　　一、有权决定保险合同是否有效 ············· 83
　　二、有权决定受益人及受益份额 ············· 83
　　三、享有保险金受益权 ·················· 83
　　四、如实告知义务 ···················· 83
　第三节　身故受益人的权利 ················· 84
　第四节　保险法基本原则 ·················· 85
　　一、保险利益原则 ···················· 85
　　二、最大诚信原则 ···················· 87
　第五节　保单现金价值 ··················· 89
　　一、保单现金价值简介 ·················· 89
　　二、保单现金价值的归属 ················· 90
　　三、退还保单现金价值的法定情形 ············ 91
　第六节　人身保险合同的变更 ················ 91
　　一、投保人的变更 ···················· 91
　　二、被保险人的变更 ··················· 92
　　三、受益人的变更 ···················· 92
　　四、其他条款的变更 ··················· 92
　　五、人身保险合同内容变更的方式 ············ 92
　小　结 ··························· 93

第十二章　人身保险与婚姻财富保护 ·············· 94
　第一节　婚姻财富管理的重要性 ··············· 95
　　一、离婚导致巨额财产分割 ················ 95
　　二、离婚导致背负巨额债务 ················ 98
　第二节　夫妻共同财产和共同债务的界定 ··········· 101
　　一、夫妻共同财产的界定 ················· 101
　　二、夫妻共同债务的承担 ················· 104
　　三、婚姻财富管理的立场和方法 ·············· 104

— III —

第三节　大额人寿保险在婚姻财富管理中的应用 …………… 105
　　一、人寿保险与婚内财产个人化 …………………………… 106
　　二、人寿保险如何隔离婚前婚后财产 ……………………… 108
　　三、人寿保单如何避免离婚时被分割 ……………………… 109

第十三章　大额保险与债务隔离 …………………………… 111
第一节　债务隔离的正当性 ………………………………… 111
第二节　债务隔离的必要性 ………………………………… 112
第三节　人寿保险可以隔离债务吗 ………………………… 114
　　一、人寿保险可以对抗债权人代位求偿权吗 ……………… 115
　　二、人寿保险是否可以被强制执行 ………………………… 117
第四节　人寿保险与债务隔离 ……………………………… 122
　　一、人寿保险可以有效隔离被保险人生前债务 …………… 122
　　二、借助保单结构设计隔离当下债务 ……………………… 124

第十四章　人寿保险与家族财富传承 ……………………… 127
第一节　财富传承常见问题 ………………………………… 128
　　一、遗产未经梳理，留给后人的难题 ……………………… 130
　　二、不合理家规引发的法律问题 …………………………… 130
　　三、生前没有立遗嘱，身后引发争议诉讼 ………………… 130
　　四、遗产保管人和执行人 …………………………………… 131
第二节　家族财富传承解决方案 …………………………… 131
　　一、树立财富传承规划 ……………………………………… 131
　　二、梳理传承财产 …………………………………………… 133
　　三、综合运用传承工具 ……………………………………… 134
第三节　财富传承工具介绍 ………………………………… 134
　　一、遗嘱继承 ………………………………………………… 134
　　二、生前赠与 ………………………………………………… 140
　　三、家族信托 ………………………………………………… 142
　　四、人寿保险 ………………………………………………… 143

第四节　人寿保险在财富传承中的功效 ……………………………… 143
　　一、风险隔离功效 …………………………………………………… 143
　　二、保值增值功效 …………………………………………………… 144
　　三、税务筹划功效 …………………………………………………… 144
　　四、定向给付功效 …………………………………………………… 145
第五节　人寿保单杠杆融资的运用 ……………………………………… 147
　　一、保单质押贷款 …………………………………………………… 147
　　二、保费融资 ………………………………………………………… 149
第六节　各类传承工具的综合运用 ……………………………………… 150

第十五章　境外保险与CRS ………………………………………………… 153
第一节　境外人身保险简介 ……………………………………………… 154
　　一、中国香港保险 …………………………………………………… 154
　　二、新加坡保险 ……………………………………………………… 157
　　三、美国保险 ………………………………………………………… 158
第二节　人寿保险与CRS ………………………………………………… 161
小　结 ……………………………………………………………………… 166

第三部分　家族信托实务操作

第十六章　家族信托概述 …………………………………………………… 170
第一节　信托的概念 ……………………………………………………… 170
　　一、英美法系下的信托定义 ………………………………………… 170
　　二、大陆法系下的信托定义 ………………………………………… 171
　　三、国际公约对信托的定义 ………………………………………… 171
　　四、我国信托法的定义 ……………………………………………… 172

第二节　家族信托的概念及特征 …… 173
一、家族信托的概念 …… 173
二、家族信托的特征 …… 174

第三节　国内外家族信托的发展 …… 176
一、英美法系家族信托的发展 …… 176
二、大陆法系家族信托的发展 …… 177
三、我国家族信托的发展 …… 178

第四节　家族信托的分类 …… 181
一、按信托设立地分类 …… 181
二、按信托生效时间分类 …… 181
三、按是否可由委托人任意终止分类 …… 182
四、按受托人在信托利益分配中的地位分类 …… 182
五、按信托主要内容分类 …… 183
六、按委托人的数量分类 …… 184
七、按信托财产类型分类 …… 185

第十七章　家族信托的设立、治理与终止 …… 186
第一节　家族信托的设立 …… 186
一、家族信托设立的实质要求 …… 187
二、家族信托设立的形式要求 …… 191

第二节　家族信托的治理 …… 195
一、家族信托的治理架构 …… 195
二、委托人的权利 …… 196
三、受托人在家族信托中的地位 …… 198
四、受益人的权利 …… 201
五、信托监察人 …… 203

第三节　家族信托的变更与终止 …… 204
一、家族信托的变更 …… 205
二、家族信托的终止 …… 207

第十八章 家族信托财产 ……………………………………… 212

第一节 家族信托财产概述 …………………………… 212
一、信托财产的地位 …………………………… 212
二、信托财产的种类 …………………………… 213
三、信托财产的独立性 ………………………… 214

第二节 资金家族信托 ………………………………… 216
一、资金家族信托的概念 ……………………… 216
二、资金家族信托的特点 ……………………… 216
三、资金家族信托的设立 ……………………… 217

第三节 股权家族信托 ………………………………… 219
一、股权家族信托概述 ………………………… 219
二、股权家族信托的登记公示 ………………… 220
三、设立股权家族信托面临的其他问题 ……… 222
四、离岸股权家族信托 ………………………… 224

第四节 不动产家族信托 ……………………………… 225
一、不动产家族信托的概念和种类 …………… 225
二、不动产家族信托的特点 …………………… 226
三、不动产家族信托的设立 …………………… 227
四、不动产家族信托的管理 …………………… 229

第五节 保险金家族信托 ……………………………… 231
一、保险金家族信托概述 ……………………… 231
二、保险金家族信托的模式 …………………… 233
三、保险金家族信托的设立 …………………… 234
四、保险金家族信托的几个问题 ……………… 236
五、保险金家族信托的发展趋势 ……………… 237

第十九章 家族信托的功能 …………………………………… 238

第一节 家族信托的功能概述 ………………………… 238
一、家族信托的功能分类 ……………………… 238
二、家族信托与其他财富管理工具的功能比较 ……241

第二节　家族信托与财富传承 246
一、家族信托架构下的财富传承 246
二、财富传承的多样化目标与信托设置 247
三、家族信托与家族企业传承 248

第三节　家族信托与债务隔离 250
一、与委托人的债务隔离 250
二、与受托人的债务隔离 252
三、与受益人的债务隔离 253

第四节　家族信托与婚姻财富管理 254
一、家族信托与婚前财富保障 255
二、家族信托与婚内财富保全 256
三、家族信托与离婚财产分割 257

第五节　家族信托与税 258
一、委托人将自有财产转移至家族信托过程中的税 259
二、家族信托存续阶段的税收问题 261

第四部分　高净值人士涉税问题及应对策略

第二十章　高净值人士常见避税手段的税法评价 264

第一节　利用两套账避税 264
一、定义 264
二、主要目的 264
三、法律风险 265
四、如何被发现的 266

第二节　买发票逃税 266
一、买发票＝虚开发票 266

二、买发票是怎么被发现的 ……………………………………… 268
　　三、虚开发票风险防范 …………………………………………… 270
第三节　利用阴阳合同避税 ……………………………………………… 271
　　一、定义及举例 …………………………………………………… 271
　　二、阴阳合同税法风险 …………………………………………… 271
　　三、提醒 …………………………………………………………… 273
第四节　利用一元年薪避税 ……………………………………………… 273
　　一、利用税率差避税 ……………………………………………… 274
　　二、一元年薪的税法风险 ………………………………………… 274
第五节　利用关联交易避税 ……………………………………………… 275
　　一、概念 …………………………………………………………… 275
　　二、关联交易避税的主要手段 …………………………………… 276
　　三、关联交易避税的税务风险 …………………………………… 277
　　四、注意 …………………………………………………………… 279
　　五、总结 …………………………………………………………… 280
第六节　利用税收洼地避税 ……………………………………………… 280
　　一、常见税收洼地 ………………………………………………… 280
　　二、利用税收洼地的税法风险 …………………………………… 281
　　三、风险规避 ……………………………………………………… 282
第七节　利用避税天堂避税 ……………………………………………… 282
　　一、避税天堂 ……………………………………………………… 282
　　二、避税方式 ……………………………………………………… 283
　　三、税收风险 ……………………………………………………… 283
第八节　购买艺术品避税 ………………………………………………… 284
　　一、实务案例 ……………………………………………………… 284
　　二、税务风险 ……………………………………………………… 285
第九节　利用移民避税 …………………………………………………… 285
　　一、内地税收居民个人风险 ……………………………………… 285
　　二、CRS识别金融账户信息风险 ………………………………… 286

第二十一章 涉税信息全透明时代 ········· 286
第一节 金税三期 ············· 286
一、背景 ················ 286
二、金税一期、二期 ·········· 287
三、金税三期 ············· 287
四、金税三期纳税评估举例 ······· 288
第二节 FATCA与CRS ·········· 289
一、FATCA的背景及模式 ········ 289
二、CRS ················ 290
三、CRS下税收居民判定 ········ 291
四、CRS信息交接机制 ········· 293
五、CRS覆盖海外机构类型 ······· 293
六、CRS交换资产信息类型 ······· 294
七、CRS交换账户信息 ········· 294
八、CRS影响的群体 ·········· 294
九、CRS的应对方案 ·········· 296
第三节 资金监控与反逃税 ········ 296
第四节 跨部门涉税信息协作 ······· 297
一、大规模信息协作从"三证合一"开始 ·· 297
二、跨部门涉税信息协作的实践与发展 ·· 298

第二十二章 财富传承工具的税法考量 ····· 299
第一节 赠与 ··············· 299
一、赠与房产 ············· 299
二、赠与股权 ············· 304
第二节 大额保单 ············ 305
第三节 信托 ·············· 306
一、信托简介 ············· 306
二、中国信托税收制度 ········· 307
三、离岸信托与税收 ·········· 309

四、慈善信托在中国 ………………………………………………… 311

第四节　基金会 …………………………………………………………… 312
　　一、股权投资基金 …………………………………………………… 312
　　二、慈善基金会 ……………………………………………………… 313
　　三、股权捐赠的税务问题 …………………………………………… 317

第五节　股权代持 ………………………………………………………… 318

第二十三章　税收筹划的原理及应用 …………………………………… 319

第一节　税收筹划与非法避税 …………………………………………… 319
　　一、避税合理，但分合法与非法 …………………………………… 319
　　二、关于税收筹划 …………………………………………………… 320

第二节　税收筹划案例 …………………………………………………… 321
　　案例一 ………………………………………………………………… 321
　　案例二 ………………………………………………………………… 322
　　案例三 ………………………………………………………………… 324

第三节　税收筹划原理及注意事项 ……………………………………… 324
　　一、税收筹划的本质是合法"泄压" ………………………………… 324
　　二、懂业务是基础，晓税法是关键 ………………………………… 325
　　三、不多缴税的同时合法少缴税 …………………………………… 325
　　四、资本的税最轻，资产的税最重 ………………………………… 325
　　五、合法少缴税≠不缴税 …………………………………………… 326

第二十四章　个人投资涉税问题 …………………………………………… 326

第一节　个人用货币投资设立公司的涉税问题 ………………………… 326
　　一、2014年2月28日前货币投资设立公司 ………………………… 326
　　二、2014年3月1日后货币投资设立公司 ………………………… 330

第二节　个人用非货币投资设立公司的涉税问题 ……………………… 332
　　一、技术所有权的法律障碍 ………………………………………… 333
　　二、技术类型对入资的影响 ………………………………………… 334
　　三、技术入资的增值税优惠 ………………………………………… 335
　　四、技术入资的所得税优惠 ………………………………………… 336

五、被投资企业税前列支的涉税风险 ················· 336
　　六、与技术投资有关的可行方案 ··················· 337
第三节　个人债权投资的涉税问题 ····················· 338
　　一、个人无偿借款给公司 ······················· 338
　　二、个人有偿借款给公司 ······················· 340
　　三、投资者借款给公司后被投资公司注销 ············· 343
第四节　公司和个人混同的涉税问题 ··················· 345
　　一、投资者个人以公司名义炒股 ··················· 345
　　二、投资者个人的家庭费用在公司报销 ··············· 350
　　三、将公司收入转入投资者个人账户 ················ 351
　　四、适合的策划安排 ························· 353
第五节　个人从公司分红的涉税问题 ··················· 355
　　一、个人股东收到公司支付的现金分红 ··············· 355
　　二、个人股东尚未收到公司的现金分红 ··············· 357
　　三、外籍个人股东从境内公司取得的分红 ············· 357
　　四、被投资公司直接将部分权益转增股本 ············· 358
第六节　个人转让公司股权（票）的涉税问题 ············· 362
　　一、个人转让上市公司股票 ····················· 362
　　二、个人转让挂牌公司股票 ····················· 364
　　三、个人转让非上市、非挂牌公司股权 ··············· 365

第二十五章　融资涉税问题 ························ 372
第一节　个人从所投资公司借款的涉税问题 ··············· 372
　　一、个人从所投资公司无偿借款 ··················· 372
　　二、个人从所投资公司有偿借款 ··················· 374
第二节　个人向其他个人或机构借款的法律风险 ············· 374
　　一、借贷合同的有效性问题 ····················· 375
　　二、民间借贷利率的政策要求 ··················· 375
　　三、特定利率区间的法律问题 ··················· 375

第二十六章　综合所得涉税问题 · 376

第一节　个人专项附加扣除的实务问题 · 376
- 一、子女教育 · 377
- 二、继续教育 · 378
- 三、大病医疗 · 379
- 四、住房贷款利息 · 380
- 五、住房租金 · 382
- 六、赡养老人 · 383

第二节　个人取得各项补贴的涉税问题 · 384
- 一、个人取得的福利费到底是否免税 · 384
- 二、公司为员工负担补充保险，个人是否纳税 · 387

第三节　个人取得工资以外的其他综合所得涉税问题 · 389
- 一、增值税风险 · 390
- 二、企业所得税风险 · 391

第四节　个人取得综合所得的汇算清缴问题 · 391
- 一、哪些人不需要办理个税汇算清缴 · 391
- 二、需要办理个税汇算清缴的情形 · 393
- 三、如何办理汇算清缴 · 394
- 四、个税汇算清缴时免税收入如何处理 · 394
- 五、个人取得全年一次性奖金是否必须申报 · 397

第五部分　财富管理与资产配置

第二十七章　财富管理与资产配置 · 400
- 一、三个维度理解财富管理 · 400
- 二、财富管理与资产配置 · 405

三、什么是资产配置 …………………………………………… 407

第二十八章　以客户思维看资产配置 …………………………… 408
　　一、资产配置现实中的种种悖论 ……………………………… 408
　　二、资产配置悖论背后的原因探究 …………………………… 410
　　三、资产配置背后的行为经济学 ……………………………… 414
　　四、资产配置未来的变化趋势探寻 …………………………… 434

第二十九章　专业视角看资产配置 ………………………………… 439
　　一、理解资产配置的三个角度 ………………………………… 439
　　二、理解资产配置的若干关键理念 …………………………… 442
　　三、理解资产配置的前提 ……………………………………… 444

第三十章　资产配置的CMS模型 …………………………………… 445
　　一、资产配置的若干常用模型 ………………………………… 445
　　二、资产配置的CMS模型 ……………………………………… 447

第三十一章　大类资产的理解与解析 ……………………………… 455
　　一、资管新政的影响及理解 …………………………………… 455
　　二、银行理财的理解及配置 …………………………………… 461
　　三、信托产品的理解及配置 …………………………………… 465
　　四、债券产品的理解及配置 …………………………………… 467
　　五、权益产品的理解及配置 …………………………………… 470
　　六、保险产品的理解及配置 …………………………………… 474

第三十二章　理解需求，理解资产配置 …………………………… 482
　　一、财富人生的四大阶段 ……………………………………… 482
　　二、财富家族的六大深层次需求 ……………………………… 483

第一部分
新时代下的婚姻家庭财富规划

第一章　私人财富风险

私人财富风险，是指在复杂的社会经济活动中由于商业经济活动、婚姻状况、政府政策以及社会、政治、经济、文化环境等诸多因素给私人的财富利益造成的潜在威胁。如果个人对自己的私人财富风险处理不当，不仅会造成经济上的损失，而且会造成严重的法律后果。

私人财富风险主要包括以下风险。

第一，继承风险。这里所说的继承包括遗嘱继承和法定继承。现实中经常会看到这样的例子：老人去世，家里的儿女经常为了争夺遗产而闹得不可开交，假遗嘱、假借条层出不穷。有的会出现所有儿女都争相继承父母的遗产，还有的所有儿女谁也不愿意继承父母的遗产，因为负债远远大于遗产的数额。

案例解析

著名相声大师侯耀文在2007年6月23日去世。2009年2月17日，女儿侯瓒将其妹妹起诉至北京市西城区人民法院，要求分割父亲侯耀文的遗产。在起诉状中女儿侯瓒写道：因不知父亲共有多少遗产，所以诉至法院请求分割父亲遗产。2009年6月23日，侯瓒将妹妹变更为原告，并将侯耀华、牛成志和郭晓小夫妇四人列为被告。令女儿侯瓒没有想到的是，父亲巨大的遗产下也隐藏着巨额的债务。2010年8月20日双方和解，可继承的存款为130万元左右，女儿须还银行贷款330万元。

第二，婚姻下的私人财富风险。我们说的婚姻下的私人财富风险包括：结婚中的财富风险、离婚中的财富风险、婚外情下的财富风险、婚生子女与非婚生子女的私人财富风险等。

案例解析

真功夫创始人潘宇海，最初自己开了一家甜品店，后来甜品店改为蒸品店，并吸引进来两个股东，一个是他的姐姐潘敏峰，另一个是他的姐夫蔡达标。夫妻俩凑了4万元投资入股，占了真功夫公司所有股份的50%，也就是潘宇海与蔡达标夫妇每方各一半的股份。真功夫公司董事长蔡达标与妻子潘敏峰在1991年成婚，2006年9月两人协议结束了15年的婚姻，但当时为了引入风险投资筹划上市，这对夫妻向中山联动和今日资本两家VC隐瞒了婚变的事实。因离婚导致蔡达标与另一创始人、妻弟潘宇海之间的亲情纽带断裂，引发的纷争层出不穷。眼看着夫妻反目、兄弟成仇、对簿公堂，再加上蔡达标"二奶门"事件的发酵，2011年，曾为了争取子女抚养权而主动放弃25%股份的潘敏峰，终于决定起诉，要求重新分割蔡达标持有的真功夫一半股权，或折价补偿其4.7亿元财产，仅案件诉讼费就高达239万元。双方矛盾越来越激化，蔡达标提出要去家族化，把潘宇海及以前请的一些高管全分离出去。双方的矛盾冲突愈演愈烈，直至无法解决。最后蔡达标想金蝉脱壳，再成立一个新的公司，把公司的资产挪进去。此时潘宇海以自己作为公司股东享有所有权为由提出要对公司财务进行审计，本来蔡达标就做了很多小动作，这样一来审计出了很多问题，最后蔡达标涉嫌挪用、侵占真功夫公司资金等6宗罪东窗事发，被判了有期徒刑14年。曾经对真功夫上市满怀希望的VC欲哭无泪。2013年，就连当初力挺蔡达标进行去家族化改革的今日资本也选择了将股份全部转让，退出这场没有赢家的内讧。真功夫的估值也从巅峰时期的33亿元缩水到不足16亿元。本来可以成为更大的民族品牌的真功夫，上市终以失败而告终。

在离婚案件中，因夫妻双方持股而引起的夫妻共同股权分割影响波及社会、经济、法律、家庭等诸多方面，股权分割的最终结果必然会对企业的经营和管理产生"蝴蝶效应"。

案例解析

有一个高净值家庭，在女儿出嫁之前，父母曾赠与女儿一套豪华公寓房产，价值2000万元，登记在女儿名下，该房产属于婚前个人财产。在女儿结婚后不久，小两口就商量着把公寓卖了再买套别墅，于是女儿将婚前的公寓卖了，用所得款项购买了一套别墅，但还差一些钱，由男方家庭出资，房产登记在小夫妻双方名下，但并没有注明各自的出资份额。结婚后一年左右，小两口闹矛盾要离婚，别墅作为夫妻共同财产予以分割。但因双方都不想拿出补偿给对方一半份额的现金，所以只好出售别墅。因着急出售，别墅除去税款、中介费等费用，价值并未增值。后两人平分售房款，每人不到1000万元。这时我们可以想一下，女儿原来的婚前个人财产有2000万元，现只分得不到1000万元，可见女儿的婚变导致女方家族损失了1000万元。婚前房产，在婚后一旦被出售，再购置房产，很容易变成夫妻共同财产，一旦发生婚变，将被作为夫妻共同财产予以分割。

第三，个人财产与公司财产混同的风险。

案例解析

李老板拥有一幢商铺大楼，从事商铺出租生意，以每月收受客户租金为营，每月都会有大量的现金进入公司账目。为了少开发票不缴税，他便用女儿的名义在银行开了个账户，并通知部分不要发票的客户将租金直接打到他女儿的个人银行账户。几年累积下来，女儿的账户共收租金过千万元。但天有不测风云，让李老板万万没有想到的是，女儿和女婿提出要离婚，女婿提出女儿银行账户的大量现金属于夫妻共同财产，要求予以分割，这就急坏了李老板。后女婿起诉到法院要求分割夫妻共同财产，女儿向法院阐明该存款并非夫妻共同财产而是属于父亲的经营收入。这样一来，父亲借用女儿账户收取企业经营所得的事情就败露了，法院一旦发出司法建议书，父亲将面临遭受偷逃税款的刑事责任，同时企业债务偿还将由股东个人家庭承担连带责任。

除上述私人财富面临的风险外，还包括因疾病、意外等造成的个人财富的减少等。

第二章　婚姻家庭财富规划的重要意义

案例解析

2017年的都市情感热播剧《我的前半生》相信大家都还记忆犹新，剧中的女主人公罗子君开始是一个衣食无忧甚至锦衣玉食的阔太太形象，可突如其来的婚变让她始料未及。一边是自己没有工作不能自食其力，一边还要照顾自己的儿子，使这位曾经风光无限的少妇顿时感觉整个世界都沦陷了，但好在有朋友的帮助和鼓励，这位年轻的女性又重焕活力，有了自己的事业和爱情。剧中的故事情节很美好，但我们应该清醒地认识到，这只是电视剧，现实中因婚姻的变故导致穷困潦倒的阔太太有很多，但又有几个像罗子君一样幸运地爬起来，找到了能够使自己经济独立的事业，收获幸福呢？这种由婚姻关系存续与否产生的夫妻财富，因婚姻关系而产生，同时，因婚姻关系消灭而被分割。

随着互联网经济的发展，增长了民众对互联网经济的投资热情，特别是互联网金融行业的发展更是势如破竹。高收益的背后，隐藏的是高风险。由于经营不规范和经济形势的变化，造成很多互联网企业破产，资不抵债，更有甚者因为触犯法律，卷钱跑路。例如，全国各地频发的P2P暴雷事件，企业老板们不是卷款潜逃了就是被公安机关立案调查，并身负几亿、几十亿、几百亿元，甚至上千亿元的债务。放眼望去，他们哪个不是小有成就的企业家，但是由于他们不懂得家庭财富的规划和经营，经常把家庭财产同公司财产混同，加上对公司的经营管理不善，违法违规经营，势必要对自己的行为付出倾家荡产、身败名裂的代价。

一般情况下，公司在正常对外经营中产生的债务，应当以其全部财产对外承担债务，股东只是在自己的出资额范围内对外承担有限责任，即公司的债权人只能起诉公司要求其偿还债务，公司如果资不抵债，进行破产清算，也不能因为公司的债务而将公司股东作为被告，要求其偿还公司债务。一旦产生债务纠纷时，往往就因为财务划分不清，进而公司责任追讨到个人，产生连带的民事法律责任。《中华人民共和国企业破产法》（以下简称《企业破产法》）第三十条规定：破产申请受理时属于债务人的全部财产，以及破产申请受理后至破产程序终结前债务人取得的财产，为债务人财产。《中华人民共和国公司法》（以下简称《公司法》）第二十条第三款规定：公司股东滥用公司法人独立地位和股东有限责任，逃避债务，严重损害公司债权人利益的，应当对公司债务承担连带责任。公司股东滥用公司法人独立地位和股东有限责任，逃避债务的行为表现形式有：财产混同，即公司的财产不能和股东的财产或其他公司的财产区分开来，这往往是由于账目不清造成的，如将公司账款划入股东个人账户。可见，一旦将公司财产与股东个人财产混同，就要与公司一起对外承担连带责任。这种情况的后果就是公司财产不是自己的，家庭的收入要为公司还债也不是自己的，最后落得两手空空，负债累累。因未将家庭财富与公司财产进行有效隔离，最后倾家荡产。

> **案例解析**

赵薇、黄有龙夫妇现有资产45亿元,而其夫妇因以"龙薇传媒"空壳公司欲收购万家文化被监管机构查处,受到1.5亿元的罚款及5年不能进入股市的处罚,同时面临股民索赔起诉带来的65亿元的赔款,这可能给他们造成直接破产的结果。

上面说的是股东在违法违规经营的情况下可能出现的风险。退一步讲,即使遵纪守法、合规经营,但天有不测风云,商场如战场,经济场上风云变幻莫测,企业随时都有可能遭遇破产风险。随着经济下行,平均每天都有十几个甚至几十个互联网企业破产倒闭。据不完全统计,欧美企业的平均寿命是40年,日本企业的平均寿命为30年,中国企业的平均寿命只有7.3年,中国民营企业的平均寿命只有2.9年,中国每年约有100万家民营企业破产倒闭,这些触目惊心的数字,不得不让企业家们感到危机重重。他们通过半辈子辛苦打拼赚来的资产,谁也不想付之东流。

> **案例解析**

2017年6月25日,富贵鸟集团创始人林国强去世。农业银行石狮支行与富贵鸟集团金融借款合同系列案件共计11件,诉讼标的额高达2.9亿余元,而担保人系林国强。银行提出其配偶及子女作为第一顺位继承人在继承遗产范围内承担连带清偿责任。2017年11月25日,泉州市中院民四庭成功调解,子女、配偶均放弃对财产的继承。

由此可见,做好家庭财富规划十分必要,它不仅使你的家庭财富安全无忧,更能使你的财产保值增值,创造更大的财富,传承于后人。

第三章 婚姻家庭财富的界定和分类

家庭是指婚姻关系、血缘关系或收养关系基础上产生的,以情感为纽带,由亲属所构成的社会生活单位。家庭有广义和狭义之分。狭义的家庭是指一夫一妻制构成的社会单元,广义的家庭则泛指人类进化的不同阶段上的各种家庭利益集团,即家族。

财产所有权是指所有人依法对自己的财产享有占有、使用、收益和处分的权利。个人对财产的所有权就是对财产具有实际支配和控制的权利和能力，并能够对其享有使用的权利，通过使用获得收益并能够决定该财产的归属和命运。《中华人民共和国民法典》物权编和《中华人民共和国民法典》总则编都规定，所有权的合法取得方式可分为原始取得与继受取得两种。原始取得包括生产、生活收益和拾得遗失物等，继受取得包括因继承、赠与、互易、买卖等取得物的所有权。

婚姻家庭财富即指婚姻家庭存续期间家庭成员取得的各种财产的总称，包括：夫妻共同财产及家庭成员的共同劳动、共同生活经营所获得的财产及接受赠与等财产。

对家庭共有财产的判定，一般可以考虑以下三个因素：①家庭成员是否存在共同生活关系。②家庭共有财产关系是否基于一定的法律事实形成，如婚姻关系的存续，或共同劳动、共同经营、共同接受赠与等。③家庭成员之间是否有家庭财产共有的约定，如约定共同共有或按份共有等。

婚姻家庭共有财产的特征：①婚姻家庭共有财产以家庭成员间共同生活关系的存续为前提，家庭成员之间形成一个生活共同体。②只能产生于具备某种特殊身份关系的家庭成员之间。这种家庭不仅由一对夫妻和未成年子女组成。③全部家庭成员共享所有权。所有家庭成员对财产均享有占有、使用、收益、处分的权利。④家庭成员在共同生活期间的共同劳动收入。他们有共同的劳动行为或受赠事实。

婚姻家庭财产的分类：婚姻家庭的共同财产分为正财产和负财产两大类。正财产系婚姻家庭成员共同劳动、经营所获得的收益或报酬等财产，包括动产、不动产和有价证券等。负财产为婚姻家庭成员所负担的对外债务。

一、婚姻家庭财富中的夫妻共同财产

《中华人民共和国民法典》（以下简称《民法典》）第一千零六十二条规定：夫妻在婚姻关系存续期间所得的下列财产，为夫妻的共同财产，归夫妻共同所有：（一）工资、奖金、劳务报酬；（二）生产、经营、投资的收益；（三）知识产权的收益；（四）继承或者受赠的财产，但是本法第一千零六十三条第三项规定的除外；（五）其他应当归共同所有的财产。夫妻对共同财产，有平等的处理权。《最高人民法院关于适用〈中华人民共和国婚姻法〉若干问题的解释（二）》第十一条："婚姻关系存续期间，下列财产属于婚姻法第十七条规定的'其他应当归共同所有的财产'：（一）一方以个人财产投资取得的收益；（二）男女双方实际取得或者应当取得的住房补贴、住房公积金；（三）男女双方实际取得或者应当取得的养老保险金、破产安置补偿费。"需要我们注意的是，夫妻共同财产系夫妻关系存续期间夫妻双方所取得的财产，必须是夫妻关系存续期间即结婚登记之后到离婚之前，夫妻任何一方取得的财产。夫妻共同财产的范围既包括工资、奖金、各种形式的补贴、福利等，还包括农民的生产劳动收入，工业、服务业、信息技术等行业的生产、经营收益，买卖股票、债券，投资于公司、企业经营收益，知识产权收益，继承或赠与中非明确表示对一方的财产，双方取得的住房补贴、住房公积金，婚前购买的股票、基金在婚后的升值部分，婚前个人财产在婚后进行生产经营所获的升值部分，以共同财产支付的养老保险费等，都属于夫妻共同财产。

《民法典》第一千零六十三条规定，下列财产为夫妻一方的个人财产：（一）一方的婚前财产；（二）一方因受到人身损害获得的赔偿或者补偿；（三）遗嘱或者赠与合同中确定只归一方的财产；（四）一方专用的生活用品；（五）其他应当归一方的财产。另外，夫妻一方婚前个人财产在婚后发生形态转化而产生的财产也属于夫妻个人财产，归一方财产权利人享有。

案例解析

众所周知的王宝强与马蓉离婚案曾轰动一时，2018年2月11日，王宝强诉马蓉离婚案、马蓉诉王宝强名誉侵权案两案在北京朝阳法院开庭审理，法院一审判决解除双方婚姻关系，并从有利于子女健康成长的角度出发，判决婚生子由王宝强抚养，婚生女由马蓉抚养；马蓉名誉权案法院认定王宝强不构成名誉侵权，一审判决驳回了马蓉的诉讼请求。随后马蓉对两案件均提起了上诉。

2018年6月15日，该案二审在北京市三中院开庭审理并当庭宣判。北京市三中院审理认为，两案一审认定事实清楚、适用法律正确，上诉人马蓉的上诉理由均不能成立，故两案均驳回上诉，维持原判。虽然已经离婚，但是二人的财产分割问题仍在继续。此次终审判决生效后，两人在朝阳法院的离婚析产官司开启。

《法制晚报》曾报道王宝强正是在北京市朝阳区人民法院提起离婚诉讼，要求分割的财产包括9套房屋，其中包括美国洛杉矶的一处房产，多家公司股权、出资，一辆宝马x5轿车、一辆宾利轿车，多款名表、包等，此外还有存款、股票、理财产品、保险、原创设计品牌等。

据天眼查数据显示，2018年8月，北京市朝阳区人民法院发布执行裁定书，要求冻结王宝强名下公司股份120万元，王宝强被列为"被执行人"，冻结期限为三年。据天眼查数据显示，北京市朝阳区人民法院已在近日提前解除王宝强和马蓉共同持股公司共青城宝亿嵘投资的股权冻结，涉及金额120万元。执行事项包括解除股权冻结和其他投资权益，解冻日期为2019年1月8日。据知情人士透露，王宝强与马蓉离婚后财产分割案、王宝强诉马蓉父母财产分割案已于2018年年底前调解完毕，并已出具调解书，近期将执行结案。

作为夫妻共同财产，我国法院的分割原则就是平均分割，而这就涉及重大的财产归属问题，尤其是对于财富众多的家庭，在哪些属于夫妻共同财产，哪些属于个人财产的认定上就显得尤为重要。

二、关于夫妻共同债务

夫妻共同债务是指夫妻为满足共同生活所负担的对外债务。《民法典》第一千零六十四条规定：夫妻双方共同签名或者夫妻一方事后追认等共同意思表示所负的债务，以及夫妻一方在婚姻关系存续期间以个人名义为家庭日常生活需要所负的债务，属于夫妻共同债务。夫妻一方在婚姻关系存续期间以个人名义超出家庭日常生活需要所负的债务，不属于夫妻共同债务；但是，债权人能够证明该债务用于夫妻共同生活、共同生产经营或者基于夫妻双方共同意思表示的除外。夫妻共同债务具体包括以下内容：

（1）婚前一方借款购置的财产已转化为夫妻共同财产，为购置这些财产所负的债务；

（2）夫妻为家庭共同生活所负的债务；

（3）夫妻共同从事生产、经营活动所负的债务，或者一方从事生产经营活动，经营收入用于家庭生活或配偶分享所负的债务；

（4）夫妻一方或者双方治病以及为负有法定义务的人治病所负的债务；

（5）因抚养子女所负的债务；

（6）因赡养负有赡养义务的老人所负的债务；

（7）为支付夫妻一方或双方的教育、培训费用所负的债务；

（8）为支付正当必要的社会交往费用所负的债务；

（9）夫妻协议约定为共同债务的债务；

（10）其他应当认定为夫妻共同债务的债务。

综上来看，夫妻一方欠下的债，只要是用于夫妻共同生活、共同生产经营或双方共同意思表示的，还是需要夫妻双方共同努力奋斗还债的；而下面这些情况却恰恰不同：

夫妻一方的个人债务，依照最高人民法院印发《关于人民法院审理离婚案件处理财产分割问题的若干具体意见》的通知第十七条第二款的规定，下列债务不能认定为夫妻共同债务，应由一方以个人财产清偿：①夫妻双方约定由个人负担的债务，但以逃避债务为目的的除外；②一方未经对方同意，擅自资助与其没有抚养义务的亲朋所负的债务；③一方未经对方同意，独自筹资从事经营活动，其收入确未用于共同生活所负的债务；④其他应由个人承担的债务。

三、对于夫妻之间订立借款协议的处理

对于夫妻之间订立借款协议的，《最高人民法院关于适用〈中华人民共和国婚姻法〉若干问题的解释（三）》第十六条规定，夫妻之间订立借款协议，以夫妻共同财产出借给一方从事个人经营活动或用于其他个人事务的，应视为双方约定处分夫妻共同财产的行为，离婚时可按照借款协议的约定处理。

四、夫妻共同债务的清偿

《民法典》第一千零八十九条规定：离婚时，夫妻共同债务应当共同偿还。共同财产不足清偿或者财产归各自所有的，由双方协议清偿；协议不成的，由人民法院判决。根据这条规定可知，夫妻共同债务的清偿主要采取三个步骤：第一，由夫妻共同来清偿。夫妻双方对夫妻共同债务负有连带清偿责任，夫妻任何一方对于该类债务都有偿还的义务。第二，夫妻协议偿还方式。如果夫妻共同财产不足以清偿债务或者财产都归各自所有，无法共同清偿的，夫妻双方可以协议约定如何清偿，但该协议只约束夫妻二人，对于双方以外的债权人并不具有约束力，双方对债务仍负有连带清偿责任。第三，如果夫妻共同财产不足以清偿债务，夫妻

双方又达不成清偿协议的,可以由人民法院根据《民法典》婚姻家庭编的相关规定对双方所欠债务进行判决,同时亦不能改变夫妻双方对债务的连带清偿责任。

　　夫妻双方就对外债务承担连带清偿责任,是指夫妻一方在共同债务中承担的债务份额不能对抗债权人,不能成为其对抗债权人、不履行债务的理由。但是,这也并不意味着夫妻一方偿还完所有的债务后就无法向另一方追偿,并不意味着夫妻之间就没有债务比例的分担。连带债务人之间,除法律另有规定和当事人另有约定外,应当平均分担债务。当事人的离婚协议或者人民法院的生效判决中关于夫妻共同财产和共同债务的负担原则是夫妻一方债务清偿后行使追偿权的依据。因此,夫妻一方履行了连带清偿责任后,可以按照人民法院的生效判决所确定的标准来对另一方行使追偿权。

案例解析

　　关于通晓实业公司诉腾格尔对于英雄公司应承担责任的案件,一审法院认为通晓实业公司、腾格尔(丈夫)对于英雄公司应承担责任,但是妻子不承担连带责任。后公司上诉,认为根据《公司法》第六十三条"一人有限责任公司的股东不能证明公司财产独立于股东自己的财产的,应当对公司债务承担连带责任"之规定,一人有限公司的股东要想免责,必须证明个人财产与公司财产独立,否则面临的将是对公司的财产承担连带清偿责任。腾格尔的妻子应当承担连带清偿责任。二审法院经审理认为,《最高人民法院关于审理涉及夫妻债务纠纷案件适用法律有关问题的解释》第三条规定,夫妻一方在婚姻关系存续期间以个人名义超出家庭日常生活需要所负的债务,债权人以属于夫妻共同债务为由主张权利的,人民法院不予支持,但债权人能够证明该债务用于夫妻共同生活、共同生产经营或基于夫妻双方共同意思表示的除外。该案件中,腾格尔作为一人有限公司的股东,并未举证证明其个人财产与公司财产相分离,故依法应对通晓实业公司的对外债务承担连带责任。阿茹娜(妻子)作为通晓实业公司的监事,监督公司的经营管理,可以认定通晓实业公司是腾格尔、阿茹娜夫妻共同生产经营的公司,再结合阿茹娜亦未举证证明其与腾格尔在婚姻关系存续期间的财产与通晓实业公司的财产不存在混同,故英雄公司主张阿茹娜承担连带清偿责任的上诉请求,本院依法予以支持。鉴于英雄公司在二审中提供的新证据,本院依法对阿茹娜的责任予以改判。

最终，上海市第一中级人民法院判决阿茹娜对公司的债务承担连带清偿责任。

可见，在公司对外债务清偿中，一人有限公司的股东如果不能证明个人财产和公司财产相分离，股东就需要与公司承担连带清偿责任；同时，如果一人公司的股东不能证明其家庭财产未与公司财产发生混同，将产生家庭共同偿还公司债务的连带责任风险。

第四章　婚姻家庭财富的风险预防

要做好婚姻家庭财产风险的预防，首先我们要学会对婚姻家庭财产进行有效的隔离，在我们的财产外建立一个无坚不摧的防火墙，主要从以下几个方面入手。

一、个人财产和夫妻共同财产的隔离

厘清个人财产和夫妻共同财产，并对其进行分别保管，避免对方财产的损失。

案例解析

A和B两人是夫妻关系，B与C、D一起开设了一家有限企业，几个人共同出资，开始生意不错，几个人赚了点钱，准备继续投资将生意做大，但让人没想到的是，经济危机导致投资失败，而且还欠下了巨额债务。债权人找到C让他还钱，可C表示自己没钱，自己的钱都投资了，家里只有一套房子，但产权是妻子的。债权人找到了B让其还钱，B没办法只好拿出夫妻二人十几年来打拼攒下的钱交给了债权人用于还债。显然，C做到了个人财产与夫妻共同财产的隔离，当债权人找上门时，避免了夫妻共同财产遭受损失。但B就比较盲目，把自己家庭所有的财产全部交给债权人用于偿还企业的债务，这种做法虽然还清了债务，但影响了家庭的正常生活，造成了家庭财产的损失。

二、夫妻财产和家庭财产的隔离

夫妻共同财产是夫妻关系存续期间夫妻一方或双方取得的工资、奖金、生产经营收益、知识产权收益、继承或赠与所得到的财产等。家庭财产是婚姻家庭存续期间家庭成员取得的各种财产的总称，家庭财产包括夫妻共同财产。夫妻共同财产与家庭财产的隔离就需要夫妻共同财产同其他家庭成员取得的财产的相分离。例如，未成年人参加的商业性的活动所获得的由其监护人管理的报酬费用，明智的家长就要对该笔收入与夫妻的共同财产做出区分管理，避免因夫妻共同债务影响到该笔款项的安全。

三、家庭财产和公司财产的隔离

家庭财产和公司财产需要隔离，这一点相信大家都能明白。前文提过赵薇夫妇的例子，一旦公司垮台，面临的就是倾家荡产的危险。无论是家庭财产与公司财产的混同，还是个人财产与公司财产的混同，都值得我们关注。在这里要提醒大家的是：商场如战场，一定要公私分明。

家业企业不分有很多种表现，比如用企业资金购买家庭财产（尤其是不动产），家族成员之间不同公司发生关联交易，企业股东分红为避税采取股东借款的财务处理，企业虚假出资或抽逃注册资本，等等。一旦企业主忽略风险，未来可能会发生刑事责任、民事债务责任、行政处罚责任三重后果。

如果企业在融资过程中，股东及配偶轻易在借款合同中承诺将来对企业债务承担无限连带责任，那么将来如果企业还不上债务，债权人也就是出借人是有权起诉到法院，直接冻结股东家庭中的所有财产的，即企业融资由股东个人或家庭承担无限连带担保责任，引发家财赔光。

例如，一位企业主与几个股东商量后，计划将企业扩大生产规模，因资金不够，他与妻子商议将家庭存款2000万元全部输送给了企业，但企业在扩大生产规模后遇到外贸订单急速减少的市场变化，企业不得不将部分厂房车间关闭，恶性循环的结果导致企业将部分资产转卖还债，但根据法律规定优先清偿的是银行借款和员工工资，最后家庭输送出去的2000万元当然也就荡然无存。这就是家庭财富无条件地为企业"输血"，导致企业一旦出现风险，则家财尽失。

案例解析

因一首《常回家看看》红遍大江南北的军旅歌手陈红，2001年在事业的高峰期选择隐退，与北京亚之杰的董事长李军低调完婚，一年后儿子达达出生。岂料世事无常，两人终究劳燕分飞。2015年6月29日，李军发布长微博《我用二十年的血与泪"成就"了军旅女歌手首富——陈红》，公布陈红巨额花销并侵凌其资产的"婚姻黑幕"，引来舆论一片哗然。李军在长微博中写道，2008年7月，他搬离与陈红的家。2013年8月，李军与一位姑娘发生纠缠，陈红主动找到李军，称为了帮李军渡过难关，让李军与其假离婚，并同意将二人房产拿出作典质，拾掇公司现金流问题。李军称，陈红的做法让他十分感动，他担忧陈红将房产典质后没有足够的经济来源，故而将公司50%的股份无偿让渡给陈红。

陈红和李军于2001年9月19日登记结婚，次年生有一子。婚后陈红隐退，基本淡出公众视线，直到2013年8月李军在香港因擅闯某女星私宅被拘，才又让陈红夫妇被人聚焦。次年3月底，娱乐媒体报道，陈红与前夫李军和平分手，无财产纠纷。可一年多后，李军突然在网络上发布上述博文，引发网络围观，并将双方的矛盾置于公众视野。陈、李二人于2014年3月5日协议离婚。2014年3月3日，针对财产分割，李军（甲方）与陈红（乙方）签订了《股权转让协议书》，约定李军将自己名下8家公司各50%的股权和一家汽车贸易公司40%的股权转让给陈红（离婚协议中改为9家公司各50%的股权），并确认"该股权均为甲乙双方夫妻共同财产，双方同意离婚，该股权归属乙方所有"。其中第八条第五款特别约定：甲方同意将上述其在公司享有的股东权及经营、管理权全部授权交给乙方，且不得单方撤销，包括但不限于股东表决权、选举权、经营权、管理权等，甲方对乙方的行为均予认可并自愿承担由此产生的法律后果。甲方仅保留上述公司的股权财产权及收益权。这9家公司指李军控制的北京亚之杰广告有限公司、北京亚之杰投资有限公司、北京亚之杰汽车贸易有限责任公司、北京亚之杰置业房地产开发有限公司、北京星徽旗舰汽车销售服务中心有限公司、北京亚之杰伯乐汽车销售服务有限公司、北京亚之杰合众汽车销售服务有限责任公司、北京亚之杰世纪汽车销售有限公司、北京亚之杰伯乐旧机动车经纪有限公司。股权转让协议签署后的第二天，上述多家公司的法定代表人均变更为陈红的母亲李善荣，后双方协议离婚。股权转让协议上李军已经签字，但第二天的变更法定代表人的股东会决议，李军和他母亲李福珍（也是北京亚之杰广告有限公司的自然人股东，占股1%）并没有签字，这也正是之后双方诉讼的症结点之一。虽然签署了协议，变更了法定代表人，但上述9家公司的股权登记并未在工商登记机关进行变更。因李军不配合办理股权变更登记，2015年，陈红在北京市海淀区人民法院起诉李军，请求确认2014年3月5日双方签订的《离婚协议书》中李军名下公司50%的股权归其所有的约定有效［北京市海淀区人民法院（2015）海民初字第22310号］，而李军则抗辩称离婚协议中公司股份分割之约定侵犯了该公司股东李福珍的合法权利，不认可陈红的主张。陈红起诉后，李军的母亲，在多家公司占1%股份的自然人股东李福珍，也卷了进来。李福珍及其任法定代表人的北京亚之杰投资有限公司，利用股东身份，分别要求陈红母亲李善荣担任法定代表人的北京亚之杰置业房地产开发有限公司和北京星徽旗舰汽车销售服务中心有限公司提供自2014年1月1日至2015年3月31日的财务报告、会计账簿供查阅、复制。根据北京市第三中级人民法院民事判决记载，2015年4月17日李福珍、北京亚之杰投资有限公司以特快专递方式分别向北京亚之杰置业房地产开发有限公司、北京星徽旗舰汽车销售服务中心有限公司寄送了要求查阅和复制会计账簿和财务报告的申请书，申请查阅并复制2014年1月至2015年3月的会计账簿和财务会计报告，并且寄送人对申请书的邮寄过程进行了证据公证。查账要求遭拒后，在北京市朝阳区人民法院分别提起了两起股东知情权纠纷案件，虽北京亚之杰置业房地产开发有限公司和北京星徽旗舰汽车销售服务中心有限公司主张李福珍查账目的不正当，但未提供充分证据，故法院支持了李福珍和北京亚之杰投资有限公司的查账请求，这是双方的第二场和第三场诉讼。【原告李福珍诉被告北京亚之杰置业房地产开发有限公司股东知情权纠纷一案，［北京市朝阳区人民法院（2015）朝民（商）初字第26750号民事判决、北京市第三中级人民法院（2016）京03民终字414民事判决］，原告北京亚之杰投资有限公司诉被告北京星徽旗舰汽车销售服务中心有限公司股东知情权纠纷一案，［北京市朝阳区人民法院（2015）朝民（商）初字第26751号，北京市第三中级人民法院（2016）京03民终字418民事判决］，李军初战告捷。

在股东知情权纠纷进行的同时，陈红控制的北京亚之杰置业房地产开发有限公司又在北京市西城区人民法院针对李军提起了一个民间借贷诉讼［北京市西城区人民法院（2015）西民（商）初字第1037号］，这是双方第四场诉讼，北京亚之杰置业房地产开发有限公司在一审中起诉称：自2002年6月13日起担任北京亚之杰置业房地产开发有限公司执行董事、总经理的李军，多次向亚之杰公司借款，现因李军拒绝偿还，而依据涉案"借款单""记账凭证"及"中银行结算业务申请书"等提起诉讼，请求判令李军返还所欠亚之杰公司借款5600万元等。根据裁判文书网上检索到的［北京市第一中级人民法院（2017）京01民终5852号民事判决］，李福珍以侵害其优先购买权为由，于2015年在北京市海淀区人民法院起诉，请求判令李军和陈红订立的《股权转让协议书》中涉及北京亚之杰广告有限公司李军名下50%的股权转让给陈红的内容无效，该案于2017年9月25日北京市第一中级人民法院做出终审判决，驳回李福珍的诉讼请求。同样是在裁判文书网上，可以检索到2016年11月7日［北京市第二中级人民法院（2016）京02民辖终1015号管辖权异议民事裁定］，该裁定披露：陈红以李福珍与李军签订的《出资转让协议书》侵害其合法权益为由，于2015年在北京市西城区人民法院起诉，请求判令李军与李福珍签订的《出资转让协议书》无效；陈红分割北京亚之杰咨询有限公司69.3%的股权。双方的第七场、第八场较量，则将陈红的母亲——股权的代持人李善荣拉进了诉讼。昔日的亲家母，如今对簿公堂。2015年，李军、李福珍主张2014年3月3日，北京亚之杰置业房地产开发有限公司伪造李军、李福珍签字，形成了一份北京亚之杰置业房地产开发有限公司第六届第二次股东会决议，免去了李军的执行董事职务，并将其名下的2970万元出资无偿转让给了李善荣，并同时修改公司章程。同时，北京亚之杰置业房地产开发有限公司还形成了一份北京亚之杰置业房地产开发有限公司第七届第一次股东会决议，选举李善荣为执行董事，并同意修改公司章程，同日，北京亚之杰置业房地产开发有限公司伪造了李军签字，制作了一份《出资转让协议书》，将李军持有的北京亚之杰置业房地产开发有限公司出资2970万元转让给了李善荣，并且办理了工商变更登记手续，将公司的股东、执行董事均变更为李善荣并备案了修改后的公司章程。李军、李福珍认为，北京亚之杰置业房地产开发有限公司的行为侵犯了其合法权益，故以亚之杰置业有限公司为被告、李善荣为第三人，诉至法院，要求确认北京亚之杰置业房地产开发有限公司第六届第二次股东会决议无效。2016年9月28日，北京市朝阳区人民法院一审判决，确认被告北京亚之杰置业房地产开发有限公司工商档案中2014年3月3日的《北京亚之杰置业房地产开发有限公司第六届第二次股东会决议》无效。2017年12月25日，北京市第三中级人民法院二审后，做出（2017）京03民终5708号民事裁定，称北京亚之杰置业房地产开发有限公司新提交多份证据，导致本案基本事实需进一步查清，建议结合北京亚之杰置业房地产开发有限公司的上诉请求及相关证据，对相关事实进一步查清。撤销一审判决，发回重审。（北京亚之杰置业房地产开发有限公司诉李福珍、第三人李善荣公司决议效力确认纠纷，北京市朝阳区人民法院2015朝民商初字第20389、20399号、北京市第三中级人民法院2017京03民终5708、5714号）。

2016年，第九场较量已然开始。针对李军与陈红《股权转让协议》中的第八条第五款约定，即李军同意上述公司（指李军实际控制的亚之杰投资等9家公司）其享有的股东权及经营、管理权全部授权交给陈红，且不得单方撤销，包括但不限于股东表决权、选举权、经营权、管理权等，李军对陈红的行为均予认可并自愿承担由此产生的法律后果。李军于2016年在北京市海淀区人民法院起诉，主张双方系委托合同关系，请求依据《民法典》第九百三十三条规定解除委托合同。该条规定：委托人或者受托人可以随时解除委托合同。因解除合同造成对方损失的，除不可归责于该当事人的事由外，无偿委托合同的解除方应当赔偿因解除时间不当造成的直接损失，有偿委托合同的解除方应当赔偿对方的直接损失和合同履行后可以获得的利益。该条赋予了委托人的解除权，解除与陈红的委托合同关系，陈红则主张该经营管理权的约定系夫妻共同财产分割性质，不能随意收回。经过两审判决，2017年12月28日，北京市第一中级人民法院做出（2017）京01民终4548号民事判决，驳回陈红上诉，认定《股权转让协议》中的第八条第五款自2016年4月8日解除。该局李军获胜，此判决对双方意义重大，媒体包括李军自己均宣称终于拿回了公司的管理权。

第十场诉讼，则是在2017年岁末开始的一场争斗。根据李军博文中披露的"民事起诉状"照片，2017年11月23日，陈红在北京市朝阳区人民法院，将北京星徽旗舰汽车销售服务中心有限公司、北京亚之杰投资有限公司告上了法庭。起诉书称，2016年2月5日，北京亚之杰投资有限公司通过做出《北京星徽旗舰汽车销售服务中心有限公司股东决定》，将北京星徽旗舰汽车销售服务中心有限公司的执行董事由李善荣变更为李福珍，并办理了工商变更登记。北京亚之杰投资有限公司同时宣布北京星徽旗舰汽车销售服务中心有限公司的公章、财务专用章、合同专用章、发票专用章、法人人名章作废，补办了新的公章。陈红请求确认北京亚之杰投资有限公司做出的《北京星徽旗舰汽车销售服务中心有限公司股东决定》，宣布"北京星徽旗舰汽车销售服务中心有限公司公章、财务专用章、合同专用章、发票专用章、法人人名章作废的行为"，补办北京星徽旗舰汽车销哲服务中心有限公司公章的行为均无效，判令北京星徽旗舰汽车销哲服务中心有限公司办理工商变更登记，将执行董事、法定代表人恢复为李善荣。2017年12月29日，李军发文称陈红母亲李善荣已经于2016年9月2日去世。

陈李交锋的同时，似乎更大的麻烦已经来临。2016年年初在股东知情权诉讼中，当事人曾披露，2013年9月29日，北京亚之杰投资有限公司向安信信托股份有限公司贷款12亿元，该贷款于2015年9月29日到期，已经处于逾期状态。2016年1月19日，安信信托股份有限公司刊登公告，通知北京亚之杰投资有限公司，称根据双方签订的《人民币资金贷款合同》，截至2016年1月6日，亚之杰公司欠安信信托贷款13.217亿元。安信信托于2015年12月8日与北京极光顺风投资有限公司签订《债权转让协议书》，该债权已转让给后者，同时，请担保人（共7家李军名下公司）向新债权人履行担保义务。2017年3月9日，上海市高级人民法院刊登的公告中显示（2016）沪民初第5号案件为北京极光顺风投资有限公司诉北京亚之杰投资有限公司、北京亚之杰置业房地产开发有限公司、北京星徽旗舰汽车销售服务中心有限公司、北京亚之杰汽车贸易有限责任公司、北京亚之杰合众汽车销售服务有限责任公司、北京亚之杰伯乐汽车销售服务有限公司、北京亚之杰广告有限公司、李军借款合同纠纷一案。

因财产分割，双方自2015年起打了十场诉讼，涉及北京六家法院，遍布海淀、西城、朝阳、一中院、二中院、三中院，案案针锋相对，几乎每起案件均经历了一审、二审，部分案件还经历了管辖权异议的处理程序，其中的波澜，非当事人难以体会，曾经红遍大江南北的陈红近照已显苍老，虽有亿万资产，也难抵岁月风霜，如今在这旷日持久的诉讼中耗尽心血，让人不胜唏嘘。

四、忠诚协议的效力

《民法典》第一千零四十三条规定："家庭应当树立优良家风，弘扬家庭美德，重视家庭文明建设。夫妻应当互相忠实，互相尊重，互相关爱；家庭成员应当敬老爱幼，互相帮助，维护平等、和睦、文明的婚姻家庭关系。"目前对于忠诚协议的效力在学术界仍有较大争议，如果个人感觉确实需要一份忠诚协议来保护自己的权益，那么先签署一份这样的协议也未尝不可，常见的忠诚协议有以下几种类型。

A型：约定若一方背叛，离婚时就"净身出户"。

B型：不以离婚为前提，但要求婚内的财产损失惩罚。

C型：巨额的离婚赔偿金。

签署一份夫妻忠诚协议需要注意以下几个问题：①应在双方自愿的情况下制定、签署，平等协商，不能存在胁迫等情形。②不得附加人身义务的条件，协议内容不能限制人身权利，如离婚自由权、孩子抚养权等和人身关系密切联系的权利。③财产分配方式、法律责任具体化、合法化，约定的赔偿数额不能明显畸高；家庭财产的分配也应保障一方的基本生活，如"净身出户"等约定很难获得法院的支持。④将不忠诚的行为具体化。⑤一般情况下，忠诚协议只有在判决离婚时才有可能获得法院支持。

案例解析[*]

王某与张某于1999年登记结婚，由于双方是再婚，为慎重起见，2000年6月夫妻俩签署了一份"忠诚协议"。该协议约定双方应互敬互爱，若一方在婚内由于道德品质问题，出现背叛另一方的不道德行为即婚外情，要赔偿对方名誉损失及精神损失费30万元。

2001年8月，女方发现丈夫与另一女子的婚外情，导致夫妻感情破裂，男方向法院起诉离婚，女方则以"忠诚协议"为依据要求法院判决男方支付违约金30万元。一审法院在判决离婚的同时支持了夫妻忠诚协议的效力，判令违反"忠诚协议"的男方支付女方违约金30万元人民币，这是忠诚协议具有法律效力的首起判例。

忠诚协议，实质上是对《民法典》婚姻家庭编中抽象的夫妻忠实责任的具体化，完全符合《民法典》婚姻家庭编的原则和精神，属于夫妻双方的一种契约。如果把婚姻推定为特定男女当事人之间存在的一种契约，互相忠诚则属于双方当事人之间当然的义务。忠诚协议完全符合《民法典》婚姻家庭编的立法精神；忠诚协议是一种对夫妻财产关系的约定。《民法典》第一千零六十五条规定："男女双方可以约定婚姻关系存续期间所得的财产以及婚前财产归各自所有、共同所有或者部分各自所有、部分共同所有。约定应当采用书面形式。没有约定或者约定不明确的，适用本法第一千零六十二条、第一千零六十三条的规定。夫妻对婚姻关系存续期间所得的财产以及婚前财产的约定，对双方具有法律约束力。夫妻对婚姻关系存续期间所得的财产约定归各自所有，夫或者妻一方对外所负的债务，相对人知道该约定的，以夫或者妻一方的个人财产清偿。"

因此，既然忠诚协议没有违反法律禁止性规定，且是在双方没有受到任何胁迫的平等地位下自愿签订的，协议的内容也未损害他人利益，因而当然有效，应受法律保护。

第五章　婚姻家庭财富的传承

随着科技的进步和互联网经济的飞速发展，经济投资的高风险性与日俱增，特别是互联网金融高投资、高收益、高风险的行业对资金的安全性要求越来越高。很多企业家在这种高收益的诱惑下，不惜投入了家庭的所有资产来搞金融投资，可最终由于资金无法回流，企业终究破产。在一些高净值人士心中，拥有财富并不是难事，难的是怎样才能将自己的财富合理、合法又安全，最好能够保值、增值地留给后代。资金存在银行，利率那么低，通货膨胀那么快，基本上是贬值的；进行赠与公证，费用高；进行转让，要缴很多税费。那么，如何将自己所获得的财富传承于后人，下面我们将介绍并分析几个当今社会比较流行的做法。

一、遗嘱

立遗嘱，是比较传统的财富传承处理方式。方法是由律师协助客户撰写遗嘱并进行遗嘱见证。它的优点在于：可以进行妥善的安排，遗嘱管理的专业化可以尽量避免继承人之间的纷争，将纠纷的伤害程度降低，能够使遗产得到有效配置，并顺利地传承给继承人。不过它也有弊端，遗嘱传承有个非常大的问题就是它只能实现一次性传承，在被继承人去世之后只能将遗产传给在世的人，如果被继承人手里的资产规模较大且子女众多，他并不能准确地判断哪一资产更适合哪个人。并且，我国遗嘱继承手续繁杂，流程比较复杂。比如，拿着遗嘱去做房产过户登记是不可能的，必须把所有的利益相关人召集到一起，如果所有人都同意，再去做个公证，然后才能去做过户；如果有人不同意，还要走诉讼程序。

很多遗嘱的效力也很难被认定，往往因程序不合法或遗嘱书写上有瑕疵等被认定为无效遗嘱。律师提供的专业遗嘱代书、遗嘱见证、遗嘱保管、遗嘱执行服务，保障了客户选择遗嘱作为传承工具的有效性。

《民法典》第一千一百二十七条规定，遗产按照下列顺序继承：

（一）第一顺序：配偶、子女、父母；

（二）第二顺序：兄弟姐妹、祖父母、外祖父母。

继承开始后，由第一顺序继承人继承，第二顺序继承人不继承；没有第一顺序继承人继承的，由第二顺序继承人继承。

本编所称子女，包括婚生子女、非婚生子女、养子女和有扶养关系的继子女。

本编所称父母，包括生父母、养父母和有扶养关系的继父母。

本编所称兄弟姐妹，包括同父母的兄弟姐妹、同父异母或者同母异父的兄弟姐妹、养兄弟姐妹、有扶养关系的继兄弟姐妹。

《民法典》对遗产管理人有了特别的规定，应当具有以下特征：

（1）遗产管理人对遗产的管理权可以来自法律的规定，也可以来自委托人的授权；

（2）遗产管理人对遗产的权利范围由被继承人的授权范围确定，一般比保管人的权利范围广泛许多；

（3）遗产管理人对遗产的管理期限止于该财产的属性由遗产变更为继承人或受遗赠人的财产。

《民法典》对遗产管理人的规定如下：

第一千一百四十五条【遗产管理人的选任】继承开始后，遗嘱执行人为遗产管理人；没有遗嘱执行人的，继承人应当及时推选遗产管理人；继承人未推选的，由继承人共同担任遗产管理人；没有继承人或者继承人均放弃继承的，由被继承人生前住所地的民政部门或者村民委员会担任遗产管理人。

第一千一百四十六条【遗产管理人的指定】对遗产管理人的确定有争议的，利害关系人可以向人民法院申请指定遗产管理人。

第一千一百四十七条【遗产管理人的职责】遗产管理人应当履行下列职责：

（一）清理遗产并制作遗产清单；

（二）向继承人报告遗产情况；

（三）采取必要措施防止遗产毁损、灭失；

（四）处理被继承人的债权债务；

（五）按照遗嘱或者依照法律规定分割遗产；

（六）实施与管理遗产有关的其他必要行为。

第一千一百四十八条 【遗产管理人未尽职责的民事责任】遗产管理人应当依法履行职责，因故意或者重大过失造成继承人、受遗赠人、债权人损害的，应当承担民事责任。

第一千一百四十九条 【遗产管理人的报酬】遗产管理人可以依照法律规定或者按照约定获得报酬。

二、保险

很多发达国家人寿保险是常用的传承及资产配置工具之一，同时也被用作财富风险管理工具。大多数人对此存在误解，以为它只是一种以被保险人寿命为保险目标，以被保险人的死亡为给付条件的人身保险，其实它还是资产管理及财富传承的重要工具。

现在很多高净值人群愿意去购买大额保单来实现传承，比如购买保额为3000万元的终身寿险，保险的受益人可以在被保险人去世之后明确拿到这3000万元，实际上推导过来就是保险公司给投保人做了一个年化百分之几的收益承诺。

而保险的弊端在于，能够实现传承的保险种类是非常少的，我们所理解的只有一些人身保险可以；万能险、企业年金之类的保险存在部分瑕疵。

另外，保险本身也属于一次性传承，不能定制，只能传承给已经出生的人，没有办法惠及第三代。如果保险金兑付给未成年人，按照《中华人民共和国未成年人保护法》，这笔钱是要给法定监护人的，那么，这么一大笔钱容易发生道德风险，这也是我们需要谨慎思考的一个问题。

三、家族信托

因为信托进入我国社会的时间比较晚，所以很多人对此了解甚少，信托在发达国家使用比较普遍。按照财富传承的要求，家族信托有其自身的优势。

从工具的灵活性上看,家族信托是这三种传承方式中最为灵活的,其灵活性体现在多个方面。

首先,受益人安排较灵活。信托可以指定的受益人范围非常广泛,只要是自然人,甚至是未出生的人都可以作为受益人,一旦子孙出生之后,他就可以凭借有效的身份证明来获取信托利益。

其次,收益分配灵活。信托计划的本金以及收益分配可以灵活地制定,比如有一个1000万元的信托计划,指定子女为受益人,每年可以按时领取生活费,鼓励子女考上好的学校可以多领取,约束子女的不良行为,如果未来子女有违法犯罪等行为可以剥夺其收益权。

从传承工具的功能上看,家族信托的持续性较强。

第一,在客户生前,遗嘱是不发生效果的,但是家族信托和保险都是生前有效的。相比较而言,遗嘱和保险缺乏较长时间的持续性,只有家族信托在被继承人去世若干年后,依然可以遵照被继承人的财富传承意愿执行。

第二,家族信托更能适应企业的传承需求。在企业传承过程中,焦点问题一般集中在企业所有权和管理权的安排上,家族信托可以通过股权交易机构或者制定股权激励方案等方式实现传承,以避免传承中带来的纠纷。

第三,家族信托能够较好地应对复杂家族因素。在应对存在非公开的家族成员问题时,如非婚生子女和养子女,家族信托可以在相对隐蔽的情况下,将财富传承给非公开的家族成员。

综上来看,这三大财富传承工具各有利弊,每个工具的侧重点不同。在具体应用时,应根据自身的财富传承总体及细分目标、家庭成员关系、所传承财产类别等实际状况,选择适合自己的财富传承方式。

总体而言,从财富传承的角度来讲,保险显得比遗嘱更有增值效应,而信托则显得更加灵活,更有利于实现家族企业股权的集中管理,避免股权分散或者股权被变卖而导致家族企业衰败,防范婚变被分割财产,实现家族财富保值增值,等等。

据了解,几家大富豪为了控制婚姻风险,为了隔离公司与家族资产风险,为了防止子女争产反目成仇,为了避免复杂继承程序,为了将股份传继后依然保证家族的控股权和规避税收风险,均通过离岸家族信托对自己的财富做了规划。

> **案例解析**
>
> 马云通过"离岸家族信托＋两个BVI公司"持有阿里巴巴价值约1119亿元的股票，占其总持股的64.4%；刘强东通过"离岸家族信托＋一个BVI公司"持有京东价值约333亿元的股票，占其总持股的100%；孙宏斌通过"美国南科他州家族信托＋南科他州公司"持有融创价值约459亿元的股票，占其总持股的97%；吴亚军通过"离岸家族信托＋BVI公司＋BVI公司"（后转由其女"离岸家族信托＋BVI公司＋BVI公司"）持有龙湖地产价值约512亿元的股票，约占其总持股的100%。除这四大企业家外，其余大企业家也大多运用"离岸信托＋离岸公司"模式管理财富，设立离岸信托成了他们的标配。

第六章　夫妻离婚时家庭财富的处理

在前面我们讲到，家庭财富的种类有很多，包括夫妻共同财产及家庭成员的各类财产总和。可以说一个生命从出生到死亡，都有自己的财富权利。下面我们就来看一下，家庭中不同财产的分割处理。

一、夫妻财产分割的原则

夫妻双方从缔结婚姻起就一起为家庭生活共同奋斗，有了共同的财富积累，一旦夫妻离婚，就会面临这些共同财富的分割问题，那么夫妻共同财产该如何分割，应遵循怎样的分割原则才不会损害一方的合法利益，下面予以分别介绍。

（一）协议优先原则

协议优先原则是夫妻财产分割的首要原则，并优先于其他原则加以适用。根据《民法典》第一千零八十七条第一款规定："离婚时，夫妻的共同财产由双方协议处理；协议不成的，由人民法院根据财产的具体情况，按照照顾子女、女方和无过错方权益的原则判决。"夫妻离婚过程中，优先适用协议约定，无论是婚前财产协议、婚内财产协议还是离婚财产协议，只要是关于财产分割的条款，都可以在离婚过程中成为分割夫妻财产的主要依据。夫妻双方只要有协议约定在，即使财产分割上有明显的不公平，但只要该协议是在双方自愿的基础上签署的，且不存在违反法律关于协议无效事由的相关规定，那么它就是有效的，对夫妻双方均有约束力，法院也不可认定其为无效。需要注意的是，夫妻双方签订的财产分割协议对财产的处分，必须是对夫妻共同财产的处分，不得对自己无处分权的财产进行处理，不得损害他人合法权益或夫妻双方串通损害债权人利益。

（二）公平原则

公平原则是分割夫妻共同财产应当遵循的重要原则。公平原则主要包含以下几个方面：第一，公平，适当地对照顾子女、家庭，对家庭付出多的一方，对因照顾家庭而放弃工作，脱离社会生活的一方予以照顾；第二，遵循《民法典》婚姻家庭编中男女平等的原则，禁止性别歧视；第三，在分割财产时要坚持男女财产均等，不能因为分工不同、从事的工作不同、收入高低等因素影响财产分割中男女财产分配的比例，这其中也隐含了对夫妻双方中放弃工作从事家务劳动一方的照顾，保证了双方在财产分割数额上的均等。

（三）照顾子女和女方权益以及无过错方权益的原则

分割夫妻共同财产时照顾子女、女方和无过错方权益是《民法典》第一千零八十七条规定的原则。该条第一款规定：离婚时，夫妻的共同财产由双方协议处理；协议不成的，由人民法院根据财产的具体情况，按照照顾子女、女方和无过错方权益的原则判决。此规定并不违反男女平等的原则，正是考虑到女方为照顾家庭，往往放弃工作，缺乏经济来源，社会竞争中处于的不利地位，正因如此，照顾子女和女方权益就成为实现实质上平等的必然保障。同时，在具体案件中也要具体问题具体分析，当今社会也不乏很多在事业上成功的女性。

（四）有利于生产、方便生活原则

在夫妻财产的分割上，应当物尽其用，尽量不要损害财物的使用价值，分割财产时既要考虑公平合理，更要有利于生产，方便双方生活。例如，A、B起诉离婚并进行财产分割，A是一个手工作坊主，主要进行豆制品的加工，B是一名人民教师，二人的共同财产分别为500元银行存款和一台打豆机（价值500元左右），法院在分割财产时，就可以把打豆机判给A享有，由B获得500元银行存款,这样不但做到了公平平等,而且从两个人的职业生活上来看,这样分割更有利于双方的生产生活,创造更大的财富。

案例解析

2017年9月7日,WePhone创始人苏享茂从楼顶天台跳下,这个被称为天才程序员的IT精英,在他呕心沥血写成的手机应用的下载首页上,用程序语言将他的死因昭告天下——被"毒妻"翟欣欣害死,就在苏享茂死前几个小时,他的手机里收到的全都是遭前妻胁迫的信息。

苏享茂和翟欣欣是2017年3月30日通过世纪佳缘交友网站VIP服务认识的,这个IT男为此在婚恋网站上花费了高额的会费。第二天,翟欣欣主动约见了苏享茂,并称印象不错,自己只在大学毕业时谈过一次恋爱。第三天,翟欣欣发布了一段几只鸟飞过别墅的视频,苏享茂天真地以为这是翟欣欣想要的生活,于是就给翟欣欣看了自己的账户信息,明确表示自己也买得起别墅。当时苏享茂觉得大家都是奔着结婚走的,而且感觉她条件不错,因此以后对她特别慷慨。苏享茂为翟欣欣买了一辆特斯拉ModelX,价值108万元。这辆特斯拉已经随着翟欣欣一起杳无音讯,邻居们表示曾见过这辆车,还有衣服、鞋和包;5月两人去了海南,买了一套房子。接着两人认识不到半年便步入了婚姻的殿堂,于6月7日完婚。可惜婚姻生活是那么短暂,两人于7月18日就离婚了。苏享茂亲属曾发布消息称,苏享茂和翟欣欣经网络婚介平台介绍相识,从相识到结婚,整个过程不到一年。其间,苏享茂为前妻翟欣欣累计花费近1300万元。苏享茂的哥哥苏享龙曾说,他的弟弟在某些方面特别专长,比如写程序,但对于人际关系、处事待物则比较幼稚。一位不愿意透露姓名的知情人士告诉《法制晚报·看法新闻》记者说:"苏享茂在以全款买下这套房子的时候,怎么也想不到,翟欣欣以苏享茂偷漏税款和经营灰色产业为由对苏享茂苦苦相逼,要求苏享茂给予1000万元的离婚赔偿,并且把海南清水湾的房子办理到她一个人名下。苏享茂则表示自己的身家只有660万元,希望翟欣欣高抬贵手,但遭到翟欣欣的拒绝。陷入了绝望的苏享茂选择了自杀。苏享茂在"遗书"中写道:"我感到很绝望。我的资金链已经断裂,实在很绝望。"

就这样,一次失败的婚姻让一个曾经辉煌的IT精英倾家荡产,没有了家庭,没有了事业,更没有了财产,甚至放弃自己的生命。

二、不同形式财产的分割

生活中我们经常会听说这样一种情况，男女双方谈恋爱的时候甜如蜜糖，可一到了谈婚论嫁就会产生各种矛盾，而这种矛盾的产生可能不是因为两个人的感情出了问题，往往是两个家庭的问题。因为双方一到谈婚论嫁就会涉及很多财产问题，比如彩礼、房子、车子等。双方结婚时这些财产可能是一方或双方购买来的，也有可能是一方或双方父母为小两口过日子购置所得，可好景不长，小两口因各种原因离了婚，那么问题就来了，离婚后这些财产归谁所有？下面我们将介绍一下离婚时不同类型财产的分割问题。

（一）彩礼的分割

这里所称的"彩礼"是指男女双方为结婚按照当地的风俗习惯而给付的财物。给付彩礼，在现实生活中多表现为男方父母给付女方家庭财物的行为，彩礼的收受方为女方家庭，给付方为男方家庭，甚至很多男方家庭为了让儿子娶媳妇，给付的彩礼并不是家庭财产而是对外所借债务，那么当婚姻在短时间内破裂，他们能否主张要回他们的辛苦血汗钱？

《最高人民法院关于适用〈中华人民共和国婚姻法〉若干问题的解释（二）》第十条是关于彩礼的处理，即"当事人请求返还按照习俗给付的彩礼的，如果查明属于以下情形，人民法院应当予以支持：（一）双方未办理结婚登记手续的；（二）双方办理结婚登记手续但确未共同生活的；（三）婚前给付并导致给付人生活困难的。适用前款第（二）、（三）项的规定，应当以双方离婚为条件。"这个司法解释的规定支持了三种情形下彩礼的追讨：第一，虽然已经给付了彩礼，办理了婚宴，但男女双方并没有办理婚姻登记手续，也就是说二人结婚时间并不长，还没有去民政部门办理结婚登记手续，并未形成牢固的家庭生活关系就离婚了，并不会给二人造成什么损失。第二，男女双方已经办理了结婚登记手续，但是并未共同生活过，夫妻双方都未曾尽到应尽的职责，离婚不会给任何一方带来损失。第三，为了结婚给付彩礼，使给付彩礼一方家庭限于生活困难。关于何为"生活困难"，《最高人民法院关于适用〈中华人民共和国婚姻法〉若干问题的解释（一）》第二十七条规定："一方生活困难"，是指依靠个人财产和离婚时分得的财产无法维持当地基本生活水平。一方离婚后没有住处的，属于生活困难。对此，我们可以比照这个定义，对"生活困难"做一个解释，第三项中的"生活困难"，在现实中多指男方父母为了筹集和给付彩礼，花光所有积蓄甚至负债累累，生活质量大大降低，甚至低于当地的最低生活水平，在这种情况下，夫妻离婚，给付彩礼一方是可以要求接受彩礼方返还或部分返还彩礼的。当然，我们要注意的是，第二、第三种要求返还彩礼的形式，必须以夫妻双方离婚为前提，第一种情形并未办理结婚手续，因此也就不涉及离婚，所以这三种返还彩礼的情形均是夫妻双方在民政部门不存在婚姻关系登记才可适用。法理不外乎人情，这一点大概是基于维护家庭和睦的考虑吧。

综上，男女双方按照当地风俗习惯为缔结婚姻而给付的彩礼，一旦双方结婚时间短暂，没有进行婚姻登记，虽然离婚但对双方没有严重影响；或者已经办理了结婚登记，但没有进行共同生活而要求离婚的；双方结婚时间不长后离婚，但结婚彩礼使给付方生活上发生严重困难的。在这几种情形下我们都可以要求分割或者返还曾给付的彩礼。

案例解析

金某（原告）与马某（被告）于2007年11月经人介绍认识并自愿订下婚约。马某向金某索要彩礼约30 000元，其中现金20 800元（自愿给付800元、订婚3200元、送干礼16 600元、回门200元），三金5506.50元（黄金项链1条15.36克3456元、黄金耳环1副6.5克1462.50元、黄金戒指1枚2.39克588元），衣服等约4000元。2008年1月31日，金某借资15 000元与马某举行了结婚仪式，但未办理结婚登记手续。随后金某与马某同居生活不到一个月时间，后因家庭矛盾，金某向法院起诉与马某离婚，并要求返还订婚、结婚彩礼等共计45 000元。经法院审理判决：马某返还金某彩礼金20 000元。

根据《最高人民法院关于适用〈中华人民共和国婚姻法〉若干问题的解释（二）》第十条的规定："当事人请求返还按照习俗给付的彩礼的，如果查明属于以下情形，人民法院应当予以支持：（一）双方未办理结婚登记手续的；（二）双方办理结婚登记手续但确未共同生活的；（三）婚前给付并导致给付人生活困难的。适用前款第（二）、（三）项的规定，应当以双方离婚为条件。"因为金某与被告马某未办理结婚登记，根据上述第一项规定被告应当将彩礼返还金某，但双方同居生活了一段时间，根据《民法典》第一千零四十九条的规定，要求结婚的男女双方应当亲自到婚姻登记机关申请结婚登记。符合本法规定的，予以登记，发给结婚证。完成结婚登记，即确立婚姻关系。未办理结婚登记的，应当补办登记。原告金某与被告马某未办理结婚登记手续，其行为是不受法律保护的，考虑到双方按照民间习俗举行了结婚仪式，被告方也有一定的损失，未办结婚登记双方同居生活，双方均有一定责任，因此判决被告返还部分礼金给原告。

该案件恰恰涉及男女双方未办理结婚登记手续，我们换个角度想，假设双方已经办理结婚登记，且已经共同生活，但金某所借15 000元使家庭生活十分困难，所有财产悉数变卖，父母常常食不果腹，在这种情况下也就符合了我们说的第三种情形，在男女双方离婚的情形下，给付彩礼方也是可以要求接收彩礼一方返还部分或者全部彩礼的。如果涉及第二种男女双方已经办理了结婚登记，但是并没有在一起共同生活的，离婚时也是可以要求返还部分或者全部彩礼的。

（二）嫁妆的分割

说到了彩礼，那么还有我们熟知的一个词"嫁妆"。在我国的婚嫁习俗中，"彩礼""嫁妆"是很盛行的两个财产分配的行为，尤其是广大农村，这样的习俗还依然盛行。嫁妆在现实生活中多为女方父母在女儿出嫁前或出嫁时给付女儿的财物。可惜的是，我国法律对嫁妆的分割并没有做出特别的规定，关于对它的处理我们只能按照赠与来处理。关于财产的属性，这就要对嫁妆赠与的时间点来进行严格的区分，对于在女儿出嫁前，父母给付给女儿的财物，应认定为对女儿的个人赠与，算作女儿的婚前个人财产；对于在女儿结婚后父母的赠与，如果没有明确表示为赠与女儿个人的话，即视为对夫妻双方的赠与，属于夫妻共同财产。

基于此，夫妻离婚时嫁妆的分割，首先要确定的就是嫁妆财产获取的时间点，如果是女方婚前获得，即为女方婚前个人财产，不予分割；如果为婚后女方父母所赠，在没有明确约定赠给女方个人的情形下，属于夫妻共同财产，按照夫妻共同财产予以分割，在明确约定赠与女方个人的情况下，仍为女方个人财产，归女方个人所有，不予分割。

案例解析[*]

张某甲与周某于2009年5月经人介绍相识，××××年××月××日登记结婚，××××年××月××日生育一子，取名张某乙。婚后共同生活期间，双方常有争吵。2014年3月，双方再次发生争吵后，周某回娘家居住至今。儿子张某乙现随张某甲生活。2014年7月29日，张某甲以夫妻感情破裂为由向原审法院起诉离婚。经审理，法院于2014年9月17日做出[（2014）温龙民初字第618号民事判决书]，判决驳回离婚诉讼请求。该判决已于2014年10月8日生效。此后，双方未能和好。张某甲于2015年7月20日再次以夫妻感情破裂为由提起离婚诉讼。另查明，2015年8月7日，温州康宁医院出具医疗证明书载明，周某被诊断为精神分裂症并建议继续服药治疗。

一审法院审理认为：张某甲与周某属合法婚姻关系，受法律保护。双方婚后建立家庭，并育有一子，本应充分珍惜。然双方婚后共同生活期间常有争吵，其间张某甲曾起诉离婚，表明夫妻感情已出现问题。离婚诉请被法院判决驳回后，双方仍未能和好，并再次提起离婚诉讼，足见其离婚态度坚决。周某虽不同意离婚，但庭审中亦表示2014年双方发生争吵后其回娘家居住，双方至今未能和好。综上，足以认定双方夫妻感情确已破裂，经调解无效，应准许离婚。

关于离婚后子女抚养。儿子张某乙现随张某甲生活，双方就离婚后儿子张某乙由张某甲抚养至独立生活已达成一致，应予确认。根据《民法典》第一千零八十五条第一款规定："离婚后，子女由一方直接抚养的，另一方应当负担部分或者全部抚养费。负担费用的多少和期限的长短，由双方协议；协议不成的，由人民法院判决。"结合当事人请求并参照本地实际生活水平，子女抚养费酌情确定为84 000元，由周某按年分期支付，自2016年始至2027年止，每年支付7000元。周某主张其目前无工作又无其他收入不应承担子女抚养费的意见，不予采纳。同时，《民法典》第一千零八十六条规定，离婚后，不直接抚养子女的父或者母，有探望子女的权利，另一方有协助的义务。行使探望权利的方式、时间由当事人协议；协议不成的，由人民法院判决。父或者母探望子女，不利于子女身心健康的，由人民法院依法中止探望；中止的事由消失后，应当恢复探望。现周某主张一个月探望儿子两次，予以支持。关于周某请求支付生活补助费30万元。《民法典》第一千零九十条规定，离婚时，如果一方生活困难，有负担能力的另一方应当给予适当帮助。具体办法由双方协议；协议不成的，由人民法院判决。本案中，周某主张其患精神分裂症，继续治疗需大额医疗费用，将导致其生活困难，周某严重程度及所需后续治疗的大致费用，亦不能证明后续治疗将导致其生活困难，故其该项诉请无事实与法律依据，不予支持。

关于周某请求返还嫁妆。因未提供证据证明嫁妆物品的存在，张某甲又予以否认，故法院对其该项主张不予支持。

关于周某请求分割夫妻共同财产。周某主张企业数控设备价值50万元属夫妻共同财产，但未提供证据证明其主张，张某甲又予以否认，故该项请求缺乏依据，不予支持。周某主张红包及女方其他收入84 400元属夫妻共同财产，亦未提供证据证明上述财产现仍存在及由张某甲保管，张某甲亦予否认，故法院对其该项主张亦不予支持。

关于周某请求双方共同负担欠其母亲王秋香的8万元债务。因该项诉请涉及案外人权利，张某甲又否认该债务，故在本案中不予处理，当事人可另行主张解决。

关于浙C×××××长安牌微型面包车。双方均确认系婚后购买，现登记于张某甲名下，并由张某甲保管。根据《民法典》第一千零六十二条规定，应属夫妻共同财产。张某甲主张属其个人财产，于法无据，不予采纳。在确认该车辆属于夫妻共同财产的前提下，双方就该车辆分割达成一致，即该车辆归周某所有，周某支付张某甲车辆折价款1000元。

一审宣判后，周某不服，向本院提起上诉称：①原审未判决被上诉人支付生活补助30万元，明显不公。上诉人大学毕业后至婚前其身体及家族均无精神病史。因治疗周某，父母已支付了大额医疗费，至今仍未痊愈，靠药物维持，而被上诉人从未支付过医疗费用。现上诉人患精神分裂症，无工作无收入，生活极其困难。2014年5月，上诉人无故遭被上诉人殴打，因后脑部受到打击导致头部剧痛，从温州附属第二医院转至温州康宁医院治疗，被诊断为精神分裂症。现上诉人病情时好时坏，一直靠药物维持，随时有复发可能。原判以上诉人未提供后续治疗费用金额以及离婚后导致生活困难的证据为由，不支持生活补助，与法律相悖。②结婚时，上诉人有冰箱1台、洗衣机1台、空调3台、电视机1台、音响1套、电脑1台、微波炉1台、电饭煲1台、手机1部、床2张、桌椅1套，以及沙发、茶几、太阳能热水器、油烟机、消毒柜、煤气灶、被褥等10万余元的嫁妆，但原判未予处理，明显不当。③一审中，上诉人已经提供了欠王秋香8万元债务的银行凭证，该债务属夫妻共同债务。被上诉人实际拥有价值50万元的数控加工设备，一审未予调查核实，并做出分割处理，亦属不当。此外，被上诉人收取84 400元红包的事实清楚，均应一并作出认定处理。④上诉人作为母亲，理应承担起抚养子女的义务，但因患有精神分裂症，既无工作也无任何经济收入，全靠父母接济生活，根本无力承担子女抚养费；且被上诉人从事数控产品加工，收入较高，完全有能力抚养子女，抚养费宜由被上诉人负担。综上，原审判决错误，请求二审依法改判。

被上诉人张某甲辩称：原判认定事实清楚，适用法律正确，应予维持。

二审中，上诉人周某提供了下列证据：

（1）个体工商户登记情况，用于证明被上诉人张某甲经营阀门配件加工厂，并拥有数控设备的事实；

（2）医院病历，用于证明周某患有精神分裂症，且一直处于治疗的事实。

被上诉人质证认为，加工厂因生意不好已不再经营，医院病历无法证明上诉人患有精神分裂症。

二审法院认为，双方对曾经登记注册字号为温州市龙湾永兴泰立阀门配件加工厂，经营地址在周某家里的事实陈述一致，但该加工厂实际已不再经营；周某一审提供的数控设备照片，拍摄地及来源不详，亦无其他证据相应印证，故尚不足以认定张某甲实际拥有价值50万元数控设备的待证事实；一审中，周某提供的温州康宁医院医疗证明书记载"诊断：精神分裂症，建议：继续服药治疗"，结合其二审提供的该医院病历，可以证明周某已经温州康宁医院诊断确认患有精神分裂症，需要继续治疗的事实。

经审理，二审法院对原判认定的事实予以认定。另认定，2014年5月，周某经温州康宁医院诊断为精神分裂症。后于2014年6月21日、2015年3月10日、3月19日、8月7日和2016年1月28日继续在该院门诊治疗。2015年8月7日，该院出具医疗证明书，载明"诊断：精神分裂症，建议：继续服药治疗"。现周某跟随父母一起生活。

二审法院认为：双方属合法婚姻，经人民法院判决不准离婚后，仍未能和好，现再次起诉离婚，应视为夫妻感情确已破裂，且二审中双方对原审判决解除婚姻关系均无异议，应准予离婚。

关于子女抚养费负担。鉴于周某患有精神分裂症，原审判决儿子张某乙由张某甲抚养，于法有据，且周某二审亦无异议。《民法典》第一千零八十四条规定："父母与子女间的关系，不因父母离婚而消除。离婚后，子女无论由父或者母直接抚养，仍是父母双方的子女。离婚后，父母对于子女仍有抚养、教育、保护的权利和义务。离婚后，不满两周岁的子女，以由母亲直接抚养为原则。已满两周岁的子女，父母双方对抚养问题协议不成的，由人民法院根据双方的具体情况，按照最有利于未成年子女的原则判决。子女已满八周岁的，应当尊重其真实意愿。"一审法院据此判决周某承担一定数额的抚养教育费，于法有据。但是，因周某现患有精神分裂症，且根据医院建议仍属于治疗期，无法从事任何劳动，亦无任何收入来源，而作为子女父母的另一方当事人应当给予理解，故对于周某理应负担的抚养费，宜暂不判决其负担；否则，势必造成周某生活更加困难。因此，本院确定子女抚养费由张某甲自行负担。但是，离婚后，不直接抚养子女的一方负担一定数额的抚养费，属法定义务，故可视周某病情治疗恢复及其日后收入来源等情况，由子女依据《民法典》第一千零八十五条规定适时提出抚养费主张。因此，对原审判决周某支付抚养费的内容，二审予以调整。同时，《民法典》第一千零八十六条规定："离婚后，不直接抚养子女的父或者母，有探望子女的权利，另一方有协助的义务。行使探望权利的方式、时间由当事人协议；协议不成的，由人民法院判决。父或者母探望子女，不利于子女身心健康的，由人民法院依法中止探望；中止的事由消失后，应当恢复探望。"原判确定周某享有每月探望儿子张某乙二次的权利，并无不当，二审予以确认。

关于夫妻扶养义务及经济帮助。《民法典》第一千零五十九条规定："夫妻有相互扶养的义务。需要扶养的一方，在另一方不履行扶养义务时，有要求其给付扶养费的权利。"这是《民法典》婚姻家庭编对夫妻之间相互负有法定扶养义务的规定，也是家庭伦理道德在我国婚姻法律制度中的具体体现。夫妻间的扶养义务，不仅存在于婚姻关系存续期间，也应适用于离婚时。本案中，张某甲第一次起诉离婚时，周某已经温州康宁医院确诊为精神分裂症，在人民法院判决不准离婚后，双方不仅未能和好，且张某甲在并未履行照顾治疗周某之扶养义务的情况下，再次起诉坚决要求离婚，是对妻子周某的更深伤害。因此，在离婚案件中，周某，特别是精神分裂症的离婚一方当事人，人民法院在依法处理离婚事项时，无论是基于人文关怀，还是经济帮助，理应遵循妇女权益保障原则以及公序良俗，依法保障妇女一方的合法权益。结合本案周某的疾病诊断以及当前病情、工作生活情况，本院酌情确定由张某甲给予周某经济帮助款50 000元。原判未支持周某经济帮助的诉请不当,二审予以纠正。

关于女方父母购买的嫁妆以及赠送的红包。"嫁妆",是指女子出嫁时,从娘家带到夫家的衣被、家具及其他用品。它并非法律上的概念,但传统意义上认为,嫁妆一般属女方个人财产。我国法律及司法解释仅对订婚彩礼做出规定,但对于离婚时嫁妆如何处理,并无明确规定。通说认为,结婚登记前的陪送嫁妆应认定为女方父母对女方的婚前个人赠与,登记结婚后的陪送嫁妆,除女方父母明确表示赠与一方的以外,应当认定为对夫妻双方的共同赠与。但是,鉴于实际婚俗中存在举办习俗婚礼时间与登记结婚时间的顺序颠倒现象,故仍不宜按此一般规则认定嫁妆性质。当前婚俗中,男方父母给予彩礼、女方父母陪送嫁妆而缔结婚姻的现象普遍存在。女方父母陪嫁的物品多数由男方彩礼或礼金购买,且大多为耐用消费品,而非专属于女方的个人生活用品,通常结婚多年经共同使用后价值极易耗损。因此,有关嫁妆的认定处理,不应参照《最高人民法院关于适用〈中华人民共和国婚姻法〉若干问题的解释(二)》第二十二条的规定,而应结合当地婚俗和双方当事人缔结婚姻时的彩礼、聘金、嫁妆情况作综合认定。本案中,双方于××××年××月登记结婚,至今共同生活已近七年,嫁妆价值已大大耗损,且部分已与建筑物不可分割,成了维持生活家居的必需品;同时,考虑儿子张某乙随张某甲生活,为不影响子女生活,故不宜将上述陪嫁物品归还。但是,专属于周某的个人生活物品,仍属周某个人财产。此外,周某父母婚后给予女方及孩子的各种红包现金84 400元,均属于赠与,且均已花费,现无证据证明该财产客观存在,故原判未作为共同财产分割处理,并无不当。

关于共同财产和共同债务。一审中,周某主张欠其母亲王秋香8万元共同债务,并提供了相应的银行凭证,但张某甲予以否认。若该共同债务真实存在,可由王秋香另行主张解决,原判不予处理,亦无不当。周某一审提供的数控设备照片,无法证明与本案具有关联性,故尚不足以认定张某甲实际拥有价值50万元的数控加工设备的事实,二审法院不予认定。

(三)货币财产的分割

我们这里所说的货币财产包括现金、银行存款、支票等。这种财产一般是没有疑问的,在夫妻关系存续期间共同生活中取得的,属于夫妻共同财产。该类财产在没有特殊情况下,由夫妻双方平均分割。

案例解析

夫妻共同财产的分割在夫妻离婚时是一个必谈的话题，亚马逊公司创始人杰夫·贝索斯（JeffBezos）已经打造了一个横跨图书、媒体、零售、云服务、能源、交通、硬件、医疗保健领域的商业帝国。亚马逊的触角如此之广，以至于消费者很难逃出它的"手掌心"。而在1月9日，这个世界首富、亚马逊的创始人杰夫·贝索斯突然在社交网络上发布声明，宣告了自己长达25年的婚姻终结。这个离婚事件被称为"史上最贵离婚案"，据分析贝索斯作为史上最有钱的个人，身家折合成货币资产高达1370亿美元，实时数据比第二名比尔·盖茨的930亿美元，还多了440亿美元，按照他们所在的华盛顿州法律规定，夫妻任意一方在婚姻存续期间取得的财产，除遗产继承和馈赠外，一般均属于夫妻共同财产，也就是说妻子麦肯齐将获得660亿美元的天价分手费。

（四）有价证券的分割

我们这里所说的有价证券是指股票、债券、投资基金等。随着人们生活水平的不断提高和投资多样化的发展，投资股票、基金等有价证券的家庭越来越多，他们渴望从繁重的家庭开支上获得些额外收益。

在婚姻关系存续期间所取得的有价证券，无论是记在哪一方名下，在双方婚姻关系破裂时，它都将作为夫妻共同财产予以分割。并且，有价证券的价值是随着市场价值上下波动的，在夫妻离婚时，如何对该有价证券进行分割，可以由夫妻协商确定。如果双方无法协商或协商不成，法院可以根据案件受理的时间或者案件开庭的时间点有价证券当时的市场价值进行分割。对于如何分割，也是首先进行夫妻协商，实在协商不成的法院可以根据《最高人民法院关于适用〈中华人民共和国婚姻法〉若干问题的解释（二）》第十五条的规定进行分割，即"夫妻双方分割共同财产中的股票、债券、投资基金份额等有价证券以及未上市股份有限公司股份时，协商不成或者按市价分配有困难的，人民法院可以根据数量按比例分配。"

关于婚前取得的股票期权的分割，如果行权人不能证明购买股票的资金属于婚前个人财产，则该股票期权应当认定为夫妻共同财产予以分割。但是股票期权对行权人身份有严格的要求，所以，在股票期权未实际行权的情况下，关于股票期权的分割可能是无法得到分割财产的，只能等到得知实际行权后再提起诉讼分割股票期权所获得的收益。

需要特别注意的是，法律法规规定的限制转让的股票及股权不能分割处理。例如，《公司法》第一百四十一条规定："发起人持有的本公司股份，自公司成立之日起一年内不得转让。公司公开发行股份前已发行的股份，自公司股票在证券交易所上市交易之日起一年内不得转让。公司董事、监事、高级管理人员应当向公司申报所持有的本公司的股份及其变动情况，在任职期间每年转让的股份不得超过其所持有本公司股份总数的25%；所持本公司股份自公司股票上市交易之日起一年内不得转让。上述人员离职后半年内，不得转让其所持有的本公司股份。公司章程可以对公司董事、监事、高级管理人员转让其所持有的本公司股份做出其他限制性规定。"在相关法律的规定下，所持公司的股份是不能随意转让的，这样就需要遵守相关规定，不能随意转让其股权，待符合转让条件后才可以对股权进行分割处理。

案例解析*

A女和丈夫结婚11年，因为感情破裂，现在正向法院申请离婚。在他们婚姻关系存续期间，曾经购买过一些股票、债券等有价证券，离婚时应该如何分割这些财产呢？另外4年前，丈夫还以个人名义在某有限责任公司出资，但A女并不是这家公司的股东，丈夫愿意转让部分股份，那么A女能成为该公司的股东吗？

根据2003年12月26日出台的《最高人民法院关于适用〈中华人民共和国婚姻法〉若干问题的解释（二）》中第十五条规定："夫妻双方分割共同财产中的股票、债券、投资基金份额等有价证券以及未上市股份有限公司股份时，协商不成或者按市价分配有困难的，人民法院可以根据数量按比例分配。"所以，A女可以与丈夫协商或按市价分配婚姻存续期间购买的股票等有价证券，若无法达成一致意见，人民法院可以根据数量按比例分配。该司法解释的第十六条规定："人民法院审理离婚案件，涉及分割夫妻共同财产中以一方名义在有限责任公司的出资额，另一方不是该公司股东的，按以下情形分别处理：（一）夫妻双方协商一致将出资额部分或者全部转让给该股东的配偶，过半数股东同意、其他股东明确表示放弃优先购买权的，该股东的配偶可以成为该公司股东；（二）夫妻双方就出资额转让份额和转让价格等事项协商一致后，过半数股东不同意转让，但愿意以同等价格购买该出资额的，人民法院可以对转让出资所得财产进行分割。过半数股东不同意转让，也不愿意以同等价格购买该出资额的，视为其同意转让，该股东的配偶可以成为该公司股东……"所以，如果符合上述两项规定的条件，A女可以成为该公司的股东。

有价证券的分割应当基于以下基本原则进行：

股票、基金等有价证券以及未上市股份有限公司股份，往往表现为价值不稳定，因此对于夫妻共同共有的股票、债券、投资基金份额等有价证券以及未上市股份有限公司股份，在双方没有事先约定的前提下，离婚时首先由双方进行协商，协商不成时可以按照有价证券的市价进行分割，按市价分配有困难的，人民法院可以根据数量按比例分配。

以股票为例，一般来说，先由双方当事人协商价格基准，若协商不成，在查清具体数目后，法院确定一个基准日作价折算成人民币分割。但如一方有合理依据坚持按股份分割，或股市涨幅趋势较大时，法院也可以根据数量按比例分配。比如，现在有些公司，为鼓励员工好好安心工作，以较低价格转让给员工未上市的公司股票，在员工离婚时，该部分股票为夫妻共同财产需要分割，肯定不能按购入价分割，而市值又不好确定，因此，就可按股份数额分割。债券、基金的分割办法也是如此。

有价证券的价格取决于证券预期收入的大小和银行存款利率的高低两个因素，同前者成正比，同后者成反比，因此其财产具有波动性也具有风险性，有价证券供求关系的变化、政局的稳定、政策的变化、国家财政状况以及市场银根松紧程度等因素都会引起有价证券价格波动。由于有价证券一般涉及大量资金及期待价值，建议夫妻离婚时谨慎对待，积极求助于专业律师，避免造成不必要的财产损失。

（五）常见房产的分割

房产，按照取得的时间分类，可分为婚前所购房产和婚后夫妻共同房产；按是否全款购买分类，可分为全款所购房产和按揭房产；按是否取得房屋所有权分类，可分为已取得所有权的房产和尚未取得所有权的房产；按房屋类型分类，可分为商品房、经济适用房、小产权房、房改房、承租房等。下面我们就此分类，分别说一说夫妻离婚时房产的分割。

1.婚前所购房产和婚后夫妻共同购买房产的分割

对于夫妻一方婚前所购买的房产，如果系夫妻一方全额出资购买，则为购房一方个人财产。根据《民法典》第一千零六十二条规定，夫妻在婚姻关系存续期间所得的下列财产，为夫妻的共同财产，归夫妻共同所有：（一）工资、奖金、劳务报酬；（二）生产、经营、投资的收益；（三）知识产权的收益；（四）继承或者受赠的财产，但是本法第一千零六十三条第三项规定的除外；（五）其他应当归共同所有的财产。夫妻对共同财产，有平等的处理权。第一千零六十三条规定，下列财产为夫妻一方的个人财产：（一）一方的婚前财产；（二）一方因受到人身损害获得的赔偿或者补偿；（三）遗嘱或者赠与合同中确定只归一方的财产；（四）一方专用的生活用品；（五）其他应当归一方的财产。《最高人民法院关于适用〈中华人民共和国婚姻法〉若干问题的解释（一）》第十九条规定："夫妻一方所有的财产，不因婚姻关系的延续而转化为夫妻共同财产。但当事人另有约定的除外。"根据这条规定，夫妻一方婚前以自己的财产所购买的房产，只是改变了自有财产的形式，如果没有另外约定，仍为其个人财产。

对于婚后夫妻共同购买的房产，属于夫妻共同财产，这一点相信大家是没有疑问的，夫妻婚后以共同财产购买的房产，离婚时仍为共同财产予以分割。

2.全款购买的房产和按揭所购房产的分割

根据如上所述，对于夫妻一方婚前用自己的资金全款购买的房屋，该房屋属于该个人婚前财产，夫妻离婚时对该房屋不予分割。而对于夫妻一方婚前付首付婚后夫妻共同还贷的房屋，夫妻离婚时又该如何处理呢？《最高人民法院关于适用〈中华人民共和国婚姻法〉若干问题的解释（三）》第十条规定："夫妻一方婚前签订不动产买卖合同，以个人财产支付首付款并在银行贷款，婚后用夫妻共同财产还贷，不动产登记于首付款支付方名下的，离婚时该不动产由双方协议处理。依前款规定不能达成协议的，人民法院可以判决该不动产归产权登记一方，尚未归还的贷款为产权登记一方的个人债务。双方婚后共同还贷支付的款项及其相对应财产增值部分，离婚时应根据婚姻法第三十九条第一款规定的原则，由产权登记一方对另一方进行补偿。"根据这条司法解释的规定，假设A在婚前购买了一套房产，付了首付款，房产登记在A名下，后与B结婚，婚后以A、B两人的夫妻共同财产偿还房屋贷款，几年后房屋贷款尚未还清，但A要与B离婚，对于该房屋的分割，首先由A、B协商处理，在协商不成的情况下，A要将夫妻关系存续期间两个人共同还贷的一半及其利息补偿给B，房屋归A所有。如果在A和

B离婚时房屋的贷款还未偿还完毕，则剩余的贷款会作为A的个人债务，由A自己偿还。

对于如何确定未取得不动产所有权一方，即A所应得到的补偿款数额，审判实践中有几种不同的计算方式。目前，多数法院采取的计算方式如下：

假设婚前贷款购房者所购房屋的单价是每平方米15 000元，面积80平方米。首付款是36万元，按揭贷款84万元，贷款期限20年（240个月），则利息总计为603 452.87元。还款总额1 443 452.87元。如果采用等额还款的方式，月均还款6014.39元。双方当事人婚后共同还贷3年（36个月）后诉讼离婚，离婚时房屋经评估，价值400万元。计算可知，购房者为购买该房屋总共支付1 803 452.87元（1 200 000元+603 452.87元）。其中，首付款在房价（房价款+利息）中所占比例为（360 000元÷1 803 452.87元×100%）19.96%，夫妻共同还贷216 518.04元（6014.39元×36），占房价款的12%（216 518.04元÷1 803 452.87元×100%）。如果不考虑其他因素，则可以判决房屋归婚前购房者所有，由其对另一方补偿24万元（400万元×12%×1/2）。剩余贷款1 226 934.83元（1 443 452.87元-216 518.04元），仍由原购房者继续偿还。由于目前各银行及互联网上均能够提供房贷的计算标准，因此上述计算方式不失为一种简便、实用的计算办法。[①]

假设上述案例中的购房者是男方，离婚时双方当事人无子女，或者虽然有子女但女方经济独立，无须照顾，则上述分割不动产的办法即可直接适用。但如果离婚时子女两岁，需要随女方生活，女方另有居住房屋但经济困难，则首先考虑在分割上述不动产时，对于夫妻共同还贷部分所对应的财产价值，根据照顾女方和子女利益的原则，给女方多分。如果法官认为将该部分全部给女方才足以体现照顾子女和女方利益的原则，判决结果并不违反本条司法解释的规定。如果离婚时女方没有住处，则人民法院还可以依据《民法典》第一千零九十条和《最高人民法院关于适用〈中华人民共和国婚姻法〉若干问题的解释（一）》第二十七条之规定，判决男方对女方给予帮助，让承担抚育子女义务的女方在此房屋居住，直到其另行找到住处或者再婚。[②]

[①] 最高人民法院民事审判第一庭.最高人民法院婚姻法司法解释（二）的理解与适用［M］.北京：人民法院出版社，2015.

[②] 同上.

案例解析

王某与闫某于2006年12月经人介绍相识，2007年7月登记结婚，婚后未生育子女，夫妻感情一般。2011年7月，王某以夫妻感情破裂为由起诉至法院，要求与女方离婚，并依法分割财产。经法院审理查明，王某在婚前购买了楼房一套，总房款50万余元，其中王某婚前支付首付款20万元，其余办理了按揭贷款，该房产在婚前办理了房产所有权证书，登记在王某名下。在诉讼过程中，两人一致认可，结婚时该房价值99万元，在共同生活期间共同还贷15万元，王某起诉时该房价值1 496 984元。《最高人民法院关于适用〈中华人民共和国婚姻法〉若干问题的解释（三）》第十条规定："夫妻一方婚前签订不动产买卖合同，以个人财产支付首付款并在银行贷款，婚后用夫妻共同财产还贷，不动产登记于首付款支付方名下的，离婚时该不动产由双方协议处理。依前款规定不能达成协议的，人民法院可以判决该不动产归产权登记一方，尚未归还的贷款为产权登记一方的个人债务。双方婚后共同还贷支付的款项及其相对应财产增值部分，离婚时应根据婚姻法第三十九条第一款规定的原则，由产权登记一方对另一方进行补偿"。

经法院审理认为，该楼房系王某婚前购买并交纳首付款，且办理了房产证，该楼房应为王某的婚前个人财产，同时王某应补偿闫某婚后共同还贷部分及其对应的房屋增值款，判决王某补偿闫某婚后共同还贷的一半7.5万元及其对应的房屋增值款12万元左右。

这类案件主要从以下几个方面考虑：

第一，看夫妻之间是否存在关于房屋还贷问题的相关约定或者夫妻分别财产制的约定，有约定的按照约定执行，对于没有约定的按照上述司法解释的规定执行；第二，看偿还贷款的时间是否处于夫妻关系存续期间，只要是偿还贷款的时间处于夫妻关系存续期间，无论还贷的资金来源于夫妻哪一方，都属于夫妻共同财产。

房屋购置资金一般由以下几部分构成：夫妻一方婚前购房支付的房屋首付款、夫妻双方共同偿还的贷款、尚未偿还的贷款。对于房屋的增值部分补偿，可根据这几部分房屋购置资金的来源及在全部房屋购置款中所占的比例进行考量。关于夫妻一方婚前购房支付的房屋首付款部分对应的房屋的增值，该部分属于夫妻一方的婚前财产购买，且为婚后的自然增值，不属于夫妻共同财产的范围。对于夫妻双方共同偿还的贷款，该部分无论是用夫妻哪一方的资金还贷，都属于夫妻共同财产，但因现在房价上涨，购房的成本不断加大，所以不仅要考虑由夫妻一方补偿另一方共同还贷的一半，还要考虑补偿对方共同还贷部分对应的房产增值。关于尚未还贷的部分，《最高人民法院关于适用〈中华人民共和国婚姻法〉若干问题的解释（三）》第十条中已经明确该部分作为获得房屋所有权人的个人债务，那么对于该部分的增值，亦应归该所有权人享有，不予分割。

对于公共还贷部分房产增值的计算，法律并没有明确规定，各地房价不同，政策不同，各地的法院对该部分的计算方法也不一样。我们要依据《最高人民法院关于适用〈中华人民共和国婚姻法〉若干问题的解释（三）》第十条规定的主导原则，既要保护个人婚前财产又要公平分割婚后共同共有财产，更不能损害债权人的利益。法院在判决时应综合考虑平衡男女双方的利益，保护妇女权益，公正判决。

对已取得房屋所有权、尚未取得房屋所有权和未完全取得房屋所有权房产的分割。

对于已经取得所有权的房屋，可以按照我们所说的上述规则去处理，但对于尚未取得所有权或未完全取得所有权的福利性公有房屋等，我们又该如何处理？对当事人就离婚时尚未取得或者尚未完全取得所有权的房屋权属和分割发生纠纷的，我们认为，首先在当事人双方对争议的房屋均不享有所有权的情况下，根本就无权对房屋所有权的归属问题提出请求，虽然当事人双方可以占有、使用该房屋，但无处分权。因此，对当事人双方就房屋所有权提出的诉讼请求是不能予以支持的。当然，双方当事人可以就房屋的居住、使用以及以后房屋所有权的取得、归属协商解决，如果就上述问题无法达成一致意见，人民法院只可就房屋的居住、使用做出判决，而不能对房屋所有权的归属进行判决。[①] 按照法律规定，离婚时尚未取得房屋所有权的当事人在交清全部购房款并办理房屋权属转移登记手续后，即可取得房屋所有权。根据国务院住房改革政策，以标准价购买福利性公有房屋的，在将标准价与成本价或者市场价之间的差价补足交清后，房屋所有权归个人所有。如前所述，在房屋所有权尚未取得或者尚未完全取得的情况下，人民法院无法对房屋所有权的归属和分割予以判决，而只能就房屋的居住和使用纠纷问题进行处理。但在人民法院对房屋的居住、使用纠纷处理完毕之后，当事人取得了房屋所有权或

---

① 最高人民法院民事审判第一庭. 最高人民法院婚姻司法解释（二）的理解与适用［M］. 北京：人民法院出版社，2015.

者房屋的完全所有权的情况下，如果当事人双方就房屋所有权归属和分割无法协商一致又发生争议时，当事人可单独就房屋所有权问题另行向人民法院起诉，而不受前一诉讼已经终结的影响，人民法院不得以一事不再理为由不予受理。

案例解析

李某与王某于2003年4月登记结婚，且二人都未再婚，双方未生育子女，李某曾与前夫生育一子，王某曾与前妻生育一儿一女，现在三个孩子都已经成年。现李某将王某诉至法院要求与其离婚并分割夫妻共同财产。王某同意与李某离婚，但是对于分割夫妻共同财产不予认可，他认为，他与李某之前曾经口头约定财产归各自所有，并无夫妻共同财产可分割。经法院查明：2003年9月，王某以其个人婚前财产购买了A房屋，房屋总价50万元，登记于王某名下并予王某使用。2008年1月初，王某名下的B号院落拆迁，王某获得拆迁补偿款500万元，后王某用这500万元分别购买了C和D房产共计450万元，这两套房屋均登记在王某自己名下，并予以出租，剩余50万元。

现李某认为王某购买的A、C、D套房产均属于王某婚后购买，属于夫妻关系存续期间购买，应当属于夫妻共同财产。王某则认为增值属于房屋的孳息，应属于婚前个人财产，且两人有财产约定分别归各自所有，该三套房产不属于夫妻共同财产，不能予以分割。

另，王某称其将补偿款购房后剩余的50万元存入银行获得利息约5万元，并于2011年2月20日将上述存款、利息及房屋租金共计70万元购买了银行的个人理财产品，其理财产品的申请书中记载至2012年2月19日可获得增值2万元，无其他财产。经法院审理判决：准予双方离婚，双方各自名下存款、理财产品等归各自所有，前述三套房屋归王某所有，王某向李某支付补偿款80万元。

本案的争议焦点为：一方用其婚前个人财产婚后购买商品房和理财产品，所购房屋及理财产品是属于个人财产还是夫妻共同财产？上述财产婚后价值增值的部分是属于孳息还是投资收益，在离婚时是否应作为夫妻共同财产进行分割？

根据《民法典》婚姻家庭编规定，婚前的个人财产不因其形态发生变化而改变其个人财产的性质，王某用自己的婚前财产购买的房屋及理财产品只是个人财产形态上的变化，但仍属于王某个人财产。根据《民法典》婚姻家庭编《最高人民法院关于适用〈中华人民共和国婚姻法〉若干问题的解释（二）》的相关规定，夫妻关系存续期间，夫妻一方以个人财产投资所产生的收益属于夫妻共同财产。本案中，王某在自有住房的情况下仍购房并收取租金，并将所得租金及存款等用于购买理财产品，很显然王某是一种投资行为。而这种投资行为又恰恰是他与李某夫妻关系存续期间发生的，那么根据相关法律的规定，其投资行为所产生的收益是属于夫妻共同财产的。另外，根据相关法律的规定夫妻之间关于财产的约定应当使用书面形式，李某与王某采取口头约定婚姻关系存续期间所得的财产以及婚前财产归各自所有，没有书面约定，且王某亦未提供相应的证据予以证明，法院无法采信。所以，王某以其个人财产在婚后购买房屋和理财产品是在双方婚姻存续期间的投资，投资所得的收益即房屋和理财产品的增值部分，应当属于夫妻共同财产予以分割。

（六）不同类型房屋的分割

1. 商品房

对于商品房的分割是我们最关心的也是我们日常生活中最常见的一种。关于商品房的分割，我们可以参照上述规则予以处理。

2. 经济适用房

经济适用房是国家计划为低收入家庭解决住房问题的政策性用房，一般价格比市场同类房价要低很多，属于社会保障性住房。

对于经济适用房的分割，同样要看购房的时点来加以区分。夫妻一方在婚前取得了购买经济适用房的资格，并且在婚前购买了适用房，在对该房屋进行财产分割时则应当属于购房者的婚前个人财产，不予分割。夫妻一方在婚前取得购买经济适用的资格，但购买房屋是在婚后进行，则该房屋应当属于夫妻共同财产，但在对该房屋进行分割时，应优先将房屋分配给具备购房资格的一方，并向对方支付房屋折价款予以补偿。在婚姻关系存续期间取得的购房资格，并在婚姻关系存续期间买房的，该房产无疑是夫妻共同财产，但在分割时应当考虑对子女的照顾及女方权益保护的原则，一方取得房屋所有权，向对方支付房屋折价款。在双方都没有能力支付对方折价款的情形下，法院可以判决该房屋由双方共同使用。对于双方都主张所有权的，夫妻双方可以竞价决定谁取得房屋的所有权。

下面看一则案例：

案例解析

原告陈×、被告王×系自由恋爱，于2007年8月28日登记结婚，2011年12月26日生育一女名王××。被告现同意与原告解除婚姻关系，同意王××由原告抚养，称其每月收入为8400元，同意按照收入20%至30%的比例支付抚养费。

关于被告的工资收入，被告提交了国家广播电影电视总局广播科学研究院于2014年1月17日出具的"工资收入证明"，内容为："我单位为国家全额拨款事业单位，王×同志（身份证号码：……）为我院事业编制正式在岗职工，现技术职称为工程师，现职级为主任科员，管理七级岗位。目前每月工资收入为：基本工资1191元，津贴补贴1514元，绩效工资5700元，合计每月应发工资为8405元。特此证明。"原告认可"工资收入证明"的真实性，但认为被告实际收入高于证明所载数额，但未提交证据证明。

关于夫妻共同财产，原、被告确认共同财产包括：金条一根（100克）、索尼电视机一台、LG电视机一台、三星冰箱一台、三星洗衣机一台、沙发一组、电视柜一个、餐桌一张、餐椅四把、LG立式空调一台，认可金条一根（100克）现价值为3万元；被告同意索尼电视机一台、LG电视机一台、三星冰箱一台、三星洗衣机一台、沙发一组、电视柜一个、餐桌一张、餐椅四把、LG立式空调一台归原告所有，要求金条一根（100克）归其所有，其按照现价值给付原告折价款。

关于夫妻共同存款，原、被告确认现剩余共同存款35000元，现由被告持有，同意平均分割。

关于共同房产，位于北京市石景山区八角北里房屋登记在被告名下，被告于2007年8月9日签订《广科院出售经济适用房择房确认书》，后与案外人王志香签订《房屋买卖合同》。2007年12月20日交纳房款69100元，2010年6月4日交纳购房款149600元、房屋评估费400元。2010年8月13日，上述房屋办理产权登记，房屋性质登记为"按经济适用住房管理"。

就上述房屋房款的支付，第一次开庭时原、被告均认可购房款系由夫妻共同财产支付，第二次开庭时原告认可购房款系由夫妻共同财产支付，被告对此予以否认，称首付款是由其婚前个人财产支付，并提交银行对账单。

就该合同签订的日期，被告向本院提交的合同签订日期为2007年8月23日，单位盖章的日期为2007年8月24日，本院自北京市石景山区住房和城乡建设委员会调取的房屋档案中合同签订日期为2007年8月31日，二者不一致，本院就此问题于2014年3月14日向国家广播电影电视总局广播科学研究院致函询问。2014年3月17日，国家广播电影电视总局广播科学研究院综合办公室向本院出具《关于王×同志石景山区八角北里购房时间的说明》（以下简称说明），并附其单位保存的被告与王志香签订《房屋买卖合同》复印件一份。内容为：贵院来函已收悉，经查阅单位存档资料及向经办人员询问，现就贵院问题做如下说明：1.我院于2007年进行了经济适用房（央产房）出售工作，在2007年8月9日召开了选房大会，并于同日单位与职工签署了《广科院出售经济适用房择房确认书》，我单位一直以来均以2007年8月9日作为单位出售房屋的时间；2.我院房管部门存有王×与王志香的《房屋买卖合同》，经查证，记载的签订日期为2007年8月23日，单位盖章时间为2007年8月24日；3.经询问当年经办人员得知，当时因经办人员刚接手此项工作，工作流程并不熟悉，当年在先后同所有配售房屋的职工填写《房屋买卖合同》时有部分信息填写有误或填写格式不符合要求，后经发现后与职工重新签署了买卖合同，因此导致了部分职工签署过多份《房屋买卖合同》；4.关于备案时间和合同版本，2009年我部门在石景山住建委办理登记备案及房屋产权证时，当时为了方便统一登记和备案管理，由于当年售房一事是由单位主导，签署房屋买卖合同的两方均为单位内部职工，且签署《房屋买卖合同》仅是为了办理"房屋所有权证"使用，没有其他用途，故当年经办人员并没有去确认当年的售房时间为8月9日，而是为了便于登记，将当年签署的所有《房屋买卖合同》（修订版本）的个人签订时间统一修订为8月31日，单位盖章时间统一修订为9月1日，重新签订了一份合同用于备案。8月9日、8月23日和8月31日的时间差是单位原因造成的，非个人因素。单位重新签订《房屋买卖合同》（修订版本）后，也没有销毁以前签署的旧版本的《房屋买卖合同》，因此导致了现在发现有职工保存的《房屋买卖合同》与在房屋登记部门备案的《房屋买卖合同》信息不一致的现象。关于被告王×与王志香《房屋买卖合同》的签订时间，特做以上说明。"国家广播电影电视总局广播科学研究院提供的被告与王志香签订的《房屋买卖合同》复印件与被告提供的《房屋买卖合同》一致。

诉讼中，因双方对上述房屋现在的市场价值无法达成一致，经原告申请，高院摇号选定，本院委托北京康正宏基房地产评估有限公司对上述房屋的市场价值进行评估。评估过程中，国家广播电影电视总局广播科学研究院提交《关于石景山区八角北里房屋性质的说明》及《广播科学研究院经济适用房出售（调整）办法》[广科院办字（2007）67号]。其中《关于石景山区八角北里房屋性质的说明》内容为："坐落在北京市石景山区八角北里的该套房屋在2007年国家广电总局真武庙二条职工住宅配售过程中作为职工腾退的二轮房源，我院按经济适用房向本单位符合购房条件的职工进行配售，并于2007年8月9日按照计分排序情况，配售给我院在职职工王×同志。此房屋性质为央产经济适用房，属于中央在京单位保障性住房，根据国家相关政策文件精神，广科院于2007年7月19日印发《广播科学研究院经济适用房出售（调整）办法》[广科院办字（2007）67号]，规定在国家有关上市交易办法出台前，配售的经济适用房不得擅自出售，只能以原购价格回售给广播科学研究院。现截至2014年4月15日国家还未出台相关上市出售政策。我院在2007年向职工出售经济适用房过程中，印发了《广播科学研究院经济适用房出售（调整）办法》[广科院办字（2007）67号]，其中第十条规定'院售房委下设办公室（简称售房办），售房办为售房委的办事机构，办公室设在综合办公室。售房办由院职代会代表、各基层工会负责人、离退休人员代表、纪检及职能部门有关人员组成'，第三十六条规定'本办法由售房办负责解释'。广科院经济适用房出售工作已于2007年全部结束，售房办已经不存在，现广播科学研究院全部房屋管理工作由综合办公室承担。以上内容，全部真实，特此证明。"《广播科学研究院经济适用房出售（调整）办法》[广科院办字（2007）67号]第三十三条规定"在国家相关政策出台之前，购买广电总局经济适用房的职工，不能擅自出售所购住房，只能以原购价格回售给广科院"，第三十四条规定"从购买之日起，在院工作不满10年离开广电总局的职工，需要将所购买的广电总局经济适用房回售给广科院"。2014年4月18日，北京康正宏基房地产评估有限公司出具《（2014）西民初字第2356号案件评估情况说明函》，内容为："……，根据贵院提供的所有以上资料显示，本案涉案房屋性质为央产经济适用房，不能擅自出售，只能以原购价格回售给国家广播电影电视总局广播科学研究院。因此，我公司认为本次委托评估该房屋市场价值的条件是估价对象可公开上市，经贵院提供的材料，本条件无法成立，请贵院重新确定本案对估价对象的处理方式。现将上述情况函至贵院。特此说明。"

就上述房屋的分割问题，原、被告存有争议。原告认为属于夫妻共同财产，现值为200万元，要求归被告所有，被告给付原告折价款100万元；被告认为上述财产属于单位分配给其的个人房屋，属被告个人财产，现值21.87万元。

另查，上述房屋现由被告出租，每月租金约为3500元；原、被告婚前均在他处购买住房。庭审中，原、被告表示不要求处理被告名下的基金。

上述事实，有结婚证、出生证明、户口簿、房屋所有权证、《广科院出售经济适用房择房确认书》《房屋买卖合同》、收据、"工资收入证明"《关于王×同志石景山区八角北里购房时间的说明》《(2014)西民初字第2356号案件评估情况说明函》以及双方当事人庭审陈述等证据在案佐证。

法院经审理认为：婚姻应当以感情作为基础。本案中，原告以与被告性格不合、没有共同语言，生活中经常发生争吵、夫妻生活不和谐为由诉至法院，要求与被告离婚，被告同意与原告解除婚姻关系，本院不持异议。关于子女抚养，原告要求王××由其抚养，被告同意，本院不持异议，被告应当给付原告子女抚育费。原告就其主张的被告的收入水平，未提交证据证明，本院不予采信；被告主张的给付标准，有事实和法律依据，本院予以采纳，并依据王××的实际需要、被告的负担能力和本市的实际生活水平酌定为2100元/月。关于共同财产，原、被告认可存在共同财产金条一根（100克）、索尼电视机一台、LG电视机一台、三星冰箱一台、三星洗衣机一台、沙发一组、电视柜一个、餐桌一张、餐椅四把、LG立式空调一台；被告同意索尼电视机一台、LG电视机一台、三星冰箱一台、三星洗衣机一台、沙发一组、电视柜一个、餐桌一张、餐椅四把、LG立式空调一台归原告所有，本院不持异议，被告要求金条一根（100克）归其所有，其按照现价值给付原告折价款，本院不持异议。关于共同存款，原、被告确认现剩余共同存款35 000元，同意平均分割，本院不持异议，因现由被告持有，故被告应当给付原告17 500元。关于共同房产，被告虽在婚前签订择房确认书及房屋买卖合同，但因房款系原、被告在婚后陆续交纳，被告虽主张首付款系由其婚前个人存款支出，但未提交充分证据予以证明，本院不予采信，故本院认定房款系通过夫妻共同财产支付，上述房屋为夫妻共同财产。经评估机构说明，因该房屋性质为央产经济适用房，不能擅自出售，只能以原购价格回售给国家广播电影电视总局广播科学研究院，评估该房屋市场价值的条件是估价对象可公开上市，现该条件无法成立，且原、被告无法对该房屋的市场价值协商一致，暂不具备分割条件，故本院暂不处理上述房屋的所有权归属，仅根据上述房屋的来源、使用现状等实际情况、并在照顾女方权益的原则下确定上述房屋由被告王×居住使用，被告王×每月给付原告陈×补偿1800元。原、被告可待相应条件成就后，另行处理该房屋的所有权归属问题。

3. 小产权房

小产权房是指建设于农村集体土地上，向村集体以外的居民出售的房屋，因该房屋没有房管部门颁发的产权证，非农村集体经济组织的成员购买该类产权的房屋是无法获得房屋产权证的。我国对小产权的出售一直都是禁止或限制的态度，但是乱开发乱出售的现象还是比比皆是，这就出现了一个问题，那就是小产权在夫妻离婚时该如何进行分割呢？

小产权房的处理要针对不同购房主体进行区别对待。首先，如果该小产权房为非农村集体经济组织成员购买，则会涉及该行为违反法律或行政法规的规定，该诉争房产并不受法律保护，所以并不能对诉争房屋的所有权进行分割；房屋买卖合同有效的情形下，从保护交易安全的角度出发，可以对该房屋的使用权进行分割，可以由双方共同享有房屋使用权，也可以由一方享有使用权，同时支付另一方一定的补偿，对于双方都想获得使用权的情形下，可以通过竞价的形式来获取使用权。其次，如果该小产权房为本农村集体经济组织的成员取得，则需看取得的方式，如果是通过旧房改造安置所得，即通过旧自由房屋置换所得，则对所诉争房屋进行所有权分割处理；如果该房屋系农村集体经济组织成员通过购买等其他途径获取的，违背了我国《中华人民共和国土地管理法》（以下简称《土地管理法》）"一户一宅"的基本原则，则对诉争的房屋的处理，仍是对其使用权进行分割，对于所有权的认定缺乏物权基础。

需要注意的是，上述所说的小产权房的分割，是基于夫妻双方婚姻关系解除而进行的财产归属的认定，目的是确定夫妻双方财产的归属，并不能成为权利人要求登记机关进行物权登记的依据，更不能对抗有权机关对房屋是否合法的认定及相关处理。

4.房改房

房改房又称已购公有住房,是指根据国家现行房改政策的有关规定,单位将原公房通过优惠的形式出售给已经承租或使用该房屋的职工,职工对其享有部分产权或者全部产权的居住用房。①

下面我们将介绍不同形式房改房的分割。

(1)以一方父母名义购买,产权登记在一方父母名下。

该类情形是以夫妻一方的父亲或母亲的名义参加房改,且房屋的产权登记在夫妻一方的父亲或者母亲的名下。《最高人民法院关于适用〈中华人民共和国婚姻法〉若干问题的解释(三)》第十二条规定:"婚姻关系存续期间,双方用夫妻共同财产出资购买以一方父母名义参加房改的房屋,产权登记在一方父母名下,离婚时另一方主张按照夫妻共同财产对该房屋进行分割的,人民法院不予支持。购买该房屋时的出资,可以作为债权处理。"我国对于购买房改房的资格有着严格的限制,只限于单位职工个人或者家庭,对职工的职务和工龄等也有严格的要求。对于该类房屋,夫妻参加房改的,会在房屋产权证书中有所体现,夫妻为房屋的共有产权人;如果夫妻也享有购买房改房资格,可以确认房屋产权为全家人共同共有;但如果夫妻以一方父母名义购买房改房,产权登记在一方父母名下,父母作为完全的产权人,夫妻在离婚分割财产时并不能将该房屋作为夫妻共同财产予以分割。

(2)以一方父母名义参加房改,但权属登记于夫妻一方或双方名下。

根据房改房的特殊性,其权属登记一般登记在参加房改的职工名下。对于以夫妻一方父母名义参加房改,但房屋产权经父母的买卖或赠与,将房屋过户到夫妻一人或双方的名下,该情形视为父母放弃对房改房享受的福利,将房产作为对夫妻一方个人或者双方的赠与,对于此种情况应根据《民法典》婚姻家庭编的相关规定,将房屋作为夫妻一方个人财产或双方的共同财产予以分割。

(3)夫妻双方共同出资购买,登记于夫妻一方父母名下。

因房改房对购房对象要求的特殊性,是一种对特殊对象的福利性住房。夫妻一方父母在符合参加房改房资质要求的情况下,由夫妻双方共同出资购买,产权登记于父母名下。该行为应视为对父母的借款或是赠与,对于夫妻离婚一方要求

---

① 最高人民法院民事审判第一庭.最高人民法院婚姻法司法解释(三)理解与适用[M].北京:人民法院出版社,2015.

对登记在一方父母名下用夫妻共同财产购买的房屋增值部分予以补偿,该主张一般不会获得支持,因房改房有一定的福利政策性,其出售并非按照市场定价,其行为不符合房改房的本质。

(4)婚前由一方承租,婚后以个人财产购买。

婚前由一方与单位之间形成房屋租赁关系,承租公有房屋,对该房屋享有占有、使用的权利,婚后以其个人财产购买该房屋。对于该房屋的财产归属如何认定,是否属于夫妻共同财产,在司法实践中还未有定论。一般认为,对婚前由一方承租婚后以个人财产购买的房改房,法务权属证书记载的权利主体为承租人个人,购房人以婚前自己的个人财产购买或者双方有明确的约定该房屋属于承租人个人的,该房屋归个人所有。

(5)婚前由一方或一方父母承租的公有房屋,婚后以共同财产购买。

对婚前由一方或一方父母承租的公有房屋婚后以共同财产购买的,根据《最高人民法院关于适用〈中华人民共和国婚姻法〉若干问题的解释(二)》第十九条的规定,"由一方婚前承租、婚后用共同财产购买的房屋,房屋权属证书登记在一方名下的,应当认定为夫妻共同财产。"在司法实践中,要具体问题具体分析:第一,一方婚前承租的公房,即单位福利性住房,婚后以夫妻共同财产购买该房屋产权,其中并无任何单位另加的强制性规定,由于在婚姻关系存续期间内购买,无法体现出公房使用权的交换价值,则在离婚分割该产权房时,一般做夫妻共同财产处理。第二,一方享受该单位公租房承租权,是其以个人财产支付对价取得的,婚后又以夫妻共同财产购买公租房产权,在离婚分割该产权房时,需要将之前获得公租房使用权所支出的费用视为一方个人财产的出资予以扣除,剩余房屋的价值才为夫妻共同财产。第三,婚前夫妻一方父母所承租的公房,夫妻结婚后,用夫妻共同财产购买了该房屋的产权,并将产权登记在夫妻一方或者双方名下,夫妻离婚时该房屋属于夫妻共同财产予以分割。但是,需要注意的是,对于原有公房使用权的交换价值可依据《最高人民法院关于适用〈中华人民共和国婚姻法〉若干问题的解释(二)》第二十二条[①]和《最高人民法院关于适用〈中

[①] 《最高人民法院关于适用〈中华人民共和国婚姻法〉若干问题的解释(二)》第二十二条:"当事人结婚前,父母为双方购置房屋出资的,该出资应当认定为对自己子女的个人赠与,但父母明确表示赠与双方的除外。当事人结婚后,父母为双方购置房屋出资的,该出资应当认定为对夫妻双方的赠与,但父母明确表示赠与一方的除外。"

华人民共和国婚姻法〉若干问题的解释（三）》第七条①的规定，婚前出资，无特别约定，登记在自己子女名下视为对自己子女的赠与，为一方婚前个人财产。婚后出资，无特别约定，登记在双方名下视为对双方的赠与，为夫妻共同财产；登记在一方的为对一方的赠与，为一方个人财产。有一个例外，就是上海1994年颁布的《关于出售公有住房的暂行办法》规定了，出售的公房只能登记在一人名下，这样一来我们就不能单以产权登记在谁名下来判断对谁的赠与了，这还要具体问题具体分析。第四，婚前夫妻一方父母承租的公房，婚后用夫妻共同财产出资购买该房屋产权，并登记在夫妻一方父母名下的，应当根据《最高人民法院关于适用〈中华人民共和国婚姻法〉若干问题的解释（三）》第十二条②的规定，该房屋并非夫妻共同财产，对于以夫妻共同财产对该房屋的出资，可以作为债权处理。

案例解析

李某与吴某于1990年结婚，婚后育有一女。2005年双方因感情破裂开始分居，2009年8月20日，李某将吴某起诉至法院，请求法院判令解除双方婚姻关系，并将双方共有的一套住房判归自己所有，被告赵某也向法院主张该诉争房屋的所有权。原告李某申请专业机构对诉争房屋进行鉴定评估，评估价值为30万元。

经法院审查，夫妻双方对该诉争房屋均不具有完全产权，该房属于房改房。故本案不宜对房屋所有权的归属做出判决，只能根据实际情况判决房屋由一方使用，待一方对该房屋取得完全所有权后，如有争议，可另行向人民法院提起诉讼。正因如此原告所出示的评估报告不能全面、客观、科学地反映该房屋的实际价格，法院依法不予认可。按照《民法典》婚姻家庭编照顾子女、女方的权益和无过错方的原则，综合考虑双方的实际情况，最终法院判决准予原告李某与被告吴某离婚，双方诉争房屋归原告李某使用，待该房屋取得所有权后，如有争议，可另行向法院起诉。

---

① 《最高人民法院关于适用〈中华人民共和国婚姻法〉若干问题的解释（三）》第七条："婚后由一方父母出资为子女购买的不动产，产权登记在出资人子女名下的，可按照婚姻法第十八条第（三）项的规定，视为只对自己子女一方的赠与，该不动产应认定为夫妻一方的个人财产……"

② 《最高人民法院关于适用〈中华人民共和国婚姻法〉若干问题的解释（三）》第十二条："婚姻关系存续期间，双方用夫妻共同财产出资购买以一方父母名义参加房改的房屋，产权登记在一方父母名下，离婚时另一方主张按照夫妻共同财产对该房屋进行分割的，人民法院不予支持。购买该房屋时的出资，可以作为债权处理。"

5.承租房

对于承租房的分配,司法实践中实行具体问题具体分析。对于夫妻一方婚前取得的房屋承租权,不因婚姻关系存续时间的长短而变化,承租权始终属于夫妻一方所有。对于夫妻一方在婚前享有的单位房屋的承租权,婚后两人均成本单位职工,双方离婚时,对于承租方的归属,该房屋仍属于原承租权人占有使用,并不会因婚姻或配偶变更为本单位职工而有所影响。夫妻一方婚前取得的房屋承租权,婚后因拆迁安置,另一方作为安置配房人口参加拆迁安置的,安置房屋应作为夫妻共同财产,离婚时予以分割,如果在拆迁安置时另一方不作为配房人口参加拆迁安置,则仍属于一方个人财产。同样,拿原承租房调换的房屋也不因婚姻关系的变化而变化,除非调换后的房屋包含了配偶一方的安置因素,可以作为夫妻共同财产。夫妻一方婚前取得房屋承租权,借款购买了房屋产权,婚后夫妻共同还债的,夫妻离婚时,房屋的产权归属一般还是归于原承租人,由该承租人给另一方对婚后共同还债的数额予以折价补偿。

(七)机动车的分割

认定机动车是否属于夫妻共同财产的关键是看机动车的所有权是婚前取得还是婚后取得。需要注意的是,机动车作为一种特殊的动产,既有动产的交付后发生所有权转移,同时又采取登记对抗效力,未经登记不得对抗善意第三人。由此,机动车在结婚登记之前交付的,该机动车属于婚前个人财产,不属于夫妻共同财产。如果机动车系双方在婚前共同购买,并在婚前取得所有权的,则该机动车为双方按份共有关系,双方离婚时可以对机动车按所占份额进行分割,由一方获得车辆所有权并给予另一方折价补偿款。

如果机动车属于夫妻一方以其个人婚前财产购买,在婚后才取得机动车的所有权,则机动车应视为夫妻一方个人财产的婚后转化形式,应认定为夫妻一方的个人财产。也就是我们前边所讲到的只是个人财产的形式发生改变,并不能改变财产的归属。如果机动车系双方婚后购买,且在婚后取得所有权的,那么该机动车属于夫妻共同财产。

还有一种情况是双方在夫妻关系存续期间购买了机动车,婚后才取得机动车所有权,该机动车应视为夫妻共同财产的转化形式,应该予以分割。

案例解析

李某、王某于2008年12月26日举行结婚仪式并同居生活。同居时,王某娘家收取李某彩礼28 800元。2010年8月18日生育女儿李小某,现随李某生活。李某、王某于2011年2月18日补办了结婚证,婚后双方常因生活琐事发生吵闹。2012年上半年,双方又因生活琐事发生吵闹厮打。王某之兄曾于2012年6月、7月给双方做过调解工作,双方因故未能和好,一直分居生活。李某遂提起离婚诉讼。经法院判决两人离婚,孩子由李某抚养。但庭审中未对购买的车辆进行分割,王某认为该车是夫妻婚姻关系存续期间购买的,应当属于共同财产予以分割,而李某则认为该车系用自己婚前的一辆车变卖后所得财产所购,不属于夫妻共同财产。经法院审查,该机动车为李某婚姻关系存续期间购买,且车辆登记在李某名下,至于李某说的以婚前财产购买并未提供证据,法院不予采信。法院判决车辆归李某所有,目前车辆被估价2万元双方均认可,由李某支付王某车辆折价款1万元。

(八)有限责任公司股权的分割

有限公司有较强的人合性,股东之间相互信任,共同出资组成一个有机整体。有限责任公司的资本由全体股东认缴,《公司法》对于有限责任公司的股东向股东以外人转让股权规定了一定的限制条件。因此,在离婚财产分割中,涉及有限责任公司股权的分割,不仅要遵守《民法典》婚姻家庭编的规定,还必须遵守《公司法》的有关规定。

《公司法》第七十一条规定:"有限责任公司的股东之间可以相互转让其全部或者部分股权。股东向股东以外的人转让股权,应当经其他股东过半数同意。股东应就其股权转让事项书面通知其他股东征求同意,其他股东自接到书面通知之日起满三十日未答复的,视为同意转让。其他股东半数以上不同意转让的,不同意的股东应当购买该转让的股权;不购买的,视为同意转让。经股东同意转让的股权,在同等条件下,其他股东有优先购买权。两个以上股东主张行使优先购买权的,协商确定各自的购买比例;协商不成的,按照转让时各自的出资比例行使优先购买权。公司章程对股权转让另有规定的,从其规定。"根据以上规定,如配偶一方并非公司股东的,对于股权的分割首先可依公司章程的规定处理,未实际分得股权的一方有权获得相应的价值补偿。如果公司章程没有规定,要将股权分割给非股东的配偶一方,则必须经过其他股东过半数同意且放弃优先购买权,如果其他股东过半数同意的,此时,配偶一方可直接获得股权,成为公司股东。未经其他股东过半数同意的,不得将股权分割给配偶一方,当然,不同意的股东应当购买该转让的股权,不购买的,则视为同意转让。对此,《最高人民法院关于适用〈中华人民共和国婚姻法〉若干问题的解释(二)》第十六条第一款也做了明确规定:"人民法院审理离婚案件,涉及分割夫妻共同财产中以一方名义在有限责任公司的出资额,另一方不是该公司股东的,按以下情形分别处理:(一)夫妻双方协商一致将出资额部分或者全部转让给该股东的配偶,过半数股东同意、其他股东明确表示放弃优先购买权的,该股东的配偶可以成为该公司股东;(二)夫妻双方就出资额转让份额和转让价格等事项协商一致后,过半数股东不同意转让,但愿意以同等价格购买该出资额的,人民法院可以对转让出资所得财产进行分割。过半数股东不同意转让,也不愿意以同等价格购买该出资额的,视为其同意转让,该股东的配偶可以成为该公司股东。"①

对于是否属于夫妻共同财产,要根据《民法典》婚姻家庭编及相关司法解释的规定,准确做出判断。《最高人民法院关于适用〈中华人民共和国婚姻法〉若干问题的解释(二)》第十一条规定了婚姻关系存续期间,下列财产为夫妻共同财产:(一)一方以个人财产投资取得的收益;(二)男女双方实际取得或者应当取得的住房补贴、住房公积金;(三)男女双方实际取得或者应当取得的养老保险金、破产安置补偿费。这其中就包括一方以个人财产所得的投资收益,所以公司股东婚前以其个人财产投资所取得的公司股权应当归该个人所有。对于在婚后公司扩大经营新增注册资本,这时股东无论是以个人财产还是以夫妻共同财产认缴出资,虽然都是基于股东身份的行为,但这时的股权应当认定为夫妻共同财产,在夫妻离婚时予以分割。

案例解析

张某与李某系夫妻关系,在2003年夫妻关系存续期间,李某与第三人赵某共同出资成立了A有限责任公司,公司注册资本为100万元。李某出资70万元,享

---

① 江必新,何东宁,肖芳.最高人民法院指导性案例裁判规则理解与适用·婚姻家庭卷[M].北京:中国法制出版社,2013.

有公司70%的股权，赵某出资30万元，享有公司30%的股权，二人为A公司的股东。后张某与李某因感情不和于2007年6月协议离婚，约定A公司给付给李某120万元后，李某将其名下的70%股权转让给张某。2007年7月，张某与李某办理了离婚登记，两人在民政局重新签订了离婚协议，但该协议并未对李某名下A公司的70%股权做出约定。后张某向法院起诉要求分割一半股权。李某辩称：该70%股权系其亲属借款作为资金来源投入公司形成，属于其个人财产，双方于2006年5月27日签订的离婚协议书中约定，公司给付李某120万元后被告将其名下的股权转让给原告，原告在离婚协议书中已明确表示有条件的放弃了公司股权、经营权。

第三人赵某表示认可诉争股权为原、被告共同财产，但并不知晓双方在离婚协议中对诉争股权的约定。后赵某表示同意其约定，并放弃优先购买权。

法院经审理，依法判决：确认被告李某名下A有限公司70%股权的一半即35%的股权属于原告张某所有。

本案的争议焦点为夫妻一方对外投资所产生的股权是否作为夫妻共同财产？随着大众创新万众创业，投资热潮的兴起，股权分割问题在离婚诉讼中已经越来越普遍，处理这一问题的前提就是确认股权的归属。对此，《民法典》婚姻家庭编和《最高人民法院关于适用〈中华人民共和国婚姻法〉若干问题的解释（二）》已经做出了明确的规定。《民法典》婚姻家庭编第一千零六十二条规定了生产、经营、投资的收益属于夫妻共同财产，《最高人民法院关于适用〈中华人民共和国婚姻法〉若干问题的解释（二）》第十六条规定"人民法院审理离婚案件，涉及分割夫妻共同财产中以一方名义在有限责任公司的出资额，另一方不是该公司股东的，按以下情形分别处理：（一）夫妻双方协商一致将出资额部分或者全部转让给该股东的配偶，过半数股东同意、其他股东明确表示放弃优先购买权的，该股东的配偶可以成为该公司股东；（二）夫妻双方就出资额转让份额和转让价格等事项协商一致后，过半数股东不同意转让，但愿意以同等价格购买该出资额的，人民法院可以对转让出资所得财产进行分割。过半数股东不同意转让，也不愿意以同等价格购买该出资额的，视为其同意转让，该股东的配偶可以成为该公司股东。用于证明前款规定的过半数股东同意的证据，可以是股东会决议，也可以是当事人通过其他合法途径取得的股东的书面声明材料。"这表明婚姻存续期间以夫妻一方名义在有限责任公司中的出资额为夫妻共同财产。

在明确股权属于夫妻共同财产的基础上,再来处理该财产的分割问题。和其他财产不同的是,股权作为夫妻共同财产的分割,会涉及公司和公司其他股东的利益。有限责任公司具有人合性,法律对于公司股权的转让有很多限制,而股权在夫妻之间分割有可能涉及股权转让的问题,因此在处理股权分割问题时,不仅要依据《民法典》婚姻家庭编和相关司法解释的规定,还要遵循《公司法》的有关规定。

根据上述规定,首先,夫妻双方虽然在离婚时可以对夫妻财产的分割做出约定,但如约定涉及股权的分割,则不能违反《公司法》的规定,不能侵害公司和其他股东的利益。夫妻双方约定在支付对价的情况下将股权转让给另一方,侵害了其他股东的优先购买权,因此该约定是无效的。

根据《最高人民法院关于适用〈中华人民共和国婚姻法〉若干问题的解释(二)》第十六条的规定,对于本案情况,夫妻双方未能就股权分割达成一致时,夫妻中非股东一方希望通过分割股权,成为股东,而夫妻中股东的一方不同意,又不愿意以同等价格购买该股权,公司的其他股东表示同意的,可以确认夫妻中非股东一方拥有股东一方一半的股权。

(九)合伙企业中夫妻共同财产的分割

夫妻之间离婚主张分割合伙企业中的财产份额的,除遵守《民法典》婚姻家庭编及其司法解释的相关规定外,还应当遵守《中华人民共和国合伙企业法》(以下简称《合伙企业法》)及其相关规定处理,不能损害其他合伙人或者债权人的利益。在夫妻之间不存在约定财产制,且合伙企业的投资是在夫妻关系存续期间的任何一方的投资,双方因离婚向法院提起诉讼要求分割合伙企业中夫妻共同财产的,适用《最高人民法院关于适用〈中华人民共和国婚姻法〉若干问题的解释(二)》第十七条的规定:"人民法院审理离婚案件,涉及分割夫妻共同财产中以一方名义在合伙企业中的出资,另一方不是该企业合伙人的,当夫妻双方协商一致,将其合伙企业中的财产份额全部或者部分转让给对方时,按以下情形分别处理:(一)其他合伙人一致同意的,该配偶依法取得合伙人地位;(二)其他合伙人不同意转让,在同等条件下行使优先受让权的,可以对转让所得的财产进行分割;(三)其他合伙人不同意转让,也不行使优先受让权,但同意该合伙人退伙或者退还部分财产份额的,可以对退还的财产进行分割;(四)其他合伙人既不同意转让,也不行使优先受让权,又不同意该合伙人退伙或者退还部分财产份额的,视为全体合伙人同意转让,该配偶依法取得合伙人地位。"

夫妻离婚要求分割夫妻共同财产,转让合伙企业中的财产份额的,须征得其他合伙人的同意。其他合伙人不同意将财产份额转让给另一方的,其他合伙人可以行使优先受让权,法院将其他合伙人受让的价款分割给夫妻另一方。对于其他合伙人既不同意夫妻之间相互转让份额有不同意自己受让份额,同意夫妻中一方合伙人退伙的,法院可以将退伙中退还的财产分割给夫妻双方一人一半。对于其他合伙人既不同意夫妻之间相互转让财产份额,又不同意行使优先受让权,更不同意让夫妻一方退伙退还全部财产份额的,视为同意夫妻之间转让财产份额。

夫妻离婚时不仅涉及合伙企业财产份额的分割,还涉及合伙企业债务的承担。根据《合伙企业法》第五十四条规定:"合伙人退伙时,合伙企业财产少于合伙企业债务的,退伙人应当依照本法第三十三条第一款的规定分担亏损。"第三十三条第一款规定:"合伙企业的利润分配、亏损分担,按照合伙协议的约定办理;合伙协议未约定或者约定不明确的,由合伙人协商决定;协商不成的,由合伙人按照实缴出资比例分配、分担;无法确定出资比例的,由合伙人平均分配、分担。"也就是说,夫妻之间通过一方退伙的形式分割合伙企业财产份额的,夫妻离婚时,如果合伙企业中的财产少于合伙企业债务的,夫妻双方要求退伙的,应当根据合伙企业对外所负债务的情况分担亏损。

(十)一人公司和个人独资企业的财产分割

《公司法》第五十七条规定:"本法所称一人有限责任公司,是指只有一个自然人股东或者一个法人股东的有限责任公司。"夫妻投资设立一人有限公司,对于该公司的财产,夫妻离婚时应当如何处理?关于夫妻设立一人有限公司离婚时财产的分割,法律并未予以明文规定,对此我们可以借鉴夫妻以共同财产设立个人独资企业的相关规定。对于夫妻双方以共同财产设立独资企业,离婚时,夫妻分割该独资企业中的共同财产,《最高人民法院关于适用〈中华人民共和国婚姻法〉若干问题的解释(二)》第十八条有如下规定:"夫妻以一方名义投资设立独资企业的,人民法院分割夫妻在该独资企业中的共同财产时,应当按照以下情形分别处理:(一)一方主张经营该企业的,对企业资产进行评估后,由取得企业一方给予另一方相应的补偿;(二)双方均主张经营该企业的,在双方竞价基础上,由取得企业的一方给予另一方相应的补偿;(三)双方均不愿意经营该企业的，按照《中华人民共和国个人独资企业法》等有关规定办理。"尽管一人有限责任公司和个人独资企业一个对外承担有限责任，一个承担无限责任，但对于夫妻共同财产的分割基本上是一致的。不管是哪一种公司形式，只要是以夫妻共同财产予以投资，其收益当然属于夫妻共有。如果夫妻一方以其个人财产进行投资，那么公司财产仍归夫妻一方个人所有，但根据《民法典》婚姻家庭编第一千零六十二条在婚姻关系存续期间取得的生产、经营、投资的收益属于夫妻共同财产，离婚时应当按照夫妻共同财产予以分割。

（十一）保险产品及其收益的分割

现代社会，保险除具有保障性特征外，还被人们更多的用以储蓄或投资等其他形式。对于保险金财产的分割，又是如何规定的呢？下面我们将分别予以阐释。

1. 关于人身保险的分割

通常来讲，以夫妻共同财产支出所购买的人身保险，无论被保险人是否为夫妻中一方还是第三人，如果夫妻之间没有事前约定，则应当认定为夫妻共同财产。但是存在一个例外，就是夫妻订立的以其未成年的子女作为被保险人和受益人的，认定为夫妻对子女的赠与行为，该财产不计入夫妻共同财产的范围。对于夫妻一方以个人财产为对方购买的人身保险，视为对对方的赠与，财产为对方所有。对于他人以夫妻中的一方为被保险人或者受益人的人身保险，应当认定为对夫妻一方的赠与，保险标的归夫妻个人而非夫妻共同财产。对于已经理赔的除非具有人身属性的，属于夫妻共同财产的应当予以分割；对于尚处于履行期限中的保险合同的分割，分割的对象是保险费或保单的现金价值，该部分财产中属于夫妻共同财产的应予以分割。需要注意的是，如果夫妻一方投保人身保险，人身保险合同的受益人为夫妻中的另一方，离婚后需及时变更受益人，由保险公司在保单上进行变更。对于夫妻中一方为投保人，另一方为被保险人的保险，离婚时，投保人要求退保，被保险人则要求继续履行保险合同的，这时可以允许被保险人自己或其指定的受益人继续缴纳保险费，履行人身保险合同。

2. 关于财产保险的分割

夫妻离婚时，关于财产保险的分割主要从以下几个方面予以区分。

（1）保险费是夫妻一方个人财产所出，那么根据《最高人民法院关于适用

《中华人民共和国婚姻法》若干问题的解释(一)》第十九条①的规定,财产保险所形成的财产性收益仍为一方个人财产。如果该保费系夫妻共同财产,那么保险收益则为夫妻共同所有。即保费来源于个人财产则保险收益属于个人财产;保费来源于夫妻共同财产则保险收益也为夫妻共同财产。在保险标的已经转化为保险金的情况下,就要对保险金进行分割,如果原来的保险标的属于夫妻一方所有,则相应的保险金归属夫妻一方所有;如果之前的保险标的属于夫妻共同所有,那么保险金也由夫妻共同所有。在夫妻离婚时保险的分割中,其实质是对保费的分割,对于夫妻离婚时尚未履行完毕的保险合同,区分不同保险类型:对于保障型的财产保险,能否实现保险利益尚不确定,对于该类型保险的分割,主要是对剩余保险期间的保险费进行分割;而对于返还型和投资型的财产保险则是对保单的现金价值进行分割。在以夫妻共同财产作为保费投保在夫妻一方个人所有的财产上,当发生了财产损失,夫妻一方拿到了保险金,另一方可以主张对保费享有一定的份额。

(2)保险标的被价值分割,由夫妻双方之外的第三人承接时,夫妻双方可以要求退保,选择分割保费,也可以选择将财产保险的价值一并包含在保险标的的价格里一并变现,从而分割获得的款项;在保险标的由夫妻中一方获得时,获得方可以决定退保分割获得的保费,也可以不退保,在该保费限额内给对方以相应的补偿;在实物分割的情形下,保险合同的权利义务实际上仍然由离婚夫妻双方继续享有,不同的是原来以共同享有的模式,变更为按份享有。②

(3)财产保险在离婚过程中被分割后,新的被保险人按照《中华人民共和国保险法》(以下简称《保险法》)的相关规定履行一定的告知义务,即及时通知保险人,由保险人在30日内决定是否解除保险合同或者加收保险费用,否则将承担一定的保险后果。

案例解析*

王五与张美于2006年经人介绍认识,后一直处于恋爱关系,两人于2008年6月6日登记结婚,婚后两人感情一直很好,2010年生下了儿子王小六。2015年

---

① 《最高人民法院关于适用〈中华人民共和国婚姻法〉若干问题的解释(一)》第十九条:"婚姻法第十八条规定为夫妻一方所有的财产,不因婚姻关系的延续而转化为夫妻共同财产。但当事人另有约定的除外。"

② 王林清,杨心忠,赵蕾.婚姻家庭纠纷裁判精要与规则适用[M].北京:北京大学出版社,2014.

张美用自己的工资为儿子购买了"一生幸福"保险，受益人儿子小六，保险费每年1000元，交费期限为15年。随后，张美每年用自己的工资为儿子交纳保险费，截至2018年6月，张美共为儿子交纳保险费4000元，2018年7月，因夫妻感情不和，张美起诉到法院要求与王五离婚，并要求儿子王小六由自己抚养。王五同意了妻子张美的离婚诉讼请求，但是提出张美为儿子投保所交纳的保险费或保单上的保险金应为夫妻共同财产，如果张美继续占有保单的话，则应补偿一半保险费或保险金给他。对此法院判决王五与张美离婚，儿子王小六由张美抚养，张美支付王五一半已交纳的保险费，即2000元。本案属于离婚诉讼，本案的争议焦点在于张美为儿子投保所交纳的保险费或保单所载明的保险金是否属于夫妻共同财产？针对这点，我们可以从以下几个方面进行分析：

（1）张美给儿子投保保险的行为应认定为对儿子的赠与行为。

根据《民法典》第六百五十七条规定，赠与合同是赠与人将自己的财产无偿给予受赠人，受赠人表示接受赠与的合同。本案中，张美用自己的工资为自己的儿子办理了保险，交纳了保费，儿子无偿获得保险金，应当属于赠与儿子保险金的赠与合同行为。

（2）该赠与属于可撤销的赠与。

《民法典》第六百五十八条规定："赠与人在赠与财产的权利转移之前可以撤销赠与。经过公证的赠与合同或者依法不得撤销的具有救灾、扶贫、助残等公益、道德义务性质的赠与合同，不适用前款规定。"本案中，张美为儿子购买保险的行为属于赠与，赠与的是保险金，而在这时保险金还未实际支付到儿子手中，因为保险期限还未到，或者是说支付保险金的条件还未成就。这只是一种可期待利益的赠与行为，待支付保险金条件成就或者保险期限届满，保险公司向受益人王小六支付保险金。同时这个赠与不具备社会公益、道德义务性质或经公证的排外情况，所以该赠与属于可撤销的赠与。

（3）保单中载明的保险金不属于夫妻共同财产。

根据《中华人民共和国保险法》（以下简称《保险法》）的有关规定，保险金的请求权属于被保险人或受益人。而这种请求权在保险事故发生之前或者保险期限届满之前只是一种可期待的利益，这种利益可能因保单失效或者受益人先于被保险人死亡，受益人杀害被保险人等情形而灭失。根据《保险法》的规定，在没有上述特殊情形出现的情况下,在保险事故发生或者保险期限届满发生给付保险金时,保险金是归受益人所有的。本案中,受益人为张美与王五的儿子王小六。所以,虽然现在保险金还是一个可期待利益,但即便是支付保险金的条件成就,夫妻任何一方都不是受益人,保险金也不属于夫妻共同财产,而是属于儿子王小六。

(4)张美为儿子投保所交纳的保险费属于夫妻共同财产。

张美是在夫妻关系存续期间以自己的工资收入为儿子王小六交纳保险费的,根据《民法典》第一千零六十二条规定:"夫妻在婚姻关系存续期间所得的下列财产,为夫妻的共同财产,归夫妻共同所有:(一)工资、奖金、劳务报酬;(二)生产、经营、投资的收益;(三)知识产权的收益;(四)继承或者受赠的财产,但是本法第一千零六十三条第三项规定的除外;(五)其他应当归共同所有的财产。夫妻对共同财产,有平等的处理权。"在张美与王五双方无特别约定的情况下,张美用自己的工资所交纳的保险费应当属于夫妻共同财产。保险费是投保人交付给保险公司,要求保险公司在保险条件成就时支付一定保险金的费用。一般情形下,保险费是属于保险公司的,但是根据《保险法》的规定,在保险事故发生之前或者保险期限届满之前,投保人可以要求保险公司退保,即退回保险费。张美用自己的工资支付的保险费属于夫妻共同财产的范畴,在张美不肯退保的情况下,应支付已交付保费的一半给王五,即2000元。

综上,在上述情形下,夫妻一方或双方为孩子投保的保险费应当属于夫妻共同财产,而保单上记载的保险金则不属于夫妻共同财产,应归属于受益人。

第七章 夫妻离婚子女抚养问题

一、子女抚养的确定

确定离婚后子女的抚养,应坚持以有利于子女的健康成长,保障子女的合法权益为出发点,结合双方父母的抚养能力和抚养条件等予以妥善处理,主要从以下几个方面入手。

（1）考虑父母双方的个人素质、对子女是否有责任感、家庭环境如何、父母与子女的感情等因素。

（2）还要考虑对不能再生育和再婚有困难的父或母的合理要求。

（3）在双方的各种条件都基本相同的情况下，原则上由经济能力较强的一方抚养。

（4）八周岁以上有识别能力的子女，无论随父还是随母，应充分考虑子女本人的意见。

不同情形下对子女抚养问题的处理：

（1）对哺乳期内的子女的抚养。

从有利于子女生长发育的角度考虑，夫妻离婚，对于尚在哺乳期的子女的抚养，一般跟随哺乳的母亲抚养，这样更有利于婴幼儿的成长发育。司法实践中，一般两周岁以下的孩子，法院会判给随母亲一起生活，除非该母亲有传染病或其他严重疾病或者是母亲抚养不利于孩子成长、母亲经济条件极差、生活环境对孩子成长不利、母亲的品行等不利于对孩子的教育，有违法犯罪，等等。

（2）对两周岁以上孩子的抚养。

夫妻离婚后，对两周岁以上的未成年子女，随父或随母生活，首先应由父母双方协议决定。因此，当父母双方对抚养未成年子女发生争议时，法院应当进行调解，尽可能争取当事人以协商方式解决。在当事人双方自愿、合法的前提下，协商决定子女随哪方生活、由哪方抚养，或者在有利于保护子女利益的前提下，也可以由父母双方轮流抚养。

如果当事人双方因子女抚养问题达不成协议，法院应结合父母双方的抚养能力和抚养条件等具体情况，根据有利于子女健康成长的原则对子女抚养进行判决。但应注意以下问题：对两周岁以上未成年的子女，父母双方均征求子女的抚养权，一方有下列情形之一的，可予优先考虑：①丧失生育能力的一方；②子女随其生活时间较长，改变生活环境对子女健康成长明显不利的；③一方无其他子女，而另一方有其他子女的；④子女随其生活，对子女成长有利，而另一方患有久治不愈的传染性疾病或其他严重疾病，或者有其他不利于子女身心健康的情形，不宜与子女共同生活的。

（3）子女与祖父母共同生活多年的，可作为子女随父生活的优先条件予以考虑，但抚养义务人仍是父母双方。

《民法典》第一千零六十八条规定："父母有教育、保护未成年子女的权利和义务。未成年子女造成他人损害的，父母应当依法承担民事责任。"在父母双方抚养子女的条件基本相同，双方均要求子女与其共同生活的，但是子女跟随祖父母、外祖父母生活多年，且祖父母、外祖父母有能力照顾孙子女、外孙子女生活的，该情况可以作为子女由哪方抚养优先考虑的条件。虽然如此，但子女不管随哪一方生活，都不能免除另一方对子女保护、教育的义务，父母双方都是未成年子女的法定监护人。同时，子女由祖父母、外祖父母负责照顾也不能免除父母对孩子的抚养教育义务，他们只是属于帮忙性的角色，不能替代父母的角色。

（4）在有利于保护子女利益的前提下，父母双方可以选择协议轮流抚养子女。

父母双方可以协议子女随一方生活并由抚养方负担子女全部抚养费。但抚养方的抚养能力明显不能保障子女所需费用，影响子女健康成长的，对单方负担全部抚养费的请求，法院不予准许。双方在有利于保护子女利益的前提下，对于双方均不放弃抚养权的，也可以协议由双方轮流抚养子女。

（5）子女愿意随生活条件较差的一方生活的，应尊重其意愿。

《民法典》第一千零八十四条规定："父母与子女间的关系，不因父母离婚而消除。离婚后，子女无论由父或者母直接抚养，仍是父母双方的子女。离婚后，父母对于子女仍有抚养、教育、保护的权利和义务。离婚后，不满两周岁的子女，以由母亲直接抚养为原则。已满两周岁的子女，父母双方对抚养问题协议不成的，由人民法院根据双方的具体情况，按照最有利于未成年子女的原则判决。子女已满八周岁的，应当尊重其真实意愿。"在诉讼离婚中，除非父母一方存在不宜与子女共同生活的情形，否则子女选择跟随生活困难一方生活的，法院应予准许。同时，法院应充分考虑子女成长过程中的各项合理需求，在法律规定的范围内判决子女抚养费的负担。

不利于一方获得子女抚养权的影响因素：

（1）一方患有久治不愈的传染性疾病或其他疾病。对于该种情况法律也是为孩子健康成长考虑，避免一方因疾病疏于照顾孩子或者因传染性疾病传染给孩子，不利于孩子的健康成长。

（2）一方未尽抚养义务。指夫妻双方在未离婚时，一方有能力抚养却对孩子并未尽到抚养义务，或者是夫妻离婚，抚养方对孩子不尽抚养义务。

（3）一方有其他子女。指一方除有与对方所生的孩子外还有其他儿女，这时可考虑照顾另一方没有子女的一方来抚养孩子。

（4）一方有生活恶习。指一方存在酗酒、赌博等生活恶习，孩子同他一起生活不利于孩子的成长，从孩子身心健康成长的角度出发，不让其获得孩子抚养权。

（5）一方出轨。双方因一方出轨而离婚，从孩子的身心健康成长考虑，在离婚双方都争夺孩子的抚养权的情况下，我们更倾向于让未出轨一方来照顾抚养孩子。

案例解析

原告李×（反诉被告）与被告杨×（反诉原告）抚养纠纷一案：

原告李×与被告杨×于2011年3月登记结婚，于2012年10月9日在民政局离婚，并签订离婚协议，约定孩子杨×2在三岁之前由原告李×抚养，被告每季度给付3000元抚养费，孩子三岁之后双方再进行协商。现孩子已满四岁，依旧由原告抚养，被告仅给付过抚养费3000元，且对孩子不管不顾。李×遂向法院起诉要求获得孩子的抚养权；被告支付从2013年1月至2015年6月的抚养费总计3万元；被告从2015年7月起每月支付孩子抚养费3000元，直至孩子十八周岁时止。

被告杨×辩称，其一，原告起诉状隐瞒重要事实，2014年8月29日，原、被告经协商签订抚养权变更协议，孩子杨×2抚养权归属被告。抚养权变更后，被告积极承担抚养孩子的责任，并于2014年10月送孩子入托瑞丁国际幼稚园环雅分园。且原告绝大多数时间未亲自抚养孩子，由原告父母抚养。其二，原告父母曾偷偷带走孩子，拒不告诉被告孩子身在何处、是否处于健康状态，侵犯被告抚养权。其三，原告企图否认被告与孩子的亲子关系，而被告一直在向原告索要孩子。其四，被告拥有孩子抚养权，原告将孩子带走抚养实际上侵犯了被告的抚养权，其无资格索要抚养费，且原、被告双方曾就抚养费达成抵消的口头约定，被告支付了2012年12月至2013年2月三个月的抚养费。根据原、被告离婚财产协议，2013年2月原告应当还款，而未按时归还，双方口头协商从应还账款中逐月扣除孩子的抚养费，且2014年11月初，原告承认这笔款项，并答应清算。其五，被告更适合抚养孩子，被告夫妇定居北京，有固定收入，能为孩子提供更好的教育和成长环境，而原告使得孩子长期留守山东老家，且其没有固定工作，对孩子成长不利。

被告杨×提出反诉称，2014年8月29日，双方签订抚养权变更协议，且被反诉人于2015年6月13日电话确认协议有效，但被反诉人以非法形式剥夺反诉人的抚养权，被反诉人父母于2014年11月30日偷偷带走并藏匿孩子。反诉人在抚养孩子期间，积极承担了抚养孩子的责任，而被反诉人将孩子留守山东老家，由其父母抚养。被反诉人在北京无固定居所和固定收入，且身负债务，而反诉人夫妇现定居北京，有固定收入，每月税后收入12 000元，能够为孩子提供更好的教育和成长条件。被告杨×提出反诉请求：1.确认被反诉人与反诉人在2014年8月29日签订的抚养权变更协议有效，判令李×立即将女儿杨×2带到北京交还杨×。

原告李×针对反诉辩称，不同意杨×的反诉请求，要求驳回被告的反诉请求。被告现在是博士后，没有稳定工作，再婚妻子在家待业，且对孩子教育不好，抚养权归属被告对孩子不利。我方是自由职业者，收入较高，2012—2013年，年收入15万元左右，2014—2015年，年收入30万元左右，且在山东有固定住所，能够给孩子提供稳定的生活环境。

法院根据双方提交的证据，认可了双方离婚时曾签订抚养协议孩子杨×2在三岁之前由女方抚养，三周岁以后孩子抚养权男女方另行协商，男方每季度第一个月支付孩子抚养费3000元。2012年10月至2014年8月，杨××由李×抚养。2014年8月29日，李×、杨×签订《关于女儿抚养权变更的协议》，主要内容包括女儿杨×2自2014年9月10日起由男方抚养，直至年满十八周岁，女方每月支付抚养费1500元，可承担部分抚养工作。该协议签订后，女儿杨×2仍由李×抚养至今。庭审中，李×自述其年收入30万元，杨×自述其月收入12 000元。为证明自己的抚养条件，李×提交商品房买卖合同、车辆行驶本、健身协议等，杨×对此不予认可；杨×提交瑞丁幼稚园协议，李×表示自己对具体情况不清楚。经审理，随后法院本着从孩子身心健康的角度出发，支持了李×的诉讼请求。

离婚后，孩子由谁直接抚养，应该从保证子女身心健康的角度出发，全面考虑孩子自幼抚养情况、生活环境、子女与监护人的情感联系、父母双方具体情况等多种因素。尽管原、被告双方于2014年签订协议约定孩子由男方抚养，但该协议未实际履行，根据目前孩子的生活状况，孩子由女方继续抚养为宜，本院将驳回男方的反诉请求。就原告主张被告支付的抚养费，本院将参考孩子的实际需求及被告收入情况判定。此外，双方在未成年人的成长过程中相互配合，尽量保障各方的合法权益，避免将双方的矛盾带入探望中，尽可能地使子女享受父母亲情，给未成年人创造一个优越的成长环境。

二、非法代孕引发的子女抚养权的纠纷

随着人工生殖科技的迅速发展，社会中涌现出一批为人代孕的群体。代孕是

指将受精卵子植入代孕母体子宫,由代孕母体替他人完成十月怀胎和分娩的过程。代孕是代替他人怀孕生育,即指女性接受他人委托,用人工生育方式为委托方生育孩子的行为。在这一行为中,为他人生育的女性通常被称为代孕妈妈,委托他人生育子女的人被称为委托方或委托父母。

代孕的出现解决了不孕不育带来的困扰,同时也对传统的生育方式提出了挑战。应对代孕协议和代孕生育进行法律规制,保护代孕母亲、代孕儿及有关当事人的合法权益。

但是,代孕技术的特殊性,使得该技术给社会、患者家庭带来巨大的隐患,与我们当代的伦理道德规范相违背,而且,我国的法律也不允许实施代孕技术,并且,一旦患者因为代孕技术产生纠纷,现在还没有明确的法律规定。

全国首例因非法代孕而引发的抚养权纠纷案件具体如下。

陈某(女)与罗某均系再婚,陈某患有不孕不育症,两人商定通过体外授精及代孕方式生育子女。为此,两人精心安排了代孕代育事宜,通过非法购买卵子,将罗某的精子及购买的卵子委托医疗机构进行体外授精并形成受精卵;然后,非法委托他人代孕,前后共支出约80万元。

2011年2月,一对异卵双胞胎出生。陈某通过非法手段办理了出生医学证明,登记的生父母分别为罗某、陈某,并据此办理户籍申报。

2014年2月7日,罗某因重症胰腺炎突然入院,两天后经抢救无效死亡。此后,两个小孩随陈某共同生活。

2014年12月29日,罗某的父母诉至法院,要求成为两个小孩的监护人,抚养两个小孩。他们的理由是,罗某是两个孩子的生父,而陈某与他们无亲生血缘关系,且未形成法律规定的拟制血亲关系。一审法院通过庭审支持了罗某父母的诉讼请求。

一审法院认为:依据最高人民法院于1991年7月8日公布的《关于夫妻关系存续期间以人工授精所生子女的法律地位的函》,在夫妻关系存续期间,双方一致同意进行人工授精,所生子女应视为夫妻双方的婚生子女,父母子女之间的权利义务关系适用《中华人民共和国婚姻法》(以下简称《婚姻法》)的有关规定。但该规定所指向的受孕方式为人工授精,孕母应为合法婚姻关系的妻子。而本案所涉及的生育方式是代孕,目前尚未被法律认可,因此不适用于该复函。本案证据证明，罗某为两名未成年人的亲生父亲，同时排除了被告陈某系两名未成年人生物学母亲。庭审调查也表明，被告陈某既不是孕母，也不是卵子的提供者，其与两名未成年人无任何血缘上的关系。故被告陈某不能以亲生母亲的身份获得抚养权。罗氏夫妇为两名未成年人的祖父母，在符合法定条件的情况下，可依法主张两名未成年人的抚养权。

2015年11月16日，上海市第一中级人民法院对此案进行了二审开庭。双方都没有补充事实和新的证据要提交。在核对了案件的基本事实后，法官指出了本案的三个焦点问题：①陈某与代孕所生的两个孩子是否存在法律上的亲子关系，是否存在拟制血亲关系？②如果陈某与两个孩子没有法律上的亲子关系，罗氏夫妇是否在法律上拥有主张抚养权的权利？③如果陈某和孩子之间不存在法律上的亲子关系，罗氏夫妇又没有法律上的抚养权，在这种情况下孩子应由谁来抚养？

二审法院经过审理最终驳回了罗老夫妇的诉讼请求。二审法院认为：第一，两个孩子是罗某与陈某结婚后由罗某与其他女性以代孕方式生育的子女，属于缔结婚姻关系后夫妻一方的非婚生子女。第二，两名孩子出生后，一直随罗某、陈某夫妇共同生活近三年之久，罗某去世后又随陈某共同生活达两年，陈某与孩子已形成有抚养关系的继父母子女关系，其权利义务适用《民法典》婚姻家庭编关于父母子女关系的规定。第三，作为祖父母的老罗夫妇，监护顺序在陈某之后，因此其提起监护权主张不符合法律规定的条件。同时，从儿童最大利益原则考虑，由陈某取得监护权更有利于孩子的健康成长，改判驳回被上诉人老罗夫妇的原审诉讼请求。

目前，法律对因代孕产生的法律纠纷仍未明确加以规定，对于非法代孕问题仍受法律所禁止。对于因代孕所产生的法律关系及纠纷的解决还需要法律对其进一步规定。

第八章　夫妻赠与子女财产的效力

根据《民法典》第一千零五十五条、第一千零八十七条、第一千零八十八条和第一千零九十一条的规定，夫妻双方离婚时财产分割应当本着男女平等、协商一致、照顾子女和女方权益、照顾无过错方及给予付出较多义务的一方以补偿的原则来进行分割。离婚时财产分割的方法为：实物分割、价金分割和价格补偿，其中实物分割为最常见的一种分割方法。价金分割为对夫妻共同财产进行变卖，对变卖财产所得的价金进行均分。价格补偿是对一些不能分割的财务，一方取得该共同财产后，需补偿相应折价款给对方。在夫妻离婚时经常会出现一方在未让对方知情的情况下将夫妻共同财产赠与子女，那么该赠与财产的效力如何，赠与行为是否生效？

案例解析

于某某与高某某于2001年11月11日登记结婚，婚后于2003年9月生育一子高某。因感情不和，双方于2009年9月2日在法院调解离婚。双方离婚时对于共同共有的位于北京市某小区59号房屋未予以分割，而是通过协议约定该房屋所有权在高某某付清贷款后归双方之子高某所有。2013年1月，于某某起诉至北京市东城区人民法院称：59号房屋贷款尚未还清，房屋产权亦未变更至高某名下，即还未实际赠与高某，目前还处于某某、高某某共有财产状态，故不计划再将该房屋属于自己的部分赠给高某，主张撤销之前的赠与行为，由法院依法分割59号房屋。

高某某则认为：离婚时双方已经将房屋协议赠与高某，正是因为于某某同意将房屋赠与高某，我才同意离婚协议中其他加重我义务的条款，如在离婚后单独偿还夫妻共同债务4.5万元。我认为离婚已经对孩子造成巨大伤害，出于对未成年人的考虑，不应该支持于某某的诉讼请求。

北京市东城区人民法院生效裁判认为：双方在婚姻关系存续期间均知悉59号房屋系夫妻共同财产，对于诉争房屋的处理，于某某与高某某早已达成约定，且该约定系双方在离婚时达成，即双方约定将59号房屋赠与其子是建立在双方夫妻身份关系解除的基础之上。在于某某与高某某离婚后，于某某不同意履行对诉争房屋的处理约定，并要求分割诉争房屋，其诉讼请求法律依据不足，亦有违诚信。故对于某某的诉讼请求，法院不予支持。

北京市东城区人民法院于2013年4月24日做出（2013）东民初字第02551号民事判决：驳回于某某的诉讼请求。宣判后，于某某向北京市第二中级人民法院提起上诉，北京市第二中级人民法院于2013年7月11日做出（2013）二中民终字第09734号判决：驳回上诉，维持原判。

本案中双方争议的焦点是在离婚协议中约定将夫妻共同共有的房产赠与未成年子女，离婚后一方在赠与房产变更登记之前是否有权予以撤销。在离婚协议中双方将共同财产赠与未成年子女的约定与解除婚姻关系、子女抚养、共同财产分割、共同债务清偿、离婚损害赔偿等内容互为前提、互为结果，构成了一个整体，是"一揽子"的解决方案。如果允许一方反悔，那么男女双方离婚协议的"整体性"将被破坏。在婚姻关系已经解除且不可逆的情况下如果允许当事人对于财产部分反悔将助长先离婚再恶意占有财产之有违诚实信用的行为，也不利于保护未成年子女的权益。因此，在离婚后一方欲根据《民法典》第六百五十八条规定，赠与人在赠与财产的权利转移之前可以撤销赠与。经过公证的赠与合同或者依法不得撤销的具有救灾、扶贫、助残等公益、道德义务性质的赠与合同，不适用前款规定。

第九章　收养与成人监护

《民法典》婚姻家庭编规定了收养与被收养的条件。第一千零九十三条规定："下列未成年人，可以被收养：（一）丧失父母的孤儿；（二）查找不到生父母的未成年人；（三）生父母有特殊困难无力抚养的子女。"第一千零九十四条规定："下列个人、组织可以作为送养人：（一）孤儿的监护人；（二）儿童福利机构；（三）有特殊困难无力抚养子女的生父母。"第一千零九十八条规定："收养人应当同时具备下列条件：（一）无子女或者只有一名子女；（二）有抚养、教育和保护被收养人的能力；（三）未患有在医学上认为不应当收养子女的疾病；（四）无不利于被收养人健康成长的违法犯罪记录；（五）年满三十周岁。"收养人要具备严格的收养条件，收养后要接受监督和管理。

案例解析

据外媒报道，美国田纳西州一名55岁的全职妈妈以及她领养的4个华裔未成年子女，15日晚间被发现死于家中。根据警方初步调查，这个名叫辛西亚·科利尔（CynthiaCollier）的女子先开枪杀死四个孩子，之后饮弹自尽，死者均为头部中枪。当晚6时，科利尔亲生的已成年子女回到家中，发现这一惨剧并报警。当地警方在记者会上称，死者均为头部中枪致命，在陈尸现场找到两把枪，判断这是一起谋杀自杀案件。警方称，科利尔在案发前看起来是一个充满爱心的全职妈妈，在家教育她收养的四个孩子。警方仍在试图弄清该女子行凶的动机，认为科利尔可能患有精神疾病。

在成人监护上也需要对监护人进行严格审核，具备一定的监护条件，一般为近亲属作为监护人。

案例解析

温女士四次起诉丈夫张某离婚，解除了监护关系。2012年因为一场交通事故，温女士的丈夫被撞伤构成一级伤残，生活起居完全不能自理，处于植物人状态。温女士为丈夫的监护人。2016年，也就是意外发生的四年后。经过反复考虑，她以与丈夫分居已满两年，双方目前感情已经破裂，无和好可能为由向临海市人民法院起诉，要求与植物人丈夫解除婚姻关系。温女士起诉的是丈夫张某，在他处于无意识的精神状态下，按照相关法律规定，由丈夫张某的父亲作为法定代理人代表丈夫张某处理离婚官司。丈夫张某的事故赔偿款有90万元，此外每隔三年还可向肇事方主张护理费等，政府也会按时发放低保补助、残疾补助等，这一系列都能证明植物人丈夫今后在经济上有了足够的保障。温女士还认为，丈夫张某的父母年纪并不大，家里还有一个妹妹，丈夫张某完全可以脱离自己。2018年6月，温女士第四次提起离婚诉讼。温女士放弃了其他一切财产方面的主张。法官认为，虽然两人感情深厚，但这六年里两人无法交流，感情产生变化，温女士连续四次提出离婚，可见对丈夫张某已经没有留恋，可以认定双方感情破裂。2018年7月，临海法院最终判决准予温女士和丈夫张某离婚。这场历时六年的妻子与植物人丈夫之间的离婚官司拉锯战终于落下了帷幕。

第二部分
保险在财富管理中的运用

第十章　保险概述

第一节　保险的起源

风险，是指遇到破坏或损失的机会或危险。随着人类活动的复杂性逐步深化，风险一词已经成为人类生活中出现频率很高的词汇，其核心是"未来结果的不确定性或损失"。风险对人类的威胁一直存在，体现在我们生产与生活的方方面面，且风险一旦发生，往往大多数家庭都难以承受。

幸运的是，现在已经越来越多的人拥有了防范风险的意识。事实上，应对风险、分散风险并不是近现代人类才逐渐形成的思想。从古埃及时期修缮金字塔的石匠中出现的互助基金组织，再到古罗马军队中士兵组织以收取会费作为士兵阵亡后对其遗属的抚恤费用，以及我国早期出现的民间互助团体寿缘会、长寿会、万寿兴隆寺养老义金等，都体现了早在古代社会人们就已经逐渐形成应对自然灾害、意外事故的保险方法。

一、保险的萌芽

最早古代保险意识的启蒙可以追溯到公元前2500年左右，古埃及的石匠们成立了丧葬互助组织，用交付会费的方式解决收殓安葬的资金。公元前1800年左右，古巴比伦国王命令僧侣、法官等，对其所管辖区域内的居民征收税金，以备救济火灾等其他天灾损失之用。公元前970年左右，古以色列联合王国第三任君主所罗门王，对其国民从事海外贸易者课征税金，作为对遇到海难者所遭受损失的补偿。征收救济资金、组织互助团体等这些早期朴素的保险思想，孕育了古代保险的胚胎。

最早关于保险的法规是《汉谟拉比法典》。公元前18世纪，由古巴比伦第六代国王汉谟拉比颁布，其规定了货主们雇商队进行贸易运输时，若运输交易顺利完成，每个货主须缴纳一定资金作为互助救济基金，当有商队遭遇不测导致货物遭受损失时，遭遇不幸的货主可以从互助救济资金中得到一定的补偿。这种为分摊风险成立基金会的规定，可算作古代保险的原始雏形。

真正现代意义上的保险起源于海上贸易，不但历史悠久，而且引领了整个近现代保险业的发展。早在古巴比伦时期，在西亚和地中海一带就有了较为广泛的海上贸易，到了古希腊与古罗马时期，地中海一带的海上贸易往来已经非常发达与繁荣。但由于存在海盗掠夺、恶劣天气等未知因素，使得航海成为一项危险系数很高的行为。后来，船东及货主们逐渐达成共识：当船舶航行遇到危险而导致船上货物毁损灭失时，由大家一起共同承担该损失。这种"一人为众，众为一人"的共同分摊海损的思想，为海上保险的发展奠定了基础。

有关海上保险的内容最早记载于公元前916年，腓尼基人将分摊共同海损的思想在《罗地安海商法》中做了系统的规定："凡因减轻船舶载重而投弃大海的货物，如为全体利益而损失的，须由全体分摊。"即当某一货主为集体利益而遭受损失时，由包括船主及其他货主在内的受益人共同分担该损失，这体现了"共同分摊损失"的保险基本原则。因此《罗地安海商法》常常被认为是海上保险的起源。

二、人身保险的起源和发展

（一）人身保险的起源

很难想象，人身保险起源于奴隶贸易。15世纪哥伦布发现新大陆之后，黑奴贸易急剧发展起来，但由于运输条件恶劣、食物及淡水匮乏、传染病侵袭、突发海难等因素，当到达美洲时，总会有近1/3的黑奴不幸死在船上，这对奴隶贩子来说是巨大的损失。为了减少损失，很多的奴隶贩子开始把黑奴当作货物进行投保，从而产生了以人的生命或身体为标的的保险。再到后来，投保对象已不再局限于黑奴，船上的船长与船员也能投保。到16世纪，又发展到承保旅客被海盗绑架而支付的赎金。这些被认为是人身保险的萌芽。

（二）人身保险的发展

在早期以互助会形式的人寿保险存在着一个问题，即参加互助团体的成员都向互助会缴纳同等的会费，但因为人的死亡风险与年龄呈正相关，即年龄越大，死亡概率越高，故在早期时，往往年纪大的人都积极要求加入互助会，而年纪较轻的成员纷纷退出互助会。长此以往，互助会成员的平均年龄越来越大，为此要缴纳的会费也越发地高了。因此，想要改变这一局面，互助会逐渐开始对加入的成员进行年龄限制。

对于我们每个人来说，出生与死亡都是未知且不可控的，但对于一个国家或地区来说，人的生老病死往往有律可循。像早期互助会那样单纯地对成员年龄进行限制也存在诸多弊端，因此需要依据大数据来统计编制人的生命规律。1693年，英国天文学家、数学家埃德蒙多·哈雷（Edmend Halley）编制出世界上第一张生命表，精确地列出各个年龄人群的死亡概率，奠定了近代生命表的基础。可以说，生命表的发明和应用奠定了现代意义上的人寿保险的数理基础，也是人寿保险发展史上的一个里程碑。

18世纪初，托马斯·辛普森（Thomas Simpson）根据哈雷的生命表，做出了依死亡率而递增的费率表，提出按不同年龄分别计算人寿保险的保费，以此来对人寿保险定价，实现了不同年龄段的人都可以参加人寿保险。1756年，詹姆斯·道德逊（James Dodson）根据年龄差计算保险费，并提出了"均衡保险费"理论，从而促进了人身保险的发展。1762年，詹姆斯·道德逊和托马斯·辛普森在英国成立了世界上第一家科学的人寿保险公司——伦敦公平保险社，采用精算技术作为保险经营决策的依据，是真正根据保险技术而设立的人身保险组织，也是现代人寿保险的开端。

三、中国近代保险的兴起

（一）中国近代保险思潮的传播

19世纪开始，在"西学东渐"的过程中，西方的保险思想也一同传播到了中国。目前发现最早的关于西方保险的中文记载，是德国传教士郭士立在《东西洋考每月统记传》中关于保险的论述，其内容主要为19世纪初水路运输中保险的投保流程。西方保险思想在传播中逐渐被中国认可，激发了中国保险思潮的萌芽。

同时，西方保险思想的传入与中国保险思潮的兴起，为民族商业保险的创立创造了条件。随着西方保险思想的不断浸入，商业保险的功用被越来越多的有识之士所发现并称叹，开始纷纷宣传相关保险知识，大力支持、倡导兴办民族保险。魏源撰写的《海国图志》，不仅对西方商业保险做了详尽的描述，且结合了中西方实情，促进了西方保险思想在中国的进一步传播，掀起了中国近代商业保险的思潮。

（二）民族商业保险的创立与发展

近代民族商业保险兴起于19世纪60年代。19世纪中后期，中国兴起了实业救国的洋务运动，这也促进了民族保险业在中国的创立。

1865年，中国第一家华商保险公司——上海义和公司保险行在上海创立，标志着中国民族保险事业诞生，打破了外商独占中国保险市场的局面，开创了华人自办保险公司的先河。

19世纪七八十年代，以李鸿章、左宗棠为代表的洋务派，先后在上海创办了保险招商局、仁和水险公司、济和水火险公司等官办保险公司，取得了较好的经营业绩。在洋务运动的推动下，中国的民族保险业得以迅猛发展，从而在一定程度上抵制了外商对中国保险市场的控制。

在此之后中华大地兴起了民族保险公司创立的大热潮，至20世纪30年代，华商保险公司发展到40多家。到了1949年，上海中外保险公司共有400家左右，其中华商保险公司有126家。

保险起因于人们对风险的畏惧，起源于人们对风险发生后的损失分担。无论是古今中西，保险分散风险、补偿损失的基础功能都是不变的，这就是保险的本质。

第二节　人身保险的分类

近几年，保险特别是大额人寿保险受到了高净值人士的热烈追捧，市场上广泛宣称人寿保险具有"离婚不分、诉讼不给、欠债不还、遗产税不缴"等诸多作用。为方便读者能够客观、中立地理解保险的各项功能，也为了方便后文为读者介绍人寿保险的实用技巧，首先需要大家学会区分各类保险，故现有必要简单介绍保险的分类，以及各类保险的概念与主要特点。

根据业务保障对象的不同，商业保险分为财产保险和人身保险两大种类。依据《中华人民共和国保险法》（以下简称《保险法》）第二条的规定，财产保险是保险公司"对于合同约定的可能发生的事故因其发生所造成的财产损失承担赔偿保险金责任"的保险。我们日常生活中最常见的车险即财产保险的一种。财产保险最主要的功能是填补事故造成的各项经济损失，赔付额度以实际遭受的损失为限度。

人身保险是以人的寿命和身体健康为标的的保险，保险人依照保险合同约定承担给付责任,不问损失与否,也不论实际损失是多少。《保险法》第九十五条第一款第(一)项规定:"人身保险业务,包括人寿保险、健康保险、意外伤害保险等保险业务。"本文重点介绍人身保险。

一、健康保险

健康保险以人的身体为保险标的,对被保险人因疾病或意外事故所致伤害时发生的费用或损失进行补偿的一种保险。值得注意的是,这里的"疾病"是必须由人身体内部生理原因引起的。健康保险根据赔付情形的不同具体又分为不同的类型,包括疾病保险、医疗保险、失能收入损失保险和护理保险。

中国保险监督管理委员会2006年发布的《健康保险管理办法》第二条规定:本办法所称健康保险,是指保险公司通过疾病保险、医疗保险、失能收入损失保险和护理保险等方式对因健康原因导致的损失给付保险金的保险。

本办法所称疾病保险,是指以保险合同约定的疾病的发生为给付保险金条件的保险。

本办法所称医疗保险,是指以保险合同约定的医疗行为的发生为给付保险金条件,为被保险人接受诊疗期间的医疗费用支出提供保障的保险。

本办法所称失能收入损失保险,是指以因保险合同约定的疾病或者意外伤害导致工作能力丧失为给付保险金条件,为被保险人在一定时期内收入减少或者中断提供保障的保险。

本办法所称护理保险,是指以因保险合同约定的日常生活能力障碍引发护理需要为给付保险金条件,为被保险人的护理支出提供保障的保险。

重大疾病保险是疾病保险的一种,较受市场青睐。重大疾病保险是指由保险公司承保的以特定重大疾病为保险对象,当被保人患有特定范围内的疾病时,由保险公司对所花医疗费用给予适当补偿的商业保险,简称重疾险。根据保费是否返还来划分[1],重疾险可分为消费型重疾险和返还型重疾险。

消费型重疾险侧重保障,消费者可以用比较少的保费来获得大额保障,该类重疾险合同一般是一年有效期,消费者按年投保,即便中间产生中断也可根据自身情况再次投保。虽然随年龄的增大保费会呈递增趋势,但总体保费低廉,投保

---

[1] 中国人寿保险股份有限公司教材编写委员会. 认识寿险[M]. 北京: 中国金融出版社, 2010.

灵活，不会给投保人造成太大经济负担。

返还型重疾险侧重储蓄，需要固定缴费满一定年数且中途不能中断，退保损失较大。相较于消费型重疾险保费较高，但交满一定期限之后就可以不再续交，并且可以在较长的保险期限内一直享受保障，比如可以缴费10年、保障30年。保障期限届满，消费者没有罹患约定的重大疾病，保险公司一般会按照消费者所缴纳总保费的110%~120%向消费者返还款项。

无论是消费型重疾险还是返还型重疾险，消费者一旦被医院确诊为重疾险合同约定范围内的某种重大疾病，保险公司就会按照合同约定的保额向消费者支付理赔金，即"确诊即付"。

除重疾险外，绝大多数健康保险尤其是医疗保险通常为一年期的短期合同，因此健康保险一般不具备储蓄功能。虽然返还型重疾险一般具有一定的现金价值，但由于其侧重人身保障的特性，现金价值一般较低。

二、意外伤害保险

意外伤害保险，俗称意外险，是指在保险有效期间内，如果被保险人遭受意外伤害而不幸残疾或身故，由保险公司给付身故保险金或残疾保险金的保险。它是一种弥补意外造成损失的短期保险，通常以一年期为多，也有几个月或更短的。有些保险公司也推出了长期的意外险产品，比如某人寿保险公司一款交通意外险，缴费期为10年，但保障期限为30年。

意外险所保障的范围总的来说比较窄，有综合意外险也有针对特定项目的意外险（比如驾乘意外险、航空意外险、旅游意外险等），因事故发生概率低，故杠杆非常高。

意外险保费低廉但保障性强，所以一般不具备储蓄功能。在保险期终止后，即使没有发生保险事故保险公司也不退还保费。

意外险一般在外力造成被保险人死亡或残疾的条件下才赔付，市场上绝大多数的意外险将猝死作为免赔情形，因为猝死是被保险人因自然疾病或者身体内在其他因素导致的突然死亡。不过目前市场上也有少数对猝死进行赔付的意外险。

三、人寿保险

人寿保险简称寿险，是一种以人的生命为保险标的的保险。人寿保险最显著的特点是长期性，一般长达十几年、几十年，甚至是终身。人寿保险的特点是具备储蓄性，是指人寿保险与储蓄有相似之处，具有返还性和收益性。目前人寿保险往往将多种保险责任相结合，使保险金给付成为必然事件，只是给付的时间和金额不同而已。因此，现在的很多人寿保险产品不仅仅提供基础的保障，还兼具理财功能。

传统型人寿保险种类包括死亡保险、生存保险和两全保险。

（一）死亡保险

死亡保险以被保险人的死亡为保险事故，根据保险期限的不同，可以分为定期死亡寿险和终身死亡寿险。

定期死亡寿险，是指在保险合同约定的期限内（一般约定保障至被保险人55周岁或60周岁），如果被保险人死亡或全残，则保险公司按照约定的保险金额给付保险金。通俗地说，只要在合同约定期限内被保险人死亡保险公司就要赔付，不论是意外死亡还是疾病死亡、猝死、自杀（投保2年以后）。定期死亡寿险是纯保障性质的，不具有储蓄性，具有"低保费、高保障"的优点。现在市场上往往将定期寿险作为重疾险或其他保险的附加险。定期寿险的保费跟投保年龄相关，年纪越小，保费越便宜。若保险期限届满被保险人仍健在，则保险合同自然终止，保险公司不再承担保险责任，并且不退还保费。

终身死亡寿险则是被保险人在生命的终端年龄（一般是100岁）之前任何时候死亡，保险人都向保险合同规定的受益人或法定继承人给付保险金。鉴于终身寿险必定赔付的特点，保费较定期死亡寿险更为昂贵。终身寿险通常集保障和储蓄投资功能于一身，保单经过一定年限以后就具有现金价值。

（二）生存保险

生存保险是以被保险人生存到一定年龄为保险事故的人寿保险业务。如果被保险人在保险有效期内死亡，保险人不给付保险金且不退还保费。被保险人生存到约定年龄以后的，保险公司才给付保险金。生存保险与定期死亡寿险的给付原则刚好相反。

（三）两全保险

两全保险又称生死合险，它的保险责任是：被保险人在保险期限内死亡，保险人给付死亡保险金；被保险人生存到保险期限结束，保险人支付满期生存保险金。两全保险具有较强的储蓄性，保单具有现金价值，但死亡赔偿金的杠杆效应较低。

除上述三类传统型人寿保险外，养老保险也属于人寿保险的一种。养老保险是指在约定的期限内有规则的、定期地向被保险人给付保险金，可以为被保险人提供养老保障，一般也具有现金价值。

随着金融市场的不断发展，保险公司亦不断推出分红险、投资连结险、万能寿险等新型人寿保险产品。分红保险是指保险公司每年将部分盈余按照一定的比例，以现金红利或增值红利的方式分配给客户。分红保单向保单持有人提供的是非保障的保险利益。投资连结包含保险的保障功能同时兼具理财功能，设有保证收益账户、发展账户和基金账户等多个账户，每个账户的投资组合不同，收益率就不同，投资风险也不同，是一种综合性的动态理财工具。万能寿险是指至少在一个投资账户拥有一定资产价值的人寿保险产品，基本结构是一份每年可续保的定期寿险加上一个独立的个人投资账户。万能寿险的概念最早由国外传入，是一种缴费灵活、保额可调整的人寿保险，可满足那些要求保费支出较低且方式灵活的寿险消费者的需求。

市场上的保险产品五花八门，多是保险公司为迎合客户需求而将各类人身保险进行了不同组合，其本质与赔付原理都万变不离其宗。掌握以上人身保险的分类及各类保险的特点后，消费者可以轻松判断出购买的保险组合产品具体提供哪些保障、哪些投资收益。

第十一章 人身保险的法律架构

前文为大家介绍了人身保险的分类以及特点，为方便后文讲解人身保险在财富保护与传承中的运用，同时为了读者能够真正了解人身保险并合理进行人身保险的配置，我们通过此章节为大家详细介绍一下人身保险的法律架构。

目前，人身保险具体运用所涉及的法律主要有《中华人民共和国民法总则》（以下简称《民法总则》）、《中华人民共和国保险法》（以下简称《保险法》）、《中华人民共和国合同法》（以下简称《合同法》）、《中华人民共和国婚姻法》（以下简称《婚姻法》）、《中华人民共和国继承法》（以下简称《继承法》）等。但《中华人民共和国民法典》（以下简称《民法典》）自2021年1月1日起施行，《民法总则》《合同法》《婚姻法》《继承法》同时废止，后文将对其中的变化之处展开具体阐述。

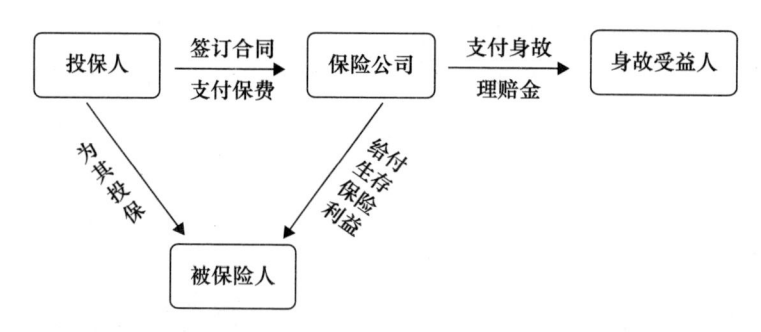

```
投保人 ──签订合同/支付保费──> 保险公司 ──支付身故理赔金──> 身故受益人
   │                            │
  为其投保                    给付生存保险利益
   │                            │
   └──────────> 被保险人 <──────┘
```

上图为人身保险的基本法律架构，从该图可以看出人身保险法律关系的建立一般包括投保人、被保险人、保险公司、身故受益人四方，其中投保人、被保险人可以为同一人，被保险人可以领取保险生存金（视具体保险产品而定，不是每一种人身保险都具备生存保险利益）。健康险、意外险、分红险、万能险、投资连结险、年金险及其他各种各样的人身保险产品，都是对该基本法律架构的演绎。

第一节 投保人的权利义务

我国《保险法》第十条第二款规定："投保人是指与保险人订立保险合同，并按照合同约定负有支付保险费义务的人。"

根据该规定可知，投保人是与保险公司签订保险合同从而建立保险合同法律关系的主体。结合《民法总则》与《合同法》的规定，投保人并不局限于自然人，亦可以是法人或其他组织，如公司为其员工投保。由于人身保险是以被保险人的生命或者身体健康为保险标的，为防止投保人对被保险人进行不法侵害，法律要求投保人与被保险人之间必须具备特定的关系（具体内容将在本章第四节"一、保险利益原则"处详细介绍）。

投保人在保险合同项下享有多项权利，相对应的也需要履行多项义务。投保人主要的权利义务如下：

一、按约缴纳保费的义务

投保人必须按照保险合同的约定向保险公司支付保险费，作为保险公司承诺在保险事故发生时承担赔偿责任的对价。保费可以一次性缴清，也可以分期缴纳，根据保险公司的具体保险产品自由约定。

虽然支付保费是投保人的义务，但该义务并不具备强制约束力。投保人选择分期支付保险费的，比如选择20年缴费、30年缴费，支付首年保费后投保人可能因为各式各样的原因无法按时支付后续每年的保费，按照保险法的规定保险公司不能起诉至法院要求投保人支付。那么保险合同该如何处理呢？

实际上，投保人在支付保费方面依法享有一定的宽限期（保险公司催告的为30天，从投保人接到催告之日起算；未催告的为60天，从约定的保费支付时间届满之日起算），宽限期内发生保险事故的，保险公司需要承担赔付义务，不过保险公司可以从理赔金中扣减投保人欠缴的保费。即便投保人在宽限期内仍未支付保费，保险公司也不能直接要求与投保人解除合同，此时保险合同效力中止。自中止之日起2年内投保人可以与保险公司协商，通过补缴保费的方式恢复保险合同效力（保险公司一般不能拒绝），超过2年仍未补缴保费的，保险公司才有权要求解除合同。如中止期内被保险人的危险程度显著增加，势必会导致保险公司的赔付概率提高，该种情形下保险公司可以拒绝投保人补缴保费、拒绝恢复人身保险合同效力。

二、如实告知的义务

保险合同是合同的一种，投保人作为保险合同当事人应遵守《合同法》诚实信用原则，《民法典》在第一编总则第七条中亦将诚实信用原则作为基本原则，具体体现为投保人的如实告知义务，例如：订立保险合同时，投保人应如实告知保险公司被保险人的具体情况；虽然人身保险合同允许重复投保，但保险公司往往会询问是否有投保其他保险公司的类似产品，此时投保人亦应如实告知；保险合同履行过程中，投保人不应故意做出导致保险标的危险系数增加的行为；保险事故发生时，投保人应及时通知保险公司调查取证，不得故意制造、编造保险事故或相关证据。鉴于该义务项下的内容较多，为避免重复赘述，具体内容将在本章第四节"二、最大诚信原则"处详细介绍。

三、保费豁免权

对于以重大疾病保险和终身寿险为代表的人寿保险，投保人往往选择分期缴纳保费，时间甚至可能长达30年。在这段时间里，投保人可能会遭遇各种风险以致无力承担保费，目前不少人身保险产品赋予了投保人"保费豁免权"。顾名思义，保费豁免是指投保人在缴费期内发生身故、重疾、轻症或者其他约定的特别情况，保险公司同意投保人不再支付后续全部保费，而保险合同则继续有效。

四、指定受益人的权利

投保人有权利指定受益人，受益人可以为一人也可以为多人，当受益人为多人时，投保人有权决定受益人的受益顺序及受益份额。因人身保险合同的保险标的性质使然，当投保人与被保险人系同一人时，投保人的该项权利无限制；当投保人与被保险人不同时，投保人该项权利的行使受被保险人的限制，即投保人指定受益人时需要征得被保险人的同意。

五、解除保险合同的权利

《保险法》第十五条规定："除本法另有规定或者保险合同另有约定外，保险合同成立后，投保人可以解除合同，保险人不得解除合同。"理论界将上述法律规定的投保人权利称为"投保人任意解除权"，保险实务界则通常称之为"退保"。

投保人选择退保，保险合同就失去效力，但投保人无法要求保险公司退还已支付的全部保费，因为保险公司为保险合同的签订履行支付了一定的成本。2年期以上的人身保险合同一般给予投保人一定的犹豫期（10天或15天），犹豫期内投保人要求退保的，保险公司扣除工本费、体检费（指保险公司提供免费体检的情形）等手续费后，退还全部保费。犹豫期后，保险公司的保险责任正式开始，投保人此时要求退保的，保险公司退还保单现金价值。

第二节　被保险人的权利义务

人身保险中的被保险人，是以其生命或身体为保险标的，并以其生存、死亡、疾病或伤害为保险事故的人，即人身保险的对象。

当被保险人与投保人非同一人时，被保险人并不是保险合同法律关系的当事人，但与保险合同法律关系的建立具有密切关系。考虑到被保险人是保险事故发生时遭受损害的人，故法律赋予了被保险人一些特殊的权利义务。

一、有权决定保险合同是否有效

"被保险人同意"是以死亡为给付保险金条件的人身保险合同的生效要件，保险金额也需要获得被保险人的认可。被保险人的同意必须是自愿做出的、未受胁迫的、未受欺骗的、理解清楚的。

"被保险人同意并认可保险金额"可以采取书面形式、口头形式或者其他形式，可以在合同订立时做出，也可以在合同订立后追认。如果有证据证明被保险人明知他人代其签名而未提出异议、同意投保人指定的受益人的，可以认定为被保险人同意投保人的投保行为并认可保险金额。

被保险人做出同意的意思表示后还可以通过书面形式撤销，此时人身保险合同应予解除。

二、有权决定受益人及受益份额

当投保人与被保险人系不同主体时，真正有权决定受益人及受益人受益顺序、受益份额的是被保险人；投保人虽有权指定受益人，但必须征得被保险人的同意，否则指定行为无效。

三、享有保险金受益权

除身故保险金外，其他性质的保险金均可由被保险人作为受益人，比如重大疾病保险、医疗保险、年金型保险合同的年金，一般是直接赔付给被保险人的。《保险法》也直接赋予了被保险人保险金给付请求权。

四、如实告知义务

被保险人作为人身保险合同的关系人，没有人比被保险人更清楚自身的情况，故被保险人虽不是保险合同的当事人，但和投保人一样需要履行如实告知义务：在投保前进行如实告知，保险事故发生后尽快通知投保人和保险公司，配合提供保险事故理赔相关证明、资料，保险标的风险因素增加时及时通知投保人和保险公司等。

第三节　身故受益人的权利

根据《保险法》及司法解释的相关规定，身故受益人是由投保人或被保险人指定、有权在被保险人身故后获取保险赔付的人。身故受益人不是保险合同的当事人，但是保险合同的关系人。身故受益人在人身保险法律关系中不承担义务，只享有权利，其享有保险金的赔付请求权。

为了保护被保险人的人身安全，防止出现"男子泰国杀妻骗保"式的悲剧，《保险法》规定受益人故意造成被保险人死亡、伤残、疾病的，或者故意杀害被保险人未遂的，丧失受益权。

在此提醒大家注意《最高人民法院关于适用〈中华人民共和国保险法〉若干问题的解释（三）》（以下简称《保险法司法解释三》）第九条第二款的规定：

当事人对保险合同约定的受益人存在争议，除投保人、被保险人在保险合同之外另有约定外，按照以下情形分别处理：

（一）受益人约定为"法定"或者"法定继承人"的，以继承法规定的法定继承人为受益人。

（二）受益人仅约定为身份关系，投保人与被保险人为同一主体的，根据保险事故发生时与被保险人的身份关系确定受益人；投保人与被保险人为不同主体的，根据保险合同成立时与被保险人的身份关系确定受益人。

（三）受益人的约定包括姓名和身份关系，保险事故发生时身份关系发生变化的，认定为未指定受益人。

根据该条规定，当被保险人和受益人身份关系发生变化时，一定要注意更改受益人。身份关系发生变化常见的就是离婚导致夫妻关系改变，举个例子：

张先生与李女士原系夫妻，双方婚姻期间李女士以自己为被保险人购买了两份人寿保险，其中一份以自己为投保人，另一份以张先生为投保人，受益人仅约定为"丈夫"。后双方因感情不和离婚，两份保单的受益人均未变更。李女士后与刘先生缔结婚姻关系。若李女士遭遇不幸，根据《保险法司法解释三》第九条的规定两张保单的身故受益人不同：李女士自己做投保人的保单，因投保人与被保险人系同一人，身故受益人根据保险事故发生时的身份关系确定，即身故受益人为李女士现任丈夫刘先生；以前夫张先生做投保人的保单，因投保人与被保险人系不同主体，身故受益人按照投保时的身份关系确定，则身故受益人为前夫张先生。

再假设两份保单原约定的身故受益人是"丈夫张××"，其他条件保持不变，那么此时李女士如遭遇不幸，因保险事故发生时李女士与受益人张先生的身份关系已经改变，两份保单均视为没有指定受益人，保险金应作为李女士的遗产在法定继承人之间进行分配。

无论是以上哪一种情形，对李女士而言都不是理想状态，可能都不符合其分配意愿，因此一定要在身份关系改变时及时更改受益人。

另外，保险事故发生后，身故受益人要及时申请理赔，否则可能因错过了时效而丧失保险金赔付请求权。关于人寿保险，受益人请求给付保险金的诉讼时效为5年，其他人身保险产品请求给付保险金的诉讼时效为2年，从知道或应当知道保险事故发生之日起算。

第四节　保险法基本原则

一、保险利益原则

保险利益，又称可保利益，是指投保人或被保险人对于保险标的存在一种利害关系，即投保人或被投保人会因保险事故的发生而受损，抑或会因保险事故的不发生而受益的利害关系。我国《保险法》第十二条第六款规定："保险利益是指投保人或者被保险人对保险标的具有的法律上承认的利益。"

保险利益原则的主要意义在于，通过法律规定防止保险活动成为一些人获取不正当利益的手段。人身保险以被保险人的生命和身体为保险标的，保险利益原则就更为重要，可以有效防止道德风险的发生、防止将投保变成赌博。虽然保险和赌博都具有一定的赌概率性质，其结果的发生与否及发生时间具有一定的不确定性，但两者之间存在的最大差异在于是否有可保利益的存在。如果投保人在签订人身保险合同时对被保险人并不存在可保利益，则这份合同为赌博性质的合同，不能得到法律的保护。假如不存在可保利益的限制，任何人都可以因为被保险人的生命或健康受损获得利益，特别是投保人与被保险人不是同一人时，被保险人的生命安全将受到极大的威胁，这不仅完全违背了保险的本意，而且很可能诱发刑事犯罪。因此，可保利益原则的确立，通过对投保人和被保险人身份关系的限制，极大地避免了保险成为赌博的工具，也可以防止投保人或受益人为了获取保险金而泯灭人性，从而降低社会危险性，避免社会道德标准的下降。

根据现行法律规定，人身保险的投保人在保险合同订立时，应当对被保险人具有保险利益，否则保险合同无效。审查的时间节点在于"保险合同订立时"，至于投保后投保人丧失了保险利益的，不影响保险合同的效力。

保险公司及人民法院审查人身保险合同的投保人对被保险人是否具备保险利益的依据主要为《保险法》第三十一条：

投保人对下列人员具有保险利益：

（一）本人；

（二）配偶、子女、父母；

（三）前项以外与投保人有抚养、赡养或者扶养关系的家庭其他成员、近亲属；

（四）与投保人有劳动关系的劳动者。

除前款规定外，被保险人同意投保人为其订立合同的，视为投保人对被保险人具有保险利益。

根据《民法典》第一千零四十五条第二款的规定，配偶、父母、子女、兄弟姐妹、祖父母、外祖父母、孙子女、外孙子女为近亲属。

虽然结合前述法律规定，可以看出法律对于投保人身份条件范围的规定较宽泛，只要被保险人同意即可，但在实践中，为防止产生纠纷保险公司在承保时的审查条件往往更加严格，比如一般保险公司都不会接受没有法定亲属关系而仅仅是彼此相互同意的成年人投保，很多保险公司也不同意爷爷奶奶给孙子孙女投保。

为进一步保障被保险人的安全，我国《保险法》及其他相关法律法规针对无民事行为能力人、未成年人、劳动者等弱势群体做被保险人的情形，做了进一步的限制性规定：投保人不得为无民事行为能力人（父母给未成年子女投保的除外）投保以死亡为给付保险金条件的人身保险；父母给未成年子女投保以死亡为给付保险金条件的人身保险，子女不满10周岁的，保险金额不得超过人民币20万元，子女已满10周岁但未满18周岁的，保险金额不得超过人民币50万元；给劳动者投保人身保险，只能指定劳动者本人或其近亲属为受益人。

二、最大诚信原则

诚信原则是民法的基本原则之一,最大诚信原则是诚信原则在保险法中的体现。《保险法》第五条确立了最大诚信原则为保险合同法律关系的基本原则。

保险合同具有格式化和一方履行义务偶然性的特点,且保险合同双方当事人信息不对称,故要求合同双方最大限度地遵守这一原则,即不互相隐瞒欺诈,以最大善意全面履行各自的义务。《保险法》通过多项条文对合同双方遵循最大诚信原则的行为做了具体规定。

(一)投保人如实告知义务

如实告知义务一般是指投保人在合同订立时,就有关保险标的或者被保险人的重要事实,向保险公司做出如实陈述、说明的义务。保险公司需根据投保人提供的信息,判断是否承保以及确定保费金额等,但保险公司对保险标的真实情况很难做全面甄别,故投保人的如实告知非常重要。

投保人的如实告知义务,以保险公司的询问及保单具体列明的事项为限,以投保人明知的事项为限。投保人故意或者因重大过失没有履行如实告知义务,依法需要承担不利后果:未如实告知的信息足以影响保险公司决定是否同意承保或者提高保险费率的,保险公司有权解除合同,对于合同解除前发生的保险事故不承担赔偿或者给付保险金的责任;同时,投保人故意不如实告知的,保险公司不退还保费,投保人因重大过失未履行如实告知义务的,保险公司需要退还保险费。

结合《保险法》及相关司法解释来看,投保人的如实告知义务有更多具体的表现,且并不局限于人身保险合同订立时,而是贯穿于保险合同履行的全过程,例如:投保人申报的被保险人年龄不真实,并且其真实年龄不符合合同约定的年龄限制的,保险人可以解除合同,并按照合同约定退还保险单的现金价值;保险事故发生后应当及时告知保险公司,故意或者因重大过失未及时通知,致使保险事故的性质、原因、损失程度等难以确定的,保险人对无法确定的部分,不承担赔偿或者给付保险金的责任。

对于被保险人是否应履行如实告知义务,《保险法》并未做明确的规定。但是对于投保人和被保险人不是同一个人的人身保险合同而言,最明确知道保险标的信息的是被保险人自身。司法实践中,也支持对如实告知义务做扩张解释,认为被保险人应当也履行如实告知义务,以(2013)穗中法进民终字第1354号民事判决为例：

本案中投保人和被保险人并非同一人，上述条款规定了投保人负有如实告知义务，但被保险人是否负有如实告知义务没有明确规定。人身保险合同中的被保险人对自己身体健康状况的了解比投保人更为清楚和透彻，如果被保险人不负有如实告知义务，不利于保险人全面掌握保险标的的状况，也有悖于告知义务制度设计的目的和诚实信用原则，因此，应对上述条款作扩张解释，如实告知义务的主体应该理解为包括投保人和被保险人。

（二）投保人、被保险人的保证义务

保证是指投保人、被保险人承诺在保险有效期内对某些特定行为作为或者不作为。保证既可以是明示的也可以是默示的，明示是指明确记载于保单以条款的方式列明，默示则是指即便双方没有明确约定也可根据惯例、社会公认的准则等方式知晓。

《保险法》对投保人、被保险人的部分要求，其实是投保人、被保险人应履行的保证义务，比如：不得故意造成被保险人死亡、伤残或者疾病；应对保险标的安全尽责；不得谎称发生保险事故，亦不得编造虚假的事故原因或者夸大损失程度；不得伪造、变造与保险事故相关的证据。

保险公司往往会将以下情况的一种或几种作为人身保险合同的除外责任在保险合同中明确列明：投保人不得杀害被保险人，不得故意制造保险事故，不得酒驾、毒驾或无证驾驶，不得从事攀岩、潜水、拳击、跳伞等危险行为，不得故意堕胎……当然即便保险合同未详尽列举，以上行为也是投保人、被保险人应保证不从事的行为（有专门面向特殊行业的人身保险产品，不在此讨论范围）。

（三）保险公司的说明义务

保险合同由保险公司提供，系保险公司制作的格式合同，投保人、被保险人基本没有修改的权利。保险公司是专业从事保险运营的主体，投保人、被保险人作为普通人往往不具备对保险系统、全面的了解，对十几页、几十页的保险合同条款无法全部明确理解其含义。为平衡双方利益，《保险法》对保险公司规定了说明义务，要求在订立保险合同时保险公司工作人员应当对格式条款、免责条款做出足以引起投保人注意的提示并做出明确说明，说明形式包括书面形式、口头形式及音视频形式。若保险公司未向投保人做提示或者明确说明，该条款对投保人不产生效力，也就意味着保险公司不能引用相关免责条款来免除、减轻自身的保险责任。

（四）保险公司弃权与禁止反言制度

弃权，是指保险合同的一方当事人故意放弃其在保险合同中的某种权利，在保险合同中主要体现为保险公司放弃合同解除权。在我国的保险制度中，假如投保人故意或者因重大过失未履行如实告知义务，足以影响保险人决定是否同意承保或者提高保险费率的，保险人有权解除合同。但若保险人知道解除事由的30日内没有行使解除权或保险合同已经成立超过两年的，保险人丧失合同解除权，发生保险事故的，保险人仍然应当承担赔偿或者给付保险金的责任。此处存在一种例外情形，即以被保险人死亡为给付保险金条件的合同，如果被保险人自杀时为无民事行为能力人的，即使在两年期限内，保险人仍然承担给付保险金的责任。

禁止反言，也称禁止抗辩，是指当合同一方当事人在已经做出某种意思表示，而使相对人基于善意而信赖的情况下，将来不得再基于某种权利做出相反的意思表示。在保险合同中禁止反言原则主要表现为：保险公司知道或应当知道投保人未履行如实告知义务却仍然承保的，保险人不得要求解除合同，对发生的保险事故必须履行赔付义务。

综上，最大诚信原则对保险合同的双方均有约束力。为督促该项原则下如实告知、说明、禁止反言等具体制度的落实，近年来国家对人身保险产品的销售过程提出了全程录音录像的要求，各保险公司也在逐步全面推行该措施。

第五节 保单现金价值

保单现金价值是指投保人要求退保时，保险公司应当退还的金额。现金价值=责任准备金-退保手续费。[①]

一、保单现金价值简介

保单现金价值仅存在于具有储蓄性质的人身保险产品中，具有财产属性。以前文提到的传统人寿保险为例，人寿保险一般采取均衡保费制，其目的是解决投

[①] 陈天翔.保费和现金价值的差距到底有多大[N].第一财经日报，2006-09-29（B07）.

保人因年龄增长更需要保障和收入减少难以承担保费之间的矛盾。投保人在年轻收入高时"多"交一些保费，年龄大收入低时"少"交一些保费，从而使得每年交的保费一样多。在保单生效后，刚开始时"多"交的保险费及其相应投资收益便"存"在了保险单上，这部分"存"起来的保险费及投资收益，便是寿险保单的现金价值。

根据前文对人身保险产品的分类以及各类型的介绍，可以得知：定期死亡寿险是纯保障性质的，不具有储蓄性，因而不具有现金价值；终身死亡寿险具有储蓄性，保单经过一定年限以后就具有现金价值；两全保险具有较强的储蓄性，保单具有现金价值；重大疾病保险一般具有现金价值，但消费型重大疾病险由于其侧重人身保障的特性，现金价值一般较低；意外伤害保险一般都是消费型的，保费低，不具备储蓄性。市场上保险公司推出的多是各种保险产品的组合，对于所购买的保险产品是否具有现金价值、现金价值的高低及未来走势，投保人可以通过保险合同中的现金价值表来了解。

二、保单现金价值的归属

保单现金价值应该归属于谁呢？2008年新修订的《德国保险合同法》第一百六十九条第三款明确规定，现金价值是根据保险精算规则利用保险费计算原理得出的在保险合同期限届满时所累积的保险费总额。可见保险单现金价值实质上是保费的累积。众所周知，实际承担缴纳保费义务的是投保人，所以保险单现金价值是投保人缴纳的保险费累积形成的财产，从权属关系上看应当归属于投保人。我国也规定了保险公司原则上应当向投保人退还保单现金价值，具体表现为投保人解除保险合同时可以得到合同约定的保险单现金价值，除非合同另有约定，被保险人或者受益人无权要求保险人退还保险单的现金价值。[1]

因此可以说，保单现金价值是归属于投保人的财产权益，当投保人未要求退保时，保单现金价值作为一种债权存续。

需要提醒注意的是，对于投保人故意伤害被保险人的情形，我国《保险法》规定保单现金价值退还给被保险人或被保险人的继承人。

---

[1] 王静. 保险类案裁判规则与法律适用 [M]. 北京：人民法院出版社，2013.

三、退还保单现金价值的法定情形

依据我国《保险法》，保险公司退还保单现金价值的情形分为两大类。

一类是保险事故发生前保险合同终止的，具体情形包括：投保人谎报年龄，保险人依法解除合同的；投保人未及时缴纳保险费且两年未与保险人达成协议，保险人依法解除合同的。

另一类是保险公司对发生的保险事故依法不承担保险责任的，具体情形包括：以被保险人死亡为给付保险金条件的合同，自合同成立起两年内被保险人自杀的，保险人不承担给付保险金的责任，但被保险人自杀时为无民事行为能力人的除外；被保险人故意犯罪或者抗拒依法采取的刑事强制措施导致其伤残或者死亡的，保险人不承担给付保险金的责任。

基于储蓄性质的人身保险产品具有现金价值，也就意味着保单本身具有价值，可以用于融资贷款，该部分内容将在第五章第五节"人寿保单杠杆融资的运用"处详细介绍。

第六节 人身保险合同的变更

《保险法》第二十条规定"投保人和保险人可以协商变更合同内容"，那么具体哪些内容可以变更，以及如何变更呢？

一、投保人的变更

目前保险公司允许变更投保人。以投保人死亡为例，前文已论述储蓄性质的人身保险合同具有现金价值，该现金价值作为财产属于投保人的遗产，依据《继承法》的规定可由投保人的法定继承人继承。若投保人的法定继承人协商一致，允许其中一位继承人继承该保单，那么保险公司会同意该继承人成为新的投保人。

此外，部分省市已经出台文件明确将人身保险产品的现金价值等财产性权益作为强制执行的对象（具体内容将在第四章第三节"二、人身保险是否可以被强制执行？"处详细介绍），以《江苏省高级人民法院关于加强和规范被执行人所有的人身保险产品财产性权益执行的通知》为例，该通知第五条第一款规定："投保人为被执行人，且投保人与被保险人、受益人不一致的，人民法院扣划保险产品退保后可得财产利益时，应当通知被保险人、受益人。被保险人、受益人同意承受投保人的合同地位、维系保险合同的效力，并向人民法院交付了相当于退保后保单现金价值的财产替代履行的，人民法院不得再执行保单的现金价值。"从该条规定也明确可以看出，被保险人、受益人可以通过赎买保单、变更投保人的方式来维持保险合同的效力。

需要提醒注意的是，变更后的投保人对保险标的必须具有保险利益。

二、被保险人的变更

因人身保险产品以被保险人的生命或身体健康为保险标的，变更被保险人需重新审查投保人与被保险人之间是否存在保险利益、被保险人是否符合承保条件以及需重新计算保险费率等问题，无异于是订立新的保险合同，故个人人身保险合同的被保险人不能变更。但团体人身保险合同允许变更被保险人与被保险人人数。

三、受益人的变更

根据《保险法》及相关司法解释的规定，被保险人或者投保人可以变更受益人并书面通知保险公司。若投保人与被保险人不是同一个体，则投保人变更受益人时须经被保险人同意，否则变更行为无效。受益人的变更需在保险事故发生以前进行，保险事故发生后不允许变更受益人。

四、其他条款的变更

投保人可变更交费期限，如月交可变为年交，季交可变为半年交、年交等。投保人也可变更保险金额，但一般只允许减少保险金额，若需增加保险金额则需要投保新的保险产品来实现。保险期限和保险责任的范围往往不允许变更。

五、人身保险合同内容变更的方式

我国《保险法》规定人身保险合同的变更必须采用书面、批注或附贴批单的形式，并经过双方协商一致，才发生变更的效力。保险合同双方按照变更后的内容作为履行权利义务的依据。当修改与原合同条款相矛盾时，采用批注优于正文、后批优于先批、书写优于打印、加贴批注优于正文批注的解释原则。[1]

---

[1] 唐炳洪，沈益平．经济法教程［M］．北京：中国科学技术出版社，2006．

小　结

　　通过这一章节，大家了解了人身保险合同的法律架构、人身保险合同法律关系所涉各方的权利义务及该法律关系的建立所需要遵循的基本原则。储蓄型的人身保险具有财产属性，投保人、被保险人、受益人均可从中享有一定的财产利益。根据这一特性，运用得当、结构设置合理，可以实现财富的定向传承、债务相对隔离、婚姻财富保护、税务筹划、杠杆融资等多项功能。也正是由于人身保险可以一定程度上满足高净值人士在财富保护与传承方面的多种需求，近年来人身保险特别是大额人寿保单受到高净值人士热烈追捧，大额人寿保单主要是指保额较大、保费较高的寿险保单，年缴保费往往超过百万，这种新闻屡见不鲜：

　　2013年3月，贵州都市报发文称首张人身险1.2亿元大单在平安人寿贵州分公司诞生，投保人将在20年内，每年缴纳250余万元的保费。

　　2014年3月，某报纸上刊登出一篇名为《某富豪花千万给女儿买保险 天价保单成避税途径》的报道：日前，某富豪花千万给女儿买保险。这份千万元保险单的投保人和被保险人都是年仅22岁的女孩小华（化名）。据了解，小华的父母是私营企业主，他们一次性支付1000万元，为独生女投保的这份巨额保单是为期一年的短期险。投保期间，如果被保人身故，可以返回本金，另外获得187万元保险赔付金。如果没有意外，一年后可以享受3.5%的固定收益。无独有偶，当地另一名年近五十的林女士（化名），也花625万元购买了同一险种的保险。

　　新闻报道称：青岛一富豪签下天价保单，期缴保费2亿元，5年交费，共交10亿元！投保人是经过智囊团（律师、会计师、精算师）缜密研究决定的，其目的就是防止儿女挥霍，保障财富传承。

　　扬子晚报记者2019年10月从南京一家大型寿险公司的营销经理处了解到，该保险公司近期在浦口出现了两个1000万元的投保单子，投保人的年龄为40~50岁，其中一位是企业主，另一位家里房产比较多。

　　但并非所有的人寿保险都能达到"离婚不分、诉讼不给、欠债不还、遗产税不缴"的功效，也并非购买人寿保险就一定能够完全实现财富的保障与传承。像新闻中为期仅仅一年的短期寿险，根本无法发挥人寿保险资产隔离、税务筹划、财富传承的功效，要达到此目的，必须认真挑选险种和谨慎设计保险合同架构。

　　不同种类的人寿保险资产隔离和税务筹划的效力是不同的，保单时间越长、人身属性和保障功能越强、投资功能越弱的险种，其资产隔离和税务筹划的功能越强。如终身寿险的人身属性最强，其资产隔离和税务筹划的效力最强，分红两全险次之，投连险最弱。所以，高净值人士在购买大额人寿保险时，需要明确自己的目的，资产隔离、税务筹划、避免离婚分财产还是给子女财富传承与保障？目的不同，保单险种的选择和架构设计都是不同的。财富人士需要根据自身的目的，选择适合自身的险种并对保单的投保人、被保险人、受益人进行不同的排列组合。

在后续章节，我们将详细介绍大额人寿保单的功能，以及如何正确运用大额人寿保单实现对应功能。

第十二章 人身保险与婚姻财富保护

中国2010-2019年结婚、离婚数据

年份	结婚手续（万对）	离婚手续（万对）
2010	1241	267.8
2011	1302.4	287.4
2012	1323.6	310.4
2013	1346.9	350
2014	1306.7	363.7
2015	1224.7	384.1
2016	1142.8	415.8
2017	1063.1	437.4
2018	1010.8	446.1
2019	947.1	415.4

民政部发布的数据显示：2017年我国婚姻登记机关依法办理结婚登记1063.1万对，比上年下降7.0%，办理离婚手续的共有437.4万对，比上年增长5.2%；2018年，全国结婚登记1010.8万对，离婚登记446.1万对；2019年全国结婚登记947.1万对，离婚登记415.4万对。

据上述数据可以看出，随着社会的发展与人们生活水平的提高，离婚率呈现持续攀升趋势,这种情况已经引起社会与民众的重视。一段婚姻的结束,带来的可能是解脱,但也可能引发争吵和纠纷、带来一系列的风险。尤其是对高净值人士及其子女而言,他们的婚姻状态不仅仅是个人法律关系、身份关系的变更,更有可能伴随着巨额财产的损失,影响到整个家族财富的传承,甚至还可能牵扯到企业的发展、投资者的利益,乃至对社会造成影响。

为了合法合理规避以上风险,高净值人士应当尽可能地提前做好婚姻财富管理,维护自身的合法权益,保护自己辛苦积攒的财富免受不必要的损失。本章节将从大额保单的角度,对婚姻财富管理的相关问题进行阐述,希望能够为大家带来一些新的思路和方法。

第一节 婚姻财富管理的重要性

我们常说"婚姻是需要经营的",经营得好,家庭和睦、白头偕老;经营得不好,轻则伤感郁闷,重则劳燕分飞甚至对簿公堂。事实上婚姻需要经营的不只是感情,还有财富。对高净值人士而言,财富的管理不当很有可能导致感情的管理失衡,尤其高净值人士的婚姻家事纠纷往往和财产、事业紧密相连。

一、离婚导致巨额财产分割

从中外媒体公开的报道我们不难看出,每年因为离婚导致的巨额财产被分割的案例不胜枚举。

1. 中国私募界"私募一哥"徐翔:210亿元人民币

2019年8月29日,徐翔离婚案在青岛市城阳监狱进行开庭审理,徐翔面对昔日爱妻情绪激动,当场表示同意离婚并放弃孩子抚养权,其名下约210亿元财产等待法院判决分割。

徐翔,人称"私募一哥",上海泽熙投资管理有限公司掌门人,16年股票投资经历,在证券市场多轮的牛熊市考验中稳定获利,实现个人资产数万倍增长,总资产约210亿元人民币。徐翔与应莹相识于事业初期,应莹一直支持徐翔的事业并育有一子。2015年,徐翔因操纵证券市场罪入狱,两年后应莹向法院提起离婚诉讼并要求分割巨额资产。

2. 亚马逊创始人贝索斯:1428亿美元

2019年1月9日，当时的全球首富亚马逊创始人贝索斯和妻子麦肯齐在推特上宣布离婚，25年前上演至今的"学妹倒追学长"的戏码至此终结。贝索斯与麦肯齐均毕业于世界名校普林斯顿大学，这对才子佳人在25年中相濡以沫扶持共进，建立了庞大的商业帝国，贝索斯更是多次在公共场合"秀恩爱"，成为一段佳话。可惜世事难料，贝索斯的"好男人"人设因其婚内不忠行为而崩塌，这段婚姻也随之结束。

最终，经过和平协商，麦肯齐分走离婚前夫妇共同拥有的亚马逊股份的四分之一（离婚前贝索斯夫妇拥有亚马逊16%的股份，价值约1428亿美元），即目前亚马逊4%的股份，当时价值约357.36亿美元，并且放弃所拥有的亚马逊股票的投票权，如此大度的行为将创始人离婚事件对亚马逊股票的影响降到了最低。而贝索斯也在推特上转推了麦肯齐的推文并撰文表达了对前妻的感激之情。

3. 一心堂董事长阮鸿献：57亿元人民币

2017年1月4日，A股上市公司一心堂发布公告，其实际控制人阮鸿献与其妻刘琼经友好协商，已办理离婚手续，解除婚姻关系。

阮鸿献，素有"云南药王"之称，曾多次蝉联云南省首富。1987年，阮鸿献、刘琼相识结婚并一同创业，阮鸿献在外经营，刘琼负责财务，一步步将事业做大，直至2014年7月，一心堂A股上市成功，夫妻二人成为云南公认的"药王""药后"。令人意外的是，在没有任何其他消息的情况下，一心堂宣布阮鸿献和刘琼已经离婚。经过分割后，阮鸿献持有一心堂33.75%的股份，价值约37亿元人民币，刘琼持有一心堂18.37%的股份，价值约20亿元，其余双方共同持有的资产已在早几年进行了分割。

4. 昆仑万维董事长周亚辉：230亿元人民币

2016年9月北京海淀区人民法院就周亚辉与李琼离婚案做出调解书，周亚辉将其直接持有的昆仑万维207391145股股份及盈瑞世纪实缴资本94.64万元分割过户至李琼名下，以上资产总价值约为70亿元人民币。

周亚辉，昆仑万维实际控制人，曾入《胡润全球少壮派白手起家富豪榜》。从2000年白手起家到2008年成立昆仑万维，再到2014年上胡润富豪榜，一直到2016年，昆仑万维已经成为中国最大的游戏开发、运营企业之一，一些我们耳熟能详的如：愤怒的小鸟、映客、唱吧、随手记、趣分期、Opera、一米鲜等游戏或App，背后都有周亚辉的影子。而李琼作为周亚辉的青梅竹马，一直很少出现在大众视线中，但在此次离婚中拿到高达70亿元的"分手费"，再加上原本持有的股份，其个人资产直逼百亿。

5. 明星王宝强：约2亿元人民币

王宝强与马蓉的故事曾在互联网上掀起一片舆论浪潮，这场离婚拉锯战也是牵涉面颇广，受关注度极大。

2016年8月，王宝强微博宣布马蓉出轨宋喆，宣布与马蓉解除婚姻关系，并在之后怀疑马蓉有转移夫妻共同财产的行为，将其诉至法院。2018年2月一审判决中，法院认定马蓉与他人存在不正当关系，违反夫妻忠诚义务；两个孩子分别由王宝强、马蓉抚养；由于财产非常复杂，财产问题另行处理。2018年6月，马蓉上诉王宝强离婚纠纷案在北京第三中级法院开庭并当庭宣判，法庭判决驳回上诉，维持原判。但一直到2019年1月，随着双方签订财产分割协议一切风波才尘埃落定。根据不完全统计，王宝强与马蓉的夫妻共同财产接近2亿元，由于马蓉在婚姻内的过错，财产分割对王宝强有所倾斜，也算是为这段婚姻画上了一个"休止符"。

6. "加勒比海盗"约翰尼·德普：700万美元

2017年1月13日，经过8个月的诉讼，好莱坞影星约翰尼·德普与妻子艾梅柏正式离婚，为此约翰尼·德普需要付出700万美元的"离婚赡养费"。

约翰尼·德普，《加勒比海盗》系列电影"杰克船长"的扮演者，与妻子艾梅柏相识于电影片场，并于2015年结婚。但随即在2016年5月，艾梅柏以"不可调和的分歧"为由向法院提出离婚申请，并指控约翰尼·德普酗酒、吸毒、有暴力倾向，然而以上指控并未得到法院认可，法院最终判决两人之前达成的离婚协议将被强制执行，即约翰尼·德普向艾梅柏支付700万美元的"离婚赡养费"。值得一提的是，艾梅柏公开表示会将这笔钱全部捐给慈善机构。

7. 当当创始人李国庆：70亿元

2019年11月29日，站在北京某法庭门口的当当网创始人李国庆一定没想过会与结发之妻俞渝走到通过离婚诉讼争夺公司股权的地步。"我的要求就是平分财产"，李国庆如此说。

1996年，李国庆与俞渝闪婚，抱着"把亚马逊搬进中国"的想法一同创业建立了当当。2010年12月8日，当当在纽交所挂牌上市，李国庆夫妇身价超过10亿美元，此时李国庆持有股份38.9%，俞渝持有股份4.9%。2016年5月，当当退市完成私有化，李国庆与俞渝各占股近50%。其后，俞渝建议夫妻二人各自拿一半股权给其子，由俞渝代持其子所占股份，到目前，李国庆占股27.51%，俞渝占股64.20%，根据胡润百富榜，李国庆与俞渝夫妻的财富为70亿元人民币。

从2018年1月起，在当当及子公司中，李国庆的状态逐渐变成了曾任职，并由俞渝接任。其后，李国庆在采访中怒而掷杯，与俞渝在朋友圈、微博等处数落彼此的不是、互爆丑闻，或许是情绪所致，亦或许是已经在为未来的离婚官司做准备。发展至今，两人最大的矛盾点还是回归到当当网的股权上，李国庆要求平分夫妻持有的共计91.71%的股权，而俞渝则要求李国庆接受25%的股权才同意和平离婚。最终结果如何还有待法院判决，但昔日恩爱夫妻因离婚分割股权发展至这般地步确实让人唏嘘不已。

以上案例仅是极少的一部分却又极具代表性。从中我们不难看出，无论是富甲一方的知名企业家还是大红大紫的明星艺人，在面临离婚纠纷时都陷入了人财两失的困境，不但在感情上遭受重创还要失去巨额财富。按照我们一贯坚持的认知，离婚时夫妻共同财产的分割应当遵循一定的原则：若夫妻二人共同创造了家庭财富，那么在离婚时要求分割属于自己的那一份财产是应当得到支持的；若家庭财富的创造完全是由夫妻中的一方来完成的，另一方几乎没有做出任何贡献仅凭一段婚姻关系便意图分割巨额财产，显然是让人难以接受的（但家务劳动也是贡献的一种方式）。创造财富的一方保护自己的辛苦所得，不受一段失败婚姻的影响，将家族财富传承给指定的人，才是婚姻财富管理的重要核心。

二、离婚导致背负巨额债务

与此相对的，婚姻财富管理还应考虑到婚姻内的债务问题，避免无辜的一方被债务牵连。然而事与愿违，随着2004年《最高人民法院关于适用〈中华人民共和国婚姻法〉若干问题的解释（二）》（以下简称《婚姻法司法解释二》）颁行并具体实施，根据其第二十四条的规定，除夫妻一方能够证明债权人与债务人明确约定为个人债务，或者能够证明属于婚姻法第十九条第三款规定情形，夫妻一方与第三人串通，虚构债务，第三人主张权利的情形，夫妻一方在从事赌博、吸毒等违法犯罪活动中所负债务，第三人主张权利的以上三种情形外，绝大多数在婚姻关系存续期间的债务被认定为夫妻共同债务，不少悲剧由此而起。

1. 女教授前途渺茫

华南农业大学副教授丁玲华，硕士期间发表十几篇论文，系内第一个评上副教授，多次出国访学，本该一帆风顺的学术生涯却被法院一纸判决彻底颠覆。2014年，丁玲华陆续接到江西多地法院的传票和判决，这时她才得知，在她"不知情、未签字、未受益"的情况下，她已经背负上丈夫所欠债务662万元。突如其来的巨额欠款让丁玲华措手不及，银行卡被冻结以致无法使用科研经费，由于被上了失信人名单、被限制高消费不得不放弃多次外出参加学习和学术会议的机会，学术生涯前途渺茫，更是住在400元一月的城中村和女儿相依为命，为一日三餐发愁。如今，46岁的丁玲华依然在对以上案件进行不断的申诉，"我没有做错事"，丁玲华多次强调。

2. 前夫留下一个亿债务

"你前夫欠了我们一个亿"，王云听到这话感觉天都塌了。2012年，由于丈夫林强的婚内不忠行为，王云与林强协议离婚，儿子归王云抚养。谁料刚离完婚，便有债权人向法院起诉，要求林强和王云共同归还债务共计2000万元，根据法院判决，林强所借款项，大多数投入股市，而"炒股属于家庭经营行为，应视为共同债务"。更恐怖的是，按债权人的说法，前夫林强前后借款总额达1亿元以上。2014年，王云的住房被强制执行，王云不得已带着儿子搬进了经济适用房，薪水也被列入执行范围，每个月留3000元用作她与儿子的基本生活费，其余全部用于执行。每当儿子问："爸爸究竟为什么要借这么多钱？"王云只能掩面流泪。

3. 九亿债务的阴影

叶薇，注册会计师，在长沙某会计师事务所工作。2007年，叶薇与做房地产生意的耿毅登记结婚，但仅三个月后双方就闹起了离婚。2012年4月16日，叶薇向长沙市雨花区人民法院起诉离婚，却不料丈夫抛出了一张9亿多元的"共同债务清单"，这张清单上共记载着65笔债务，出借方既有个人也有单位，甚至还有政府行政机关，最大的一笔借款高达4.5亿元，债务总额共计9.344 6亿元，而叶薇与这些"债权人"从未谋面，不知其事。丈夫耿毅更是威胁道，如果叶薇和他离婚，必须承担一半债务。叶薇在恐惧和担忧中不敢再坚持离婚。随后几年便是无穷无尽的债权人起诉，使得叶薇疲于应付，带着年幼的女儿东躲西藏，患上了重度抑郁症，而耿毅早已下落不明。2014年，伤痕累累的叶薇终于通过起诉解除了与耿毅的婚姻关系，但"9亿的共同债务"仍笼罩在叶薇头上，使得她惶惶不可终日。

以上三人的不幸绝不是个例，2016年10月8日澎湃新闻网进行了《"反24条"联盟：近百妻子因前夫欠款"被负债"，结盟维权》的专题报道。报道称，"反24条"联盟的成员共有100多人，分别来自湖南、江苏、浙江等地，其目的主要是维护自己在婚姻中的合法权益。这些人中，既有结婚不过一年多，孩子才半岁却"被负债"100万元，怒写《结婚有风险，领证须谨慎》博文获600万点赞的单亲妈妈兰瑾；也有"被负债"337万元，丈夫杳无音讯，房产工资被冻结，甚至一度想过自杀了却此生的陈玲；更有"9亿夫妻共同债务"梦魇般缠绕，一度患上重度抑郁的叶薇。

造成这些悲剧的主要原因就在于我国《婚姻法》规定的婚姻财产制度，原则上夫妻关系存续期间财产是共同所有，因而债务应共同承担。《婚姻法司法解释二》第二十四条规定："债权人就婚姻关系存续期间夫妻一方以个人名义所负债务主张权利的，应当按夫妻共同债务处理……"其立法本意是防止夫妻借离婚转移财产、削弱债务人偿债能力以损害第三方债权人的合法利益，但在司法实践中却因为对夫妻关系中不知情一方举证责任的加重而导致被滥用，产生了不良的社会后果。

在社会各界的呼吁下，最高人民法院在2017年2月28日出台了《最高人民法院关于适用〈中华人民共和国婚姻法〉若干问题的解释（二）的补充规定》，2018年1月17日出台了《最高人民法院关于审理涉及夫妻债务纠纷案件适用法律有关问题的解释》，对夫妻共同债务的认定做了补充规定，其主要变化是规定了："夫妻一方在婚姻关系存续期间以个人名义超出家庭日常生活需要所负的债务，债权人以属于夫妻共同债务为由主张权利的，人民法院不予支持，但债权人能够证明该债务用于夫妻共同生活、共同生产经营或者基于夫妻双方共同意思表示的除外。"确立了夫妻共债共签的原则，同时对举证责任的划分做了改变，弥补了之前立法、司法实践的不足。《民法典》第一千零六十四条也对此做出了更加完善的规定："夫妻双方共同签名或者夫妻一方事后追认等共同意思表示所负的债务，以及夫妻一方在婚姻关系存续期间以个人名义为家庭日常生活需要所负的债务，属于夫妻共同债务。夫妻一方在婚姻关系存续期间以个人名义超出家庭日常生活需要所负的债务，不属于夫妻共同债务；但是，债权人能够证明该债务用于夫妻共同生活、共同生产经营或者基于夫妻双方共同意思表示的除外。"

可见，离婚时无论是夫妻共同财产的分割还是共同债务的负担，法律都给予了原则的界定和基本的保护，但这肯定不能完全满足所有家庭，特别是高净值人士家庭个性化的需求。在认识到婚姻财富管理的重要性之后，就需要考虑建设适合自己家庭的财富管理体系，有目的、有针对性地制定财富管理方案，让财富给婚姻生活带来真正的幸福感、安全感。

第二节 夫妻共同财产和共同债务的界定

为了做好婚姻财富的管理，我们有必要分清楚哪些是夫妻共同财产，哪些是个人财产，同时也要对在婚姻关系存续期间产生的债务有所警惕，对自己可能承担的债务有所预计。

一、夫妻共同财产的界定

我国《婚姻法》第十七条、第十八条、第十九条，《最高人民法院关于适用〈中华人民共和国婚姻法〉若干问题的解释（一）》（以下简称《婚姻法司法解释一》）第十九条，《婚姻法司法解释二》第十一条等法律法规具体条文已经明确规定了夫妻共同财产和个人财产的范围，《民法典》第一千零六十二条、第一千零六十三条、第一千零六十五条基本沿用《婚姻法》及司法解释的规定，在夫妻共同财产中明确增加了劳务报酬与投资收益两项，其他并无实质性变化，这部分内容在本书第一部分《新时代下的婚姻财富规划》中已经有了非常详尽的讲述，但在实际生活中我们发现许多人对于各种不同情形下的财产所有权归属问题还是存在不少误区。在此，我们对目前我国中产及以上家庭中常见的主要财产形态，如房产、公司股权和上市公司股票、有价证券、人寿保险等大额易混淆的资产再次择要回顾（以现行有效的法律规定为分析依据，《民法典》规定有变化的将列明；鉴于《民法典》配套的司法解释尚未出台，不排除将来有变化的可能）。

（一）商品房

随着我国城市化进程的加快，商品房成为家庭最主要的生活资料。商品房因价值巨大且保持了近20年的不断升值，已经成为千千万万普通家庭最重要的资产。"丈母娘推高房价""六个钱包养一套商品房""儿子购房、父母倾囊"等民间说法真实地展现了我国家庭对待商品房的态度。因此，在离婚时夫妻对商品房的争夺大战也是此起彼伏、屡见不鲜。

其实，最高人民法院2011年7月出台的《最高人民法院关于适用〈中华人民共和国婚姻法〉若干问题的解释（三）》（以下简称《婚姻法司法解释三》）第六条、第七条、第十条、第十一条、第十二条明确规定了房屋产权归属问题，也就是说离婚时房产的归属在购房时就已经决定了。因购买商品房时付款的情形多种多样，而不同的支付会带来不同的房产所有权归属（离婚房产分割请参见本书第一部分《新时代下的婚姻财富规划》）。

婚姻中的不动产问题，除了房屋本身的归属，还牵扯到房屋在婚姻期间内的租金收入。依据《婚姻法司法解释三》第五条的规定，房屋租金属于法定孳息，一方个人的房产产生的租金属于一方的个人财产。在实际中，有关房屋租金的具体归属往往涉及多个方面，譬如是否用婚内共同财产进行了装修，另一方是否投入大量时间和精力处理房屋出租的相关事宜等情形，都有可能影响到最后租金的归属或分割比例，故而司法实践中也有大量的案例认定个人婚前房产婚后获得的租金属于夫妻共同财产。

（二）其他大额财产

除了商品房以外，公司股权、其他对外投资、有价证券等也是家庭财富的主要组成部分。对于这些财产的界定，可以遵循"婚前财产归个人、婚后财产归两人"的基本原则，当然有夫妻财产约定的从约定。因此，从这些财产的原始取得，如果其始终保持原有状态，我们基本可以判断财产本身的归属。

1.婚前婚后财产混同，归属如何判定

公司股权、对外投资、有价证券等资产在夫妻关系存续期间往往不是一成不变的，随着婚姻关系的存续和生产生活的需要，这些资产既可能增值也可能减损，或者转换财产形态。因此，对于这些在婚姻关系存续期间发生部分或全部变化的资产的辨别就比较容易产生分歧。

通常情况下，如果资产本身只是在存在形态上发生了变化，而仍然可以被区分，则这个资产的所有权一般不被认为发生变动。比如，张某在婚前拥有一套没有争议属于其个人的已付清全款的商品房，这个房产无论经过多少年、升值多少都是他的个人财产。后来，他把这套房子卖了之后用售房款又全款买了一套小房子和一幅价值不菲的名画，虽然资产形态变了，但新购置的资产就是原先的个人财产的转化，并且转化后的资产依然清晰可辨别，那么这套小房子和名画依然属于张某的个人财产。

当然，如果张某卖了旧房之后把资金用于炒股，而炒股所带来的股票增值贬损和资金出入的变化，就会使得之前清晰的个人财产和婚后的财产发生混淆。对于发生了混淆的资产，除非有相反证据，司法实践中一般会认定属于夫妻共同财产。

2. 婚前财产的婚后增值，归属于谁

假设没有争议的婚前个人财产/资产，在婚后资产形态没有发生变化，但其产生了增值，比如：属于个人的婚前所有的房产不但价值上涨了而且每年还可以带来租金收入，有限公司的股权因企业净资产的增加而增值了同时还有红利派发，婚前购买的长期理财产品和存在银行的外汇有所增值……这些婚前个人财产在婚后产生的增值，到底是属于个人财产还是夫妻共同财产？

对于这个问题，长期以来大家一直争论不休。《婚姻法司法解释三》第五条对此做出了明确的规定："夫妻一方个人财产在婚后产生的收益，除孳息和自然增值外，应认定为夫妻共同财产。"其中，"孳息"是指从原物中所产生的收益，又分为天然孳息和法定孳息；"自然增值"是指非人为因素带来的价值提升。

但是，婚姻法在界定婚前个人财产在婚后产生的收益是否为夫妻共同财产，除运用"孳息和自然增值"的概念进行辨识外，主要还是要从对增值部分的财产是否投入了管理或劳务上加以甄别。因此，房屋租金虽然在一般情况下被归入法定孳息范畴，但因房屋租金的取得与房主对房屋的管理义务有密切关系，夫妻一方或双方必须投入时间和精力，房租收入实际上就是经营性收入，所以在界定婚姻财产归属的特定情形下，婚后的租金收入往往会被认定为夫妻共同财产。公司股权、上市公司股票的增值和分红等也是同样道理，均要看婚后对此是否存在付出和管理，有行为、有付出就是经营性收入。只有自然增值，纯粹地与财产所有人的意志无关，如市场行情的变化带来房产、收藏品、外汇存款的升值，无须夫妻任何一方付出管理和劳务，才属于个人财产。

（三）人寿保险

人寿保险作为资产的一种，在离婚时的分割原则与其他的资产没有什么不同，如果是用夫妻共同财产购买的，无论投保人是哪一方，其现金价值都属于夫妻共同财产。但人寿保险又是一个涉及第三方的长期的合同，与一般的财产又有很大的不同，其性质相对更复杂，在实践中的认定也更困难。但反过来讲，也正是因为人寿保险的特殊性和复杂性，为用大额保单做婚姻财富管理提供了操作余地，相关内容将在后续章节进行重点阐述。

二、夫妻共同债务的承担

关于夫妻共同债务的认定问题，前文案例已经介绍过，为了防止夫妻假借离婚转移财产、削弱债务人偿债能力、损害第三方债权人利益，我国《婚姻法》，特别是《婚姻法司法解释二》第二十四条在对夫妻共同债务的认定上不适当地加重了不知情一方举证责任产生了不良的社会后果。好在2018年，最高人民法院颁布了《关于审理涉及夫妻债务纠纷案件适用法律有关问题的解释》（2018年1月18日起施行），对夫妻共同债务认定的举证责任做出了更加合乎情理地划分，即我们俗称的"共债共签、同意追认"和"家庭日常生活所需为限"。《民法典》亦明确规定了债权人负有对借款系"用于夫妻共同生活、共同经营"或"夫妻共同意思表示"的举证责任（第一部分《新时代下的婚姻财富规划》）。这也提醒债权人，今后产生新的债权关系时，如果希望债务人以夫妻共同财产进行债务清偿的话，需要注意自己的举证责任发生了变化，最好能取得夫妻双方的认可。

需要说明的是，一旦被认定为夫妻共同债务，夫妻双方就有连带清偿的义务，即便是夫妻二人已经离婚，已经对共同财产进行了分割，夫妻任何一方对该债务都有全部清偿的义务。同时，夫妻之间的财产约定和对外债务清偿的内部约定，不能对抗夫妻以外的债权人。当然，一方清偿后可以根据夫妻之间的内部约定向另一方行使追偿权。

三、婚姻财富管理的立场和方法

近些年在国内的财富管理圈流传着这样的说法："三类人群最急需婚姻财富管理：第一类是成功的民营企业家自身及其子女，第二类是在创业过程中或初见创业成果的潜在新富，第三类是企业大股东和高管等高净值群体。"

但这仅仅是从财富的创造者或拥有者的角度来看待问题。相对应地，站在他们的配偶立场也许就会发现各自的需求不尽相同。如何采取措施保护婚姻财富，与前文介绍的夫妻共同财产的界定以及夫妻共同债务的承担息息相关，我们必须立足于法律对这两大问题的基本规定、基本立场，正确地分析客户需求。

高净值人士家庭的幸福与情感和财富密切相关。情感和财富稳定了，家庭往往也会稳固和幸福。但在家庭生活中，夫妻双方对家庭财富积累的贡献各不相同，有依赖型的，有独立型的，也有优势互补型的。一般来说，对于夫妻间那些财富积累和创造能力较弱的一方，其安全感较低，反而对婚姻财富管理的需求更加迫切。因此我们说，婚姻财富管理是高净值人士家庭急需着手进行的事项，但在其家庭内部也要考虑到家庭成员的不同需求，在进行婚姻财富管理的方案规划时力求使财富创造、财务管理和情感安全达到平衡，这样才能让幸福长久。

在婚姻财富管理和规划中，协议、遗嘱、家族信托和人寿保险等都是主要的工具，前三个工具在本书的其他章节都有详细的介绍，在本章最后一部分将以案例分析的形式着重讲述人寿保险特别是大额保单在婚姻财富管理中的实际运用。

第三节　大额人寿保险在婚姻财富管理中的应用

协议、遗嘱、人寿保险和家族信托都是婚姻财富管理实务中经常使用的工具，而人寿保险又具有其自身的特性，在实际运用中需要掌握以下几个特点：

（1）人寿保险存续期间现金价值的所有权归投保人，但不一定是其个人财产；

（2）保险事故发生后身故理赔金归受益人，具有人身属性且不属于被保险人的遗产；

（3）人寿保险存续期间受益人可以被变更；

（4）人寿保险身故理赔金支付仅对受益人负责，具有保密性。

鉴于人寿保险的这些特点，结合我国《民法总则》《婚姻法》，以及即将实施的《民法典》等相关法律法规和实务经验，根据不同人群的不同需求，我们以案例的形式为大家讲述高净值人士家庭如何利用人寿/人身保险对婚姻财富进行规划和管理。

在一般情况下，高净值人士家庭都会首先考虑为家庭的经济支柱购买大额的人寿保险以防不测。此时，人寿保险的被保险人一定是家庭经济支柱，保单身故受益人一般是其配偶或直系血亲卑亲属，投保人则是其本人或配偶，然后再考虑为配偶投保，以示公平。这样往往夫妻之间互为投保人和被保险人、对方及子女为受益人。这种保单结构简单，主要目的是照顾家庭中的其他成员、有利于家庭和谐和发展，因而非常普遍，我们称之为"普惠型"。

那么，在一部分高净值人群家庭中，因为夫妻之间经济收入差距较大，或者是一方家族经济条件好，本身就拥有较多的个人财富，使得在经济上处于弱势的另一方难免会因各种因素而产生不安全感，因而对人寿/人身保险的运用提出更多的要求。

一、人寿保险与婚内财产个人化

案例：

王女士和张先生是大家眼中"女主内，男主外"的模范夫妻。妻子王女士在十年前儿子出生后便辞去了工作在家做全职太太，专注于儿子的教育，并将家里打理得井井有条，婆媳关系处得也很融洽，对丈夫张先生是全心全意的信任与支持。丈夫张先生出外打拼，生意越做越红火，而且为了方便张先生打理生意、投资理财，家里的大部分财产都由张先生掌控。

然而最近，年至40岁的王女士却是忧心忡忡，张先生回家是越来越迟，出去开会或出差也是愈发频繁，回家后更是没什么好脸色，若问他更是会遭遇呵斥。王女士看着镜子中不再年轻的自己，怀疑的种子悄悄萌芽，但转头看到尚只有10岁的孩子，只能暗暗叹一口气，将一切事情都埋在心里，任自己的害怕、担忧满溢心头。

王女士担忧的是，孩子尚小，真要是离婚了肯定是要争取到孩子的抚养权的，但是自己的经济能力有限，如何让孩子今后的生活和自己的下半辈子更有保障？趁双方矛盾还没有发展到那个份儿上自己当然希望挽回夫妻感情，但同时也要考虑为自己和孩子做两手打算，现在仍可以动用家庭积蓄为自己和孩子购买一些保险，但怎样的挑选才适合自己的实际情况呢？

王女士的这种情况通常是"依赖型"夫妻关系的常见需求。在这种家庭中，经济收入处于弱势的一方往往需要有额外的、更确定的属于其个人的财产而不是离婚时平均分割的共同财产来安抚、消除其内心的不安全感。这时的保单配置，首选那些在一定条件下可以从共同财产转化为个人财产的方案。

（一）医疗保险，确保在保险事故发生后理赔金属于个人财产

《最高人民法院民事审判第八次会议纪要》（2015年12月）第二条第五款规定，婚姻关系存续期间，夫妻一方作为被保险人依据意外伤害保险合同、健康保险合同获得的具有人身性质的保险金，为其个人财产。因此，在夫妻关系存续期间用共同财产为自己购买医疗保险，如重大疾病保险、意外残疾保险和高端医疗保险等，保费尽量高，能趸交更好。当疾病的保险事故发生时无论王女士是否离婚，这些高额的疾病/残疾理赔金都属于被保险人个人财产。这些医疗险本身现金价值不高，所以即便离婚时保单的现金价值属于夫妻共同财产面临被分割的可能性，王女士付出的对价也很低。这样就为自己今后的身体健康留下一份确定的保障。

（二）现金价值低的年金类保险，以低代价换取长期保障

年金类保险可以为被保险人提供与其生命等长的稳定的现金流。为了使今后的生活有足够的保障，对于王女士来说年金类的保险必不可少。《最高人民法院民事审判第八次会议纪要》（2015年12月）第二条第四款规定："婚姻关系存续期间以夫妻共同财产投保，投保人和被保险人同为夫妻一方，离婚时处于保险期内，投保人不愿意继续投保的，保险人退还的保险单现金价值部分应按照夫妻共同财产处理；离婚时投保人选择继续投保的，投保人应当支付保险单现金价值的一半给另一方。"故建议王女士选择为自己购买低现价甚至是无现价的年金保险，这样一旦离婚，王女士只需按较低的现金价值的一半支付给对方即可保全该份保单。考虑到离婚后王女士保费的支付能力，在购买保险的时候还应当根据保单现金价值的测算数据和自己的实际情况考虑是否采用趸交的方式。

（三）为孩子购买高额年金保险和教育险

以子女为被保险人的年金保险和教育险，通常会被认为是对子女的赠与，即便在夫妻离婚的时候无论抚养权归哪一方也往往不会进行分割，而且没有缴清的保费仍然会继续缴纳，从而给子女将来的生活予以充分的保障。如果王女士还能够争取到孩子的抚养权还可以对孩子的年金进行有效的控制。所以，无论夫妻二人谁做投保人都可以为孩子适当购买年金保险和教育险。

（四）变更投保人，从而实现个人财产的转化

以王女士自己为被保险人的高现金价值的大额人寿保险因保费来源为夫妻共

同财产，无论投保人是王女士自己还是其先生，这张保单的现金价值都是夫妻共同财产。如果能够说服先生取得他的同意把投保人变更为王女士自己的父母，通过父母的账户为自己缴纳保费，那么虽然保费追根溯源仍然来自夫妻共同财产，但实际上王女士夫妇已经对这笔资金做了赠与王女士父母的处置，王女士父母在依法取得了该笔资金的所有权后用于缴纳保费，这样该份保单的现金价值就归王女士的父母所有而不再是王女士夫妇的共同财产。

需要注意的是，采用这样的方式实际上就是处置夫妻共同财产，必须征得配偶一方的同意，必要时甚至需要通过配偶的银行账户将款项支付至投保人账户。同时，还需考虑到作为长辈的投保人往往会先于被保险人身故，此时保单的现金价值将作为投保人的遗产被依法分割，所以还需要结合协议和遗嘱等其他财富管理工具对此进行完善。

二、人寿保险如何隔离婚前婚后财产

依赖型家庭成员有在婚姻中寻求安全保障的需求，那么高净值人士及其家族也有保护自己家族或个人资产不被不适合的婚姻大规模削减的想法。这种保护一般在婚前就需要考虑周全，婚姻不是劫富济贫的正当理由。高净值人士及其家族为保护其资产而依法做些财富筹划无可厚非。当然，财富不是一切，我们也要考虑到婚姻双方的情感，适度满足对方对财富安全感的需求。

高净值人士自身在结婚之前考虑人寿保险做财富管理规划，可以在不伤害夫妻感情的基础上，做到婚前个人财产的合理保全。

案例：

小张是个单身贵族，就职于金融机构，除有两套房产外还有各种金融资产近千万。小张的女朋友是个中学教师，工作稳定收入也很稳定，父母是退休职工，家庭经济条件一般，没有小张那么富裕，但也没什么负担。

小张因为工作的关系，对婚后家庭财产的问题了解得比较清楚，他知道自己的两套房子因为没有按揭永远都是自己的个人财产；自己的近千万的金融资产相当一部分在证券账户中，他想从股票账户中抽出一部分变现后为自己配置些保险，确保属于自己的个人财产，万一自己发生什么不测，对自己的父母也有个补偿。其他的金融资产在婚后很有可能会和夫妻共同财产发生混同，不过他觉得没有太大关系，让太太在财富上有一定的安全感也是小张非常愿意的。

对于小张这样即将步入婚姻殿堂的单身贵族，用婚前个人财产购买大额人寿保险来避免个人财产和夫妻共同财产的混同，操作起来并不难。无论购买什么险种的人身保险，大额年金险或者终身寿险都可以帮助小张实现目标，在签订保险合同时投保人、被保险人都是其本人，身故受益人为小张的父母。需要注意的是所缴纳保费的来源应当确定始终是小张的个人财产，因为婚前属于个人财产的现金在婚后极易和夫妻共同的收入混同而难以区分，而人寿保险的保费缴纳期限可能持续到婚后很多年。这样，小张用婚前从股票账户转出的那部分资金来缴纳保险费，如果没有采用婚前趸交的方式，为了避免保费专用现金与婚后财产混同，可以采用专门开立一个独立的银行账户专款专用，和婚后的资金做到完全隔离。

对于即将再婚的高净值人士欲隔离全部或部分个人财产为自己配置大额人身保险时，可以参照小张这样的方式。如果还带有孩子，那么保单的受益人除了自己的父母还可以是自己的子女。同时，不要忘记为子女也配置相应的重疾、年金险。无论是为自己还是为孩子，在缴纳保费方面，需要考虑婚前趸交或者开立独立的银行账户存入足额专项资金，以便与婚后的资金相隔离，避免产生混同。

三、人寿保单如何避免离婚时被分割

对于那些白手起家、同船共渡并且已经积累了一定财富的家庭，夫妻之间的感情稳定，他们的婚姻财富管理的主要内容则侧重于子女的家庭稳定、婚姻幸福。由于我国长期实行的特殊的人口政策，导致很多家庭尤其是城市家庭是独生子女，父母积累的大部分财富都理所当然地给到自己的子女。特别是在子女结婚的时候，父母赠与的财产可能远远超出子女当时的收入能力。但是，前文已经论述过，根据我国法律的规定，父母对于已婚子女的赠与，很多情况下都会被视同为对其夫妻双方的赠与，即便父母在子女婚前就赠与的财物，在子女婚后也很有可能会演变成其夫妻共同财产。

如果小夫妻感情和睦，能够携手共度一生，父母应该也乐见他们共享财富。但在离婚率居高且有不断攀升之势的当下，如果自己辛辛苦苦积累的财富因为子女短暂的婚姻而遭受巨额损失，做父母的肯定心有不甘。因此，有规划地对子女进行财富支持，是现实中高净值家庭父母的需求。

案例：

刘总夫妻有个宝贝女儿26岁，年底就要结婚了。他们已经给女儿买了一套全款房，除常规的汽车、金银首饰等嫁妆外，他们还打算给女儿600万元现金，按习俗称为"压箱底的钱"，以备不时之需。刘总夫妇通过金融机构的讲座学习知道，他们给女儿的实物嫁妆在一般情况下是女儿的个人财产无疑，但怎样保证这600万元的现金资产在女儿婚后无论多久都不会混同为共同财产呢？

大额年金型的人寿保单可以帮助刘总夫妇解决这个问题。

只要用这600万元的现金为女儿购买一个年金保险，以自己或太太为投保人和身故受益人，女儿为被保险人同时也是生存金的受益人就可以了。这样一份简单架构的大额保单，是怎样帮助刘总实现他们的目的的呢？

首先，保单的投保人是刘总夫妇，因此无论何时该份保单的现金价值都是刘总夫妇的财产而不会是小夫妻的共同财产，一旦他们离婚这份保单不会受到任何影响。

其次，以女儿为被保险人购买的年金保险，每年都会有年金给到女儿，可以给女儿的日常生活提供稳定的现金流从而保证她的生活品质。而且父母用自己的钱给女儿买保险无须经过女婿同意，女儿每年领取的年金用以补充小家庭生活开支，女婿一样可以享用，何乐而不为？

再次，一旦女儿不幸身故，刘总和太太作为保单的身故受益人，身故理赔金归刘总和太太所有。当然，如果女儿有了自己的孩子，保单的身故受益人可以变更或增加。但需要注意的是，如果被保险人身故时作为身故受益人的孩子还未成年或不适合独立管理大额财产，为避免巨额财产被他人操控，刘总夫妇可以考虑适当引入保险金信托（详见第三章第五节）。

最后，如果女儿临时对大笔资金有所需求，这份高现金价值的保单还可以用于质押贷款。而贷出的款项如果用于小夫妻的投资经营，则属于其夫妻共同债务，应当用夫妻共同财产清偿，因此女儿的保单价值和性质不会受到影响。

可见，通过大额保单的形式给女儿做嫁妆（给儿子买也行），不仅可以做到资产隔离、提高子女的生活水准，在关键的时候还能够进行资金融通，可谓一举多得。

婚姻需要用心经营，财富更需要用心管理。在离婚率居高不下且隐隐有持续攀升之势的今天，利用保险等方式提前做好财富规划，合法地实现婚内财产管理，不仅能最大限度地保护自己及子女的利益，还减少了夫妻发生争执的可能性，万一感情破裂，也能避免不必要的麻烦与纠纷。

第十三章　大额保险与债务隔离

2015年中华全国工商联合会编写的《中国民营企业家发展报告》称：有60%的民企在5年内破产，有85%在10年内死亡，其平均寿命只有2.9年。

2018年6月14日，在第十届陆家嘴金融论坛上央行行长易纲提道：美国中小企业的平均寿命为8年左右，日本中小企业的平均寿命为12年左右，我国中小企业的平均寿命为3年左右。

根据证券市场权威网站及上市公司公告数据统计，截至2019年12月31日，2019年全国申请破产重整的上市公司有14家。同年，国民老公王思聪被法院列为失信被执行人，乐视轰然倒台，暴风影音迎来了"暴风雨"，麦子金服被公安查封……

由此可见，企业经营始终是高风险的。企业的经营风险有很多，债务风险是其中最主要的风险之一。即便企业家和投资者采用的是有限责任的组织形式，但在企业运营的过程中因为各种复杂情况，企业经营所产生的债务都有可能波及个人甚至家庭。我国的民营企业家更是如此。因此，民营企业家必须考虑如何将企业债务与家庭资产相隔离。

第一节　债务隔离的正当性

"欠债还钱，天经地义"，大张旗鼓地说"大额保单可以避债"合适吗？

首先，我们要说，这里的"避债"不是逃避既有债务的清偿，而是避免将来可能发生债务时的波及，这没有什么不正当的。

其次，即便将来债务真的不可避免，借助法律赋予的权利提早为自己及家人做好财富的隔离与保障，而非恶意转移财产，这种未雨绸缪的行为也是合法的。

历史上公司有限责任制度的产生就是为了适应经济的发展，鼓励人们积极参与生产经营活动，减少或消除对经营主体因市场巨大的风险所带来难以承受损失的恐惧，而从法律层面上对依法经营的主体进行的有效债务隔离和保护。在17世纪之前，社会生产经营的组织形式主要是手工业作坊和小农场。随着17世纪到18世纪，欧洲资产阶级革命和第一次工业革命的爆发，生产力的发展和社会资本不断累积，生产规模得到了惊人的扩张。原有的手工业作坊和小农场已经不能满足生产力的需求，运用机器生产的大工厂拥有更高的生产效率和经济效益，因而逐渐成为主流。与手工业作坊和小农场相对应的无限公司、合伙企业，由于其小规模、无限责任的特点，已经不能满足大量陌生资本合作的需求。立法者为了顺应经济的发展，鼓励人们参与生产经营和市场竞争活动，基于功利主义的逻辑引进了有限责任制度，即投资者仅在自己的出资范围内对债务承担责任，大大减少了经营主体的市场风险，消除了人们进行投资经营的顾虑。同时，股份公司公开面向所有投资者的典型特征，满足了工厂主们强强联合建立更大工厂的需求，短时间内大量兴起成为社会主流。有限责任的股份公司顺应商品经济而兴起，既保护了经营者的利益，又推进了社会与经济的发展，是历史的进步。

历史发展到现今，有限公司制度已得到社会、法律、市场的全面认可，投资者基于成熟的有限公司制度、基于正当目的采取的合法避债措施，不仅是法律和社会允许的，同时也是理智的投资者应有的未雨绸缪之举。

第二节 债务隔离的必要性

近几年，有不少知名企业倒闭，最重要的原因就是企业负债过多、资金链断裂。企业倒闭的同时，股东不仅家财散尽，还有不少人身陷牢狱之灾。

1."乐视"倒台，创始人贾跃亭成老赖

贾跃亭，乐视控股集团创始人，乐视汽车生态全球董事长。贾跃亭在2004年创立乐视并在2010年上市，2013年乐视最高市值一度达1770亿元，贾跃亭以420亿元的财富名列胡润排行榜。自贾跃亭成立乐视以来，他便在不停地拓展新的领域，"乐视生态"的脚步一直蔓延到体育、汽车、智能终端等领域，这为其吸引来了源源不断的巨额融资。

然而也正是因为乐视生态的"摊子"铺得太大，2017年乐视资金链面临巨大问题，数百亿债务被法院判决执行。一年之内，乐视股价暴跌，高管相继辞职，贾跃亭被法院列为失信被执行人后飞往美国，昔日百亿老总沦为落逃国外的老赖。近期，身在美国的贾跃亭传出有意在美国申请个人破产的消息。

2."暴风影音"濒临破产，创始人冯鑫入狱

2015年，冯鑫一手创办的"暴风"在A股上市，"暴风"一袭来便创造了40天36个涨停板的神话，市值最高时超过400亿元，冯鑫个人的身家超过百亿，出道即巅峰。令人遗憾的是，巅峰之后的"暴风"一步步地走了下坡路，每过一年"暴风"便几乎折损一半，到2019年夏天市值已然跌破20亿元，不复当年辉煌。

如果说"暴风"的削弱可能是因为市场风险，那么其创始人冯鑫的失败只能说是"罪刑相适应"。2019年7月28日，暴风集团实际控制人冯鑫因涉嫌对非国家工作人员行贿罪、职务侵占罪被公安机关采取强制措施并批捕。随着冯鑫被逮捕，没有人知道"暴风"的未来何去何从。

3.40亿旅游大亨郭正利卖鸡还债，壮年离世留遗憾

郭正利，被誉为"日本精致旅游教父"，其一手创办的天喜旅行社主打高端、精致的日本旅游项目，2004年创下52亿元的营业额，同年，郭正利的个人身家达到了40亿元。2007年，郭正利迎娶身家逾70亿元的日本富商千金祥子，两人身家相加过百亿，可谓是迎娶白富美走上了人生巅峰。

然而2008年，独钟房地产投资的郭正利受金融海啸影响资金流断裂，旅游的主业受到牵连，经历漫长的痛苦挣扎后在2014年宣布破产。同年郭正利弟弟的自杀身亡给他带来巨大的打击，不久后妻子也离开了他。2015年年底家财殆尽的郭正利沦落到靠卖麻油鸡勉强为生，然而麻油鸡的事业亦不顺利，次年便以收摊告终。2016年，不愿服输的郭正利再次投身旅游业，亲力亲为规划旅游行程，整个行程前后修改50余次。就在郭正利即将逆转人生的时候，他的健康亮起了红灯，不久便因病去世，享年59岁。

以上案例让人唏嘘，同时也发人深省：有限责任制度并不意味着股东或者投资者的责任一定有限。《中华人民共和国公司法》（以下简称《公司法》）第二十条第三款规定："公司股东滥用公司法人独立地位和股东有限责任，逃避债务，严重损害公司债权人利益的，应当对公司债务承担连带责任。"第六十三条规定："一人有限责任公司的股东不能证明公司财产独立于股东自己的财产的，应当对

公司债务承担连带责任。"根据司法实践总结，如果股东在经营公司过程中，存在企业资金流入个人账户、家族成员当假股东、为避税不分红、用家产担保企业融资、用企业资金购买家庭财产等家业与企业不分的违法违规的经营行为，则很有可能被认定为"滥用公司法人独立地位和股东有限责任"，那么将要对企业的负债承担连带责任，也就是说企业经营所带来的债务问题需要用家产来偿付，而以上家企不分的行为对于民营企业来说多多少少均有涉及。

鉴于民营经济在发展过程中普遍存在制度不健全、家庭财产与企业财产混同、企业和企业家互保联保等问题，一旦企业经营出现问题，势必连带造成个人财富和家庭财富的巨大损失。故民营企业家在采用有限责任的企业组织形式之外，仍需通过其他措施合法、有效隔离家业与企业债务，除利用企业经营过程中合规合法、经营不善及时依法清算、资不抵债及时申请破产等传统、常规手段进行家企隔离外，高净值人士也在不断尝试利用新型手段进行债务风险隔离和资产保全。

第三节　人寿保险可以隔离债务吗

近几年高净值人士热衷于购买人身保险特别是大额人寿保险，相当重要的原因之一就是看中人身保险的"债务隔离"功能。近些年我们经常听到：依据现有的法律法规，保险是不受债权债务干扰的金融工具，是不被查封罚没的财产。受保险营销宣传的影响，中国高净值人士普遍认为，通过大额人寿保险的合理安排，可以一定程度上在家庭资产和企业资产之间建立一道防火墙，尤其是在经济波动较大的市场环境下更为重要。因此，乘着私人财富管理业务飞速发展的东风，保险业务员们纷纷展开富人营销，一张张天价保单铺天盖地地涌来，相关的新闻报道层出不穷。

同时暗流涌动的是，境外保险公司在中国境内积极进行渠道拓展，以强调其长期安全性等为卖点，非公开地向中国富裕阶层推广其丰富的保险产品。事实上，中国境内富裕阶层所购买的大额寿险产品很大一部分属于境外保单。基于历史地缘等因素，境外保险公司基本是以中国香港、新加坡、东南亚及美国等地为业务基地对中国内地进行业务渗透，保单约定所适用法律也往往是中国香港、新加坡、美国等地的法律（关于境外保险的介绍，详见第六章）。

那么，巨额寿险保单到底能不能帮助高净值人士进行债务隔离？寿险保单真的是不被司法机关罚没的财产吗？如何安排才能使人寿保单实现高净值人士所期望的隔离债务的作用？事实上，我们通过对财富管理业务研究发现，的确存在对高额寿险保单夸大宣传的现象，并非所有的人寿保险都能够实现债务隔离的目的。

一、人寿保险可以对抗债权人代位求偿权吗

在对人寿保险的介绍中我们经常可以听到这样的论证：根据《合同法》第七十三条、《最高人民法院关于适用〈中华人民共和国合同法〉若干问题的解释（一）》（以下简称《合同法司法解释一》）第十二条的规定，人寿保险的理赔金可以对抗债权人的代位求偿权；根据《保险法》第二十三条的规定："任何单位和个人不得非法干预保险人履行赔偿或者给付保险金的义务"。因此，人寿保险可以有效隔离债务。

这样的推断结果是准确的吗？代位求偿权是什么？人寿保险的赔偿金能不能对抗代位求偿权？对抗了债权人的代位求偿权，就可以达到避免偿还债务的目的吗？

让我们从引用的法条开始逐条分析、进行论证：

《合同法》第七十三条规定，债权人的代位求偿权，是指因债务人怠于行使其到期债权，对债权人造成损害的，债权人可以向人民法院请求以自己的名义代位行使债务人的债权。债权人的该项权利，以其本身所享有的债权金额为限。举例来说，张三（债权人）借给李四（债务人）30万元，已经到期但李四始终不还。张三得知李四曾借给王二（次债务人）40万元，已经到了偿还期，但李四为了赖账故意不去向王二讨回这笔40万元。那么张三可以向法院起诉，要求王二直接向自己支付30万元，法院查明两笔债务属实且均已经到清偿期限的，会支持张三的诉讼请求。假如次债务人王二仅欠债务人李四20万元，那么即便李四欠张三30万元，张三行使代位求偿权向法院提起诉讼时，只能主张由王二直接向其支付20万元，另外10万元由张三和李四另案解决。

同时《合同法》第七十三条规定"该债权专属于债务人自身的除外"，也就是说对于专属于债务人自身的债权，债权人不能行使代位求偿权。《合同法司法解释一》第十二条规定："合同法第七十三条第一款规定的专属于债务人自身的债权，是指基于抚养关系、扶养关系、继承关系产生的给付请求权和劳动报酬、退休金、养老金、抚恤金、安置费、人寿保险、人身伤害赔偿请求权等权利。"

两条结合可以得出这样的结论，人寿保险的理赔金的确可以对抗债权人的代位求偿权。《民法典》第五百三十五条对债权人代位权的规定相较《合同法》无实质性的变化，但《民法典》对"专属于债务人自身的债权"没有列明。民法典正式实施后，在《民法典》配套司法解释出台前，我们认为还应参考《合同法司法解释一》第十二条的规定。

前述举例我们变更一下因素：张三（债权人）借给李四（债务人）30万元，已经到期但李四始终不还。同时李四的父亲去世，恰好有一笔人身保险死亡赔偿金30万元，指定受益人为李四，但李四尚未领取这笔赔偿金。

这时候张三能不能根据《合同法》第七十三条的规定行使其代位权，直接要求保险公司把这笔钱支付给自己呢？比如他能否将保险公司列为被告诉至法院，请求法院判决保险公司将30万元支付给自己以抵偿李四的债务呢？理论上肯定不行的，因为李四对保险公司的10万元赔偿金的债权专属于其自身的债权，依照法律规定不会被判决支持。

但是，人寿保险赔偿金对抗了代位求偿权是不是就可达到避债的效果了呢？

如果李四已经申领了这30万元的保险赔偿金，那么这30万元保险公司肯定要支付到李四的账上，此时30万元就是属于李四个人的财产，完全可以被法院直接强制执行。

如果李四选择暂时不申领保险赔偿金呢？这30万元由保险公司暂时保管理论上可以长达五年，此期间张三又不能行使代位求偿权，岂不是干着急没办法？其实张三不能行使代位求偿权不等于说他对李四没有债权，只要有确凿的依据可以证明李四在保险公司有保险利益，他根本无须向法院提起诉讼请求支持其代位求偿权，只需要把对李四享有30万元债权的生效法律文书提交人民法院申请强制执行。

接下来的问题就是，人民法院可以要求保险公司配合把理赔金直接支付给张三吗？

根据《保险法》第二十三条的规定，任何单位和个人不得非法干预保险人履行赔偿或者给付保险金的义务，也不得限制被保险人或者受益人取得保险金的权利。

看来人民法院不能要求保险公司把理赔金直接支付给张三。

可是，人民法院能不能要求保险公司把理赔金支付到李四的领款账户，同时冻结该账户，待收到款项之后再划转到张三的银行账户上呢？答案是没有禁止性规定。而在目前人民法院的强制执行力度之下，实现起来并不困难。

可见，在保险营销中经常使用的人寿保险因其受到"抵御代位求偿权""不受干预履行"的法律特殊保护而可以达到避债目的的说辞是非常片面的。当然，这个案例只设定了"保险事故已经发生、保险公司应当支付保险理赔金"这种情况。人寿保单从成立到存续到履行再到保险事故发生和给付，各种各样的情形都可能发生，人寿保险是否真的能达到债务隔离的效果，究其核心就是人寿保险是否可以被强制执行。

二、人寿保险是否可以被强制执行

对于人民法院是否可以强制执行被执行人的人寿保单，人寿保单是否属于可以被强制执行的财产，现行《中华人民共和国民事诉讼法》（以下简称《诉讼法》）、《保险法》等相关法律并没有明确的规定。理论界对人寿保单是否可以强制执行也一直争论不休，莫衷一是，而司法实践中各地法院对是否可以执行债务人的人寿保单的看法也各不相同。

（一）人寿保单强制执行的法律依据

在不甚明朗的局面中，2015年3月浙江省高级人民法院（以下简称"浙江省高院"）发布了浙高法执［2015］8号《关于加强和规范对被执行人拥有的人身保险产品财产利益执行的通知》，对此进行了有益的尝试。该文件第一条明确规定："投保人购买传统型、分红型、投资连接型、万能型人身保险产品、依保单约定可获得的生存保险金、或以现金方式支付的保单红利、或退保后保单的现金价值，均属于投保人、被保险人或受益人的财产权。当投保人、被保险人或受益人作为被执行人时，该财产权属于责任财产，人民法院可以执行。"

浙高法执［2015］8号文件一石激起千层浪，保险业界一片哗然。时隔三年，江苏省高级人民法院（以下简称"江苏省高院"）给出了呼应：2018年7月9日，江苏省高院发布《关于加强和规范被执行人所有的人身保险产品财产性权益执行的通知》（以下简称《通知》），该《通知》比浙高法执［2015］8号文件更加稳、准、狠。

1. 扩大了执行范围

浙高法执［2015］8号文件第一条明确告诉大家：传统型、分红型、投资连接型、万能型人身保险产品都可以被执行；根据被执行人的不同，分别执行生存保险金、保单红利、现金价值。江苏省高院2018年7月9日的《通知》在此基础上增加了"依保险合同可确认但尚未完成支付的保险金，及其他权属明确的财产性权益"，扩大了执行范围。也就是说不管是什么类型的人身保险产品，只要债务人享有财产性权益，都要拿来执行。

2.明确保障型人身保险产品的财产性利益可被执行

浙高法执［2015］8号文件发布的背景是，执行过程中法院发现"不少被执行人转而购买具有理财性质的人身保险产品"。我们曾在2015年发文探讨，着重于理财性质的保险产品应当被执行，但着重于人身保障性质的保险如重疾险等不应当成为强制执行的对象。江苏省高院显然和当年的我们不是同一个思路，在江苏省高院2018年7月9日的《通知》第一条第二款明确指出重疾险已经发生保险事故的，保险金可以被执行，只要给予被执行人及其扶养家属的基本生活保障、就医保障、保障其生存权利即可。像什么"百万医疗""百万重疾赔偿"等超出必要的医疗救治花费的补偿还是要首先用于还债。

3.法院帮助债权人查询保单信息

浙高法执［2015］8号文件规定可以执行人身保险产品，但对债权人来说获取被执行人的保单信息是一道大难题，浙江省高院也未明确给出解决方案。江苏省高院2018年7月9日的《通知》明确告诉债权人：不要怕，法院挺你！只要有被执行人的身份证号码，法院就可以到省保险业协会查询人身保险产品所属的保险公司或保险合同编号，保险公司在法院查询当日必须详细反馈人身保险产品的相关信息。也就是说，保险像房产、车子、股权一样，在法院面前将无处遁形。

4.进一步加强执行力度

投保人是被执行人的，法院可以要求投保人签署退保申请书，从而执行保单的现金价值。如果出现投保人玩失踪、执意不肯签字退保的情形，法院可以直接找保险公司协助执行。如果保险公司出于维护客户利益无正当理由拒绝协助的，法院可以对保险公司采取民事制裁措施；保险公司协助执行后，相关人员起诉保险公司的，法院不予支持。所以保险公司无论是否愿意，都得配合法院的强制执行。

浙高法执［2015］8号文件、江苏省高院2018年7月9日的《通知》的出台为我们敲响了警钟。但除了江苏、浙江，在全国其他省市自治区，保险是否仍然

"保险"呢？从性质上讲，前述两个文件属于地方省级司法机关制定的指导意见，在该地区审判实践中都得到了下级法院的遵守和执行。而对其他省市的各级人民法院来讲，如并无具体法律规定或司法解释可供执行，本地区又未制定相关指导意见的，在逐渐加大司法强制执行力度的今天，浙高法执［2015］8号文件及江苏省高院2018年7月9日的《通知》也无疑是个风向标，具有相当的参考价值和影响力。

（二）人寿保单强制执行的理论依据

基于人寿保险产品所形成的财产或财产性权利，可以分为以下几种情形：

第一种情形，对于投保人、被保险人、受益人已经从保险公司取得的生存保险金、死亡保险金、保单红利，转入其个人可支配账户后，当然属于投保人、被保险人、受益人的个人财产，当其为债务人时用该笔财产清偿债务理所应当，各地法院在实践中也都予以执行，不存在争议。

第二种情形，已经发生保险事故的人身保险产品，投保人、被保险人或受益人依保单约定可以获得但尚未理赔的生存保险金或依照保单可以获得的但尚未支付的现金保单红利等，虽然尚未进入其个人可支配账户，投保人、被保险人或受益人尚未实际占有，但也属于应为投保人、被保险人、受益人所有的、财产权属和内容明晰的个人财产，当其为债务人时用该笔财产清偿债务亦属应当，人民法院在实践中依法可以予以执行。人民法院在执行时要求相关保险人予以协助的，保险人应履行必要的协助义务。

以上两种情形就是前面案例中所述的"保险事故已经发生、保险公司应当支付保险理赔金"的情况，简单明确，基本没有争议。

第三种情形比较复杂，在实际操作过程中也备受争议。即在人寿保险合同有效期内、没有发生保险事故的保单的现金价值能否被强制执行？

在第二章第五节"保单现金价值"中已经说明储蓄性的人身保险产品具有现金价值，人身保险产品虽具有人身属性，但储蓄性的人身保险产品因具有现金价值从而具有财产属性，使其成为被法院执行的标的具有可能性。另，保单现金价值是明确属于投保人所有的财产，当投保人作为被执行人时，当然可以作为投保人的财产权益被强制执行。

投保人拥有任意解除保单的权利。在投保人与被保险人、受益人为同一人时，投保人依该条规定可随时解除保险合同，自无疑问。但当投保人与被保险人、受益人不是同一人时，投保人可否依该条规定随时解除保险合同？该项解除权是否需要获得被保险人、受益人的同意？

从合同法的角度来看，人身保险是投保人与保险公司达成的契约，当投保人与被保险人、受益人并非同一人情况下订立的人身保险合同是利他合同。虽然利他合同一定程度上突破了合同的相对性原则，但依照《合同法》第六十四条的规定："当事人约定由债务人向第三人履行债务的，债务人未向第三人履行债务或者履行债务不符合约定，应当向债权人承担违约责任。"《民法典》第五百二十二条第一款对相关内容并未改动，即第三人并非合同的当事人。也就是说，被保险人或受益人仅是保险合同的关系人而不是保险合同的当事人，只是在保险事故发生时享有保险金请求权。2015年12月1日施行的《保险法司法解释三》第十七条规定："投保人解除保险合同，当事人以其解除合同未经被保险人或者受益人同意为由主张解除行为无效的，人民法院不予支持，但被保险人或者受益人已向投保人支付相当于保险单现金价值的款项并通知保险人的除外。"故，除非被保险人或受益人买断保单，否则保险合同成立后、保险事故尚未发生时，投保人可以随时解除合同，无须保险公司的同意，也无须被保险人、受益人的同意。

如前所述，投保人拥有解除保险合同的权利，退保后保单现金价值是明确属于投保人所有的财产。当作为债务人的投保人没有其他资产可以偿债时，人民法院可以应债权人的要求，强制执行投保人拥有的具有现金价值的人身保险产品。人寿保险作为人身保险产品的一类，无论在理论上还是实践中，人寿保险属于"不会被强制执行的财产"这一"神话"已经被打破。

（三）法院执行保单现金价值的行为合法吗？

尽管浙江省高院和江苏省高院的文件已经出台数年，实践中法院也不断在对人身保险进行强制执行，但财富管理圈仍然长期存在着这样的疑问：

《保险法》第二十三条第三款规定："任何单位和个人不得非法干预保险人履行赔偿或者给付保险金的义务，也不得限制被保险人或者受益人取得保险金的权利。"那么法院强制投保人退保以执行现金价值的行为是否违反《保险法》的规定呢？

我们认为执行保单现金价值的做法与《保险法》第二十三条的规定并不冲

突,两者适用的情形并不相同:《保险法》第二十三条的规定是指当保险事故发生时,保险公司依法应当向被保险人或者受益人履行赔偿或者给付保险金的义务,强调法律保障被保险人或者受益人取得保险金的权利。法院执行保单现金价值时保险事故尚未发生,保单现金价值归属于投保人,受益人或被保险人并未实际享有保险金。虽然强制退保以执行保单现金价值会使被保险人或受益人的期待利益落空,但不能以此来否认投保人的合同解除权和现金价值返还请求权。况且江苏省高院允许被保险人、受益人赎买保单,被保险人、受益人的期待利益并不必然落空。所以执行保单现金价值的规定与《保险法》第二十三条针对的情形不同,并不存在冲突。

经常有人说,外国的人寿保险不被强制执行、可以避债,"美国安然公司"就是经典案例,安然老板肯尼斯·莱夫妇破产后,他们依然可以领取高达90万美元的保险年金以维持奢华的生活。事实上这个故事并非传说中那么美好。年金保险在美国14个州里有全面的资产保全功能,即债权人甚至法院的判决都无法触及债务人在这些州里购买的年金保险;有26个州规定,债务人的部分年金保险受到法律的保护。但如果债务人在购买保险时有欺诈意图,法律均不予保护。安然债权人追债公司就是以肯尼斯·莱夫妇有欺诈企图为由,从2003年开始一直与他们打官司,要求他们用获取的保险年金抵债。2011年6月,最后经过调解,双方同意,这些年金的一半用于偿债。同样日本保险法学界通说也认为,不应当限制投保人的债权人代为解除合同的权利,否则会使得无力偿债的债务人可以不加约束地利用保险来逃脱债务。

总之,无论是国内还是国外,保险都不是用来故意逃避债务的工具。

(四) 夹缝中的生存之道

鉴于人寿保险显然还具有为投保人、被保险人、受益人及其家属提供生命保障、生活保障的重要基础功能,世界各国均认同对债权人申请法院强制执行债务人的人寿保单的权利也应当进行必要的限制,以维护投保人、被保险人或受益人的利益。日本和德国的通行做法即被保险人、受益人赎买保单。

浙高法执〔2015〕8号文件曾规定在执行人身保险产品及其财产性权益时禁止被执行人提取、禁止变更权利人、禁止变更红利支付方式,但同年12月最高人民法院颁布实施的《保险法司法解释三》第十七条规定了被保险人或者受益人可以通过向投保人支付相当于保险单现金价值的款项来阻却投保人解除保险合同，对人寿保单的强制执行提出了更为可行的解决方案。之后，我们看到比浙高法执〔2015〕8号文件晚三年出台的江苏省高院2018年7月9日的《通知》，在执行人身保险产品及其财产性权益的方式上展现了法院人性、温柔的一面：它成功借鉴了日本、德国的做法，沿袭了《保险法司法解释三》的规定，强调法院在执行人身保险产品财产性权益时要充分保障被执行人及其所扶养家属的生存权利及基本生活保障，当投保人是被执行人，且被保险人、受益人与投保人不是同一人时，法院应提前通知被保险人、受益人赎买保单，只要被保险人或受益人支付相当于保单现金价值的价款给债权人，就可以依法变更投保人，维持人寿保单的持续有效。江苏省高院的这一做法，对债权人与投保人、被保险人、受益人之间进行了利益平衡，无疑也是给人寿保单留下了一条生存之路。

小结一下，浙高法执〔2015〕8号文件、江苏省高院2018年7月9日的《通知》，为本省以及其他地区法院强制执行人身保险的现金价值提供了法律依据；法院强制执行人身保险也并不违背《保险法》的规定。人身保险特别是大额人寿保单，架构设计合理可以起到一定的债务隔离作用，但绝非市面上流传的那样有力度。

第四节　人寿保险与债务隔离

对高净值人士而言，既不能过分盲目地追求所谓"保险避债"的功能，也不能因为人寿保险债务隔离功能的有限性而因噎废食，实际上人身保险尤其是人寿保险依然值得购买，运用得当，在某些情况下它还是能够帮助我们实现债务隔离的目的，对此我们要有客观、正确的认识。

一、人寿保险可以有效隔离被保险人生前债务

人寿保险理赔金可以有效隔离被保险人生前债务，实际上是法律赋予人寿保险保障功能的特殊体现，也是人寿保险的最基本、最重要的功能之一。对此，我国法律有明确的规定。

依据《继承法》的规定，如果某人生前负有债务，当他死亡后应对其遗产进行清理，优先缴付应纳税款、偿还个人债务后，有剩余财产的可以开始继承。但

缴纳税款和清偿债务以其遗产的实际价值为限，如果其个人财产不够缴纳税款、清偿债务，继承人也无须替其缴纳偿还。《民法典》第一千一百六十一条对此并未进行实质性的改动。

但是依据《保险法》及相关法律规定，如果此人生前作为被保险人投保了人寿保险且明确指定了受益人的，在其死亡也就是保险事故发生后，保险公司应当支付给保单受益人的身故理赔金则不属于此人的遗产，即便他生前欠有应纳税款和债务也无须缴纳税款、无须用于偿债，身故理赔金全额由其指定的受益人领取。在特殊情况下，人寿保险的身故理赔金才属于被保险人的遗产处理，比如：受益人丧失收益权、放弃收益权的，受益人先于被保险人死亡且没有其他受益人的，没有指定受益人的。

案例：

李总今年58岁，因病去世，留下了房产、股票等共计价值2000万元的遗产，但是他以个人名义的对外负债也有1800万元。如果他只有儿子小李一个合法继承人，那么小李最终可以继承的遗产有多少？

根据前面提到的继承法的相关规定，假设李总没有欠缴税款，小李不放弃继承权，在我国目前也没有遗产税的情况下，小李继承李总的遗产首先应当偿还李总所欠债务，剩余的财产才归小李所有。也就是说，小李最终实际可以继承的财产是200万元。

我们来看另一种假设：如果李总留下的房产、股票等遗产的价值只有600万元，但是他在生前投保的人寿保险身故理赔金为2000万元，指定的受益人是小李。李总同样对外负有1800万元的债务，那么小李最终可以得到的财产是多少呢？

根据法律规定，李总所留遗产首先用于清偿个人债务。如此，600万元的遗产尚不足以清偿1800万元的外债，此时还有1200万元的缺口。那么，保险公司应当支付给受益人的2000万元身故理赔金是否要用于还债呢？根据《保险法》第四十二条及《最高人民法院关于保险金能否作为被保险人遗产的批复（1988年3月24日）》的规定，保险理赔金不属于李总的遗产，小李有权依据保险合同和相关法律规定取得全部保险赔偿金2000万元，而不用继续清偿那剩余的1200万元债务。故，小李最终拿到手的财产是2000万元。

二、借助保单结构设计隔离当下债务

从法律角度分析，人寿保险的保单本质上是一份特殊的合同，它结构复杂、保险合同当事人及关系人众多，除了直接签订合同的当事方保险公司和投保人，还包括被保险人、生存保险金受益人和死亡保险金受益人等关系人。

以上五类人在人寿保险合同中有着各自的权利与义务，但都存在一个共同点，即可以通过对人寿保险合同内容的限定实现财富所有权在五类人之间的转移。而与此相对的，当事人之间的债务是彼此独立的，即投保人、被保险人、受益人的债务对彼此是独立的（夫妻关系除外）。财富依法转移而债务合法隔离，这正是利用人寿保险进行债务隔离的法律基础，而如何进行人寿保险合同法律关系的架构设计以实现隔离债务，则需要针对具体情况进行具体分析。

一般而言，需要考虑的具体情况有两个方面：第一，将来谁最有可能背负巨额债务？第二，人寿保险合同的最终利益归属于谁？对于大多数的高净值人士而言，在外从事经营、为家庭创造财富的人往往也是负债风险相对较高的，且中国的家庭多数是希望将财富传承给自己的子女。父母和成年子女之间有法定的债务隔离屏障，通过人寿保险合同进行家庭财富的代际传承的风险相对可控，如何运用今天的成功来保障明天的幸福？下面的案例也许可以给我们一些提示：

40岁出头的金总是一家民营企业的大股东，身价不菲且年收入可观，企业运营良好但也有不少银行贷款。金太太比金总小两岁，全职在家料理家务，一双儿女，儿子11岁，女儿8岁，均在国际学校就读准备高中出国，夫妻双方父母健在、已退休。

金总夫妇感情深厚、家庭和谐幸福，颇为难得。但其实风险也很大，全家八口几乎全部依赖于金总一个人的收入支撑，万一将来企业经营受挫或自己有个闪失，如何保障明天的生活水准？特别是企业的贷款，金总作为大股东和实际控制人，不仅自己而且连带太太都是担保人，一旦出现问题必然会牵连家庭。那么，如果金总希望用购买大额人寿保险的形式来保障家人的生活，同时也能兼顾到未来万一企业经营遇到困难也能够对家庭财产有所隔离，应该如何操作呢？

金总在购买保险的时候，可以首先考虑现金价值低甚至无现金价值、杠杆率高的保障类型的保险，如重疾险、医疗险和某些定期寿险，这类保险可以保障家庭必要的特定的支出而且通常都不会被强制执行。

如果出于各方面的考虑，金总希望购买高现金价值的人寿保险既能够满足在一定期限后可以带来稳定的现金流以保障家庭开支，又不想将来出现万一被强制执行，应该怎么办呢？

首先确认人寿保险可以解决这个问题。但要考虑到具有现金价值的保单之所以会被强制执行，是因为拥有这现金价值的投保人负债，所以在签订保险合同的时候"投保人"一栏不应是今后可能面临巨额债务的家庭成员。也就是说，金总以自己为被保险人的大额高现金价值的人寿保险，投保人最好不是金总，金总太太因为也要对夫妻共同债务承担连带责任也不适合做投保人，最适合的投保人就是金总的父母。基于这些考虑，金总的保险方案就是：

投保人：金总父母

被保险人：金总

身故受益人：金总的父母及儿女

这样，如前文所分析，由于保险的现金价值属于投保人，也即金总的父母，即便将来金总夫妇有债务连带问题，也不会波及这份保单的现金价值。而作为受益人的金总的儿女，领取的保险身故受益金属于其个人合法财产，不需要承担父母的债务，也就达到了隔离金总夫妇所负债务的目的。

看来，即便是使用拥有高额现金价值的人寿保险来解决债务隔离问题在保险架构设计上也非常简单，只要投保人不是将来可能负债的被保险人即可。当然，这样的保单看似简单，但在保单之外可能会出现其他一系列的问题隐患需要我们提前考虑、做好防范。

（一）保费来源问题

有效的保单首先要确保保费来源合法。金总父母作为大额保单的投保人，他们没有支付巨额保费的经济实力，保费的资金来源一定是金总。所以，用于支付保费的资金必须是金总的个人合法所得，然后金总夫妇在家庭经济状况良好的时候有权自由处置，包括将合法所得赠与其父母，这样父母得到儿子的赠与后也有权为儿子购买保险、支付保费。

如果有朝一日金总遭遇债务危机不能偿还对外债务，债权人对金总过去无偿赠与亲友的大额资产是否可以主张权利呢？答案是肯定的。我国《合同法》第七十四条规定："因债务人放弃其到期债权或者无偿转让财产，对债权人造成损害的，债权人可以请求人民法院撤销债务人的行为。债务人以明显不合理的低价转让财产，对债权人造成损害，并且受让人知道该情形的，债权人也可以请求人民法院撤销债务人的行为。撤销权的行使范围以债权人的债权为限。债权人行使撤销权的必要费用，由债务人负担。"《民法典》第五百三十八条、第五百三十九条还添加了"放弃债权担保""恶意延长其到期债权的履行期限""以明显不合理的高价受让他人财产""为他人的债务提供担保"等可以行使撤销权的情形，更完善地保护债权人的利益。且值得注意的是，《民法典》将《合同法》中"债务人放弃其到期债权"改为了"债务人放弃其债权"，故无论债务人放弃的债权到期与否，只要影响了债权人的债权实现，债权人都享有撤销权。但是，撤销权的行使是有时效限制的，即《合同法》第七十五条（《民法典》第五百四十一条）规定："撤销权自债权人知道或者应当知道撤销事由之日起一年内行使。自债务人的行为发生之日起五年内没有行使撤销权的，该撤销权消灭。"也就是说，如果财产无偿转移给亲友后经过五年，即便后来有债权人主张撤销的，也会因为时间过去太久而得不到法律的支持。

所以，在经济状况良好的时候提早为防范风险做的财富筹划和经济状况恶化后做的财产转移，特别是能否倒推五年，其法律后果是完全不同的。因此，对具有高现金价值的大额人寿保险有一定债务隔离需求的客户来说，如果希望借助这样的保单架构来实现，为避免今后被认为是恶意转移财产，我们建议一定要在资产状况良好的情况下早日办理，保费支付、结清得越早越好。

（二）投保人、被保险人不一致的风险问题

投保人和被保险人不一致时会出现投保人早于被保险人身故的情况，这时投保人所拥有保单现金价值就成了投保人的遗产。如果金总的父母还有其他法定继承人，比如金总自己的兄弟姐妹或祖父母，难免会引起争议。不过，金总的父母只要事先找专业人士订立一份有效的遗嘱（最好是公证遗嘱）就可以解决这个问题。

（三）高额理赔金的管理使用问题

万一金总夫妇均不幸身故，作为受益人的子女年龄尚小或不足以妥善管理资产，人寿保险支付的高额理赔金如何能够真正为子女所用？这时可以借助保险金信托来解决（本书专门章节将具体介绍）。具体的操作各个保险公司可能存在差异,在办理之前建议向专业人士详细了解。

这些问题都是设计大额保单债务隔离架构时可能面临的主要问题,在实务中还可能遇到更多更细的问题,如保险费的专款专用问题、投保人离婚现金价值分割问题、受益人债务处理问题等。鉴于这些问题发生概率不高且已经分散在不同章节里有所涉及,这里就不再一一赘述。

总而言之,大额保险本身并不具有天然的债务隔离功能,只是我们通过对保险结构的个性化设计,并在必要的时候与其他法律工具相结合,使大额人寿保险在某种程度上实现了阻却债务清偿的目的,我们称之为具有"隔离债务功能"。其实,在我们的日常生活中,借助赠与、代持、家族信托等也都可以达到类似的效果,各有利弊,人寿保险只是方法之一。再次提示,财富管理本身就是各种财富管理工具和方法的综合运用。

另外值得强调的一点是,无论是用保险还是其他财富管理工具,我们的目的都是在目前的法律框架下保护自身的合法权益,绝不是为了损害他人的合法权利,法律人士也绝不能成为非法之徒恶意转移财产、恶意逃避债务的帮凶。

第十四章 人寿保险与家族财富传承

中国有句古话叫作"富不过三代"。但美国的洛克菲勒家族发展到21世纪已经是第六代了,依然如日中天、独"富"天下。如今,约翰·D洛克菲勒的后代虽然已不再是石油大王,他们不再使用祖辈的头衔,甚至不再从事祖辈当年的行当,但其家族却依然富可敌国,其家族的名字依然与美国精神和文化紧密相连。洛克菲勒,无疑成了一个家族财富传承的典范,成就了一个突破"富不过三代"定律的传奇。

40年前,并没有国人会有兴趣去了解洛克菲勒的这段家族传奇,因为当时的人们关注的是眼下的几十元工资。时过境迁,中国经济的飞速发展,造就了一批亿万富豪。对富人来说,有钱并没有让他们过上完全舒心的日子,因为伴随财富增长而来的问题是财富如何保护和传承。2013年年底,霍英东家族财产争夺案重燃战火，这场遗产之争可谓旷日持久，争议源于一份并不完美的遗嘱。纵观华人家族几十年的发展历程，一直上演着各种遗产争夺的八卦故事。每次遗产争夺官司，都如同港剧中的豪门恩怨纷争不休，从中可以窥见的是，富豪们财富传承的艰难和无奈。

富豪、名人遗产纠纷已经屡见不鲜，在这一场场闹剧背后隐藏的是巨额财富如何顺利传承的难题。目前为止，中国高资产人群的组成，大多还是自己打江山的富一代，他们对于财富的管理有自己固定的思维，并更关注高回报的投资。原因很简单，他们的第一桶金就是这样淘来的。精力依然充沛的他们多数仍奋战在财富前线，渴望看到手中握有的财富随着年岁的增长继续增加。然而，根据美国著名的咨询公司麦肯锡早年的调查报告："世界范围内只有30%的高资产富豪可以将资产完整保留至第二代，仅有13%的高资产富豪可以将资产完整保留至第三代。"诺亚财富《2019高端财富白皮书》的数据显示，250家上市企业在传承给子女后，企业市值平均掉了60%。债务、离婚、继承、挥霍、受骗及税务等风险足以使一个富裕的家族一步步陷入贫困。我们看到，代际传承往往没有实现财富的累加，只造成了财富的消耗。

生命的周期规律是无法回避的客观现实。如何打破"富不过三代"的魔咒？如何把辛苦打拼积攒下的财富有效地分配、传承下去？让谁来保护好这份财富的嘱托？这是中国第一代富人必须思考的问题。

第一节　财富传承常见问题

在财富传承方面，我国的高净值人士仍存在很多问题。例如，普遍缺少科学的财富传承意识，不但没有制定系统的财富传承规划，甚至很多人都没有提前立遗嘱；或者即使立了遗嘱也存在很多问题，可能使遗嘱最后无法得到有效执行，这直接导致继承人为了争夺遗产大打出手、反目成仇。怠于梳理财产，致使部分财产在继承过程中被遗漏。一旦遗产税出台，不仅会带来被继承人的财富大量流失，而且会给继承人继承财富设置障碍。还有诸如如何防止子女肆意挥霍财产，如何保障家族成员的正常生活，海外资产该如何传承给后代等。

对于我国高净值人士在财富传承中普遍存在的问题，我们将通过一则案例为大家揭示一二。

徐某是一位企业家，资产近亿。2015年6月的一天，徐某突发心肌梗死去世。徐某经历过两次婚姻，生有两个女儿，大女儿小Z 29岁，系徐某与第一任妻子（已去世）所生；小女儿小S 12岁，系徐某与第二任妻子所生。第二任妻子已与徐某离了婚带着小S共同生活。徐某的父母也于早年去世。徐某去世前没有立遗嘱，其弟徐H、其姐徐L主持其身后事。

2017年8月，小Z将妹妹小S起诉到法院。小Z诉称，她和小S是遗产的第一顺序继承人，因客观上无法获知父亲有多少遗产，只能通过对另一继承人提请诉讼的方式借助法院调查徐某名下的银行存款和交易记录，进而获知父亲遗产情况并要求公平分割。

2018年1月，小Z撤回对妹妹小S的起诉，重新向法院提起了新的诉讼。新的诉状中，小Z与小S为原告，叔叔徐H、姑姑徐L为被告。小Z在诉请中称，父亲去世后，徐H、徐L第一时间赶到父亲生前居住的别墅主持料理后事，并实际控制别墅内所有遗产和证件。两年多来，徐H、徐L从没主动邀请两位继承人清点、封存遗物，两人还自行使用徐某的遗产，比如时常居住在徐某的别墅中、取走徐某名下的多笔银行存款、擅自拿走徐某别墅中的贵重物品。其间小Z和小S的监护人多次找徐H、徐L理论，但仅从徐H处要回了一辆由徐H使用了近一年的汽车。徐H、徐L在庭审中坚称无意剥夺小Z和小S的继承权，"徐家的规矩是亲人去世，其财产三年后才能分割。在没有完成后事的时候，由于无法最终确定遗产数额，也就无法分配遗产"。而这正是导致徐H、徐L与小Z、小S矛盾激化的起因。

继承官司未了，小Z、小S又成了被告。2018年4月，徐某的好友郭某将小Z和妹妹小S诉至法院，讨要为徐某购买轿车时垫付的车款、税费，要求小Z和小S在继承遗产范围内承担偿还责任。

徐某去世后不久，由于徐某遗留的别墅尚有银行贷款未还清，银行多次要求继承人偿还未果，故将小Z、小S及开发商告到法院，要求偿还300余万元欠款。小Z和小S无力偿还银行欠款，只能与开发商和银行商议将别墅拍卖。幸好别墅价格翻倍，拍卖价款在还清银行贷款后还有所剩余可供归还徐某生前所欠其他债务。

连续几场官司，使得这场遗产纠纷案盘根错节。2018年6月，负责审理该继承纠纷的法官组织原被告双方质证，对徐某的生前物品进行了首次全面清点，加之别墅拍卖后还有些剩余款项，各方当事人在法院的组织下达成和解，这场纠纷才最终落下了帷幕。

当法律遭遇家规，当理性遭遇亲情，当道德遭遇金钱，这场侄女与叔叔、姑姑之间的博弈在法庭上进行了非常态的上演，这种至亲的关系本该有着最真最久的亲情。那么，究竟是什么原因导致了这场"徐门谜案"呢？

一、遗产未经梳理，留给后人的难题

徐某在去世前没有对自己拥有的财产进行梳理和明晰，其继承人根本不知道究竟有多少遗产，导致小Z不得不通过诉讼的方式要求查明父亲的遗产。同时也导致小Z对主持大局的叔叔徐H、姑姑徐L颇多猜忌，她觉得是叔叔姑姑侵占了属于自己继承的那部分遗产。更有甚者，徐某去世后几年内，小Z、小S、徐H、徐L都没有对遗产进行过全面清点。2018年6月法院查明的徐某银行存款尚有200多万元，而且大多都被徐H取走，也没有用于归还别墅的按揭。遗产账目不清晰，是徐某遗产争议的重要原因，不但导致遗产去向不明，还致使至亲反目，家庭不宁。

二、不合理家规引发的法律问题

中国人讲究死者为大，认为在一个人刚去世的时候就去谈论、考虑分割他的遗产，是不孝、不仁的表现。同时为了显示家庭和睦，一般会由家族中的长辈出面主持大局，在办理一切事务的时候，大家不好意思把事情分得太清楚。徐某遗产案深刻显示了中国传统思想的弊端，当亲情碰上金钱，"死后三年不分财产"的家规成了一种障碍。对于徐某遗产的处置，徐H、徐L有责任，如果当时把所有的问题都落实到书面文字上签下协议，就不会出现今天的问题。但徐H、徐L同时抛出一连串的疑问："这一点可能做到吗？哪个家庭会这样做？果真这样做，这个家还叫家吗？"其实，在理性大于感情的今天，把一切事情讲得清清楚楚，分得明明白白，更有利于家庭的和睦，不然一旦发生纠纷走向法庭，岂不是更不利于家庭的和谐稳定？何况他们的做法的确损害了继承人的利益，使被继承人留下的遗产受到不应有的减损。

三、生前没有立遗嘱，身后引发争议诉讼

徐某生前没有订立遗嘱，也没有进行其他财产规划，是导致其遗产继承纠纷频出的主要原因。对高净值人士来说，没有立遗嘱，会导致继承人之间互相争

夺，因为继承人更加关注自己的利益。小Z认为叔叔姑姑侵犯了自己的继承权，徐H、徐L则认为小Z以唯一合法继承人身份自居，侵害了小S的权利，他们这么做是为了保护小S的利益。亲人之间的矛盾一度不可化解。由此可见，生前订立遗嘱是非常必要的，不但可以避免家庭纠纷，还可以按照自己的意愿分配财产。

四、遗产保管人和执行人

众亲朋好友对遗产随意取用，导致遗产损耗严重，同时引发众人之间的不满与猜忌。正是因为徐某生前没有指定遗产保管人和执行人，导致无人对房贷等债务的偿还拟订方案或提前安排资金，最后继承人不得不将别墅拍卖承担不菲的费用。高净值人士提前指定遗产保管人可以防止遗产被侵占、被挥霍、被损毁灭失，确保遗产处于安全状态，甚至还可以帮助打理遗产使其保值增值，至少尽量避免非正常减损。指定遗产执行人，可以保障遗产有计划、有秩序地利用，避免因债务无法偿还而卷入新的纷争，按照被继承人的意愿进行财产分配。

洛克菲勒家族财富成功传承的案例以及徐某遗产纠纷的案例告诉我们：家族财富传承需要在专业人士的帮助下提早进行系统、全面的规划，需要综合运用各种传承工具解决这其中的诸多问题，以实现财富稳妥有效地传承。富人越早意识到财富传承规划的重要性、越早对传承中的各种问题制订解决方案，财富顺利传承的可能性就越高。

第二节 家族财富传承解决方案

一、树立财富传承规划

中国人普遍缺乏对财富的代际转移进行规划的意识。财富代际转移的方式分为财富传承与财产继承。简单地说，财富传承就是从现在开始，把财富按照自己的意愿循序渐进地给到子女（他人）名下；财产继承则是指当被继承人过世后，按照法律的规定或其遗嘱的意愿，将其财产进行分配。同样都是把财富给到子孙后代，但二者之间的区别相当大。最主要的区别是开始的时间和持续的长短不同，前者是现在就开始，而且是持续的，可长达几十年上百年；后者是在财富拥有者去世后才开始，并且持续时间相对不长。

财富传承与财产继承的区别还在于财富转移的后果不同，确切地讲有相当大的不同。按照中国人的传统，长辈辛苦积累的巨额财富最希望传给自己的孩子，然而不做财富传承安排常常发生无法预料的后果。如果没有遗嘱、家族信托等财富传承安排，财富拥有者百年之后其继承人将要按照法定继承的方式继承其财富。法律对法定继承人的顺序和继承规则是如何规定的呢？

　　根据我国《继承法》的规定，第一顺序继承人是配偶、子女、父母；第二顺序继承人是兄弟姐妹、祖父母、外祖父母。丧偶的儿媳对公、婆，丧偶的女婿对岳父、岳母，尽了主要赡养义务的，作为第一顺序继承人。

　　适用法定继承时，依照下列规则分配遗产：①继承开始后，由第一顺序继承人继承，没有第一顺序继承人继承的，才由第二顺序继承人继承。②同一顺序法定继承人继承遗产的份额，一般应当均等，法律另有规定的除外。

　　《民法典》第一千一百二十七条、第一千一百二十九条、第一千一百三十条对法定继承人的范围及继承顺序的规定与上述一致。

　　如果仅仅按照法定继承的方式去分配遗产，那么自己的孩子究竟能分得多少财产呢？用一个案例来说明：

　　张某和李某是夫妻，育有独子张甲10岁，经过多年打拼积累下2000万元共同财产。张某和李某都有各自的兄弟姐妹，并且双方父母均健在。假设有一天张某意外去世，没有留下遗嘱，也没有做其他财富传承安排。此时，张某的妻子李某、孩子张甲和张某父母四个人都是第一顺序法定继承人，他们有权平分属于张某的1000万元遗产，那么儿子张甲只能分得250万元。而张甲作为一个未成年人，其财产要被监护人李某代为管理。张某父母继承了500万元，如果老人生前仍没有做任何安排，将来老人百年之后，他们的财产必然被他们的子女，也就是被张某的兄弟姐妹继承，能再次分到张甲手中的也只是几分之一。另外，如果李某将来改嫁后也不做任何财富规划，那么李某自己所有的财产和她帮儿子张甲代管的财产都有可能在婚后与再婚丈夫的财产混同。在此之后新发生的继承，都是张某当初不可想象、也无法控制的。而自己当年积累下来的财富到底有多少被儿子张甲拥有，也不是张某可以预计的，甚至原本属于张甲由李某代为管理的250万元也不一定能完全到张甲手中。算下来2000万元共同财产传到儿子张甲手中的少之又少，这与张某想要将大部分财产留给儿子张甲的愿望相去甚远。

这样的例子在现实生活中比比皆是。如果不认真选择财富转移的方式，不做好财富传承规划，巨额财富极有可能会落入外人之手，而不是传承到自己至亲或者自己最想照顾的人手里。这和国民普遍没有传承意识有很大关系。因此，高净值人士不仅要有财富传承的观念，而且要把财富传承的想法付诸实施。

二、梳理传承财产

2009年7月11日上午，一代国学大师季羡林先生因心脏病辞世，享年98岁。季老突然离世，并没有留下有效的遗嘱，遗产纠纷扑朔迷离。而始于2008年的季羡林财产纠纷，并没有因为季老在2009年的离去平息下来。"假画门""隔绝门""乌龟门"，再到2009年年底的"盗窃门"，波澜频现。诸多复杂继承纠纷主要围绕季老的藏品与各争议方持有的协议书与委托书展开。季老藏品估值过亿，包揽古籍典藏、明清字画。然而季老对自己的财产未进行整理，没有对价值连城的书籍、文章、字画等资产进行统计，更未进行身后安排。季老对收藏品没有进行梳理，便无法以有形的方式呈现给想传承之人，因此各方之间的遗产继承纠纷便无法避免。

财富传承规划，首先要做的就是梳理财产，而豪门家产之争也多起于财产核查。对一些高净资产人士而言，由于财产种类多、金额大，且平时主要由自己控制，没有专人进行统一管理，一旦突发意外，家属或继承人不知道财产线索无法查询，最终导致在财产继承过程中部分财产可能被遗漏或者被他人钻空子拿走或盗取。一些与他人共有的财产、代他人持有的财产乃至委托他人代持的财产等也会因继承人不明真相而无法主张，或者遭他人恶意主张而被侵占。海外资产的存在增加了财富传承的难度，同时对财产梳理的要求更迫切，因为一旦出现遗漏或者纠纷，继承人想要维护自己的权益必将付出更大的代价。进行财产调查、梳理，做到账目、产业清晰，将财产状况以书面形式记录下来，不但可以解决因财产庞杂而疏于管理或者出现遗漏等情况，还可以减少猜疑、避免纠纷。

高净值人士，特别是对亿万身价富豪的财产清点是一项极具挑战性的工作。因为其财产数量可观，种类繁多，不仅登记在自己名下，有些还分布在亲朋好友手中。另外富豪的人脉广，社会关系复杂，其从事的各类活动也有诸多名目。但是富豪在购置资产、进行买卖时并非时刻注意保留证据，也不会事事与亲近的人报备，这也就决定了资产的核查需要专业人士来进行。就财产而言，分为实名资产和未登记资产。实名资产除自己名下的房产、银行存款、车辆外，还包括记名的股票债券、各类基金、信托资产等。未登记资产主要是指字画、古董、邮票、奢侈品、收藏品等无法进行相应国家登记的资产和由他人代持的财产。不同的资产在财富传承的过程中需要选择不同的方式，同时各项资产在传承过程中面临的风险、需要采取的防范措施也是不同的，稍不注意就会出纰漏。因此在梳理个人资产、建立个人财富账簿时，建议由法律专业人士对客户财产的权属关系进行界定，对客户的对外债权债务、海外资产、各类动产等均同步收集、保留、整理，特别是一些隐名投资、股份代持、私人借贷等容易遗漏的相关法律凭证，确保财产始终处于受到法律保护的状态之中。另外，还要注意不得违反对共有财产处分的原则，比如有些财产是夫妻共有的，有些财产是与合作伙伴共有的等，否则会给财富的传承带来阻碍。

三、综合运用传承工具

有了财富传承的意识、梳理清楚需要传承的财产，还需要把它付诸实施。在不同的国家和地区，采用的财富传承方式会有所不同，其中最重要的影响因素就是法律和税务的安排。从中国法律框架来看，对于继承环节的法律安排是比较重要的，因为由继承引发的法律纠纷的占比是非常高的。

为了顺利完成财富的代际转移，需要根据自身财产的构成、家庭成员的情况以及自己的分配意愿，事先进行财富转移方式的预设，也就是我们所说的财富传承规划。生前赠与、订立遗嘱、人寿保险、家族信托等都是财富传承可以灵活运用的工具。在一套系统、完整的财产传承规划安排中，各种传承工具往往被综合运用。

第三节 财富传承工具介绍

财富传承需要借助多样化的财富传承工具来实现。财富人士需要认真了解各项财富传承工具的优点和缺点，才能根据实际需要进行选择并综合运用，实现利益最大化。

一、遗嘱继承

遗嘱，是指一个人对于他死亡后其财产如何分配所做的有法律效力的声明。

遗嘱最大的特点就是在立遗嘱人死亡时才发生法律效力。如果立遗嘱人把自己的遗产分配给法律规定的法定继承人以外的人，根据中国法律叫作遗赠（本文主要论述家族财富的传承，故对遗赠不详细介绍）。简单地说，遗嘱就是财富人士根据自己的意愿就逝后的财产安排做出事先的准备，这种准备既可以是对全部财产做出，也可以就单项财产分别做出。

（一）遗嘱的设立方式及特点

遗嘱，按照《继承法》的规定包括公证遗嘱、自书遗嘱、代书遗嘱、录音遗嘱、口头遗嘱等多种方式，《民法典》第一千一百三十六条、第一千一百三十七条还增加了打印遗嘱、录音录像遗嘱两种方式，将遗嘱的形式进行了扩大。不同方式设立的遗嘱，法律要求是不同的。以口头遗嘱为例，《民法典》第一千一百三十八条规定，遗嘱人在危急情况下才可以采用口头遗嘱，并且应当有两个以上无利害关系的见证人在场。危急情况消除后，遗嘱人能够以书面或者录音录像形式立遗嘱的，所立的口头遗嘱无效。亿万富豪袁宝璟遗产继承案充分说明口头遗嘱必须符合上述条件方能生效。

雇凶杀人的亿万富豪袁宝璟被执行死刑后，其妻卓玛及其儿子因遗产纠纷被与前妻所生的儿子告到法院。遗产案审理中，袁宝璟的大哥和妹妹证明，在袁宝璟执行死刑前，亲属们一起会见了他。袁宝璟的大哥突然提及股票等财产如何处置，袁宝璟回答说："财产都给卓玛，你们就听卓玛安排吧。"这寥寥十几个字是袁宝璟死前唯一一句关于财产的交代。卓玛母子据此答辩，袁宝璟生前已经立有口头遗嘱，将卓玛指定为唯一遗产继承人，排除了其他继承人的继承权。但原告方认为口头遗嘱不成立，因为袁宝璟的大哥和妹妹作为第二顺序继承人，系有利害关系的人，无权作为口头遗嘱的证明人。

法院最终根据查明的事实认定，袁宝璟的大哥和妹妹虽系亲属，仍可作为遗嘱见证人。因为作为第一顺序继承人的卓玛等人没有放弃继承权，袁宝璟的大哥和妹妹作为第二顺序继承人并不能参与遗产分配，因此他们两个人与遗产分配没有利害关系，可以作为遗嘱见证人。此外，家属之外的法官、法警等人均在场见证了家属会见及会见内容的情况。判决指出，袁宝璟在"一个非常特别的状况下"对自己的财产进行了明确处分，应认定他已订立了口头遗嘱，该口头遗嘱符合我国《继承法》的相关规定，应视为合法、有效。

除口头遗嘱外，其他几种形式的遗嘱也必须符合法律规定的条件，否则遗嘱可能被认定无效。对遗嘱的形式要求，我们根据《继承法》以及即将实施的《民法典》之规定简单总结如下，供大家参考。

1. 口头遗嘱

◇遗嘱人必须是处在情况危急时刻；

◇遗嘱人立遗嘱时必须具有民事行为能力；

◇应当有两个以上的无利害关系的见证人在场见证；

◇遗嘱人要以口述形式表示其处理遗产的真实意思；

◇危急情况消除后，遗嘱人能够以书面或者录音录像形式立遗嘱的，所立的口头遗嘱无效。

2. 自书遗嘱

◇须由遗嘱人亲笔书写遗嘱内容并签名；

◇必须注明年、月、日。

3. 代书遗嘱

◇遗嘱人口述遗嘱内容，由见证人代替遗嘱人书写遗嘱；

◇代书遗嘱必须有两个以上无利害关系的见证人在场见证；

◇代书人、见证人和遗嘱人必须在遗嘱上签名，并注明年、月、日；

◇遗嘱代书人应当具有完全的民事行为能力，不能是未成年人或者精神上、智力不健全的人。

4. 打印遗嘱

◇通过打印形式记录遗嘱内容；

◇打印遗嘱必须有两个以上无利害关系的见证人在场见证；

◇遗嘱人和见证人应当在遗嘱每一页签名并注明年、月、日。

5. 录音录像遗嘱

◇通过录音或录像的形式，确定其遗嘱的内容；

◇需要有两个以上无利害关系的见证人在场，并将其见证的情况进行录音、录像；

◇将录音、录像内容封存，封口由见证人及遗嘱人签名盖封；

◇遗嘱人和见证人应当在录音、录像中记录其姓名或者肖像，以及年、月、日。

6.公证遗嘱

◇办理遗嘱公证，遗嘱人应当亲自到公证处办理，不能委托他人代办；

◇立遗嘱人应神智清晰，能真实地表达自己的意思，无受胁迫或受欺骗等情况；

◇原来已在公证处办过遗嘱公证的，现要变更或撤销原遗嘱公证的，应当提交原来的遗嘱公证书并到原公证处办理。

（二）遗嘱的应用

基于传统习俗，中国富人忌讳在生前或人前讨论逝后的问题，而且国人对遗嘱的态度也与国外大不相同，缺少立遗嘱的勇气。因此，被继承人生前自行订立合法有效遗嘱的情形较少，很多人不到最后一步都不会立遗嘱。由于未能在生前进行遗嘱安排，或者所立遗嘱因不符合法律规定而无效，导致的后果往往是，依照法定继承对财产的分配无法体现被继承人本人的意愿。各继承人在法定继承的过程中往往会更加注重自己的继承权是否全部得到实现，而可能无形中忽视了财产的最大化或最优化效用以及财产传承的原则，譬如导致家族企业控股权、管理权被分割等。在家庭关系和财产关系复杂的家庭中，还经常会出现继承人因认为遗产分配不均等而引发家庭成员之间的诉讼以及无休的争斗，最终致使财富贬值、亲人反目。财富人士在去世之后留下大笔的遗产，因无有效遗嘱而产生的继承纠纷，已成为业界十分关注的话题。无论是国内外，还是港澳台，这种比电影还精彩的争产戏码年年上演。即便立了有效的遗嘱，也要注意遗嘱订立并不是一劳永逸，因为人的想法和财富都会随着时间发生变化，财富人士一般在其人生的重要阶段，如结婚、生子、子女成年及退休等不同时期，不断修订遗嘱。

（三）遗嘱常见法律风险

订立遗嘱的目的就是按照财富人士自己的意愿进行财产传递与分配，避免亲人之间的纠纷。那么，有了遗嘱，是否就万事大吉了？缘何许多富人立了遗嘱，其亲人之间还是爆发了各种各样的纠纷呢？其实遗嘱也不是万能的。遗嘱继承常见风险有下列几种。

1.遗嘱的效力问题

被继承人立了遗嘱，但是这份遗嘱是有效还是无效却是要经过考证的。前文已经介绍，遗嘱必须符合法律规定的形式，遗嘱的形式不合法就可能被判定无效。特别值得注意的是,《继承法》规定公证遗嘱是所有的遗嘱形式中最具有效力的一种,自书遗嘱、代书遗嘱、录音录像遗嘱、口头遗嘱不得撤销、变更公证遗嘱,即只有重新去公正机关办理才能撤销、变更原公证遗嘱。《民法典》第一千一百四十二条取消了公证遗嘱的优先效力,立有多份遗嘱的以最后一份为准。另根据《民法典》第一千一百四十二条规定,遗嘱人可以实施与遗嘱内容相反的民事法律行为来撤回遗嘱,这是《民法典》新增的内容。《民法典》前述两条规定,更加尊重被继承人本人的意愿。

立遗嘱人需具备完全民事行为能力,否则即使立了遗嘱其效力也会受到质疑。例如,长期卧病在床的人在弥留之际订立遗嘱,其精神状况是否符合法律规定的"健康"要求,是否意识清楚且具有订立遗嘱的民事行为能力,非常容易被质疑。所以,有订立遗嘱的想法得尽早付诸行动,并寻求专业人士的帮助,以免因订立的遗嘱无效而留下遗憾。

2.遗嘱的保管问题

遗嘱的保管问题是目前普遍存在又容易被忽略的问题。财富人士立了遗嘱之后,为防止遗嘱被他人知晓而产生不满或继承人篡改、销毁遗嘱,便将遗嘱收藏起来。结果当其本人过世,遗嘱未被发现,继承人根本不知道被继承人立有遗嘱,遗产自然不可能按照被继承人的意愿进行分配。有些人选择将遗嘱交由亲朋好友保管,但因亲友往往不是专业人士,继承人也不一定了解被继承人的社交状况,经常会出现遗嘱保管人不知道立遗嘱人已经过世,未能及时出示遗嘱的情况。有的年事已高的老人会将遗嘱交给与自己关系密切的同辈老人保管,这样还可能出现遗嘱保管人先于立遗嘱人过世的情形。有人认为,经过公证的遗嘱应该就不存在保管的问题了。但公证处对存档的遗嘱没有及时公布的义务,而遗嘱的公布,是被继承人财富传承意愿得以实现的第一步。其后的遗产分配与执行、继承人纠纷的化解等,都是专业性很强的工作,一般人难以胜任。

3.继承权公证问题

继承开始后,继承人要想办理财产过户手续时,有些部门需要继承人出示确认其权利的继承权公证书。继承权公证的过程也是遗嘱继承的突出问题:首先需要全部的法定继承人到场或表明态度。如果没有遗嘱,全部法定继承人的继承份额均等分配;如果有遗嘱,继承权公证要求所有继承人一致同意遗嘱内容,财富分配原则和隐私不能得到保密，一旦不能达成一致就需要诉诸法院。另外，继承权公证对当事人在材料准备方面的要求非常严格，许多资料的取得较为困难，因资料不符合要求而无法办理继承权公证的案例也时常见诸报端。

值得一提的是，2016年7月5日司法部发布关于废止《司法部、建设部关于房产登记管理中加强公证的联合通知》的通知，自此房产继承不再要求强制进行继承权公证，继承人可以选择是否要进行继承权公证。然而，房产继承时原需要向公证机关提供的资料，改为向房产登记部门提供，如有的继承人对遗嘱内容存在质疑、不配合签字或者部分资料无法取得，房产部门亦无法办理房产继承事宜，可以说继承人面临的难题并未得到实质性改变。另，该变化仅针对房产继承，其他形式遗产的继承，比如车子、存款等，依然需要继承权公证。

4.遗产的保管与执行问题

有了合法有效的遗嘱还远远不够，能够确保遗嘱顺利被执行，才算圆满完成立遗嘱人的心愿。遗产通常因为继承人之间有争议而被搁置或查封、冻结，甚至持续数年，不但会使财产迟迟不能按照被继承人的意愿得到分配，而且在漫长的争产过程中会出现遗产因无适当的人员管理而贬值、损毁或被隐匿、转移。前面所提到的徐某与季羡林的遗产纠纷就非常典型。以往，中国的大户人家都有家规、有族长，家族成员之间发生纠纷，有德高望重的族长按家规解决纷争。如今这种传统逐渐消逝，一般的家庭成员、亲朋好友难以把握复杂的法律规定，不愿介入或无力处理纠纷。公证处目前只有订立遗嘱的公证和继承权公证，而不接受遗产的保管、分配和执行的业务，一旦出现继承人不认可的情况，即使被继承人生前立有公证遗嘱，也只能通过诉讼解决。因此，在订立遗嘱时，就指定遗嘱执行人对遗产进行妥善保管并按被继承人的意愿分配，则会更加行之有效。

但是遗嘱执行人指定不合适也会带来纠纷和争议，以下案例可以说明问题。

张某的父亲是个文人，擅长写作。母亲1972年去世，后张某父亲另娶了一个老伴刘某。2003年，张某的父亲身患重病医治无效死亡，享年90岁。老人死后，其孩子张某等人发现在父亲抽屉里有一份遗嘱，遗嘱中老人将房产确认为张某等子女共同共有，但刘某有终生使用权。该遗嘱同时也对其他财产作了处理决定，将刘某指定为遗嘱执行人，将老人遗留的所有财产如存款、股票、房产证都交由刘某保管。遗嘱是老人亲笔书写，落款处有老人签名，但没有写明立遗嘱的时间。老人去世后，一家人围绕这份遗嘱的效力以及遗嘱执行人是否合适等问题展开了旷日持久的诉讼。各继承人之间你争我夺，一时间家宅不宁。

普通人家因遗嘱继承爆发了各种纠纷，富豪家族也未能逃脱这种命运。霍英东先生为保障亿万家产的顺利传承早早立下了遗嘱，并指定了四个遗嘱执行人。但是霍老遗嘱执行人指定得并不适合，其中两个年纪太大，无力胜任，另外两个与财产分配有实质关系，这成为日后遗嘱继承纠纷的导火索。

可见为确保遗嘱有效并被顺利执行，高净值人士最好选择公正中立的律师或其他专业人士担任遗嘱起草人、保管人和执行人。借鉴国外及我国港澳台地区的成熟经验，财富家族往往都有自己的家族律师和私人银行家。遗嘱从订立到保管再到执行，都由家族律师全面负责，而遗产的保管与打理，则由私人银行家负责。律师、私人银行家共同组成的遗嘱执行人不但可以在安全、保密的状况下进行遗嘱保管，而且他们以中立、公正、适格第三方的身份能有效地进行遗产分配服务，避免因无合适的遗嘱执行人而在遗产分割阶段发生各种纠纷。《民法典》更是通过第一千一百四十五条至第一千一百四十九条新增了遗产管理人制度，明确了遗产管理人的产生方式、职责和权利等内容，增强了遗产管理人制度的可操作性。不过这些规定仅是框架性的规定，现在尚无法完全满足高净值人士的需求。如果立遗嘱人意欲通过指定遗嘱执行人来管理遗产，应当提前签订委托合同，对遗嘱执行人的权利义务进行详尽、细化的规定。

二、生前赠与

生前赠与是指一个人把自己的财产无偿给予他人的行为，赠与与遗嘱相比最大的特点是在财富人士在世时就已经完成。赠与人向受赠人赠与财物，需要征得受赠人同意，双方达成合意，赠与行为才生效。但是遗嘱不需要继承人的同意，只要立遗嘱人按照自己的意愿设计财富分配的原则、比例即可。

（一）赠与的应用

赠与和遗嘱一样，可以使财富按照高净值人士的意愿进行分配。有些人不愿意立遗嘱，但是又担心财产分配不符合自己的意愿，有些人反感遗嘱继承的复杂程序和高额费用，对这部分人来讲，最简单的财富传承方式就是赠与，生前亲自完成财富的转移。

现金、股票、古董字画、邮票之类的动产，适合以生前赠与的方式进行处置。因为这些物品保存起来难度较大，比较容易被侵占从而引发纠纷。

（二）赠与的风险

赠与是财富传承的有力工具之一，但是很少有人会把自己的财富在生前就赠完，因为赠与也是有风险的。

1.子女婚变的风险

如果父母把巨额财富赠给自己的已婚子女，而又没有写明仅赠给自己子女一方，那么赠与的财产对于受赠人来说，就是他们夫妇的共同财产。如果受赠后小夫妻离婚，长辈赠送的财产一半就没有了。相反，如果赠与时说明只是赠与自己子女一方的财产，则就是子女的个人财产。所以即使是父母赠给子女的财富，也需要签订书面协议，明确财富赠与的对象，必要时最好做一份单方赠与公证。

2.失去控制权的风险

赠与他人财产也要面临受赠人道德品质的考验。经常会有人问："如果我现在把财产都赠给他，万一我以后反悔了，我还能把财产要回来吗？"其实，赠与的财产一旦交出去了，一般情况下是要不回来的。《合同法》第一百八十六条规定："赠与人在赠与财产的权利转移之前可以撤销赠与。具有救灾、扶贫等社会公益、道德义务性质的赠与合同或者经过公证的赠与合同，不适用前款规定。"《民法典》第六百五十八条规定增加了"助残"的公益赠与情形。根据前述法律规定，一旦赠与完成，非法定情形不可撤销。

2001年季羡林与北京大学签署的一份关于捐赠自己图书、字画等物品的协议书。协议书上写明了季羡林自愿将所藏书籍、手稿、照片、古今字画及其他物品捐赠给北京大学，并有季羡林的亲笔签字，北京大学也接受了上述捐赠。季老于2008年的手书中写道："有几件事情在这里声明一下：一、我已经捐赠北大一百二十万元，今后不再捐赠；二、原来保存在北大图书馆的书籍文物只是保存而已，我从来没说过全部捐赠……"之后季老的儿子季承多次向北大要求归还藏品，北大却认为这是赠与，不能撤销。经过一审及二审，根据（2016）京民终557号判决书，法院最终认定本案捐赠协议所约定的赠与属于社会公益性质的捐赠，并且不存在法定撤销事由，对于捐赠协议所约定的赠与，无论是季羡林先生本人，还是其受托人季承，均不得撤销。因此法院最终判决驳回原告季承所有诉讼请求。

3. 不合理使用的风险

财富人士最怕的是把财产赠与子女后，子女会上当受骗或挥霍一空。但是已经给到子女手中的财产，作为长辈就难以控制其用途，也无法随意要回来，即使被不合理使用也只有心痛瞪眼的份儿，无奈又无力。

很多富二代对家族企业不感兴趣，刚走出校门就嚷着要自己创业，向父母伸手要创业资金。创业资金一步到位，真正能利用这些财富去创业并有所成就的寥寥无几。小宋作为这其中的一员，在寻找创业项目上花了两年时间，由于习惯了大手大脚地花钱，小宋对资金的管理相当混乱。当初父亲给的几百万创业基金也已所剩无几，一些想涉足的领域，都因为启动资金不够，只好望而却步。更重要的是，小宋一拿到父亲给的创业基金，就先去换了一辆更加高级的越野车，四分之一的启动资金就没了。像小宋这样看上去自信满满，实际上缺乏社会经验又爱炫富的二代，往往将父辈们赞助的创业启动金用来挥霍。面对子女的这种情况，家长们怒其不争却又无能为力。

高净值人士运用遗嘱和赠与一定程度上可以控制财富的流向，使财富按照个人意愿进行分配和传承。以前，一般的家庭财富传承，使用这两个工具基本够用了，但近十年来，随着经济的发展，对于普通的中产阶级及以上家庭来说，遗嘱和赠与已经难以满足其需求，他们逐渐开始对人寿保险和家族信托这两个在国内来说比较"新型"的财富传承金融工具产生了兴趣。

三、家族信托

在海外，采用家族信托方式进行财产传承规划、遗产安排是十分常见的方式。国外的富豪家族大部分都经过长时间的沉淀，往往是历经好几代的累积，选择家族信托已不仅仅为了财富的增长，而是更加关注财富的保障及传承。

2012年9月平安信托设立国内第一单家族信托，点燃国内家族信托的第一把火。财富人士目前在国内可以办理家族信托，但是需要满足以下条件：

（1）可接纳资产类型较少。国外家族信托可以容纳金融资产、企业股权、不动产甚至收藏品、游艇等，但是目前国内家族信托可接纳的类别很少，多限于金融类资产。

（2）起点较高。国内各银行办理家族信托的起点较高，对资产体量要求比较大，家族信托客户门槛都定位于千万资金以上。

虽然目前在我国家族信托尚未普遍开展，但随着法制的不断健全和社会的客观需要，家族信托必将成为未来财富传承的一个主流方式。现在国内各大银行和信托机构已经开始纷纷试水家族信托。未来我国家族信托门槛可能会降低，并且除金融资产外的其他资产，如企业股权、不动产等，也有望放进信托。

另外，《民法典》第一千一百三十三条规定自然人可以依法设立遗嘱信托。遗嘱信托是指通过遗嘱设立信托，使得遗产成为信托财产，也叫死后信托。我国目前的遗嘱信托尚未普遍开展，但具有一定的发展潜力。

关于家族信托及遗嘱信托内容详情请参见本书第三部分《家族信托实务操作》。

四、人寿保险

人寿保险在海外十分盛行，近年来在我国也逐渐被人们接受并且发展势头强劲。人寿保险对于高净值人士而言，不是锦上添花，不是发财致富，而是为自己和家人预备"漂洋过海时保命的淡水"，赢得被救援的时间和机会。保险作为家庭资产的底线，可以把不确定的未来确定下来，保证自己和家族在最坏的经济环境下也能安然度过并得以延续。我们认为，人寿保险在财富代际传承中的功效，是其作为财富保全和传承各项功效中最值得推崇的。

第四节　人寿保险在财富传承中的功效

人寿保险是一个非常实用的财富保障和传承工具，但是长期以来一直未得到正确、充分的运用。每个人购买保险的理由可能都不一样，但相对其他金融产品，高净值人士选择保险最核心的目的就是安全、确定和传承。事实上，人寿保险在财富传承中所具有的风险隔离、保值增值、税务筹划以及实现财富的定向传承等功能，的确是遗嘱和赠与所无法比拟的。

一、风险隔离功效

人寿保险的风险隔离功效，首先是指人寿保险的债务相对隔离功能，只有免受债务追索的财产才有传承的可能。关于人寿保险的债务隔离在第四章"大额保险与债务隔离"已有详细介绍。其次是人寿保险的财产形态安全隔离，不像实物资产那样会因为各种人为的自然的原因损毁灭失，哪怕保单遗失都不会给保险金的给付带来过多麻烦。《保险法》第九十二条规定："经营有人寿保险业务的保险公司被依法撤销或者被依法宣告破产的，其持有的人寿保险合同及责任准备金，必须转让给其他经营有人寿保险业务的保险公司；不能同其他保险公司达成转让协议的，由国务院保险监督管理机构指定经营有人寿保险业务的保险公司接受转让。转让或者由国务院保险监督管理机构指定接受转让前款规定的人寿保险合同及责任准备金的，应当维护被保险人、受益人的合法权益。"这是对客户资金最大的保护，意味着大额人寿保险承诺的赔付责任和收益一定会兑现。

二、保值增值功效

人寿保险的保值增值的功效就是现金溢出，其表现形式更为直接地体现为现金。第一，保险运用风险管理杠杆，低额的保费在风险发生时可以得到高额的现金赔付。第二，长期的人寿保险一般具有可观的投资收益，从短期来看，人寿保险的利率相对较低，但由于其强制复利的机制，经过时间的积累最终能得到不菲收益。

当然，对于大多数的高净值人士而言，其本身创造财富的能力及速度远远大于保险，保险的投资功能也许并非他们选择人寿保险的主要原因，而是保险带给他们的是保障、稳定和安全。

三、税务筹划功效

人寿保险具有一定的税务筹划功能，但并不是说买了人寿保险就可以绝对避税，而是可以在法律允许的范围内节税、延税。对于大多数的高净值人士而言，"节税"是其理财的重要项目。比如在某些法律规定要征收遗产税的国家或地区，高净值人士若未针对"节税"进行整体、专业的规划，其继承人在继承财富时通常难免缴纳高额的遗产税。经常被拿来做对比的两个例子就是王永庆和蔡万霖：

2008年10月15日，台湾地区台塑集团创办人王永庆病逝于美国，在中国台湾留下价值近600亿元新台币的遗产，彼时台湾地区遗产税税率为50%。2009年1月23日，台湾地区修改相关法规将遗产税税率降至10%，但王永庆去世于2008年，不适用新的税率。王永庆的继承人将数十亿资产进行捐赠后，税额由147亿元新台币降为119亿元新台币。

按照规定，继承人必须先自掏腰包将遗产税缴清，才可以进行遗产分割，否则遗产不能动。王永庆的继承人无奈将土地、企业债权、股票股利等实物折价22亿元新台币交给了台北税务部门，后采取股票质押、借款等方式交清遗产税。2010年11月，王永庆的继承人才有权进行遗产分割。

2004年台湾地区首富蔡万霖去世，留下1800亿新台币遗产，按照当时台湾地区遗产税规定，其继承人需要缴纳高达782亿新台币的遗产税。其生前通过购买数十亿台币的人寿保险以及股票、基金运作，最终其家人仅缴纳5亿新台币。

中国大陆未来不排除征收遗产税的可能性。前文已经介绍，根据现行法律规定，人寿保单指定了受益人的，保险理赔金不计入遗产范围，那么未来人寿保险资产就可能有税务筹划的空间。但遗产税具体什么时候出台，出台后的政策具体如何，届时在人寿保险/家族信托节税方面是否有改变，尚不可知，我们在此暂不多做猜测。

目前对高净值人士而言，继承本身的费用也不低，如因继承产生纠纷，法院诉讼费、律师费以及其他费用，也不便宜。运用保险进行财富传承不需要花费大量金钱，因为受益人领取保险金的时候，不需要办理特别的手续，也不需要缴纳费用。

《中华人民共和国个人所得税法》（以下简称《个人所得税法》）第四条规定："下列各项个人所得，免征个人所得税……（五）保险赔款……"故受益人领取保险金不需要缴纳个税，对受益人而言节省了一大笔开支。

目前对于保险年金、分红、万能险和投资连结险的投资收益，是否需要征收个人所得税，我们税法并没有明确规定，目前税务局暂时未予以征缴。

个人支付的人寿保险保费，可以作为税前费用予以扣除。

《关于将商业健康保险个人所得税试点政策推广到全国范围实施的通知》（财税〔2017〕39号）第一条规定：对个人购买符合规定的商业健康保险产品的支出，允许在当年（月）计算应纳税所得额时予以税前扣除，扣除限额为2400元/年（200元/月）。单位统一为员工购买符合规定的商业健康保险产品的支出，应分别计入员工个人工资薪金，视同个人购买，按上述限额予以扣除。2400元/年（200元/月）的限额扣除为个人所得税法规定减除费用标准之外的扣除。

四、定向给付功效

人寿保险可以帮助财富的拥有者实现个性化的传承。保险品类的选择、年金的领取条件可以设定传承的时间；受益人的指定和可变更能够最大限度地尊重传承者的意愿；从投保到赔付手续相对简便独立、保密性强，可以定分止争，确保传承目的实现。

人寿保险的定向给付功能的实现在保险实务中的操作更加简单，在充分考虑了人寿保险的婚姻财富和债务隔离等主要风险之后，只需将保险合同的受益人明确。一张保单可以指定一个或多个受益人，对有多个受益人的可以均分也可以设定不同比例，或者对受益人进行排序，还可以变更受益人。举个例子。

老张夫妇互相以对方为被保险人买了两份大额人寿保单，身故理赔金的受益人除了写配偶以外还有两个孩子，三人同等顺序，比例分别是配偶20%，大儿子40%，小女儿40%。他们都希望在外工作的儿女经常回家来看看，如果表现不好，他们说就会变更受益份额甚至可能取消受益人身份。于是每到逢年过节，老张家里就儿孙满堂、尽享天伦之乐。

当然，如果老张夫妇对小女儿有特殊的偏爱，想在自己百年之后再给小女儿多一点的财产保障又不想被儿子媳妇知道以免引起不必要的纠纷，那么人寿保险就是他们最好的选择。

因为一旦老张或太太身故，即便他们留下了遗嘱，只要遗产开始继承，就需要告知全体继承人并做继承权公证，这时候全体继承人都会知道老张或太太在遗嘱中安排的继承份额有差别，一旦有人不满，引发的纠纷旷日持久。但人寿保险则不会遭遇这种尴尬。老张或太太只需考虑利用适当的资金购买人寿保险，单独指定身故受益人为女儿一人。他们投保时不需要其他人同意，指定的受益人领取理赔金时也同样可以做到不被其他继承人知晓，从投保到保险金的给付，整个过程都可以是保密且安全的。

需要提醒注意的是，受益人的指定和投保人与被保险人的身份相关，如果身份发生了变化，一定要重新审查之前购买的人寿保险，考虑是否要对身故受益人进行变更。这一点在第二章第三节"身故受益人的权利"已举例说明，此处不再赘述。

家族财富的传承简单看来，即将上一代的财富传承给下一代，但是想要真正实现财富的定向传承还需要多方面细致的考虑架构。家族财富传承的整体规划，传承财产的梳理，家族财富传承常用工具的选择，人寿保险的合理规划等各个方面都需要高净值人士仔细斟酌，在现有法律框架下对不同形态财富的传承方式、不同工具的使用限度进行选择。合理的家族财富传承规划，不仅是对自己辛苦一生积攒的财富的负责，也是对后代子孙的保护，避免不必要的纷争。

第五节　人寿保单杠杆融资的运用

高净值人士进行家族财富传承需要提前进行系统规划，尽早着手进行安排、实践。如果进行了生前赠与、配置了大额人寿保单或者设立了家族信托，高净值人士手中可调动的流动资金势必减少，难免对今后可能出现的资金周转有所顾虑。对高净值人士来讲，财富保障与传承的规划方案一方面要保证财富尽可能多地传到后代手中，另一方面也要能让高净值人士本人有尽可能多地资产继续去追逐财富的增值累积。

人寿保险的杠杆融资功能可谓是迎合了有上述需求的高净值人士，这也是市场上保险公司广泛宣传的大额寿险保单的特色功能之一。因为大额寿险保单需要缴纳的保费不菲，且一般需要趸交或者在短期内缴足，故大部分大额寿险保单的现金价值相对而言也比较高，这是投保人拥有的财产性权益。因此，无论是在购买保险的时候还是在支付保费之后，高净值人士在对大笔资金有所需求的时候，可以将大额人寿保单质押给银行取得银行贷款。与其他担保物相比，保单具有更可靠的融资功能，并且丝毫不影响其保障功能的实现。

利用大额人寿保单撬动数倍资金流的做法，实际上又细分为保单质押贷款和保费融资两种。因贷款利率的利差，行业内在介绍的时候往往以境外金融机构的产品和流程举例。

一、保单质押贷款

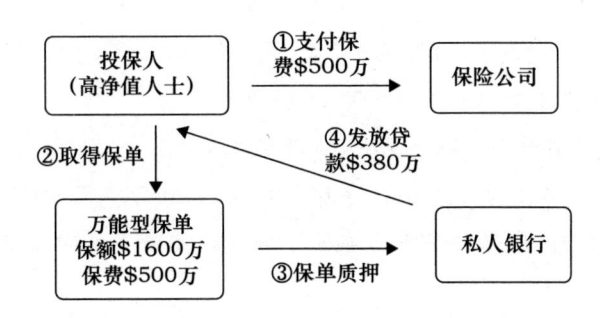

在讲解具体操作步骤之前，需要跟大家分享以下知识点：

（1）境外私人银行或保险公司为高净值人士配置大额保单时，一般会选择万能型大额寿险，该类保单一般都是趸交保单，一次性支付保费。保额一般为保费的3~5倍，具体根据客户的年龄和身体状况确定。万能账户投资收益率可以达到3.5%~4.5%或者更高。

（2）基于保费已经缴清，该保单具有现金价值，一般为保费的80%，有些保险产品初始现金价值可以达到保费的90%甚至更高。比如中国太平保险集团有限责任公司旗下的太平人寿（香港）推出的"金钻账户万用寿险"3.0版本，保单初始现金价值能达到总保费的94%。

（3）投保人可将该份保单质押给私人银行，以换取流动资金。境外银行给出的贷款比例上限为保单初始现金价值的80%~90%，有些保险产品贷款比例更高，比如金钻3.0南洋商业银行所给出的贷款比例上限是保单初始现金价值的95%。

（4）境外私人银行提供保单质押贷款的利率比较低，一般在2%~3%之间，也有可能更低。

（5）投保人取得私人银行发放的现金贷款可以用于自由支配，假设预估一般情况下可以获得4%~5%的投资回报。

接下来通过一个例子讲解一下保单质押贷款的操作流程：

假设高净值人士张总本身具备一定的资金实力，可以调动500万美元的现金流用于向保险公司支付保费，即可轻松取得保额为1600万美元的保单，该保单万能账户的投资收益率预估为4%。

若该保单初始现金价值为保费的80%即400万美元，私人银行按照保单现金价值的90%提供贷款，贷款利率为2.7%，那么张总可取得约360万美元的现金。

张总将360万美元用于其他投资，投资收益率假如为4%。

那么在以上条件下，张总基于该保单的权益如下：

支付的贷款利息：360×2.7%=9.72（万美元）

360万美元投资收益：360×4%=14.4（万美元）

万能账户投资收益：400×4%=16（万美元）

也就是说，张总每年可以获得14.4万美元+16万美元-9.72万美元=20.68万美元的净利润。另外张总在该保单项下拥有1600万美元的人身保障，如张总去世,受益人取得该1600万美元保险金赔付不需要缴纳遗产税。

在以上例子中,对张总来说,其购买大额人寿保险被占用的资金不是500万美元,而是140万美元,缓解了其在流动资金方面的压力,同时保单的保障功能未被影响。

二、保费融资

保费融资与保单贷款最主要的差别是保费来源。保单贷款是指投保人本身有能力自筹资金缴清保费,再将拥有的保单用于质押贷款;保费融资则是指投保人仅能够或者仅愿意筹措部分资金支付首期保费用以取得大额保单,然后再将大额保单质押贷款,获得的贷款用于支付剩余保费。相比于保单贷款,保费融资的杠杆率更高。

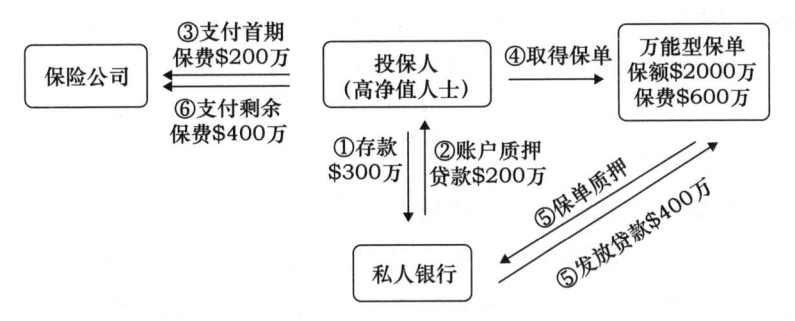

```
         ③支付首期
         保费$200万        ④取得保单    万能型保单
保险公司 ←――――――  投保人  ――――――→ 保额$2000万
        ――――――→ (高净值人士)            保费$600万
         ⑥支付剩余
         保费$400万    ↑↓
                   ①存款 ②账户质押
                   $300万 贷款$200万      ⑤保单质押
                                    ←――――――
                        私人银行    ――――――→
                                     ⑤发放贷款$400万
```

假设企业家王总,看中了一款万能型人寿保险,需要趸缴保费600万美元,保额为2000万美元,万能账户投资收益率为4%。但王总手头可动用的现金仅有300万美元,经与私人银行、保险公司沟通后,王总确定了如下操作方案:

第一步:将300万美元存入私人银行,私人银行针对大额存单给予4%的存款利息。

第二步:将300万美元的大额存单质押给私人银行,取得贷款200万美元,贷款利率2.5%。

第三步:向保险公司支付首期保费200万美元,并承诺在约定时间内付清剩余保费。

第四步:取得保单,现金价值为总保费的80%,即480万美元。

第五步:将保单质押给私人银行,取得400万美元的现金贷款,贷款利率为2.5%。

第六步：将400万美元支付给保险公司，付清剩余保费。

经过此番操作，王总拥有的权益如下：

支付贷款利息：（200+400）×2.5%=15（万美元）

万能账户投资收益：480×4%=19.2（万美元）

大额存单收益：300×4%=12（万美元）

也就是说王总每年可以获得19.2万美元+12万美元-15万美元=16.2万美元的投资净利润，同时王总拥有300万美元的存款以及2000万美元的人身保障。若王总去世，300万美元的存款可以作为遗产继承；身故受益人可以取得2000万美元的保险赔付，扣除600万美元贷款，支付可能存在的遗产税及其他费用后仍可留下约1700万美元的财产。

通过保单贷款或者保费融资，投保人可以实现利用较低的成本获得大额人身保障，运作得好每年还可以获得一定的投资收益，可谓好处多多。但是，利用大额人寿保单进行杠杆融资并非没有风险。

（1）保单的收益为预期收益，不代表未来真实的收益水平，收益具有较大不确定性；而大陆保单的收益率相较海外可能更低。

（2）需要支付贷款手续费和提前还贷手续费。

（3）贷款利率不是一成不变的，一旦贷款利率上升就会导致还贷压力迅速攀升。

（4）保险公司往往会固定收取管理费以及其他的成本费用。

（5）大陆人寿保单质押往往由保险公司提供贷款（特别是保费融资的情况下，私人银行一般不接受保单质押贷款），但保险公司的贷款利息较高，一般都是高于保单投资收益的，有些保险公司直接在合同中规定按照万能账户结算利率上浮1.5%确定贷款利息。也就是说，难以存在利用保单融资的利差进行套利的操作空间。

总而言之，融资本身就是风险和机遇并促的，而且收益越高、风险越大。面对市场上大力宣传的人寿保单杠杆融资，务必关注背后潜藏的风险。

第六节　各类传承工具的综合运用

高净值人士进行家族财富传承，需要做到以下几点：

第一，高净值人士应当提前做好财富传承规划。时代的发展造就了大批富豪，中国新财富阶层壮大速度超越了世界其他任何国家。他们永远冲在最前面，带领家族和企业走向一个又一个辉煌。然而几十年过去了，他们已经不再年轻，即使不愿意承认自己已经英雄迟暮也不得不开始考虑自己的身后事。多数富豪最想做到的就是把财富尽可能多地留给第二代，第三代，最好能一代代传承下去，永远保持家族的繁荣。但是"富不过三代"的魔咒是一个可怕的梦魇，似乎永远无法逃脱。那些著名富豪百年后留下的遗产争夺大战时刻提醒着我们，必须提前安排好自己的身后事，利用各种方法将财富按照自己的意愿传承给子孙后代，换句话说就是要提前做好财富传承规划。

第二，财富传承规划需在专业人士协助下完成。财富传承的构架及实现、身份安排、接班人的培养以及财产的移交等，都是一个长期的、持续的过程。如李嘉诚在他儿子3岁的时候就让他参加公司的大小会议。如果不预先规划，传承很难进行下去。单从法律上看，传承问题会涉及公司、金融、证券、投资、信托、移民、保险、税收、婚姻等多个领域，是一项综合法律服务。富豪资产种类多、数量大，加之每个家族在财富传承方面面临的状况及其所要达到的目的不同，因此家族财富传承规划需要在专业人士的帮助下进行个性化定制。

第三，财富传承要借助多种财富传承工具来实现。要制定完善的财富传承规划首先要确定财富转移的方式，财富转移的方式不同达到的效果也是不同的。由于各地法律、税务不同，财富转移的方式需要根据所有人资产状况、家庭状况以及个人意愿进行选择与运用。其次要梳理财产，登记造册，否则将为继承人争夺财产埋下祸根。随着财产形式的多样化和分布的国际化趋势，财富人士在进行财产传承安排时，既要考虑到资产所在国关于继承法、税法及其他相关法律的规定，也要考虑中外法律的衔接问题。海外资产的传承安排方式相比国内来说更加丰富多样。亿万富豪财富数量大、种类多，婚姻状况、继承人身份等非常复杂，同时涉及的法律也非常之多，种种因素对财富的保障与传承提出了较高的要求。各种财富保障与传承的工具各有优劣，不一而足，仅靠单一的工具无法达到良好的效果。为了满足财富保护与传承的个性化需求，需要综合运用赠与、遗嘱、协议、人寿保险、家族信托等各种财富传承工具，比如：

（1）不动产传承可通过赠与及遗嘱进行安排。如果高净值人士拥有多套房产，建议不要全部通过继承的方式留给后人，因为遗产继承虽然过户费用低，但容易起纠纷且无法按照个人意愿进行传承。继承权公证的难度和将来可能开征的遗产税是遗嘱传承的两大阻碍。赠与和遗嘱两种方式的结合可以互相弥补不足。

（2）有价证券、银行理财产品等财富通过生前赠与过户比较理想。继承人继承该类产品需要办理相关的手续，既烦琐又耗时，生前赠与简便易行，对该类产品来说是一个优选的处置方式。

（3）金融类资产的传承最好通过人寿保险产品和家族信托的结合来实现。人寿保险可以保护财产所有人的隐私，并且能够特别照顾某位继承人。受益人从保险公司领取理赔金时不需要通知其他继承人，保险公司不需要征求其他继承人的意见也不用收取任何手续费。如果受益人获得巨额赔付，但受益人的资产管理能力无法确定，比如受益人年龄太大或者年龄幼小，或者受益人本身挥霍无度，那么理赔金也难以自行按照投保人/被保险人的意愿进行使用、保障受益人生活、平稳有序地实现财富的代际传承；而家族信托能够实现他们的意愿但设立的门槛太高，一般要千万以上资金。如果因资金问题不能先行设立家族信托，这时可以考虑引入保险金信托。也就是说高净值人士可以通过购买大额人寿保险的方式，同时指定信托机构为保单受益人，保险金赔付以后资金进入信托，按照事先设定的规则向继承人进行财产分配。这样就可以充分利用人寿保险的杠杆效应，最终达到设立家族信托的效果，我们称之为"单独设立的保险金信托"。如图所示：

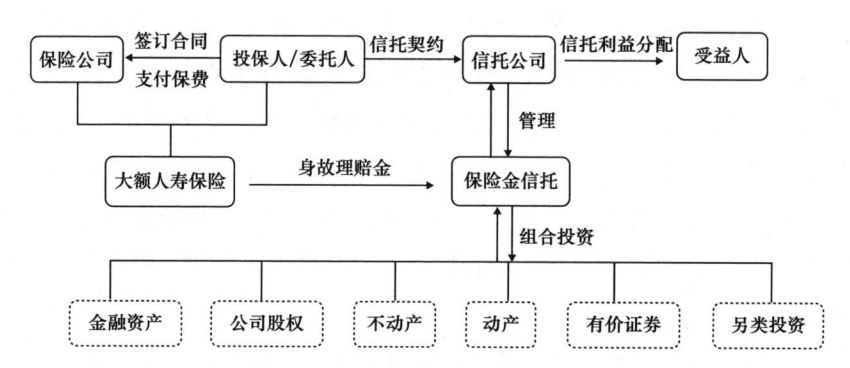

需要注意的是，该种架构下的人寿保险金信托，往往需要等待十几年甚至几十年，获得保险金赔付后方才有信托财产，信托才得以启动运行。保单现金价值是属于投保人所有的财产，如投保人先于被保险人去世，或者投保人负债，该份保单同样可能会因为继承、强制执行的问题而被强制退保，那么信托将因为无信

托财产而归于无效，信托设立的目的将无法实现。故建议谨慎选择投保人，同时需要通过遗嘱、协议等提供保障，防止保单被分割、被执行。

人寿保险与家族信托的结合还有另外一种方式，即高净值人士作为委托人单独设立家族信托后，由信托公司作为投保人，以信托资金作为委托人的高净值人士投保人寿保险，身故理赔金回归至家族信托之中。该种模式我们称之为"家族信托架构下的人寿保险"，在该种架构下保险理赔金为信托财产的一个组成部分，家族信托自设立之日即可运营，待委托人去世，保险理赔金进入信托成为信托财产的高额补充。

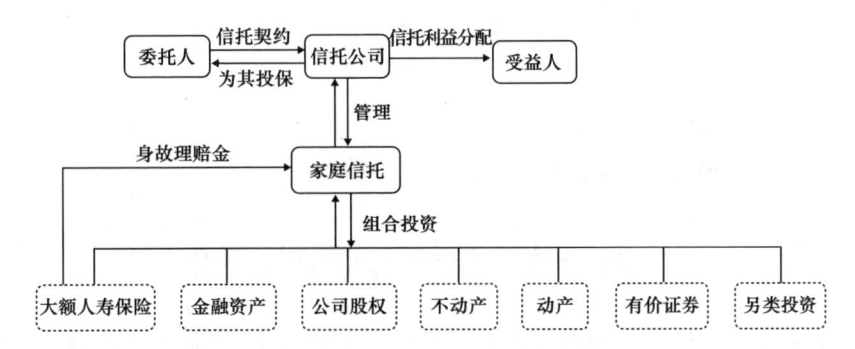

该种操作方式对委托人的资金要求较高，适用于财富总量大、流动资金量大的超高净值人士。

人寿保单加家族信托的组合模式，结合了两大传承工具的优势，有助于实现财富完整传承。但财富人士也要留取少量的现金以方便继承人处理相关事务，同时需要整理账户、预留密码方便后人取出。

总之，家族财富传承是一件关乎子孙后代的大事，不容疏忽与纰漏，不仅需要提前制定财富传承规划，还需要综合运用各种传承工具，方能实现家族荣耀的延续。

第十五章　境外保险与 CRS

随着经济的不断发展，资产增值越来越迅速，个人及家庭拥有的财产越来越丰厚。据《胡润财富报告》预计，到2020年中国可投资资产大于600万元人民币的家庭将达到346万户。伴随投资能力的增强及投资需求的提高，高净值人士的风险防范意识也越来越强，秉持着鸡蛋不能放在同一个篮子的原则，越来越多的高净值人士迈出国门追求海外资产自由、海外求学自由、海外国籍自由，通过资产的全球配置抵御单一市场的系统性风险。基于国内国外市场环境的不同、法律法规的差异、税收政策的区别，高净值人士在进行全球资产配置的同时不得不考虑跨境税务筹划以及财富传承规划等问题。

海外资产配置，购置不动产、设立公司、资本投资、购买境外保险、设立离岸信托等都是高净值人士可以选择的方式。人寿保险能够为高净值人士个人及家庭提供风险保障，在财富保障与传承方面具有独特的优势。境内大额寿险或是境外大额寿险，究竟如何选择才适合自己的家庭？抛开外汇的出入境管制等更为复杂的问题暂不考虑，我们认为，高净值人士需要对境外保险有大致清晰且中立的认识，充分考虑各个方面的因素，谨慎选择。

第一节　境外人身保险简介

近年来，中国内地的财富人士不仅热烈追捧境内的大额人寿保险，还热衷于购买境外的大额人寿保险及其他各种健康型人身保险。中国香港、美国和新加坡等地的人身保险是高净值人士购置较多的境外保险。当然其他移民热点地区，比如加拿大、澳大利亚等，当地保险也是高净值人士倾向的选择之一，但限于篇幅便不一一介绍。

一、中国香港保险

中国香港作为世界金融中心之一，有着开放的经济环境，是中国内地高净值人士进行资产配置的首选之地。再加上语言和地理位置的优势、税率的相对优惠，香港地区保险近年来发展势头迅猛。

（一）中国香港保险概况

中国香港保险业监管局发布的《市场及行业统计数据》显示：2018年，中国香港保险业的毛保费总额增加5.2%至5145亿港元，其中一般保险业务的毛保费及净保费分别为$531亿（上升10%）及$347亿（上升5%），有效长期业务的保单保费总额为$4614亿（上升4.7%），个人人寿业务仍为主要的业务类别，其有效保单保费达$4263亿，占市场总额的92.4%。2019年前三季度，中国香港寿险总新单业务保费收入同比上升15.4%至1398亿港元（不包括退休计划业务，个人新单业务保费收入为1395亿港元）。其中，个人人寿及年金（非投连业务）新单保费收入1308亿港元，同比上升21.8%。

截至2019年9月30日，中国香港共有162间获授权保险公司，其中91间经营一般业务，50间经营长期业务，其余21间则经营综合业务。共有2413家持牌保险代理机构，78 245名持牌个人保险代理，以及25 642名持牌业务代表（代理）。此外，同日共有819间持牌保险经纪公司和9501名持牌业务代表（经纪）。

依据中国香港保险业监管局2019年3月15日公布的数据：依保费统计，2018年全年内地访客新单保费为476亿港元，其中终身寿险占57.6%，重疾险占13.6%，万用寿险占12.7%。依保单数量统计，重疾险占62.1%，数量最多；第二是终身寿险，占29.5%。

总而言之，中国内地高净值人士购买香港地区保险的热情日益高涨，在产品选择方面主要是重大疾病保险以及储蓄分红类大额人寿保险、保费融资/保单贷款类大额保险，高端医疗保险也比较受欢迎。

（二）中国香港保险的优势

与内地保险相比，香港地区重疾险、人寿保险具有一定优势：

（1）保险产品种类更多、设计更完善。香港地区保险历史悠久，可追溯到19世纪40年代，19世纪末香港人寿保单面世。经过100多年的发展，香港地区保险的品种更繁多，保单条款的设计也更完善。在香港地区经营保险业务的，大多是世界顶级跨国保险公司，加上香港地区完备的体制，可以给予投保人更高度、更全面的保障。

（2）保费相对便宜。相同年龄的被保险人，香港地区保费一般会比内地便宜1/3，甚至更多。究其原因，在于重疾险、人寿保险保费的制定，保险公司根据被保险人的年龄、性别、是否吸烟、身体健康状况等各种因素综合精算得出保费价格，这与本地区的医疗健康条件、饮食习惯、人口寿命长短等挂钩，因此保费较为便宜。

（3）保障范围更宽泛。以重大疾病险为例，香港地区保险重疾种类可以罗列到80~90种甚至过百种，而轻症往往也有30~40种。自闭症、原位癌、严重哮喘、植物人等疾病属于香港地区保险公司的承保范围，而内地保险公司多将其排除在保障范围之外。不过，需要提醒大家注意的是，内地对重大疾病病种定义与香港地区有所不同，如甲状腺癌在内地保险属于重大疾病，在香港地区重疾险里则算作轻症。因此，在选购香港地区保险的时候必须看清楚条款中对重大疾病的定义。

（4）香港地区保险相对收益更高。按照保监会的要求，国内重疾保险产品一般是不含分红的，保单投保时间比较长，未来可能发生的保险赔付无法抵御货币的通货膨胀风险。香港地区的重疾险产品可以有分红，也就意味着在得到保障的同时还可以获得一定的资产增值，相对可以抵御通货膨胀。

保险资金的投资收益，是保险公司获取自身利润、进行赔付、取得红利杠杆的重要支撑。香港地区保险公司取得的保费，可面向全世界各区域进行投资，可投资全球市场范围内的股票、债券、货币基金、组合基金等，相较于中国内地的保险公司有更多的投资选择，投资渠道多，范围广，没有限制。依据《保险资金运用管理暂行办法》第六条的规定，中国内地保险公司取得的保险资金可投资对象限于银行存款、买卖债券/股票/证券投资基金份额等有价证券、投资不动产，保险资金用来境外投资的，应当符合中国保监会有关监管规定。当然投资收益越高，风险越大。

（5）可配置美元资产，一定程度上降低汇率风险。香港地区保险的赔付往往是美元货币，对高净值人士而言可以避免家庭货币为单一的人民币。近年来人民币汇率呈现波动下降的总体趋势，而与之相对的，美金汇率依旧坚挺。因此，为了实现家庭资产多元化，一定程度地降低货币风险，通过在香港地区购买美元为赔付币种的保险是对抗通货膨胀、保单保值增值的有效手段。

（6）严保宽出，理赔较为便捷。购买香港地区重疾险、人寿保险，需要如实申报被保险人的身体健康状况，保险公司也会对投保信息进行严格的审核，对客户如实告知的要求相较内地更高，不披露事实或者披露不完整将会导致保单被撤销或索偿被拒。严格的核保可避免矛盾的产生，保证保单的品质。也正是由于投保时进行了严格的审核，故而发生保险事故时理赔更为便捷、赔付更快。

香港地区保险索偿投诉局（投诉局）宣布自2013年5月1日起，将处理索偿投诉的服务范围扩大至非香港地区居民，可裁决的限额为100万港元。投诉局的宗旨是为个别保单持有人或受益人提供有效免费渠道，协调他们与保险公司之间的保单纠纷。内地保险合同纠纷，往往要通过法院解决，耗时比较久，原告还需要预缴诉讼费。

但是，香港地区保险也并非没有缺陷。保监局曾多次发出风险提示，明确香港地区保单不受内地法律保护；保单收益具有不确定性，历史收益仅能作为参考；存在外汇政策风险和汇率风险；投保需要到香港本地签约，成本较高；在内地直接销售的香港地区保单属于地下保单，同样不受香港地区法律保护；如若发生纠纷，需要到香港地区进行法律咨询、投诉、诉讼，香港地区法律体系与内地不同，无疑会增加维权成本和维权难度。

二、新加坡保险

2019年5月，瑞士洛桑国际管理发展学院（IMD）发布《2019年世界竞争力年报》，排名显示，新加坡超越中国香港和美国，9年来首次获评全球最具竞争力经济体。新加坡的国际竞争力、经济实力能与中国香港相比肩，新加坡作为亚洲交通航运中心，保险市场发达，政策开放，很多国际保险集团都将新加坡作为东南亚的保险业务中心。

（一）新加坡保险概况

根据新加坡金融管理局公布的行业统计数据，2017年上半年新加坡寿险市场首年保费收入为62亿新币，2017年上半年为68亿新币，2018年上半年为83亿新币，同比增长22%；其中，趸缴保费占比为82%，期缴保费占比为18%。过去3年，新加坡寿险市场超过80%首年保费来自趸缴业务。

据《联合早报》报道，新加坡寿险协会公布的数据显示，2018年新加坡寿险业去年总加权新保费同比增长4%至42.3亿新元，新保单数量增加1.3%至128.4万份，总投保额增长7%至1399亿新元，三项指标均维持了增长态势。

新加坡金管局对保险从业人员有非常严格的要求，从业者必须持有大专以上学历，通过至少四门新加坡保险学院（Singapore College of Insurance，SCI）的Capital Markets & Financial Advisory Services（CMFAS）基本科目考试，以及严格的背景调查后才可以正式入职。公众可以在新加坡金管局官网公开查询保险从业人员的信息。对保险从业人员的严格要求与监管，也是新加坡保险业蓬勃发展的原因之一。

（二）新加坡直购保险

在新加坡，保险业直接受新加坡金融管理局监管。从2015年4月7日开始，金融管理局强制要求各保险公司必须向消费者提供Direct Purchase Insurance。所谓Direct Purchase Insurance（DPI）就是直购保险，投保人可以直接从各保险公司的官网购买简单易懂的保险产品，比如定期寿险、终身寿险，不需要专业的投保建议，不需要支付咨询费以及佣金，因此保费较低。

新加坡金融管理局还推出了寿险聚合网站（Compare First）。在寿险聚合网站上，消费者只要提供自身的个人资料以及保险需求，网站将通过大数据筛选出消费者可能中意的各保险公司的寿险计划，消费者可以对筛选出定期寿险、终身寿险以及储蓄型保险产品进行比较，选择自己所需。寿险聚合网站的设立及运营都由金融管理局负责，目的是促进保险行业的良性竞争，做到金融产品平民化、透明化，真正地让利于民。目前直购定期寿险的保额限额是40万新币，直购终身寿险保额限额为20万新币。

新加坡定期寿险是典型的消费型保障型保险。前文已经为大家介绍了定期寿险的特点：在约定的保险期内，投保人如出现符合保单约定的生存、死亡情形，则保险公司向受益人支付约定保额，投保期内未出险的，保单到期后终止，保费不退。定期寿险是具纯保障功能，保单没有任何现金价值，不具有储蓄性质，中途退保没有现金返还。新加坡定期寿险的最大特点是价格便宜，较少的保费可买到较高的保额，杠杆相对亚洲其他地区更高。由于定期寿险也是新加坡政府主力推广的类型，所以购买人群相对广，同时也更具竞争力。

另中国大陆客户在新加坡投保，可以享受跟新加坡本地人一样的保费价格，只要购买者前去新加坡旅游时在当地即可签单。

三、美国保险

美国保险市场是目前全球规模最大的，在全球保险业中相对成熟，在保险资金管理、保险监管模式、保险产品创新方面，领先其他国家和地区。美国的保险业非常发达，保险的观念深入美国人之心。

（一）美国保险概况

美国寿险业最早可以追溯到18世纪50年代，于19世纪下半叶得到快速发展，进入20世纪以后寿险业开始趋于成熟，至今已有260多年的发展史，可谓是历史悠久。

2017年美国市场保险费为1.38万亿美元，约占全球保险市场的28.15%，全球第一。

2018年全球市场保费增长约1180亿欧元，美国贡献了42%。

早在1994年，美国家庭开支中就有6.8%用于购买各种私人保险。其中家庭财产险占0.7%，健康险2.6%，人寿险1.2%，车险2.2%，其他0.1%。而在2014年，美国人在医疗保健上平均支出为7%，保险支出为11%，提升了近2倍。[①]

美国大约有900家寿险公司，超过50%的美国人拥有人寿保险。

美国保险主要通过保险代理、保险经纪等中介进行购买，故而美国保险从业人员人数众多，保险中介和服务机构也越来越多。

（二）美国人寿保险种类

美国人寿保险产品主要分为五大类：

（1）定期寿险（Term Insurance）。定期寿险是美国出现最早也是最简单的寿险类型，与我国定期寿险特点一致，保费低廉，杠杆大，无储蓄功能，目的在于人身保障。此类保险适合刚工作的年轻人，或其他预算有限又需要短期保障的人。

（2）终身寿险（Whole life）。保障被保险人终身，具有现金价值，有一定的储蓄功能，大部分会有分红，但分红的派发不固定、不保证。相对于定期寿险而言保费高。

（3）万能险（Universal Life）。万能险出现在1980年左右，当时美国进入了高通胀时期，民众普遍倾向于投资股票、基金、债券，保险公司基于大环境设计了万能险，保费在支付了保险成本之后会投入另设的账户进行投资。相较于终身寿险，万能险在缴费期限和缴费额度上更为灵活，但要达到最低的交费水平。万能险具有一定的现金价值，投资收益一般和利率市场挂钩。

（4）投资万能险（Variable Universal Life，VUL）。投资万能险是万能险的变种，更加强调保险的投资功能。VUL产品允许账户里存入很多钱，除买最基本的一个定期寿险外，剩余钱款可以在保险公司提供的基金范围内选择进行基金投资。该种保险产品的收益上不封顶，而且收益不需要交税，但同时也不保底，有

---

① 《浅析美国寿险行业现状》，http://www.sohu.com/a/316122559_100249733。

可能会发生亏损。

（5）指数型万能险（Indexed Universal Life，VUL）。指数型万能险是最近几年保险公司创新的产品，是目前美国市场最受欢迎的险种之一。相对于VUL产品，IUL设计了投资收益的上下限。IUL的投资收益与美国标普500、香港恒生指数、德国30DAX指数等指数走势挂钩。

（三）美国保险的优缺点

美国保险具有以下优点：

（1）美国保险保费相对更便宜。美国保险市场非常成熟，拥有1500多家保险公司，其中900多家寿险公司，各保险公司竞争激烈，故而保费更低廉。

（2）美国保险监管严格，法律保护力度大。在美国发行的人寿保险是受到美国法律严格保护的，各种与保险有关的法案十分健全，对于保险公司的监管制度也非常完善，并且美国社会对于消费者有着极强的保护意识，因此可以为消费者提供更有力度的保障。

（3）收益稳定透明。一般而言，消费者购买保险后，能收到多少分红收益完全取决于保险公司投资部门的业绩，而其投资策略并不向消费者公开，因此对消费者而言这些寿险保单的收益完全是一个黑盒子，只能知道投入多少资金和得到多少收益，对中间过程则一概不知，缺乏安全感和透明度。美国寿险业推出的指数万能险，其分红收益与各大股市的指数挂钩，消费者可以根据股市波动对自己的收益做出自己的心理预期。

（4）理赔简单。美国现在的许多保险公司都是几十年甚至上百年的老牌企业，理赔流程非常规范、简便。对于美国公民，只要向保险公司提供死亡证明和死亡理赔申请单便可以申请赔偿。若是非美国公民，也只是多一个将死亡证明翻译成英文并公证的步骤。理赔申请及相应文件提交后在比较短的时间内，保险公司便会把赔偿金通过美金支票的方式给受益人。

当然，消费者对保险产品的的购买，需要根据家庭需求慎重选择，切勿盲目跟风。在看到收益的同时，还应看到背后潜藏的风险：

（1）收益与风险成正比，过往辉煌不代表未来可期。投资终究伴随风险，市场也是变化无常，人力难控，尤其是万用寿险类，其保障成本采用自然费率计算，时间越长保障成本越高，因此在此类保险中杠杆的设计不宜过高，以免被击穿。虽然在过去的20年中美国股票市场平均年化收益较为可观,但目前的经济形式容易受其他因素影响,未来的收益率无法保障。

(2)语言及法律适用的风险。在美国置办的保险其条款自然是使用英文的,万一未来发生法律纠纷,也是适用美国当地的法律,且美国各州的法律具有一定的差异性,此项风险也是难以估量,需要高净值人士慎重考虑。

第二节 人寿保险与CRS

为了维持国家经济运转以及为社会提供公共服务,政府强制向个人、企业、非企业组织征税。但因各个国家和地区的税率高低、税制、税收管辖、执法力度均有不同,使得个人、企业跨境逃避税成为可能。为了反逃避税、防止资金外流,各国在加强本国国内立法执法的同时,也在不断加强政府间税收合作,为此进行了各种努力与尝试,如经济合作与发展组织(以下简称OECD)在1988年就颁布了《多边收税征管互助公约》,欧盟在2005年7月1日正式实施《储蓄指令》,国与国之间签订税收情报交换协议等。以上条约、协议的核心都在于税收情报的自动交换,然而各个国家出于对本国利益或金融保密制度的考虑,实施情况并不理想。美国2010年通过了《海外账户纳税法案》(Foreign Account Tax Compliance Act,FATCA)为全球版的金融涉税信息自动交换标准提供了蓝本。2013年G20委托OECD制定一套类似于FATCA的制度。

2014年2月OECD向G20提交了统一报告标准(Common Reporting Standard, CRS),得到了G20的批准,于2014年6月发布正式文本,成为金融账户涉税信息自动交换标准(Standard for Automatic Exchange of FinancialInformation in Tax Matters,AEOI)的核心内容。后OECD还发布了《统一报告标准释义》《统一报告CRS实施手册》等系列文件,包括《主管当局协定版本》(Competent Authority Agreement,CAA)以及《多边税务当局协定范本》(Multilateral MCAA,即MCAA),为各参与国执行CRS提供了标准和指引。[①]

CRS的落地执行,一方面需要各参与国签订多边协议或双边协议,对具体交换的信息进行详细规范;另一方面加入CRS的国家需要制定本国的规范,就涉税

---

① 燕彬.认识FATCA和CRS:涉税信息交换与全球资产透明全指引[M].北京:法律出版社,2018.

信息的调查收集进行具体管理。

中国在2013年加入了《多边税收征管互助公约》，成为第56个签约国；2015年12月，国家税务总局签署《金融账户涉税信息自动交换多边主管当局协议》；2016年10月颁布《非居民金融账户涉税信息尽职调查管理办法（征求意见稿）》；2017年5月9日正式出台《非居民金融账户涉税信息尽职调查管理办法》，于2017年7月1日正式实施。中国内地、中国香港、新加坡属于在2018年9月首次进行涉税信息交换的国家。

CRS影响哪些人？在CRS下，购买的境内外保险信息可以保密吗？还有必要再配置大额人寿保险吗？

（一）CRS影响哪些人

《非居民金融账户涉税信息尽职调查管理办法》第一条规定："为了履行《多边税收征管互助公约》和《金融账户涉税信息自动交换多边主管当局间协议》规定的义务，规范金融机构对非居民金融账户涉税信息的尽职调查行为，根据《中华人民共和国税收征收管理法》（以下简称《税收征收管理法》）、《中华人民共和国反洗钱法》（以下简称《反洗钱法》）等法律、法规的规定，制定本办法。"也就是说，我国税务总局调查收集的是中国内地的非税务居民的涉税信息，对我国税务居民的信息不调查、不收集。我国税务居民个人指的是在中国境内有住所，或者无住所而在境内居住满一年的个人，不满足上述条件的系非税务居民。

有人据此认为，中国移民的高净值客户才会受CRS的影响，不移民的高净值客户不会被影响。这种想法是不正确的，中国内地在落实CRS的时候，中国香港、新加坡、英国、德国、瑞士、维尔京群岛、开曼群岛等100多个国家和地区也在各自主管区域收集非税务居民的信息。即便没有移民，但中国的高净值客户如若在海外有资产，那么配置的资产信息极有可能被交换回来。

（二）个人金融账户调查的进程及税务身份的识别路径

依据《非居民金融账户涉税信息尽职调查管理办法》第十五条的规定，对2017年7月1日以后新开的个人金融账户，直接在开立时进行税务识别；对2017年6月30日之前已经开立的个人低净值账户（加总余额低于100万美元），在2018年12月31日前完成调查收集；对2017年6月30日之前已经开立的个人高净值账户（加总余额大于100万美元），在2017年12月31日前完成调查收集。截至2018

年年底，金融账户税务识别、调查收集工作已经完成。对个人金融账户的信息交换没有金额限制，个人高净值金融账户于2018年9月进行交换，个人低净值金融账户于2019年进行交换，之后每年收集交换一次。

个人税务身份如何识别？一方面对账户持有人通过邮件、电话、申报表等进行税务身份核实，（在过去的两年里我们每个人都在各金融机构填写了多份声明文件，对自己的税务身份进行申报。）另一方面由金融机构对开户时、开户后账户持有人已经预留的信息进行审查、识别，比如身份证件、电话、地址等。

《非居民金融账户涉税信息尽职调查管理办法》第十七条规定：本办法所称非居民标识是指金融机构用于检索判断存量个人账户持有人是否为非居民个人的有关要素，具体包括：

（一）账户持有人的境外身份证明；

（二）账户持有人的境外现居地址或者邮寄地址，包括邮政信箱；

（三）账户持有人的境外电话号码，且没有我国境内电话号码；

（四）存款账户以外的账户向境外账户定期转账的指令；

（五）账户代理人或者授权签字人的境外地址；

（六）境外的转交地址或者留交地址，并且是唯一地址。转交地址是指账户持有人要求将其相关信函寄给转交人的地址，转交人收到信函后再交给账户持有人。留交地址是指账户持有人要求将其相关信函暂时存放的地址。

（三）保险属于被调查交换的范围

《非居民金融账户涉税信息尽职调查管理办法》第七条第（五）项规定：本办法所指金融机构包括开展有现金价值的保险或者年金业务的保险公司、保险资产管理公司。

同时《非居民金融账户涉税信息尽职调查管理办法》第九条规定：本办法所称金融账户包括具有现金价值的保险合同或者年金合同。

根据上述规定，我们可以判断出保险也属于CRS项下被调查交换的金融资产，对CRS实施以前投保的境内外保险也需要进行信息交换。但并非所有种类的保险都会被交换，购买的具有现金价值的保险和年金保险会被调查、交换，消费保障型的保险不会被交换（比如意外险、定期寿险、消费型医疗险等）。

有人可能会问，如果并不是个人直接持有保单，而是通过信托持有保单，会被交换信息吗？CRS的威力就在于穿透，要求识别出真正意义上的经济受益人，力求实现信息的透明化。比如我国《非居民金融账户涉税信息尽职调查管理办法》规定，信托的控制人是指信托的委托人、受托人、受益人以及其他对信托实施最终有效控制的个人。可以看出最终的受益人要落实到个人头上，而不是任何机构。假设一位中国高净值人士在开曼群岛设立离岸信托，其家人为信托的受益人，该离岸信托项下持有香港保单。假如信托满足投资机构的定义，那么对香港保险公司而言，开曼群岛的信托公司系属金融机构，对该类投保人香港公司无须申报信息。但开曼群岛作为CRS的参与国，应当将信托委托人信息、受益人信息以及信托下资产（包括保险计划）信息一同报送给中国政府。所以说，高净值人士通过信托持有的境外保险信息也很有可能被交换回中国（具体视双边协议、多边协议约定的详细交换信息而定）。

（四）购买美国保险会被披露吗

美国目前并没有签署或承诺签署CRS，故中国税务居民在美国配置的具有现金价值的保险、附带理财功能的保险，相关保单信息都不会被调查交换至中国税务局。

尽管美国不是CRS的参与国，但美国2010年就通过了FATCA。FATCA要求美国纳税人对海外账户资产进行申报，同时也要求外国政府准许各国金融机构向美国税务当局提供美国税务居民的海外资产数据。该法案2014年生效运行，目前已有超过100个国家与地区加入，比如瑞士银行就已经向美国税务局提供美国居民的离岸账户信息。

美国与中国在2014年就已经就FATCA的政府间协议达成意向，该协议目前只属于草签状态，但距离落地还有多远并不可预测。届时，中国税务居民配置的美国保险信息将有可能被提交至中国税务局。

（五）保单信息交换会增加税收负担吗

我国税务总局关于《发布〈非居民金融账户涉税信息尽职调查管理办法〉的公告》的解读中，有这么一段话："金融账户涉税信息自动交换是各国（地区）之间加强跨境税源管理的一种手段，不会增加纳税人本应履行的纳税义务。交换的信息是来源于境外的第三方信息，主要用于各国开展风险评估，并非直接用于征税。对评估列为高风险的纳税人，税务机关将有针对性地开展税务检查并采取相应后续管理措施。依法诚信申报纳税的纳税人无须担心因信息交换而增加税收负担。"因此信息申报、信息交换不等于缴税，具体要看主管当局对某一类金融资产的具体征税规定。目前我国对保险赔款、保险年金、保单分红暂时没有征税，故保单信息交换不会直接增加税收负担。

事实上国家税务局真正关心的问题在于：购买境外保险的保费，特别是大额保单的保费达数百万、上千万，是合法的收入吗？有无按照规定缴纳企业所得税、个人所得税？是如何换汇出境的？有走地下钱庄吗？如是海外赚取的钱进行投保的，那么海外收入有无向中国申报纳税？如果保费来源不合法或者没有依法纳税，不排除将来要补税、罚款或者承担其他责任的可能。

（六）CRS下，还需要配置境内外保险吗

需要，即便保单信息受CRS管辖，保险在财富保障与传承中的作用依旧突出。

1.通过保险降低税负、延缓纳税

保险公司披露的信息是保单的"现金价值"而非"保费"，因为现金价值远远低于保费，所以在某个程度上对于高净值人士而言起到了降低税负、延缓纳税的作用。

目前中国对保险理赔金不征税，很多国家对于以死亡为标的的保险金也都不征收个人所得税和遗产税，因此对受益人而言身故理赔金是免税资产。

保单交换的信息包括受益人，受益人除了身故受益人之外还有生存受益人，保单生存金一般是支付给被保险人。目前我国对被保险人取得生存年金也暂时未征收个税。即便在征税的国家和地区，相比于直接将一笔大额金融资产给到下一代，若转换为同等金额的年金保险，让下一代每年领取一部分保险年金，明显可以节税、延税。

2.发挥杠杆作用，避免财富传承损耗

各种花样的人寿保险组合，其中必定有定期寿险或终身寿险，使得保险具备人身保障功能。一笔财产如果进行投资或者存定期，难免会有投资损耗或者因通货膨胀而贬值。如将该笔款项用来投保人寿保险，基于人寿保险具备数倍杠杆，身故理赔金可数倍于投入的保费，加之很多国家和地区对身故理赔金免税，从而避免财富传承中的损耗，给受益人留下更多的财产。

3.通过跨境配置保险，实现财富全球化

目前我国外汇管制越发严格，每人每年购汇、结汇的限额为5万美元，并且规定个人购汇不得用于境外买房、证券投资、购买人寿保险和投资性返还分红类保险等尚未开放的资本项目。对于需要进行海外资产配置的高净值人士而言，资金走不出去是一大难题。

通过跨境配置人身保险，一定程度上可以绕过外汇管制的障碍，有利于实现财富的全球配置。举个例子，王总系高净值人士，儿子移民美国，王总可以为自己投保中国大陆的终身寿险，身故受益人为儿子。《个人外汇管理办法》第十三条规定："境外个人在境内取得的经常项目项下合法人民币收入，可以凭本人有效身份证件及相关证明材料在银行办理购汇及汇出。"那么对于终身寿险的身故理赔金，王总儿子可以合法申请汇至其美国账户。我国规定身故保险理赔金不属于遗产，那么即便我国开征遗产税，王总儿子也无须缴纳。王总作为保单持有人系非美国税务居民，故王总儿子取得该保单项下的身故理赔金也无须缴纳美国遗产税。

总之，高净值人士进行海外资产配置的需求越来越大，很多的高净值人士家族成员都有国际化的身份，虽然CRS的落地执行给税务筹划提出了新的难题，但人寿保险在婚姻财富保护、债务相对隔离、定向传承、有限度的延续控制方面依然发挥着重大作用。境内保险与境外保险各有优缺点，在配置境内外保险时，必须注意结合家庭成员的具体需求以及税务身份进行合理搭配，谨慎设计保单架构。

小　结

私人财富法律风险管理的核心目的是家族财富的保护与传承，是一项系统工程，涉及婚姻财富保护、家业与企业债务风险的隔离、家族财富的传承规划、企业治理与经营规划、家族企业的传承规划、境外资产配置、税务筹划、杠杆融资、人寿保险的系统规划等多个方面。私人财富法律风险管理，要求高净值人士树立风险意识，前瞻性地进行财富筹划，增强家族财富的抗风险能力，在增加私人财富总量的同时尽早制定财富传承规划，以实现富过三代。

遗嘱、赠与、协议、人寿保险、家族信托，都是有助于实现家族财富保护与传承的有力工具。人寿保险的优势，不在于短期的投资理财收益，而在于长期的财富保障与传承，其保值增值、风险隔离、定向给付、杠杆融资、税收筹划等功能已在前述章节多次提及与阐述。保单架构不同可实现的目的也不相同，高净值人士需要结合自身及家庭的实际需求，在专业人士的协助下综合配置适合自己家庭的境内外人寿保单。但人寿保险也有其局限性，比如仅限现金投入导致可筹划的资产形态单一、特定时期保单现金价值低、流动性差，保单争议时有发生，保险理赔金一次性给到未成年或者年老的人手中难以实现财富的有效管理等。故而需要借助遗嘱、代持、赠与、协议、家族信托等工具的综合运用来弥补人寿保险单一工具的局限性，制定出完美的财富保护与传承方案。

鉴于高净值人士家庭资产量庞大，家庭资产投资形式多样化，家庭成员的税务身份、婚姻状况及继承人身份较为复杂，故高净值人士家庭对家族财富保护与传承的具体需求不尽相同，对家族财富保护与传承的方案提出了个性化、多元化的要求，需要考虑公司、金融、证券、投资、信托、移民、保险、税收、婚姻、继承甚至刑事风险防控等各项因素。于高净值人士而言，一次事前的良好规划，胜过十次事后的救济，故而在制定家族财富保护与传承方案时需要寻求律师、税务师、财富管理师等专业人士的帮助，让专业的人做专业的事，才不会后悔走弯路。

家族财富保护与传承作为一项复杂全面的大工程，绝不是一朝一夕可以完成，也绝不是迫在眉睫时才需要考虑，更不是在风险已经降临后才亡羊补牢，而是要未雨绸缪、提前设计。这就要求高净值人士不要一味地着眼于财富的增值累积，而是要立即着手，将已有的资产进行合理的配置，从中划出一部分资金用于损失规避的策划方案，并长期坚持。

总而言之，高净值人士除给予足够的重视和合理的时间安排外，还需要在专业人士的指导下综合运用各种传承工具做完善的传承规划，才能将财富更完整、更长久地传承给子孙后代。

第三部分
家族信托实务操作

第十六章　家族信托概述

第一节　信托的概念

一、英美法系下的信托定义

"双重所有权"是英美法系下信托理论的基础与特色。第一重所有权是指普通法下的信托财产所有权,即信托财产的受托人享有名义上和法律上的所有权;第二重所有权是指衡平法下的信托财产所有权,即信托财产的受益人享有实质上的所有权。从外观上看,受益人不实际占有信托财产,不具有随意支配信托财产的权利,但有权要求受托人履行信托义务,享受信托收益,是信托财产所有权的最终所有者;而受托人具有支配和控制信托财产的权利,但只能为了受益人的利益管理和处分信托财产,不得利用信托财产谋取私利。

英国作为判例法国家,主要是将信托定义为一项衡平法义务,具体而言,"衡平法义务"是衡平法院出于追求正义的目的,施加给受托人的一项强制性义务。受托人作为信托财产的所有人,当其不按照委托人的意愿处理信托财产时,普通法院也无从救济。此时,受托人的有权处分就会造成不公正的后果。因此,为了避免不公正结果的出现,衡平法院在承认受托人信托财产所有权的同时,规定其必须遵照委托人的意愿,依照信托文件的规定处分信托财产。美国法学会组织编纂的《美国信托法重述》(第二版)第二条给出了较为权威的信托定义:"信托,在没有'慈善''归复''推定'等限制词的情况下,是指一种有关财产的信义关系,产生于一种设立信托的明示意图,一个人享有财产的法定所有权并负有衡平法上的义务,为另一个人的利益处分该财产。"可见,英美两国在对信托定义时都强调了"衡平法义务",它也反映出英美信托定义的基本特征。

二、大陆法系下的信托定义

大陆法系的民法理论奉行的"一物一权"原则强调绝对所有权,认为在同一物上只能有一项所有权,不得存在多重所有。可见,大陆法系的财产所有权与英美法系的财产所有权截然不同。20世纪后,随着经济全球化的发展,本是英美法系特有的信托制度,因其灵活性受到越来越多国家的关注,一些大陆法系国家和地区也先后引入信托制度。

日本作为亚洲最早引入信托法的大陆法系国家,早在1922年制定的《信托法》中就给信托确定定义:"本法所称信托者,谓实行财产权移转及其他处分而使他人依一定目的管理或处分财产。"此定义涵盖了信托的根本要素和主要法律关系,但尚未明确信托关系中的主体。

韩国于1961年制定的《信托法》第一条第二款中也对信托进行了定义:"本法中的信托,是指以信托指定者(以下称信托人)与信托接收者(以下称受托人)间特别信任的关系为基础。信托人将特定财产转移给受托人,或经过其他手续,请受托人为指定受益人的利益或目的,管理和处分其财产的法律关系。"韩国信托法在日本信托法的基础上,明示出了信托法律关系的主体,同时指出信托是以信托人与受托人间特别信任的关系为基础。[①]

大陆法系的信托定义有以下两方面含义:

其一,明确信托财产的转移不单是将财产转移占有,而是法律上所有权的转移。同时强调信托财产具有很强的独立性,并从法律层面上对信托财产的独立性多有规定。

其二,受托人作为信托财产名义上的所有权人,有权以自己的名义管理和处分信托财产,但必须依据委托人的意愿从事信托活动。受托人管理和处分信托财产,必须是为了受益人的利益或特定信托目的,不能为己谋私利。

三、国际公约对信托的定义

两大法系的制度差异导致了不同国家和地区对信托概念的理解不同。为了解决不同国家的信托法之冲突,海牙国际私法会议于1985年订立了《关于信托的准

---

① 胡大展.论信托法的源流 [J].法学家,2001(1).

据法及其承认的海牙公约》，规定了没有确立信托制度的国家承认外国信托的冲突法规则，并在公约第二条给出了信托的定义，构成定义所示的几个方面的条件者，被视为信托："第一，由信托财产构成一个单独的基金，它区分于受托人的自有财产，不是受托人自有财产的一部分；第二，信托财产的所有权置于受托人或者足以代表受托人的其他人的名下；第三，受托人拥有权利和职责，按照信托条款和法律施加给他的特殊义务，管理、使用或处分信托财产，并对此负有说明的义务。"这一信托定义的组成条件适用于自愿且有书面凭证依法设立的信托。[①]

四、我国信托法的定义

《中华人民共和国信托法》（以下简称《信托法》）第二条规定："本法所称信托，是指委托人基于对受托人的信任，将其财产权委托给受托人，由受托人按委托人的意愿以自己的名义，为受益人的利益或者特定目的，进行管理或者处分的行为。"该定义主要包括四个方面的含义。

第一，"信任"是信托关系建立的基础。在信托发展的早期，受托人通常是委托人的亲友或贤达之士，委托人与受托人之间主要是基于信任建立并维持信托关系的。而后发展起来的商业信托，受托人也是具有专业知识和技能的专门机构。委托人基于对受托人的信任，将信托财产委托给受托人管理和处分，以实现其特定目的。受托人一旦接受信托，就应当履行忠实义务，根据委托人的意愿尽职管理和处分信托财产。因此，委托人对受托人的信任是信托关系产生的基础。

第二，信托财产是信托成立的核心。委托人设立信托，必须将一定的信托财产委托给受托人，由受托人依据委托人的目的管理、处分。财产以及可以用货币估价的财产权均可作为信托财产，对于无形财产，比如著作权、专利权、商标权等知识产权中的财产权部分，也属于其范畴。通常来讲，民事信托中的信托财产的范围要比营业信托中信托财产的范围广，因为营业信托中信托财产的范围会较多地受到信托监管及信托服务行业发展水平等因素的影响，而民事信托中信托财产的范围遵循"法不禁止即自由"的原则。我国《信托法》对信

[①] 吴弘，贾希凌，等. 信托法论 [M]. 北京：立信会计出版社，2003.

托财产的范围做出了概括性规定,法律、行政法规禁止流通的财产,不得作为信托财产。法律、行政法规限制流通的财产,依法经有关主管部门批准后,可以作为信托财产。[①]

第三,受托人以自己的名义管理和处分信托财产。我国《信托法》回避了信托财产的所有权转移问题,而是用"委托"一词揭示出信托成立的基础。委托人以其财产设立信托后,受托人则以自己的名义管理和处分信托财产,委托人和受益人均不能自行行使信托财产上的权利,这是信托的重要特征之一。

第四,受托人为受益人的利益或特定目的管理和处分信托财产。我国《信托法》第二十五条规定:"受托人应当遵守信托文件的规定,为受益人的最大利益处理信托事务。受托人管理信托财产,必须恪尽职守,履行诚实、信用、谨慎、有效管理的义务。"第二十六条规定:"受托人除依照本法规定取得报酬外,不得利用信托财产为自己谋取利益。受托人违反前款规定,利用信托财产为自己谋取利益的,所得利益归入信托财产。"因此受托人管理和处分信托财产的目的,必须是受益人的利益或特定信托目的。以上两条属于受托人管理和处分信托财产的前提条件,违背者应承担相应的责任。

第二节　家族信托的概念及特征

一、家族信托的概念

中国银行保险监督管理委员会在其下发的《信托部关于加强规范资产管理业务过渡期内信托监管工作的通知》(信托函〔2018〕37号)中,将家族信托定义为:"信托公司接受单一个人或者家庭的委托,以家庭财富的保护、传承和管理为主要信托目的,提供财产规划、风险隔离、资产配置、子女教育、家族治理、公益(慈善)事业等定制化事务管理和金融服务的信托业务。"这个定义虽然是从信托业角度做出的,但也较为恰当地概括了家族信托。

---

① 《中华人民共和国信托法》第十四条。

二、家族信托的特征

一般认为,家族信托具有以下基本特征。

(一)家族信托为私益信托

根据信托目的是否特定个人的利益,信托可以分为私益信托和公益信托。私益信托是指为某个或某些特定个人的利益而设立的信托,受益人通常是委托人及其亲友,设立信托时受益人就是确定的或者可以确定的。公益信托则是为整个社会或者社会公众中相当一部分人的利益而设立的信托,如宗教、教育、济贫等而设立的信托,不是为了特定个人的利益,受益人是不特定的社会公众。[①]根据我国《信托法》第六十条规定,公益信托指为了救济贫困,救助灾民,扶助残疾人,发展教育、科技、文化、艺术、体育事业,发展医疗卫生事业,发展环境保护事业、维护生态环境和发展其他社会公益事业的目的所设立的信托。除此之外则一般属于私益信托。

委托人通常是为了整个家族的利益而设立家族信托,以达到传承家族财富、税收筹划、子女教育、隔离风险等目的,且信托受益人也是以委托人的家族成员为主。因此,家族信托主要属于私益信托。但是随着社会的发展,家族与社会之间的关系也不断密切,人们越来越注重家族利益与社会公共利益之间的关系。许多企业家将自己持有的股份进行捐赠以设立慈善信托,以发挥企业回馈社会的慈善功能,同时也为家族和企业树立了良好的形象。例如,著名实业家、慈善家邵逸夫先生成立的邵逸夫慈善信托基金,受托人是在百慕大注册的私人信托公司 Shaw Trustee(Private)Limited,通过在瑙鲁注册的 Shaw Holding Inc 控制邵氏兄弟(香港)有限公司(已经于2011年被收购)、邵氏基金(香港)有限公司以及邵逸夫奖基金会有限公司等资产。信托基金的受益人是根据信托契约选择的个人或组织,包括邵逸夫家人和一些慈善机构。[②]这样,家族信托结合慈善目的,实际上使该家族信托具有了私益信托和公益信托双重属性。

(二)家族信托为意定信托

根据信托是否依据当事人意愿设立,信托可分为意定信托、法定信托、推定

[①] 何宝玉.信托法原理研究[M].北京:中国法制出版社,2015.
[②] 秦伟.邵逸夫家族信托化繁为简 家庭、慈善二合一[N].21世纪经济报道,2014-01-13.

信托。意定信托是指依委托人的意思表示而设立的信托，它是当事人主动设立的，亦称为设定信托。法定信托是指依照法律规定而非委托人或其他信托当事人的意愿而成立的信托，当法律明确规定在某种情况下应当设立信托，该类信托即法定信托。推定信托则是法院在某些情况下推定成立的信托，要求当事人作为推定受托人而承担责任，防止当事人获得不正当利益，以此实现正义。[①]

根据我国《信托法》第八条规定："设立信托，应当采取书面形式。书面形式包括信托合同、遗嘱或者法律、行政法规规定的其他书面文件等。采取信托合同形式设立信托的，信托合同签订时，信托成立。采取其他书面形式设立信托的，受托人承诺信托时，信托成立。"据此，签订书面形式的信托文件是在我国成立有效信托的要件之一。这意味着家族信托的设立需要委托人做出明确的意思表示，相应的文件内容完全出于委托人的意愿，故家族信托属于意定信托。

（三）家族信托为他益信托

依据信托利益的归属以及委托人和受益人是否为同一人，信托又可以被划分为自益信托和他益信托。委托人将自己设为唯一受益人的信托是自益信托，即信托只是为了委托人的个人利益。他益信托是指以委托人以外的人为受益人或者以委托人自己和他人同时为受益人而设立的信托。

我国《信托法》中虽未明确提及他益信托，但在多处条款中都提到了委托人之外的受益人。信托函〔2018〕37号文更是明确要求，家族信托的受益人可以是包括委托人在内的家庭成员，但委托人不得是唯一受益人。

（四）家族信托可以是积极信托也可以是消极信托

根据受托人的义务是积极的还是消极的，信托可以分为积极信托和消极信托。积极信托是指受托人对信托财产及信托事务有积极的管理和处分的义务。消极信托是指受托人仅充当信托财产的名义所有人，不具有对信托财产积极管理和处分的义务，而是完全根据委托人或者受益人的指示，被动地对信托财产管理和处分行为予以承认。[②]

根据我国《信托法》中信托之定义可见，受托人对信托财产的管理和处分的

[①] 何宝玉.信托法原理研究［M］.北京：中国法制出版社，2015.

[②] 张军建.信托法基础理论研究［M］.北京：中国财政经济出版社，2009.

义务，是建立在依照委托人意愿的前提之下的，同时《信托法》第二十五条明确规定了受托人应当遵守信托文件的规定，为受益人的最大利益处理信托事务。因此，我国《信托法》并未否认消极信托的合法性。同时，由于家族信托的定制化特征，委托人可以通过信托合同对受托人管理家族信托事务的方式和权限等做出具体约定。由此可见，家族信托可以是积极信托，也可以是消极信托。

第三节　国内外家族信托的发展

一、英美法系家族信托的发展

（一）英国

英国是现代信托制度的起源地，家族信托由来已久。英国于1893年颁布《受托人法》，针对受托人如何处分、转移信托财产等加以规范。不过后来被1925年《受托人法》所取代，该法更为全面地规范了受托人的权利与义务。其中对于受托人的投资义务更是以制定目录清单的办法加以规定，即只能投资于法律列明的投资目录清单内包含的项目，该规定严重限制了受托人的自由裁量权。英国议会又于1961年制定了《受托人投资法》，对受托人的投资行为进行了更为细致的规定，并在一定程度上拓宽了受托人的投资范围。2000年年初，英国议会通过《受托人法》，主要从五个方面进行了改革："第一，明确了受托人的审慎义务；第二，授予受托人广泛的投资权；第三，确立了受托人行使投资权时应当遵守的投资准则；第四，要求受托人在做出投资决策时必须征求并考虑专业人士的意见；第五，要求受托人在进行投资行为时必须公平地对待不同的受益人。"[1]

英国通过对《受托人法》的不断改革来平衡信托受托人的权利与义务，适应了家族信托实践的发展要求。大部分英国富裕阶层都选择通过设立家族信托来管理财富。英国戴安娜王妃就通过设立家族信托管理其私有财产，实现了财富的有效传承。

（二）美国

18世纪末至19世纪初，美国从英国引进信托制度。在美国，最初设立家族

---

[1] 何宝玉. 信托法原理与判例[M]. 北京：中国法制出版社，2013.

信托的目的主要是家族财富保值以及家族财富的有效传承。之后随着美国法律的不断发展和完善，其信托制度越来越灵活，并完成了由个人信托向法人信托的过渡，成为当今世界信托制度最为发达的国家。[①]家族信托之所以可以在美国腾飞，其中很重要的一个原因是家族信托的节税功能凸显。在美国，以遗产税为例，从2013年至2018年的5年间，美国联邦遗产税率保持在最高40%左右。此外，高净值人群还需面临赠与税、财产税、跨代传递税等多项税赋。在此背景下，美国的高净值人士更青睐于通过家族信托等资产管理方式来合理节税、避税。

美国早期的家族信托受相同的法律法规监管，设立家族信托的方式较为单一，随着社会和经济的发展，许多州的法律变得更灵活，设立和运营家族信托也变得更加容易，富人因此更容易实现其财富规划和传承的目标。洛克菲勒家族、肯尼迪家族、班克罗夫特家族等全球资产大亨都通过信托的方式来管理家族财产，以此来实现家族财富的基业长青。

二、大陆法系家族信托的发展

（一）日本

日本是大陆法系中引入信托法比较早的国家。日本最早的一部有关信托的法律是1905年制定的《担保附公司债信托法》，并于1922年同时颁布了《信托法》《信托业法》，旨在对信托业进行全面的整顿与规范。[②]

1922年《信托法》在其颁布后的八十多年内未进行实质性的修改，直到2006年，才对原《信托法》进行了全面的修改。2006年新《信托法》的制定理念主要从三个方面发生了改变：一是一改旧法"重商轻民"的立法理念，新法的确立贯穿民事、商事两方的信托法理；二是从强制性规范向任意性规范的转变，使得受托人义务更为合理化；三是扩大了信托的利用范围，创立了许多新型的信托，促进了以家族信托为代表的民事信托的发展。[③]

（二）德国

德国信托业的起源可追溯到19世纪50年代，其工业化的迅速发展使得对长

---

① 刘金凤. 海外信托发展史[M]. 北京：中国财政经济出版社, 2009.
② 赵立新. 日本〈信托法〉的修改及启示[J]. 学理论, 2010（23）.
③ 赵廉慧. 日本信托法修改及其信托观念的发展[J]. 北方法学, 2009（4）.

期资金的需求大幅增加,从而产生了"全能银行制度",使银行业务从传统业务迅速向证券、保险等新兴业务拓展,但并没有像英美国家那样促使信托业就此发展起来。直到19世纪末,德国才开始效仿英美等国建立信托制度。最初,德国信托公司主要从事海外投资业务。1949年由18家金融机构共同设立了"全德意志有价证券投资信托公司",次年起正式开展业务。1957年,德国颁布了《投资公司法》,其金融信托业务才真正发展起来。到了20世纪90年代初,随着经济全球化的发展,德国也采取了当时受发达国家热捧的商业银行混业经营的模式,实行"全能银行制度",信托业务也多由银行内部的专门部门负责,主要从事金融投资类业务,因而德国没有设立专门的信托机构。

德国提供服务的金融机构根据客户的不同需求,将信托业务划分为个人信托业务和法人信托业务。德国的家族信托属于个人信托业务范畴。其个人信托业务主要包括财产监护信托、退休养老信托、子女保障信托、有价证券信托、不动产信托、保险金信托等,主要为了满足客户获取税收减免、国际投资、保护财产、规划不动产、保障未成年子女生活、防止受益人挥霍家产等需要。德国信托业务的涉及面十分广泛,且其信托产品具有贴近普通民众、灵活性强等特点。[①]

三、我国家族信托的发展

(一)我国的家族信托

我国信托制度发展较晚,家族信托业务更是处于起步阶段。我国于2001年颁布《信托法》,其中虽并未单独界定"家族信托"的概念,但为家族信托的发展提供了法律基础。2014年4月8日,中国银行监督管理委员会发布的《关于信托公司风险监管的指导意见》(银监办发〔2014〕99号)中明确提出了信托业转型发展的目标和路径,并指出"探索家族财富管理,为客户量身定制资产管理方案"是信托公司业务转型的一个方向。自此,我国信托业开始从融资信托中心主义转向融资信托、投资信托、事务管理信托多头并进。2018年8月17日,中国银行保险监督管理委员会发布了《信托部关于加强规范资产管理业务过渡期内信托监管工作的通知》(信托函〔2018〕37号),其中明确了家族信托的定义,并明确家族信托区别于其他资产管理业务。

---

① 刘金凤.海外信托发展史[M].北京:中国财政经济出版社,2009.

2013年年初，平安信托根据客户的委托，为其设立以家族财富传承为取向的信托，合同期为50年。业内普遍认为，这是1949年以来由我国金融机构设立的第一单家族信托。由于平安信托在业务开展过程中居于主导地位，故也被称为"信托公司主导型"家族信托的首倡者。2013年5月，招商银行联合外贸信托推出家族信托产品，并有了第一位家族信托客户。由于招商银行在整个家族信托产品结构中处于主导地位，故该单业务也被认为是境内首单"私人银行主导型"家族信托。2013年9月，北京银行与北京信托合作推出家族信托产品，两家金融机构以共同组建项目团队的方式，共同为客户提供家族信托服务，被认为开启了"私人银行与信托公司"合作的新型模式。2014年，中信信托、上海信托、中融信托等信托公司成立了各自的家族信托管理办公室；信诚人寿与中信信托共同推出了国内首单终身寿险信托；国际家族基金协会（IFOA）也在北京正式设立了中国地区办公室。由此，各家金融机构纷纷发力家族信托，业务开展逐成星火燎原之势。

平安信托首单家族信托简介：客户是一位40多岁的企业家，信托资金为5000万元。根据约定，在产品存续期间，可以根据委托人的实际情况和风险偏好来调整资产配置方式和运作策略。信托公司会定期或不定期将信托财产运作情况以正式报告或邮件等方式与委托人/受益人沟通。委托人通过指定继承人为受益人的方式来实现财富传承，并根据自己的意愿选择不同的信托利益分配方式。信托公司的管理费用分为固定及浮动两部分，固定管理费年费率为信托资金的1%，年信托收益率高于4.5%以上的部分，收取50%作为浮动管理费。

招商银行首单家族信托简介：客户是在境内拥有多处不动产、物业、股权以及金融资产的一位男士，信托期限为50年，受益人为其三个子女，信托收益以定期与终局两种形式进行分配，子女可定期领取薪金，遇到婚嫁、买房、买车、创业、医疗等大事，也可从信托基金中申请资金。招商银行和信托公司的合作方式：招商银行承担财务顾问和托管人的角色；信托公司则提供辅助性的事务管理服务，参与信托设计并与委托人签订信托合同。在信托费用方面，其年费比例主要根据信托的复杂程度确定。委托人可以就信托财产的投资以及期待收益率提出要求，超出委托人预期收益的部分，招商银行按照20%的比例提取信托费用。此外，信托公司作为受托人，也将按照一定比例收取信托管理费用。[1]

---

[1] 孙怡娇. 抢滩家族信托［J］. 财富管理，2015（2）.

北京银行与北京信托合作单一定制家族信托产品简介：受托资产门槛为3000万元，存续期限为5年以上，为不可撤销信托。家族信托产品由北京信托作为受托人负责信托事务管理，北京银行担任财务顾问和托管人。初期受托的资产类型限于现金存款，到了2014年，北京银行与北京信托又共同引入了以房产为主题的家族信托服务。受益人及信托收益方式由委托人决定。固定信托报酬率为1%/年，浮动信托报酬为每年超额收益的30%。[①]

（二）中国香港特别行政区

我国香港特别行政区的法律制度属于英美法系。有关信托的法规主要包括1934年制定的《受托人条例》、1970年制定的《财产恒继及收益累积条例》《信托法例》《信托基金管理规则》《受托人规则》《信托变更法例》等。其中大部分条例自颁布以来并未经过重大修改。随着香港经济的高速发展，部分条款已不符合现代信托的需求。

2013年12月1日，修改后的《信托法》正式生效。新《信托法》在以下方面做出了重大改革：厘清了信托当事人的权利义务关系，废除了反财产恒继和反收益过度累积两项普通法原则，引入反强制继承权规则，等等。此次对《信托法》的修订在很大程度上促进了香港信托业的发展。

（三）中国台湾地区

20世纪60年代，我国台湾地区经济发展逐渐由"进口替代"转向"出口扩张"，为了吸收长期资金，引导民间资本流向，以此提高出口能力和生产技术水平，我国台湾地区开始核准民间设立信托投资公司。台湾地区分别于1996年和2000年制定了《信托法》和《信托业法》，为我国台湾地区信托业的发展提供了法律支持。2001年通过的七大信托相关税法修正案，更是为信托的多重税务筹划功能提供了支撑。基于我国台湾地区较为完备的信托法律体系，尤其是对税收制度的规定较为明确，信托机构在开展家族信托业务时，就可以针对不同的税收规定来设计不同的方案，以实现综合筹划的目的。

我国台湾地区的信托机构主要为混业经营的商业银行。银行以其拥有大量营业网点和客户群体的优势，为其业务的开展提供了有利条件。为迎合市场的需

[①] 朱紫云：《北京银行试水3000万门槛家族信托》，资料来源：http://www.cb.com.cn/inance/2013_1012/1016513.html。最后访问时间：2019年2月15日。

要，各种形式的标准化家族信托产品被不断开发出来。对于初次接触家族信托的客户来说，标准化信托产品更容易理解和接受。有复杂投资需求的客户，则可以通过产品组合运用的方式来满足其特殊需求。[①]

第四节　家族信托的分类

一、按信托设立地分类

根据家族信托设立地的不同，可以分为在岸家族信托和离岸家族信托。

（一）在岸家族信托

在岸家族信托，是指委托人在其身份或居住所在国设立的，信托关系人及信托行为均在国内的家族信托。例如，一个中国委托人在中国境内设立的家族信托，或者一个英国委托人在英国境内设立的家族信托，都可称之为在岸家族信托。在岸家族信托依据本国的法律而设立。

（二）离岸家族信托

离岸家族信托，是指委托人为特定目的，选择一些法律环境较为宽松的境外国家或地区设立的家族信托。一些特殊的司法管辖区通过宽松的金融法律制度，吸引外来投资，带动本地经济。这些作为离岸家族信托设立地的司法管辖区通常具有完备的信托法律制度、宽松的税收条件等特点，通常还会给予客户信息更高程度的保密。开曼群岛、英属维尔京群岛（BVI）、泽西岛、毛里求斯等都是我国高净值人士比较喜欢的离岸家族信托设立地。

二、按信托生效时间分类

根据家族信托的生效时间，可以分为生前家族信托和遗嘱家族信托。

（一）生前家族信托

生前家族信托，即委托人在其在世时设立且生效的家族信托，是指委托人在生前和受托人签订信托契约，把其合法享有的财产转移给受托人，由受托人依照

---

① 刘金凤．海外信托发展史［M］．北京：中国财政经济出版社，2009．

信托文件管理和处分，并通过信托协议设定自己或家庭成员为受益人。生前家族信托的优势，是委托人可以亲自促成信托的成立，解决信托设立中碰到的问题，也避开了遗嘱家族信托必然要产生的遗嘱认证问题；受托人可以及时地接管信托财产，而不用像遗嘱家族信托那样须等委托人死亡。

（二）遗嘱家族信托

遗嘱家族信托，是指委托人通过遗嘱文件将自己死亡后遗留的财产委托给受托人，由受托人接受委托并按遗嘱文件要求为受益人的利益或者特定的信托目的管理和处分财产的家族信托行为。遗嘱家族信托于委托人身故且受托人承诺信托时生效。

三、按是否可由委托人任意终止分类

根据委托人在信托设立时是否保留了撤销权，可以分为可撤销家族信托和不可撤销家族信托。

（一）可撤销家族信托

可撤销家族信托，是指委托人在信托文件中为自己保留了随时终止信托的权利的家族信托。可撤销家族信托的委托人实际上保留了对信托财产的最终控制权。我国现行法律框架内的可撤销家族信托，是指委托人保留了任意解除信托并取回信托财产的权利的信托，严格意义上应称为"委托人保留任意解除权的信托"。例如，在股权家族信托中，委托人可以在信托文件中保留终止家族信托的权利，以在委托人认为有必要时取回股权。

（二）不可撤销家族信托

不可撤销家族信托，是指家族信托的委托人在信托文件中未附有随时撤销条款，或明确规定该信托为不可撤销家族信托。通常来说，在不可撤销家族信托中，允许对信托财产进行增加，但不得以向受益人分配之外的理由减少信托财产。依照各国信托法的规定，当事人可以自由选择成立可撤销家族信托还是不可撤销家族信托。如委托人未在信托文件中明确为自己保留任意终止信托的权利，则法律上一般默认该家族信托为不可撤销家族信托。

四、按受托人在信托利益分配中的地位分类

根据受托人在信托利益分配中的地位，可以将家族信托分为自由裁量家族信

托和固定家族信托。

（一）自由裁量家族信托

自由裁量家族信托，是指委托人在设立家族信托时没有明确受益人及各受益人所获得的受益权份额，由受托人根据委托人制定的参考标准或原则，根据自己的判断来独立决定信托利益分配的信托。自由裁量家族信托，又有完全自由裁量信托和部分自由裁量信托之分，前者的利益授予基本上都由受托人做主，后者则仅是部分由受托人做主。受托人自由裁量权的行使主要表现在受益人的选任及信托权益分配两个方面。在大多数的法律体系下，允许在有固定受益人的情形下，由受托人决定每个受益人所获得信托利益的数额；或者根据固定的信托收益，由受托人根据一定的标准决定具体的受益人。自由裁量家族信托赋予受托人更多的权利，以便更灵活地处分信托利益。

（二）固定家族信托

固定家族信托，是指在设立家族信托时，受益人及各受益人所享有的信托利益已被确定的信托。一般情况下，受益人需满足一定的条件才有权获得固定家族信托中的信托利益。例如，委托人可以在信托文件中明确受益人为其子女，同时设置其子女在年满18周岁后可享有信托利益。此外，当委托人指定了多名受益人时，可以在信托文件中对每名受益人应获得的信托利益进行具体金额的确定。例如，委托人指定其母亲、妻子及儿子作为受益人，并明确母亲和妻子各享有25%的受益权，儿子享50%的受益权。在此种类型的家族信托下，信托收益更清晰地按照委托人的意愿进行分配，避免受托人在信托利益分配这样的关键问题上滥用权利。

五、按信托主要内容分类

按家族信托中财产管理和事务管理的地位对比，可以分为财产管理型家族信托、事务管理型家族信托以及财产管理、事务管理并重型家族信托。

（一）财产管理型家族信托

财产管理型家族信托，是指以管理信托财产为主要内容的家族信托。即委托人将信托财产委托给受托人，受托人从事的信托活动主要围绕投资、理财等财产管理活动进行，以实现委托人财富增值的目的。比如，委托人以资金作为信托财产设立家族信托，信托文件的重心是就投资经营，以达到信托财产保值增值的目的。该类家族信托虽然有事务管理因素，但所占比重较低，往往意味着委托人对家事安排尚缺乏清晰规划或者有意留待日后补充。

（二）事务管理型家族信托

事务管理型家族信托，是指以家族事务的管理为主要内容的家族信托。即委托人将信托财产委托给受托人，受托人通过从事事务管理以实现委托人财产保值增值之外的特定目的。事务管理型信托主要是利用信托财产独立性、风险隔离等信托制度的优势，帮助委托人实现愿望。

事务管理型家族信托又可根据其具体目的进一步区分为财富保护型家族信托和财富传承型家族信托。财富保护型家族信托，是指委托人为了使财富免受因债务、婚变、税务、不当监护等风险造成的损失而设立的家族信托。该类家族信托的法律要点，是信托财产具有实质意义上的独立性——区别于委托人保留较多实质权利的信托。财富传承型家族信托，则是指委托人通过设立家族信托实现其家族财富的有效传承的目的。委托人在信托文件中将以子孙后代为主的家庭成员设定为受益人，同时对不同受益人的受益份额或数额以及分配方式等进行规定，以实现家族财产安全、有序地传承。

（三）财产管理、事务管理并重型家族信托

财产管理、事务管理并重型家族信托，是指委托人为了同时实现财富增值、财富保护及财富传承等多重目标而设立的家族信托。委托人可能既希望通过受托人的专业服务，让财富不断增值，又希望能隔离自己或家庭成员的债务、婚变等风险，同时还希望通过家族信托实现财富有序传承的目的。

六、按委托人的数量分类

按委托人是单个自然人还是多个家庭成员，可将家族信托分为单个自然人委托的家族信托和家庭成员共同委托的家族信托。

（一）单个自然人委托的家族信托

单个自然人委托的家族信托，是指由单个自然人独立向受托人提出委托，受托人接受委托设立的家族信托。当前我国营业类家族信托业务，信托公司一般要求委托人为单个自然人。

（二）家庭成员共同委托的家族信托

家庭成员共同委托的家族信托，是指由两位或多位家庭成员共同向受托人提出委托，受托人接受委托设立的家族信托。根据信托函〔2018〕37号文，家族信托可由单一家庭委托设立，但在我国现行法律体系下家庭并不具有民事主体资格，故由单一家庭委托的实质是两位或多位家庭成员共同委托。

七、按信托财产类型分类

根据信托财产类型的不同，可分为资金家族信托、不动产家族信托、股权家族信托、文物艺术品家族信托、保险金家族信托等。

（一）资金家族信托

资金家族信托，是指以资金作为信托财产设立的家族信托。即委托人将其合法拥有的资金委托给信任的受托人，由受托人按照委托人的意愿以自己的名义，为受益人的利益进行管理和处分的家族信托。资金家族信托是目前国内家族信托中最主要、最常见的一种类型，其信托目的往往比较综合，包括家族财富的管理与传承、保障家族成员的生活、资金保值增值等。

（二）不动产家族信托

不动产家族信托，是指委托人将其名下的不动产作为信托财产设立的家族信托。受托人按照委托人的意愿为了受益人的目的，根据信托文件的规定，对作为信托财产的不动产进行管理和处分。不动产信托的设立一般由委托人将自己所有的不动产直接转移给受托人作为信托财产。实践中采取的先设立资金信托再通过买卖过户，将不动产从委托人名下转移至受托人名下的方式，因一开始的信托资金系将不动产置入信托的手段，且信托存续期间真正由受托人管理、处分及使受益人获益的财产是不动产，故也属于实质意义上的不动产家族信托。

（三）股权家族信托

股权家族信托，是指以股权作为信托财产设立的家族信托。委托人将自己持有的股权委托给受托人，由受托人作为名义股东行使股东权利、接受公司分红并将其纳入信托财产，然后根据信托文件的要求将信托利益分配给受益人。实务中为解决受托人可能不精通企业管理具体事务的问题，通常会在信托文件中设定实际经营管理人或遴选机制。股权家族信托有利于维持家族企业股权的集中，避免家族企业股权分散可能存在的一些不利因素。例如，雅居乐的陈氏家族将分散的家族股权集中后用于设立家族信托，陈氏五兄弟及陆倩芳作为受益人。陈氏家族通过这一家族信托始终保持着股权集中。

（四）文物、艺术品家族信托

文物、艺术品家族信托，是指以文物、艺术品作为信托财产设立的家族信托。委托人通过将其藏品设立家族信托，一方面可以防止家庭成员间因藏品而产生的财产之争，另一方面可以避免子孙后代对其藏品做出变卖、抵债、损毁等违背其意愿的行为。委托人将其持有的文物、艺术品委托给受托人，进行专业的保管、维护、估值、投资等，使得家族成员能够共享文物、艺术品传承带来的收益，同时也使艺术品价值最大化。

（五）保险金家族信托

保险金家族信托，是指以保险公司给付的保险金作为信托财产设立的家族信托。由委托人和信托机构签订保险金信托合同，当保险金给付条件具备或期限届满时，保险公司将保险赔款或满期保险金交付给受托人（即信托机构），由受托人依照信托合同约定管理和处分信托财产，将信托财产分配给受益人。保险金家族信托是保险和信托相结合的产物，有利于综合保险的杠杆功能和信托的风险隔离、资产管理、财富传承功能，帮助当事人达成心愿。在实务中，越来越多的保险金家族信托在保险金给付之前，将包括保单现金价值在内的投保人权益均移交至家族信托账户，其实已经超越了传统的保险金信托的范畴，属于广义的保险金家族信托。

第十七章　家族信托的设立、治理与终止

第一节　家族信托的设立

家族信托的设立须遵循两个方面的要求：一是实质内容符合法律规定，二是设立形式达到法律要求。

一、家族信托设立的实质要求

在英美信托法中,信托的成立必须满足三个确定性原则,即委托人信托意愿的确定性、信托财产的确定性和受益人及其受益权的确定性。[1]大陆法系国家和地区引入信托制度的情况虽有所不同,但对设立信托所应满足的条件也提出了类似的要求。根据我国《信托法》的规定,设立信托须具备以下三个实质要件:适格的信托主体、确定且合法的信托财产以及合法的信托目的。

(一)适格的信托主体

1. 委托人的适格性

其一,家族信托委托人应为自然人。我国《信托法》第十九条规定:"委托人应当是具有完全民事行为能力的自然人、法人或者依法成立的其他组织。"对于家族信托而言,其作为一种特殊的信托,强调的是家族利益,是委托人为了家庭成员或者整个家族的利益而设立的。因此,家族信托委托人的范围应与营利性信托有所区别。事实上,信托函〔2018〕37号文就此也有明确要求:家族信托的委托人为单一个人或家庭,因为家庭在我国现行法上并非独立的民事主体故需还原为家庭成员(个人)。所以,家族信托委托人应为自然人,法人或依法成立的其他组织不属于家族信托的适格委托人。

其二,家族信托委托人应为完全民事行为能力人。委托人在设立家族信托时应为完全民事行为能力人。家族信托意味着较大数量的财产从委托人名下剥离,置入家族信托后将由受托人管理、分配,且最终的利益归属需包括委托人以外的人在内。属于涉及重大财产利益转移的民事法律行为,显然不属于无民事行为能力人或限制民事行为能力人可以单独实施的行为,目前环境下也不宜由法定代理人通过同意或追认方式来决定。[2]我国《信托法》要求信托委托人需具有完全民事行为能力,家族信托自然也是如此。在实践中,家族信托的利害关系人试图挑战信托安排时往往会以委托人民事行为能力不足为由。家族信托的委托人常为拥有不菲资产的中老年人或身患疾病的财富拥有者,希望在其无能力或去世后家族财富依然可以按其意愿被管理或分配。为了降低日后家族信托被挑战的风险,委托

---

[1] 孙书元. 信托探究 [M]. 北京:中国经济出版社,2012.
[2] 《民法典》第二十二条。

人应神志清醒、健康状况恶化之前完成相关的协商及法律文件签署，并根据情况留存其具备完全民事行为能力的相应证据——如具备完全民事行为能力的鉴定文件。

其三，家族信托委托人的资产状况达到一定程度。资产状况虽非《信托法》规定的明确要求，但结合现行监管意见将营业性家族信托的资金门槛设定为1000万元的实际情况，委托人的资产状况达到一定程度是应有之要求。

2.受托人的适格性

其一，对任何家族信托来说，受托人均应当具有相应的民事行为能力。自然人受托人应当具备完全民事行为能力，机构受托人应当具备从事信托活动的资质，否则不具备充当受托人的主体资格。限制民事行为能力、无民事行为能力的个人，不得担任信托受托人。经营范围未包括担任受托人的经营机构、业务范围不包括担任受托人的非营利性机构，原则上均不能充当受托人。在我国，营业性家族信托的受托人，目前限于信托公司。

其二，针对具体委托人的信托目的，受托人应当具有处理受托事务的必要知识和能力，并拥有一定的责任财产。尽管我国信托法没有对受托人提出具体要求，事实上很多司法管辖区都未对受托人的主体资格做出特别要求，但不同的受托人在能否帮助委托人实现信托目的的能力以及信誉上存在显著差异。

从安全性和可操作性方面考虑，选择信托公司作为受托人优势明显。信托公司拥有营业信托牌照，在从事家族信托业务中，因取得法律和监管机构的支持而具有更高的安全性和可操作性；同时信托公司往往拥有强大的资金实力，使其具有较强的风险抵御能力。

从家族财富管理方面考虑，具有从事财富管理资质的金融机构，更能满足委托人渴望家族财富被有效保护和传承的目的。家族信托财产的投资管理，一般遵循低风险、安全性高的投资理念，因此，金融机构所推出的固定收益型产品经常受到家族信托投资的青睐。事实上，金融机构具有财富管理的资质与能力，也拥有服务高净值客户的理念。

在考虑受托人相应资质和能力的同时，还应选择信誉度高的信托机构。受托人应在信托运行过程中，定期与委托人联系，及时向委托人披露信托的投资方向及收益情况等信息。此外值得关注的是，个人担任家族信托受托人时，在受益人的知情权被无视的情况下，需要警惕受托人损害受益人利益的情况。例如，澳大利亚矿业巨头朗·汉考克在1988年设立家族信托,并指定其唯一的女儿吉娜·莱茵哈特担任受托人,吉娜的四个孩子为受益人,信托期限直至2011年。而就在信托期限届满之前,吉娜秘密更改了家族信托的期限,将其延续至2068年,同时吉娜已数年未向受益人支付信托收益。①

3.受益人的适格性

受益人本身虽不是家族信托的设立人,却是家族信托文件中不可缺少的内容。在信托设立时,受益人的适格性也不可或缺。我国《信托法》未对受益人的资格做出明确限制,这并不意味着委托人可以指定任何人成为家族信托受益人,因为对受益人的指定还须受到《中华人民共和国反洗钱法》等其他法律的限制。实务中,家族信托的受益人通常为委托人的家族成员。信托有效成立后,受益人依据信托文件的约定取得相应的受益权。实践中,胎儿是否可以成为家族信托受益人的主体存在一些争议。我国《民法典》第十六条规定:"涉及遗产继承、接受赠与等胎儿利益保护的,胎儿视为具有民事权利能力。但是,胎儿娩出时为死体的,其民事权利能力自始不存在。"因此,胎儿在作为受益人接受信托利益时,具有法定民事权利能力,故其可以作为家族信托的受益人。

在家族信托中,较为常见的就是受益人因不满其分配到的信托利益所产生的一系列纠纷。但如果信托框架的构建合法且周密,即使受益人对一些信托条款不满,也很难对此做出改变。因此,委托人在确定受益人及其受益额度时,应考虑受益人的各种情况,可通过信托条款对受益人做出相应的设定,从而满足委托人的要求。

(二)确定且合法的信托财产

委托人设立家族信托的财产必须是确定的,否则将无法明确受托人管理、处分信托财产的权利与义务,同时也无法确定受益人的信托受益权,致使信托难以实施;此外,信托财产必须具有合法性,否则将存在家族信托无效的风险。

1.设立家族信托的财产必须是确定的

信托财产的确定性无论是对受托人还是受益人来说,都至关重要。信托财产的不确定使得受益人的信托利益无法确定。同时,对于受托人来说,也无法明确

---

① 中国新闻网:《澳洲女首富与子女争产败诉,失去240亿基金控制权》。资料来源:https://news.china.com/international/1000/20150529/19765217.html。最后访问时间:2019年3月13日。

管理、处分信托财产的范围，进而也无法对受托人的权利义务进行确认。因此，委托人以不确定的财产作为信托财产设立的家族信托，无法有效成立。同时，设立家族信托的财产必须是现实存在或确定可以取得的财产，将来可能取得的财产不能作为设立家族信托的财产。

2.设立家族信托的财产必须是合法的

委托人必须合法拥有设立家族信托的财产，否则将会直接影响家族信托的成立及存续。委托人以其非法取得的财产以及我国《信托法》规定的不得作为信托财产的财产设立的家族信托无效。例如，武器、弹药等都是法律、行政法规禁止流通的财产，不得作为信托财产；同样，委托人通过盗窃、抢劫、非法侵占等非法手段获得的财产，也不得作为信托财产。

3.设立家族信托的财产必须权属明确且系委托人有权处分

委托人设立家族信托的财产应当明确属于委托人合法拥有的财产，权属不明、存在争议的财产不得用来设立家族信托。实践中，因为我国现行夫妻法定财产制对婚姻存续关系期间取得的财产以共同共有为原则，加之绝大多数夫妻不会订立夫妻财产协议，故处于婚姻关系当中的当事人名下的财产往往为夫妻共同共有状态。而根据法律规定，对夫妻共同共有财产的处分，如果不是为了家庭日常生活需要而实施的，需要双方协商一致。[①]为了避免日后可能出现的争议，婚姻关系状态下的委托人设立家族信托的，作为受托人的信托公司往往会要求其配偶出具书面意见，以明确委托人就设立家族信托过程所涉及的财产转移为有权处分。

（三）合法的信托目的

信托目的是委托人设立一项家族信托的出发点。在信托运行过程中，受托人管理和处分信托财产和信托事务的所有信托行为都必须根据信托目的而展开。设立信托的目的应当合法，否则将被归于无效。我国《信托法》第十一条对信托无

---

① 将于2021年1月1日起施行的《民法典》第一千零六十条第一款规定："夫妻一方因家庭日常生活需要而实施的民事法律行为，对夫妻双方发生效力，但是夫妻一方与相对人另有约定的除外。"第一千零六十二条第二款规定："夫妻对共同财产，有平等的处理权。"现行《最高人民法院关于适用〈中华人民共和国婚姻法〉若干问题的解释（一）》第十七条规定："婚姻法第十七条关于'夫或妻对夫妻共同所有的财产，有平等的处理权'的规定，应当理解为：（一）夫或妻在处理夫妻共同财产上的权利是平等的。因日常生活需要而处理夫妻共同财产的，任何一方均有权决定。（二）夫或妻非因日常生活需要对夫妻共同财产做重要处理决定，夫妻双方应当平等协商，取得一致意见。他人有理由相信其为夫妻双方共同意思表示的，另一方不得以不同意或不知道为由对抗善意第三人。"

效情形的规定中表明，信托目的违反法律、行政法规或者损害社会公共利益的信托无效以及专以诉讼或者讨债为目的设立的信托无效。为了避免滥诉，日本、韩国等许多国家也都对以诉讼或者讨债为目的设立的信托加以限制。此外，我国《信托法》也明确规定信托目的不能损害他人的合法利益，在第十二条第一款、第二款中规定："委托人设立信托损害其债权人利益的，债权人有权申请人民法院撤销该信托。人民法院依照前款规定撤销信托的，不影响善意受益人已经取得的信托利益。"

对于家族信托而言，委托人一般不会专以诉讼或者讨债为目的设立家族信托。家族信托应具有合法目的，主要是不得违反法律、行政法规或者损害社会公共利益以及不得损害债权人利益。

1.不得违反法律、行政法规或者损害社会公共利益

我国《信托法》第十一条第（一）项规定，信托目的违反法律、行政法规或者损害社会公共利益的信托无效。例如，委托人不得以限制家庭成员结婚自由或者诱使特定家庭成员离婚为信托目的，不得以支持、鼓励家庭成员加入邪教组织为目的，不得以偷税漏税为目的。

2.不得损害债权人利益

委托人以其所持有的一定财产设立信托，同时意味着其责任财产减少，从而使得委托人的偿债能力降低。当委托人明知其财产不足以清偿债务，或者其有大量债务不能得到清偿的情况下，仍实施必然减少其责任财产的家族信托设立行为，显然是在损害债权人的利益。该家族信托将不能获得完全效力。例如，某企业家负债累累，明知已面临资不抵债的局面，却仍设立家族信托，试图利用信托财产独立于委托人的规定逃避法院的执行。此种情况下，根据我国《信托法》第十二条之规定，该企业家的债权人有权申请人民法院撤销该信托。

二、家族信托设立的形式要求

（一）书面形式

就英美法系的传统而言，委托人通过遗嘱、合同、口头、行为等多种形式都可以有效设立信托。比如对于以价值较低的动产设立的信托，明确以口头的形式向他人表明设立意图的，在判例中承认该信托的有效设立。但多数情况下，委托

人都会以书面形式设立信托。英国法律中,委托人以衡平法权益设立信托时,因涉及信托的权益分离问题,必须采取书面形式或遗嘱形式。

大陆法系信托法大多承认以合同、遗嘱等形式设立信托。我国台湾地区《信托法》第二条规定:"信托,除法律另有规定外,应以契约或遗嘱为之。"明确了设立信托的一般形式。韩国《信托法》中也明确规定了"信托可根据信托人与委托人签订的契约,或信托人的遗嘱而设立"。日本《信托法》第二条规定:"信托可以依据遗嘱进行",同时在第三条中还强调委托人以财产权或有价证券设立的信托须进行公示,否则无法对抗第三人。

我国信托法对设立信托采取要式主义。《信托法》第八条第一款规定:"设立信托,应当采取书面形式。"我国信托法只承认以书面形式设立的明示信托,且对书面形式规定为三种:信托合同、遗嘱或者法律、行政法规规定的其他书面文件等。

1. 信托合同

合同是设立家族信托的主要形式。信托合同是属于专业性合同的一种,总体上须遵守合同制度的原则,内容上则突出信托的特点。对于家族信托来说,受托人多为信托公司等信托经营机构,采取书面形式的信托合同作为信托的设立方式,一方面有利于通过合同条款明确突出委托人的特殊信托目的,另一方面有利于规范信托公司等信托经营机构的运作,便于监督管理,保护受益人的利益。根据《信托法》第八条,采取信托合同形式设立信托的,信托合同签订时,信托成立。再结合《民法典》第四百九十条、第四百九十一条的规定,家族信托合同采用合同书形式订立的,自当事人均签名、盖章或按指印时,家族信托成立;家族信托采用信件、数据电文等形式订立合同要求签订确认书的,签订确认书时家族信托成立。

2. 委托人订立的遗嘱及受托人的书面承诺

遗嘱是遗嘱人在生前按照法律规定处分其遗产,在其死亡时发生法律效力的单方意思表示,其设立形式包括书面遗嘱和口头遗嘱两种。我国《信托法》第八条排除了以口头遗嘱设立信托的方式,即只能以书面遗嘱设立信托。遗嘱属于法律所允许的,设立信托的书面文件中的一种,但在现有的法律环境下,以遗嘱设立信托的形式在实践中应用较少。我国《信托法》第八条规定,采取其他书面形式设立信托的,受托人承诺信托时,信托成立。由此可以认为,遗嘱信托以受托人承诺信托为成立要件。《信托法》第十三条规定，遗嘱指定的人拒绝或者无能力担任受托人的，由受益人另行选任受托人。则表明遗嘱信托因受托人原因不能成立时，受益人可以继续选任新的受托人，直到新受托人承诺信托时该信托方真正成立。

3.其他书面文件

委托人除以信托合同和遗嘱两种书面形式设立信托外，也可以通过法律认可的其他书面文件等设立信托。这些书面形式，只要能使委托人设立信托的意思表示和受托人承诺信托的意思表示均可明确辨认、再现，原则上均应予以认可。比如，各方书面的单方声明、公司章程或合伙协议里面的信托条款、其他书面法律文件的信托条款，只要不违反法律、行政法规的强制性规定，原则上均可。至于实务中信托公司是否将其他书面形式作为客户设立家族信托的可选项，则由各机构根据其自身情况确定。

（二）家族信托登记

信托登记是信托公示的方式。实行信托登记，有利于明确包括重要信托财产、信托受益权等在内的信托关键信息，方便交易相对方进行必要查询，从而保障当事人合法权益、维护交易安全。

1.作为信托生效要件的登记

我国《信托法》第十条规定："设立信托，对于信托财产，有关法律、行政法规规定应当办理登记手续的，应当依法办理信托登记。未依照前款规定办理信托登记的，应当补办登记手续；不补办的，该信托不产生效力。"这里明确把特殊财产的登记作为信托的生效要件。至于哪些财产非经登记信托不生效，《信托法》未予以明确，须看其他法律、行政法规的规定。

我国《民法典》第二百零九条规定："不动产物权的设立、变更、转让和消灭，经依法登记，发生效力；未经登记，不发生效力，但是法律另有规定的除外。依法属于国家所有的自然资源，所有权可以不登记。"因此，以不动产作为信托财产设立的家族信托，应当进行登记，否则该家族信托不产生法律效力。

此外，我国《民法典》第二百二十五条规定："船舶、航空器和机动车等的物权的设立、变更、转让和消灭，未经登记，不得对抗善意第三人。"《公司法》第三十二条规定："有限责任公司应当置备股东名册，记载下列事项：（一）股东的姓名或者名称及住所；（二）股东的出资额；（三）出资证明书编号。记载于股东名册的股东，可以依股东名册主张行使股东权利。公司应当将股东的姓名或者名称向公司登记机关登记；登记事项发生变更的，应当办理变更登记。未经登记或者变更登记的，不得对抗第三人。"据此，大型交通工具及股权变动时依法进行登记，仅为物权或股权变动的对抗要件而非生效要件。那么，以船舶、航空器、机动车和股权作为信托财产，登记是否属于信托的生效要件呢？业界对此存有争议。从实现信托的隔离功能来看，无法对抗第三人很大程度上意味着隔离功能没有发挥作用。实务操作中，从谨慎的角度出发，以船舶、航空器和机动车设立家族信托应当及时办理相应的权利转移或变更登记。

当然，我国当前法律并未将信托作为物权或公司股权相关登记的单独依据。现阶段设立家族信托，办理物权或公司股权登记，实际上是完成信托财产从委托人向受托人转移的法律步骤。至于完整意义上的信托财产登记，即同时实现财产转移公示和信托性公示的登记，尚有待国家立法予以补充完善。

2. 不作为信托生效要件的登记

2006年6月20日，原中国银监会批复同意在上海浦东建立上海信托登记中心，该中心所涉及的信托登记内容包括信托产品的登记和信托财产的登记。2016年12月26日，在上海信托登记中心的基础上，经国务院同意、由原中国银监会批准并设立中国信托登记有限责任公司，可经营下列业务：①集合信托计划发行公示。②信托产品及其信托受益权登记，包括：预登记、初始登记、变更登记、终止登记、更正登记等。③信托产品发行、交易、转让、结算等服务。④信托受益权账户的设立和管理。⑤信托产品及其权益的估值、评价、查询、咨询等相关服务。⑥信托产品权属纠纷的查询和举证。⑦提供其他不需要办理法定权属登记的信托财产的公示登记服务。⑧国务院银行业监督管理机构批准的其他业务。[①]其中第⑦项明确将不动产、股权等存在法定权属登记规则的权利排除在外。再结合2017年原中国银监会发布的《信托登记管理办法》第二条第一款"本办法所称信托登记是指中国信托登记有限责任公司（简称信托登记公司）对信托机构的信托产品及其受益权信息、国务院银行业监督管理机构规定的其他信息及其变动情

---

① 中国信托登记有限责任公司，资料来源：http：//www.chinatrc.com.cn/aboutus/summary/index.html。最后访问时间：2019年3月27日。

况予以记录的行为",可以发现,依《信托登记管理办法》进行的登记,主要是一种针对信托机构的管理性服务措施,而不能影响信托的效力。

根据《信托登记管理办法》,信托机构应当在家族信托成立日两个工作日前申请办理信托产品预登记(简称信托预登记),并在信托登记公司取得唯一产品编码。申请办理信托预登记的,应当提交下列文件:第一,信托预登记申请书,包括信托产品名称、信托类别、拟发行或者成立时间、预计存续期限、拟发行或者成立信托规模、信托财产来源、信托财产管理或者运用方向和方式、交易对手、交易结构、风险提示、风控措施、清算方式、异地推介信息、关联交易信息、保管人信息等内容。第二,法律、行政法规、国务院银行业监督管理机构要求的其他文件。信托机构应当在家族信托成立或者生效后十个工作日内申请办理信托产品及其受益权初始登记(简称信托初始登记)。申请办理信托初始登记时,应当提交下列文件:第一,信托初始登记申请书;第二,加盖公章的信托文件样本;第三,法律、行政法规、国务院银行业监督管理机构要求的其他文件。家族信托存续期间,信托登记信息发生重大变动的,信托机构应当在相关事项发生变动之日起十个工作日内就变动事项申请办理信托产品及其受益权变更登记(简称信托变更登记)。家族信托终止后,信托机构应当在按照信托合同约定解除受托人责任后十个工作日内申请办理信托产品及其受益权终止登记(简称信托终止登记)。

第二节　家族信托的治理

一、家族信托的治理架构

根据《信托法》,信托是指委托人基于对受托人的信任,将其财产权委托给受托人,由受托人按委托人的意愿以自己的名义,为受益人的利益或特定目的,进行管理和处分的行为。据此,一项家族信托的基本要素包括委托人、受托人、受益人、信托目的以及信托财产。其中,作为家族信托相关法律关系的当事人,委托人、受托人和受益人围绕家族信托所具有的权利义务,是家族信托得以正常运行的基本保障。

就委托人、受托人和受益人三方而言,委托人是信托财产、信托目的的来源,是家族信托的发起人;受托人接受委托人的委托,按委托人设定的规则对信托财产进行管理和处分，是家族信托运行的承担者；受益人根据信托文件获得信托利益，他们身上往往被委托人寄予了某种希望或愿望——家族信托的目的，多数情况下是家族信托利益的终极拥有者。法律及信托文件对各方均赋予一定的权利、义务，最后各方形成合力，促成家族信托目的的实现。有的委托人出于某种考虑，在设立信托之时便在信托架构内嵌入了新的元素——监察人或保护人。后者加入信托之后，也会成为家族信托治理架构中的重要一方，并与受托人、受益人相互制衡，成为信托目的实现的重要保障力量。

在家族信托的运行和治理过程中，信托文件扮演着枢纽性的角色，除确定信托财产、受益人范围及其份额等事项外，还要就诸如委托人的特别权利、受托人管理及处分信托财产的权限、新受托人的选任方式、信托终止事由、监察人或保护人及其权限等事项做出规定。家族信托成立后，其运行过程中发生的问题主要依照信托文件来解决。

二、委托人的权利

（一）委托人的法定权利

我国《信托法》赋予了委托人多项权利，对于家族信托的委托人来说，主要有以下几个方面。

1.知情权

委托人有权了解其信托财产的管理运用、处分及收支情况，并有权要求受托人做出说明。委托人有权查阅、抄录或者复制与其信托财产有关的信托账目以及处理信托事务的其他文件。

2.信托财产管理方法的调整权

因设立信托时未能预见的特别事由，致使信托财产的管理办法不利于实现信托目的或者不符合受益人的利益时，委托人有权要求受托人调整该信托财产的管理办法。

3.信托财产损害的救济权

受托人违反信托目的处分信托财产或者因违背管理职责、处理信托事务不当致使信托财产受到损失的，委托人有权申请人民法院撤销该处分行为，并有权要求受托人恢复信托财产的原状或者予以赔偿；该信托财产的受让人明知是违反信托目的而接受该财产的,应当予以返还或者予以赔偿。

4.受托人解任、辞任的决定权及新受托人的选任权

受托人违反信托目的处分信托财产或者管理运用、处分信托财产有重大过失的,委托人有权依照信托文件的规定解任受托人,或者申请人民法院解任受托人。受托人因故主动辞任的,委托人有同意权。受托人职责终止的,信托文件未就选任新受托人做出规定的,委托人有选任新受托人的权利。

5.解除信托的权利

信托一旦有效成立,原则上委托人不得随意解除。但在一些特殊情形下,法律仍赋予委托人任意解除权,以保护委托人。

(1)纯自益状态下的任意解除权。当因为某种原因,家族信托的受益人仅有委托人一人时,除非信托文件另有约定,否则委托人或者其继承人随时有权解除信托。

(2)因受益人行为导致的任意解除权。首先,如果受益人对委托人有重大侵权行为,委托人有权解除信托;其次,经受益人同意,委托人有权解除信托。

6.共同处理信托事务的权利

共同受托人共同处理信托事务,意见不一致时,信托文件未就如何处理做出规定的,委托人有决定权。

7.对非法强制执行信托财产的异议申诉权

除因信托前的原因发生的权利或者因处理信托事务而发生的权利以及其他法定情形外,信托财产不得被强制执行。如信托财产被非法强制执行,委托人(受托人、受益人也有此权利)有权向人民法院提出异议。

(二)委托人的意定权利

委托人除了享有以上法定权利之外,还可以通过信托文件为自己保留其他权利。最重要的有以下三项。

1.解除信托并取回剩余信托财产的权利

根据我国《信托法》第五十一条规定,具备信托文件规定的其他情形的,委托人可以解除信托。因此,委托人可以通过信托文件为自己保留单方面解除信托的权利。不过值得注意的是,信托解除后剩余信托财产并非当然退回委托人,而是优先给信托文件约定的权利人、没有约定的情况下给受益人。所以委托人通过

信托文件为自己保留解除权的同时，还需要同时约定信托解除后剩余信托财产由委托人取得。经过这样的设置，便成立了通常所谓的可撤销信托（对境外同类信托的直译，在我国法上称为"保留任意解除权的信托"更合适）。在这种信托中，委托人保留了对信托的任意解除权和信托终止后的剩余财产取回权，使得委托人在情况发生变化后，可以拥有更多余地来实现自己的内心愿望。

2. 对信托财产的管理权

当家族信托财产为有限责任公司股权等特定财产，或者存在一些特殊情况委托人不想把放入家族信托的财产完全托付给受托人控制时，委托人可能需要维持对信托财产的部分甚至接近全部的管理权。信托的设立，意味着委托人已将信托财产的所有权转移给受托人，受托人为信托财产的名义所有权人，所以委托人不能以信托财产所有权人的身份对信托财产进行管理，只能根据信托文件约定的方式进行管理。我国现行法未对委托人通过信托文件保留管理权的问题做出规定，从意思自治的角度来看应该具有可行性，实务中也为不少信托文件所采用。

3. 受益相关权利

委托人把财产放入家族信托后，不能再以使用或处分自己财产的方式对待信托财产。通常而言，委托人会在信托文件中预先设定信托利益流向，确定受益人。当委托人把自己设定为受益人时，委托人便享有受益权。此外，实务中委托人还可能保留对受益人及其受益数额的调整权，从而将信托利益控制权抓在自己手上。

三、受托人在家族信托中的地位

（一）受托人的义务

我国现行《信托法》对受托人的义务做出了明确规定，包括忠实、尽职、保密义务等。具体内容为：

（1）受托人应当遵守信托文件的规定，依据委托人的信托目的和信托合同的约定条款，为受益人的最大利益处理信托事务。受托人管理信托财产，必须恪尽职守，履行诚实、信用、谨慎、有效管理的义务。

（2）受托人不得利用信托财产，为自己谋取利益。受托人利用信托财产为自己谋取利益的，所得收益归入信托财产。此外，受托人应当保证信托财产独立于受托人的财产，不得将信托财产转为受托人的固有财产，也不得将信托财产和自己的固有财产进行交易，或者将不同委托人的信托财产进行相互交易，但信托文件另有规定或者经委托人或受益人同意，并以公平的市场价格进行交易的除外。

（3）受托人必须将信托财产与其固有财产进行分别管理、分别记账，并将不同委托人的信托财产分别管理、分别记账。

（4）信托是委托人基于对受托人的信任而设立的，因此受托人应当亲自处理信托事务，但信托文件另有规定或者有不得已事由的，可以委托他人代为处理。受托人依法将信托事务委托他人代理的，应当对他人处理信托事务的行为承担责任。

（5）受托人必须保存处理信托事务的完整记录。并应当定期将信托财产的管理运用、处分及收支情况，报告委托人和受益人。

（6）受托人对委托人、受益人以及处理信托事务的情况和资料负有依法保密的义务。

（7）受托人负有以信托财产为限向受益人承担支付信托利益的义务。

（二）受托人的权利

概括来说，家族信托的受托人具有以下权利：

1.管理信托财产、处理信托事务的权利

受托人接受委托后，便成为信托财产的名义所有权人。如果信托文件没有特别约定，原则上对信托财产的日常管理，包括为保值增值所做的投资理财，均由受托人负责。换言之，管理信托财产是受托人的默认权利。即便管理权根据信托文件的约定，被部分保留给了委托人或交给了第三方，受托人仍因占有信托财产而必然享有一定的管理权。同时，受托人也当然地享有根据信托文件约定处理信托事务的权利（准确地说是职责）。为明晰受托人的权利范围，委托人和受托人应当尽可能在信托成立之初便进行协商，并在信托文件中予以体现。

2.优先受偿权

受托人因处理信托事务所支出的费用、对第三人所负债务，以信托财产承担。受托人以其固有财产先行支付的，对信托财产享有优先受偿的权利。因此，当发生资金短缺等紧急情况时，受托人以其固有财产先行支付信托事务处理费用的，其补偿权应当优先于信托财产的一般债权人，为此受托人可以留置信托财产。

3.报酬请求权

受托人有权依照信托文件的约定取得报酬。信托文件未做事先约定的，经信托当事人协商同意，可以做出补充约定；但未做事先约定和补充约定的，不得收取报酬。信托当事人协商一致后可在信托文件中约定具体数目的报酬或者报酬的计算方法。同时，当出现客观因素（如货币贬值、信托财产价值发生变化等）导致先前约定的报酬与社会平均水平或受托人的付出严重不符时，信托当事人可协商调整约定的报酬。信托终止后，受托人行使请求给付报酬、从信托财产中获得补偿的权利时，可以留置信托财产或者对信托财产的权利归属人提出请求。

4.辞任权

在委托人和受益人同意的情况下，受托人有请求辞任的权利。但在新受托人未选出前仍应履行管理信托事务的职责。

5.代表信托提起诉讼及提出执行异议的权利

受托人作为家族信托财产的名义所有人或者实际管理者，当信托财产受到侵害时，有权行使基于信托财产名义所有人身份而具有的法定权利。如信托财产被非法强制执行时，受托人有权（委托人、受益人也有此权利）向人民法院提出异议。

（三）共同受托人

一项家族信托可以存在两个以上的受托人，同一信托的受托人有两个以上的，为共同受托人。共同受托人应当共同处理信托事务，但信托文件规定对某些具体事务由受托人分别处理的，从其规定。当共同受托人共同处理信托事务，意见不一致时，按信托文件规定处理；信托文件未规定的，由委托人、受益人或者其利害关系人决定。

根据《信托法》第三十二条的规定，共同受托人在处理信托事务上负有连带责任："共同受托人处理信托事务对第三人所负债务，应当承担连带清偿责任。第三人对共同受托人之一所做的意思表示，对其他受托人同样有效。共同受托人之一违反信托目的处分信托财产或者因违背管理职责、处理信托事务不当致使信托财产受到损失的，其他受托人应当承担连带赔偿责任。"这一方面强化了对信托财产的保护，另一方面也给受托人增加了风险。当部分共同受托人因能力欠缺、主观过失等原因造成信托财产遭受损失或者恶意侵吞信托财产，其他受托人须对此承担连带责任，担任共同受托人的风险明显增大。

（四）受托人职责终止与接替

根据《信托法》的规定，受托人有下列情形之一的，其职责终止：第一，死亡或者被依法宣告死亡；第二，被依法宣告为无民事行为能力人或者限制民事行为能力人；第三，被依法撤销或者被宣告破产；第四，依法解散或者法定资格丧失；第五，辞任或者被解任；第六，法律、行政法规规定的其他情形。受托人职责终止并不意味着信托终止。受托人职责终止后，还有其他（共同）受托人的，信托财产由其他受托人管理和处分。没有其他受托人的，应该选任新的受托人。新受托人的选任，依照信托文件进行；信托文件未规定的，由委托人选任；委托人不指定或者无能力指定的，由受益人选任；受益人为无民事行为能力人或者限制民事行为能力人的，依法由其监护人代行选任。受托人职责终止时，其继承人或者遗产管理人、监护人、清算人应当妥善保管信托财产，协助新受托人接管信托事务。

在家族信托实务中，为了更好地实现委托人设立信托的目的，最好在信托文件中指定替补受托人或设定新受托人选任规则。当出现原受托人职责因故终止时，可以及时通知替补受托人接任，或者按照委托人的意愿选任适格的新受托人，以保证信托的正常运行。

四、受益人的权利

家族信托的受益人是在信托关系中不可缺少的一方，是享有信托受益权的人。在信托文件没有特别安排的情况下，受益人自信托生效之日起享有受益权。《信托法》还赋予了受益人与委托人并存的五项权利，即对信托财产管理和处分的知情权、信托财产管理办法的调整权、有关受托人事项的同意权、信托财产损害的救济权以及对非法强制执行信托财产的异议申诉权。

（一）受益权

根据《信托法》第四十八条的规定，在信托文件没有限制性规定的情况下，受益权可以依法转让和继承。可见，信托受益权具有很强的独立性，从而区别于遗嘱受益权、保险受益权等。根据我国现行继承法律制度，在被继承人去世之前，遗嘱受益权（遗嘱继承权和遗嘱受遗赠权）[①]不可转让和继承，甚至一般认

[①] 根据我国法律规定，受遗赠权的依据，可以是遗嘱，也可以是遗赠扶养协议。

为不可放弃。如遗嘱受益人先于遗嘱人死亡的、遗嘱受益人放弃继承或者丧失继承权的，遗产中有关部分按照法定继承继续办理。在被继承人去世之后，一般认为遗嘱受益权可以继承（即转继承）和放弃，但不得转让。而根据我国保险法律制度，在受益人先于被保险人死亡的情况下，保单受益权（保险金请求权）属于被保险人的遗产，而非作为受益人的遗产由其继承人获得，也即保单受益权自身不可被继承。相比之下，信托受益权的转让、继承和放弃，在信托文件对受益权的转让和继承没有限制性规定的情况下，现行法几乎没有限制。信托受益权的转让不改变信托受益权的性质和内容，信托受益权转让给受让人后，受让人成为新的信托受益人，享有相应的信托受益权。在信托文件没有特殊规定的情况下，受益人转让信托受益权原则上是一项自由的权利，不需要经过委托人和受托人的同意，但应通知受托人。

受益权是受益人的一项权利而非义务，可以依法享有，也可以依法放弃。当全体受益人放弃信托受益权时，信托终止。当部分受益人放弃信托受益权时，被放弃的信托受益权按下列顺序确定归属：第一，信托文件规定的人；第二，其他受益人；第三，委托人或者其继承人。

（二）和委托人并存的权利

受益人享有以下同时由委托人享有的权利：

1. 知情权

受益人有权了解其信托财产的管理运用、处分及收支情况，并有权要求受托人做出说明。受益人有权查阅、抄录或者复制与其信托财产有关的信托账目以及处理信托事务的其他文件。

2. 信托财产管理方法调整权

因设立信托时未能预见的特别事由，致使信托财产的管理办法不利于实现信托目的或者不符合受益人的利益时，受益人有权要求受托人调整该信托财产的管理办法。

3. 信托财产损害的救济权

受托人违反信托目的处分信托财产或者因违背管理职责、处理信托事务不当致使信托财产受到损失的，受益人有权申请人民法院撤销该处分行为，并有权要求受托人恢复信托财产的原状或者予以赔偿；该信托财产的受让人明知是违反信托目的而接受该财产的,应当予以返还或者予以赔偿。

4.受托人解任、辞任的决定权及新受托人的选任权

受托人违反信托目的处分信托财产或者管理运用、处分信托财产有重大过失的,受益人有权依照信托文件的规定解任受托人,或者申请人民法院解任受托人。受托人因故主动辞任的,受益人有同意权。

此外,受托人职责终止的,信托文件未就选任新受托人做出规定的,选任新受托人的权利由委托人享有。如委托人死亡或者拒绝或无能力做出选任指示的,则受益人有选任新受托人的权利。另外,遗嘱指定的人拒绝或者无能力担任受托人时,如遗嘱对选任受托人未做其他规定,由受益人另行选任受托人(此情形下委托人已经死亡,故属于受益人享有的权利)。

5.共同处理信托事务的权利

共同受托人共同处理信托事务,意见不一致时,信托文件未就如何处理做出规定的,受益人有决定权。

6.对非法强制执行信托财产的异议申诉权

除因信托前的原因发生的权利或者因处理信托事务而发生的权利以及其他法定情形外,信托财产不得被强制执行。如信托财产被非法强制执行,受益人有权向人民法院提出异议。

五、信托监察人

(一)信托的监督与保护

对于以传承为主要目的的家族信托而言,信托期限往往跨越委托人的生命周期,甚至长达几代人。一旦委托人因为年老、疾病等失去行为能力甚至去世,作为家族信托重要监督者的委托人的突然离场,对受托人的监督和制约可能因此严重弱化。对此,委托人可能希望提前确定一个监督者或信托保护者。事实上,不论哪种家族信托,即便委托人一切都正常,委托人也可能不愿意或者没有办法在信托监督上投入太多精力,因而希望找到一个更专业的监督者或信托保护者,以保障信托按预先设置的轨道运行。我国《信托法》第六十四条规定,公益信托应设置信托监察人,但未就家族信托的监察人问题做出明确规定。在比较法上,韩国、日本信托法规定,在私益信托中,在无特定或尚没有受益人的情形下,法院

须根据相关利害关系人的申请，或依职权选定信托监察人。可以认为，当事人根据意思自治的原则，通过信托文件设定信托监察人应当得到法律认可。

在法律定位上，信托监察人并非设立家族信托的必要条件。信托监察人的首要定位是对受托人从事信托活动的监督以及对受托人权利的制衡。有些委托人可能出于种种原因，希望将信托财产管理权甚至信托利益分配权的全部或部分交给自己信任的人，这个被信任的人可能被信托文件标注为信托监察人或者保护人。

（二）信托监察人的职责

如前所述，现行《信托法》没有对家族信托的监察人做出规定，所以原则上说监察人的职责主要由信托文件来确定。一般而言，家族信托监察人具有以下职责：

其一，信托事务知情权。信托监察人应有与委托人相同的知情权。即有权了解其信托财产的管理运用、处分及收支情况，并有权要求受托人做出说明；有权查阅、抄录或者复制与其信托财产有关的信托账目以及处理信托事务的其他文件。

其二，对受托人过失行为的救济权。当受托人因违反信托目的或其管理职责等给信托财产带来损失的，信托监察人可行使申请撤销权、损害赔偿请求权等救济性权利。

其三，对信托事务处理报告的认可权。通常而言，主要针对以下三种报告行使该权利：一是受托人定期提交的关于信托财产管理运用、处分及收支情况的报告；二是在新旧受托人进行职务移交时，原受托人所需出具的信托事务报告；三是在信托终止时，受托人所需制作的信托清算报告。

其四，解任受托人的建议权。当受托人有严重违背职责的行为时，可向委托人或受益人建议解任该受托人。

除此之外，委托人还可以通过信托文件，赋予信托监察人其他权利，以保障其信托目的的实现。至于监察人能否被信托文件授予影响信托存续、管理信托财产及事务的权利，实务中已有实例，其法律评价还有待权威机关明确。

第三节 家族信托的变更与终止

家族信托设立后，受托人依照信托文件对家族财富与家族事务进行管理，以实现家族信托的特定目的，使家族信托的财富传承、风险隔离等功能得以发挥。但在家族信托设立后的信托存续期间，可能由于各种客观因素的出现，或是信托当事人自身的原因，使家族信托面临变更甚至终止。我国《信托法》对信托的变更、终止以及信托终止后的信托财产清算、返还等事项也有较为明确的规定。

一、家族信托的变更

（一）家族信托财产管理方法的变更

家族信托财产的管理方法是家族信托中的一项重要内容，直接关系着信托目的的实现以及受益人的利益。各国信托法通常都把信托财产的管理方法作为信托文件的选择性内容，可由信托当事人自行约定。我国《信托法》第九条明确规定信托文件中可以载明信托财产的管理方法。

在设立家族信托时，委托人通过信托文件对信托财产的管理方法做出具体规定的，受托人应按照信托文件所规定的方法管理信托财产，信托财产管理方法是受托人实施管理、处分信托财产行为的重要依据，一般情况下应当严格遵守。但对于信托期限较长的家族信托而言，在信托存续期间可能出现社会经济形势发生重大改变的情况，使得信托文件约定的信托财产管理办法无法适应新形势，从而影响信托目的的实现。我国《信托法》第二十一条规定："因设立信托时未能预见的特别事由，致使信托财产的管理方法不利于实现信托目的或者不符合受益人的利益时，委托人有权要求受托人调整该信托财产的管理方法。"同时，根据该法第四十九条的规定，受益人同样拥有调整信托财产管理办法的权利。如果出现委托人和受益人意见不一致的情况，可申请人民法院做出裁定。

此外，委托人可能通过信托文件预先为自己保留调整信托财产管理方法的权利，也可能通过信托文件授予信托监察人或保护人该项权利。对信托文件能否为委托人保留前项权利，我国现行《信托法》没有明确规定，一般认为可基于意思自治的原则予以设定。除此之外，委托人还可以在信托文件中赋予受托人调整信托财产管理方法的权利。

（二）家族信托受益人及受益额度的变更

家族信托是委托人为了受益人的利益而设立的，家族信托有效成立后，受益人即享有信托利益。为了保证信托的稳定性，信托一经生效后，除非出现法定情形或信托文件中另有规定的，一般不得随意变更受益人。家族信托中受益人的变更要么基于信托文件的约定，要么基于法律的规定。

1. 委托人要求变更

根据我国《信托法》第五十一条规定，设立信托后，有下列情形之一的，委托人可以变更受益人或者处分受益人的信托受益权：第一，受益人对委托人有重大侵权行为；第二，受益人对其他共同受益人有重大侵权行为；第三，经受益人同意；第四，信托文件规定的其他情形。委托人通过信托文件，明确规定受益人获取信托收益的前提条件之外，还可以在信托文件中保留重新指定受益人的权利。当原受益人的某些行为已严重影响信托目的实现时，委托人可根据信托文件要求变更受益人。家族信托委托人设立信托的目的经常是更好地让家族财富能得到有效的传承，委托人保留对受益人及其受益额度的变更权，有利于保障家族信托目的的实现。

2. 受益人原因发生变更

根据我国《信托法》的规定，信托受益权可以被转让和继承。一旦转让或继承完成后，受益人便可能发生变更。不过，委托人可通过信托文件对此进行限制。具体而言，委托人可在信托文件中禁止受益人转让受益权或对转让行为设定严格的条件；对于受益权的继承，委托人可对继承人的资格加以限制，以防止家族成员以外的人获得受益权。

（三）受托人的变更

根据我国《信托法》的规定，存在以下情形时可能导致受托人职责终止：其一，死亡或者被依法宣告死亡；其二，被依法宣告为无民事行为能力人或者限制民事行为能力人；其三，被依法撤销或者被宣告破产；其四，依法解散或者法定资格丧失；其五，辞任或者被解任；其六，法律、行政法规规定的其他情形。其中，受托人因故主动辞任，原则上应经委托人、受益人同意；受托人违反信托目的处分信托财产或者管理运用、处分信托财产有重大过失的，委托人、受益人可要求解任受托人。原受托人职责终止，便进入选任新受托人的环节。在新受托人产生并同意接任的情况下，家族信托将迎来新的受托人，受托人变更得以完成。受托人辞任的，在新受托人未选出前仍应履行管理信托事务的职责；因其他原因职责终止的，其继承人或者遗产管理人、监护人、清算人应当妥善保管信托财产，协助新受托人接管信托事务。

二、家族信托的终止

家族信托的设立以及其存续期间的一系列信托行为，都是为了实现委托人的家族信托目的。当信托目的已经实现或者确已无法实现，抑或出现相关法律规定及信托文件规定的信托终止的情形，则信托终止，信托关系归于消灭。

（一）家族信托终止的情形

根据《信托法》第五十三条的规定："有下列情形之一的，信托终止：（一）信托文件规定的终止事由发生；（二）信托的存续违反信托目的；（三）信托目的已经实现或者不能实现；（四）信托当事人协商同意；（五）信托被撤销；（六）信托被解除。"

1.信托文件规定的终止事由发生

根据意思自治原则，家族信托委托人可在信托文件中约定信托终止的事由。只要该约定不违反法律及行政法规强制性规定，当约定的信托终止事由发生时，家族信托应予以终止。实践中，常见的家族信托终止事由可大致概括为两种情形：一是信托期限届满，二是信托文件中规定的信托终止条件成就。委托人可预先在信托文件中设定信托存续期限，家族信托于信托期限届满时终止。实务中，一些家族信托期限被设定为三十年或五十年，也有一些家族信托未设定固定期限或设定为永久信托。无论期限被如何设定，家族信托文件都可以就信托终止的条件做出明确规定。例如，委托人为了保障自己和配偶双方父母的生活而设立家族信托，则该信托应于双方父母全部离世时终止；再如，信托文件中约定受益人第五次符合专项留学资助金申领条件并实际申领之后，信托终止。

2.信托的存续违反信托目的

委托人在设立家族信托时，未在信托文件中规定信托终止的条件，但信托继续存续将违反信托目的时，信托依法应当终止。例如，委托人为了财富传承设立家族信托，在信托文件中明确设立信托的目的是避免后人发生遗产纷争，但未规定信托终止事由及时间。委托人去世后，因为信托文件的内容设置不合理导致家庭陷入持久纷争，历经多种途径仍无法得到解决，可认为信托继续存续违反了信托设立的目的，该信托应终止。

3.信托目的已经实现或者不能实现

当信托目的已经实现或者不能实现时，信托则失去了存续的意义，应即告终止。例如，委托人为支持子女完成从初中到博士阶段的教育设立专项家族信托，当该子女取得博士学位且不再接受进一步教育时，信托目的已经实现，相应地该信托应予以终止。再如，委托人为身患疾病的子女设立家族信托以为其后半生提供经济保障，并在信托文件中规定其受益权不得转让或继承。后如该子女意外死亡，则其不能继续享有信托利益，此时该家族信托因信托目的不能实现而终止。

4.信托当事人协商同意

信托有效成立后，信托当事人提出终止信托的，属于民事法律行为。根据私法自治原则，经信托当事人协商一致达成终止信托协议后，该信托就可以终止。

5.信托被撤销

《信托法》第十二条中明确规定，委托人设立信托损害其债权人利益的，债权人有权申请人民法院撤销该信托。故设立损害债权人利益的家族信托应予以终止。

6.信托被解除

家族信托通常属于他益信托。《信托法》第五十一条对他益信托被解除的情形做出了明确规定。其一，受益人对委托人有重大侵权行为时，委托人可解除信托。例如，委托人以其子女为受益人设立家族信托，而后子女因挥霍无度而不满信托利益的获得方式，为逼迫委托人交出其他财产对委托人大打出手，使委托人的人身权益严重受到侵害，此情形下委托人有权解除该家族信托。其二，经受益人同意。家族信托正常运行过程中，委托人因为某种原因需要解除信托并取得受益人同意，则信托可被解除。其三，信托文件规定的其他情形。比如，委托人通过信托文件保留了任意解除信托的权利，或在信托文件中设置委托人可以单方要求解除信托的条件，抑或设定信托自动解除的条件。这样，一旦委托人依法行使解除权或者信托自动解除的条件具备，信托便被解除。

7.全体受益人放弃信托受益权

根据《信托法》第四十六条规定，受益人可以放弃信托受益权。全体受益人放弃信托受益权的，信托终止。但在存在多位受益人的情形下，如只有部分受益人放弃受益权，不会导致信托终止。

（二）家族信托终止时的财产归属

家族信托有效成立后，受托人成为信托财产名义上的所有人，并为实现信托目的及受益人的利益，以自己的名义管理和处分信托财产，所产生的信托收益归受益人享有。但信托一经终止，原有的信托关系即告消灭，受托人不再享有信托财产上的权利，因而需对剩余的信托财产进行处分。根据《信托法》第五十四条的规定，信托终止的，信托财产归属于信托文件规定的人；信托文件未规定的，按照下列顺序确定财产归属：第一顺序为受益人或者其继承人，第二顺序为委托人或者其继承人。

1.依据信托文件的规定确定剩余信托财产归属权利人

根据私法自治原则以及对委托人意愿的尊重，信托终止后，首先按照信托文件中的规定来确定剩余信托财产归属权利人。通常而言，委托人在设立家族信托时会在信托文件中确定信托终止后信托财产的归属人为信托受益人。但也可能是委托人出于其他考虑，指定与信托受益人范围部分或完全不同的人作为信托终止情形下的剩余财产归属人。无论哪种情况，信托终止后，剩余信托财产都应归属于信托文件设定的财产归属人。只不过此种剩余信托财产归属人的指定，仍要符合《中华人民共和国反洗钱法》的相关要求，否则无法被信托公司接受。

2.依据法定顺序确定剩余信托财产归属权利人

委托人在设立信托时，未在信托文件中对信托终止后的剩余信托财产归属权利人做出规定的，则应依照法定顺序确定剩余信托财产归属权利人。

根据《信托法》第五十四条的规定，剩余信托财产第一顺序的法定归属人为受益人或者其继承人。委托人设立信托的目的就是使受益人获得受益权，因而当委托人未在信托文件中指定其他剩余信托财产归属权利人时，将受益人确定为财产归属权利人应最符合委托人的意愿。尤其是对于家族信托来说，受益人多为委托人的家族成员，应是适格的剩余信托财产归属权利人。受益人死亡的，其继承人为剩余信托财产归属权利人。在部分受益人放弃受益权的情形下，被放弃的受益权按下列顺序移转：（一）信托文件规定的人；（二）其他受益人；（三）委托人或者其继承人。在信托终止的情形下，承受被放弃受益权的人属于前述剩余财产归属权利人。

剩余信托财产第二顺序的法定归属人为委托人或其继承人。也即当受益人死亡且无任何继承人时，信托财产归属于委托人；此情形下如果委托人也死亡了，则信托财产归属于委托人的继承人。[①]

（三）家族信托终止后的信托清算

根据《信托法》第五十八条规定："信托终止的，受托人应当做出处理信托事务的清算报告。受益人或者信托财产的权利归属人对清算报告无异议的，受托人就清算报告所列事项解除责任……"该条明确信托清算程序是信托终止之后的法定程序。通常而言，信托清算事务包括清理信托财产，清偿债务、清缴税费，分配剩余信托财产以及解除受托人责任等。

1. 清理信托财产

信托终止后，需要对信托财产进行全面清理。对信托账户中的存款、理财产品、不动产、股权、债权以及其他财产进行全面盘点，对尚欠债务、税款及其他应缴行政费用进行清算，核查信托账簿记录，编制信托财产清单和资产负债表。

2. 清偿债务、清缴税费

对信托财产进行清算的过程中，应当清算的债务包括：（1）受托人处理信托事务所产生的债务，债权人要求清偿该债务的。例如，受托人为管理作为信托财产的房产，与物业管理公司签订了合同，尚欠物业管理公司管理费。在信托清算期间，物业管理公司要求支付管理费的，受托人应从信托财产中予以支付。（2）受托人的报酬。《信托法》第三十五条第一款规定："受托人有权依照信托文件的约定取得报酬。信托文件未做事先约定的，经信托当事人协商同意，可以做出补充约定；未做事先约定和补充约定的，不得收取报酬。"因此受托人享有依信托文件或补充约定取得信托报酬的权利。《信托法》第五十七条规定："信托终止后，受托人依照本法规定行使请求给付报酬、从信托财产中获得补偿的权利时，可以留置信托财产或者对信托财产的权利归属人提出请求。"可见，受托人的报酬请求权不因信托的终止而消灭。信托终止后，受托人尚未获得的信托报酬，继续由信托财产支付。此外，设立信托前债权人已对信托财产享有优先受偿的权利，并在信托清算阶段依法行使该权利的相应债务，应当优先清偿。例如，

[①] 与我国《信托法》不同，英美法系信托法中，如果信托文件中没有明确规定剩余信托财产归属权利人，首先由法院根据信托文件的规定，对委托人处理信托财产的意图进行推断，以此来确定剩余信托财产的归属权利人。如果法院无法推断出委托人的意图，则默认在信托终止后，将剩余的信托财产以委托人为受益人成立一项归复信托，使信托财产归还至委托人手中。参见：潘修平，侯太领，等.中国家族信托：原理与实务 [M]. 北京：知识产权出版社，2017：247.

委托人设立信托财产之前已为第三人之债设立抵押，抵押权人在信托清算期间对该信托财产行使抵押权的，该信托财产应当优先用于清偿担保权人的债权。[①]

至于信托财产本身应承担的税费，包括法律规定就信托财产的持有、管理、处分须向国家缴纳的税款或相应行政费用，依法应由受益人或其他人负担的除外。比如，信托财产中有商业地产在出租，为此需要缴纳增值税及其附加税、房产税等。虽然税务机关核定的纳税义务人可能被表述为作为受托人的信托公司，但该税款应从信托财产中支出。如在信托清算时仍有未缴税款，用信托财产缴付。

3. 分配剩余信托财产

委托人在设立家族信托时，可通过信托文件规定信托终止后，对剩余信托财产的分配方式、分配顺序等。例如，委托人可规定在家族信托终止后，其配偶及子女按照不同的比例享有信托财产；抑或根据不同类型的信托财产，来确定剩余信托财产的归属权利人；同时，委托人还可以赋予受托人一定的自由裁量权，在信托终止后，由受托人依照适当的方式处置非资金形态的信托财产，将所得价款在扣除相应费用后，按比例分配给指定的剩余信托财产归属权利人。受托人应当在信托终止后，按照信托文件规定的分配比例、分配方式、分配顺序等将剩余信托财产在不同的归属权利人之间进行分配。如剩余信托财产归属权利人未按照受托人的通知办理信托财产移交手续的，可由受托人将相应财产划付至权利人留存的银行账户中或者进行提存。该财产因存放在银行期间所产生的收益，由剩余信托财产归属权利人享有，而因此所产生的费用，也由其承担。

4. 解除受托人责任

在信托存续期间，受托人应当谨慎、有效地管理信托财产。信托终止时，受托人有做出清算报告以及说明信托财产处分情况的义务。根据我国《信托法》第五十八条的规定，受托人完成信托清算工作并提交清算报告，且受益人或信托财产权利归属人对清算报告无异议的，受托人可就清算报告中所列的事项解除责任。一般来说，清算报告的内容应当包括信托的基本情况、处理信托事务的基本情况、信托财产的管理和处分情况，以及剩余信托财产的分配情况等。同时，受托人可在信托文件中设定对清算报告提出异议的合理期限，受益人或剩余信托财产归属权利人未在信托文件中规定的有效异议期内提出异议的，受托人的责任视

---

① 周小明. 信托制度：法理与实务[M]. 北京：中国法制出版社，2014.

为当然解除。

受益人或剩余信托财产归属权利人对受托人的清算报告无异议的,受托人就清算报告所列的事项解除责任。为了保护受益人和剩余信托财产归属权利人的利益,以下两种情况不能解除受托人的责任:

其一,受托人存在不正当行为。如果受托人在做出信托清算报告的过程中故意歪曲、虚假陈述管理信托事务和处分信托财产的情况,未在清算报告中如实披露因其过失导致信托财产损失的事实,使受益人和剩余信托财产归属权利人无法得知事实真相的,即使受益人和剩余信托财产归属权利人未对清算报告提出异议,受托人也不能因此免除责任。受益人及剩余信托财产归属权利人可就该事项要求受托人承担相应责任;也可在受托人采取相应的补救措施后,重新对清算报告做出确认,以免除受托人的责任。

其二,清算报告未列明事项。受益人、剩余信托财产归属权利人对清算报告做出确认的,只能就清算报告中所列明的事项解除受托人的责任。即使受益人及剩余信托财产权利归属人未在有效异议期对清算报告未列明的事项提出异议的,事后得知清算报告未列明的受托人的不当行为,仍然可以请求受托人承担相应的法律责任。

第十八章 家族信托财产

第一节 家族信托财产概述

一、信托财产的地位

信托财产是信托法律关系中的对象,在信托法律关系中占据重要地位。站在信托成立的角度,信托意思表示的内容必须包括信托财产;站在信托生效的角度,委托人将信托财产转移给受托人是信托生效的要件;站在信托运行的角度,信托财产是信托行为的核心,受托人围绕着信托财产来实施管理和处分等信托行为，受益人所有的受益期待都针对信托财产。我国《信托法》第十四条第一款、第二款规定："受托人因承诺信托而取得的财产是信托财产。受托人因信托财产的管理运用、处分或者其他情形而取得的财产，也归入信托财产。"

委托人将信托财产委托给受托人设立信托，由受托人按照委托人的意愿为受益人的利益和信托目的进行管理和处分。信托设立后，信托财产成为一项独立财产，只服务于信托目的，独立于信托当事人的固有财产。委托人丧失对信托财产的所有权，受托人取得管理和处分信托财产的权利，受益人取得信托财产的受益权。

二、信托财产的种类

我国信托法未就信托财产的种类做出具体规定。实践中，家族信托财产主要有以下几种。

（一）资金

现金、银行存款等货币类资产可以置入家族信托。

（二）不动产

土地使用权、房屋所有权等具有经济价值、与特定空间不可分离的财产可以置入家族信托。在我国，土地的所有权属于国家或集体，不能自由转让，无法成为家族信托财产。经出让取得的国有建设用地使用权可以自由流转，能作为信托财产。农村土地使用权的流转受限较多，能否成为信托财产须结合有关政策、村民自治文件等做进一步区分，实务操作中须慎重。根据房随地走的原则，合法建造在可自由流转土地上的房屋所有权，应可用于设立信托。但无论何种不动产权利，因其转移原则上须办理登记，再结合《信托法》第十条的规定，故仅其中可办理不动产转移登记的方可真正成为信托财产。

（三）股权、股份、合伙财产份额

有限责任公司的股权、股份有限公司的股份、合伙企业的财产份额可以作为信托财产。至于在个人独资企业中的出资或拥有的个体工商户财产，因为其权利人限定为自然人，所以须通过变更注册类型从而将其转换为可由组织持有的出资者权利，再将其置入家族信托。

（四）保险金

人寿保险的保险金可以作为信托财产。当保险理赔条件具备或期间届满，保险金可以作为信托财产置入信托中。人寿保单的现金价值也可以作为信托财产。

（五）动产

具有一定经济价值、不具有空间固定特性的财产可以置入家族信托。实践中，用于信托的动产主要为艺术品、贵金属制品、文物等一些能够长期保存且价值较高的物品。

（六）其他财产

知识产权、有价证券、收益权等也可以作为信托财产。

三、信托财产的独立性

独立性是信托财产最主要的特征。委托人基于其特定的信托目的，将信托财产从其固有财产中分离出来设立信托，受托人基于信托文件赋予的权利对信托财产进行管理和处分，而受益人基于其信托受益权享有信托利益。信托财产独立于委托人、受托人、受益人三方信托当事人的固有财产。

（一）信托财产独立于委托人的固有财产

委托人以自己全部或部分私有财产作为信托财产设立家族信托，该部分信托财产自信托生效时起便与委托人的固有财产分离，不再属于委托人。委托人对该部分财产的所有权主要转变为监督权，原则上不再享有直接管理和处分信托财产的权利，而只能对受托人的管理和处分行为进行监督。

我国《信托法》第十五条规定，委托人死亡或者依法解散、被依法撤销、被宣告破产时，信托财产不作为遗产，但委托人是唯一受益人的除外。也就是说，在委托人作为信托唯一受益人的情况时，委托人死亡后，信托终止后的信托财产可以作为遗产。而家族信托多具有他益信托的属性，委托人一般不是唯一的受益人，故委托人死亡时家族信托财产不作为遗产。

原则上，委托人的债权人不得要求用信托财产满足自己的债权，法院也不能为强制委托人清偿债务而执行信托财产。仅在该家族信托因故无效或因有损债权人利益被撤销，从而使信托财产被返还为委托人的责任财产，或者信托设立前已对该信托财产有优先受偿权之情形，方可为偿还委托人的债务执行信托财产。

（二）信托财产独立于受托人的固有财产

委托人将信托财产委托给受托人设立信托后，受托人成为信托财产的所有权人，并以自己的名义对信托财产进行管理和处分。但是受托人对信托财产的所有权仅为名义上的所有权，且是为了信托目的以及受益人的利益而管理和处分信托财产。信托财产与受托人的固有财产完全独立，需要受托人进行分别管理。同时，受托人管理运用信托财产所产生的信托利益仍属于信托财产，受托人不得将信托利益归于自己的固有财产。

信托财产不是受托人的责任财产，不能用于清偿受托人的债务。正常情况下，受托人的债权人不得要求用信托财产满足自己的债权，法院也不能为强制受托人清偿债务而执行信托财产。受托人死亡或者依法解散、被依法撤销、被宣告破产而终止，信托财产不属于其遗产或者清算财产。[1]受托人管理运用、处分信托财产所产生的债权，不得与其固有财产产生的债务相抵销。受托人管理运用、处分不同委托人的信托财产所产生的债权债务，不得相互抵销。[2]受托人的继承人不能在受托人死亡后直接继承受托人对信托财产的管理和处分权。[3]

原则上，仅在为清偿受托人处理信托事务所产生的债务，或缴纳以受托人为义务人但系信托财产本身应担负的税款时，方可执行信托财产。

（三）信托财产独立于受益人的固有财产

信托文件中通常约定，在信托存续期间受益人只享有信托财产的受益权，而不享有对信托财产的直接权利。进言之，信托财产中有股权，但受益人不属于所涉及公司的股东；信托财产中有不动产，但受益人不享有针对该不动产的物权。信托终止后，如果信托文件规定信托终止时信托财产归属于受益人之外的其他人，则受益人也没法获得剩余信托财产的所有权。信托财产独立于受益人的固有财产主要表现为信托财产不能作为受益人的责任财产而直接被债权人追索或者破产清偿，也不能作为其固有财产被继承。当然，这不影响法律、行政法规以及信

---

[1] 《信托法》第十六条第二款。
[2] 《信托法》第十八条。
[3] 《信托法》第三十九条第二款规定："受托人职责终止时，其继承人或者遗产管理人、监护人、清算人应当妥善保管信托财产，协助新受托人接管信托事务。"

托文件没有限制性规定的情况下，信托受益权被作为受益人的责任财产用于清偿其债务，以及在受益人去世后信托受益权被作为受益人的遗产被继承。

第二节　资金家族信托

一、资金家族信托的概念

资金家族信托是指委托人将自己合法持有的资金作为信托财产委托给受托人，由受托人按照委托人的个性化需求以自己的名义，管理信托事务、处分信托财产，从而实现委托人家族财富有效传承的家族信托。资金家族信托是最常见的一种家族信托。

二、资金家族信托的特点

（一）资金家族信托的优点

1. 设立程序简便

设立资金家族信托，委托人将信托财产委托给受托人，只需完成资金的划转即可。而以股权、不动产等其他类型的财产设立的家族信托，在进行财产权利变更时，则需要办理相对烦琐的手续，同时还需要向有关部门缴纳相关税费。可见，资金家族信托在设立时具有程序简便、成本较低的优势。

2. 管理方式灵活

资金作为信托财产，具有更高的灵活性及流通性，受托人可以通过灵活的资产组合管理办法，寻求风险性较低、流动性较好的稳健收益，以保障资金的保值与增值；也可以在符合信托目的的前提下，适当进行高风险、高收益的投资。例如，受托人在进行资产配置时，可依照委托人的个性化需求，将部分资金作定期存款或是购买国债、稳健型理财产品等，还可以将部分资金用于股权类投资。

（二）资金家族信托的缺点

1. 对受托人的专业管理能力要求高

委托人设立资金家族信托，将大额资金委托给受托人进行管理和处分。将这么多钱放进信托，其保值增值是必然要面对的问题。过于消极的管理方式，可能使信托财产因通胀缩水;而一旦投资不慎或管理不当,又可能导致信托财产遭受损失。这就对受托人投资水平及管理能力提出了较高的要求。

2.受到受托人的道德风险影响较大

从法律层面来看,受托人作为信托财产名义上的所有人,不能违背委托人的信托目的、随意处分信托财产。但因为资金的流动性很强,一旦受托人进行不当操作,即便其明显超出受托人的管理权限并严重背离信托目的,也可能在极短时间内使信托财产遭受到重大损失。在受托人自身偿付能力不足的情形下,这种损失基本上不可挽回。

三、资金家族信托的设立

资金家族信托可依合同设立,也可依遗嘱设立。现阶段的家族信托主要依据合同设立。以下就合同方式设立家族信托做一个简单介绍。①

(一)资金家族信托受托人的选择

非营业类的资金家族信托,委托人往往侧重于支付抚养费等特定家事目标的实现,对信托财产的保值增值并无多高要求。并且非营业信托很难隔离受托人自身存在的债务风险,故选择受托人重点应关注其个人诚信及财产状况。营业类家族信托,当事人往往对信托财产的保值增值抱有较高的期望。因此,选择投资能力强的受托人就显得非常重要。此外,资金的高流动性使其极易发生损失,受托人良好的信誉和风险控制能力对保证信托财产的安全性意义重大。根据我国现行法律,只有信托公司能担任营业类家族信托的受托人。目前全国正常运行的持牌信托公司共有六十多家,整体上都符合选择资金家族信托受托人的要求。落地过程中,需结合委托人自身资金、需求情况及各家信托公司的业务特点进行权衡。

(二)委托人需求分析与尽职调查

受托人接受委托人的委托,应全面了解委托人的需求并进行深入且严谨的分析,以设计出满足委托人需求的信托方案。

首先,应了解委托人设立家族信托的主要目的。资金家族信托的主要信托目的是家族财富的保护与传承、保障家族成员生活以及资金保值和增值等。受托人

---

① 本章关于信托设立的内容,除非特别说明,否则仅针对通过合同设立的家族信托。

需要与委托人进行沟通，了解其特定目的，如对信托收益的分配要求、投资需求等。其次，受托人应对委托人拟转入的资金来源及合法性进行调查，确保资金属于委托人合法拥有的财产。如果委托人已婚，应告知委托人提供可表明信托财产为其个人财产的证明材料，或者要求提供配偶同意委托人设立家族信托或放弃财产共有权的材料。此外，受托人还应了解并评估委托人设立信托是否会侵害债权人等第三人利益。只有经过充分的尽职调查，才能保证后续设立的家族信托可以实现委托人的信托目的，避免嗣后信托因种种原因被非正常终止。

（三）设计信托方案

信托方案应当包括委托人、受益人、信托期限、信托目的、信托财产管理方式、信托收益分配方案等内容，主动信托还应明确受托人拟采取的信托财产管理手段、选择或排除信托投资对象的标准等。

（四）委托人与受托人签订信托合同

受托人根据委托人的意愿，制订好信托管理方案后，双方签订资金家族信托合同。该合同应具体列明委托人、受托人、受益人的权利义务，体现出委托人的信托目的、受托人管理信托的方法及权限、受益人享受的受益比例及受益权获得条件，同时应确定受托人的信托管理费用。有监察人或保护人的，对监察人的权限、报酬等问题均须予以明确。此外，信托合同还可根据委托人的要求设置一些个性化的条款。委托人可以根据自己的意愿在信托文件中规定变更受益人及其受益额度的规则。比如，信托合同中规定，信托设立三年后，委托人可要求向受益人提前分配全部或部分信托财产；再如，在受益人实施有违信托目的的某些特定行为时，监察人可要求受托人予以撤换。一般而言，营业信托合同中都会约定纠纷解决方式，比如向受托人所在地人民法院起诉或向仲裁委员会申请仲裁。依照《信托法》第八条，信托合同一经签订，信托成立。

（五）信托资金的划转

信托合同签订后，受托人在银行开设信托专门账户，委托人将约定的资金划转到受托人名下的信托专用账户下，资金家族信托正式生效。

（六）信托的登记

根据《信托登记管理办法》第三条的规定："信托机构开展信托业务，应当办理信托登记,但法律、行政法规或者国务院银行业监督管理机构另有规定的除外。"当前没有法律、行政法规将家族信托规定为信托登记的除外情形。资金家族信托的受托人应向中国信托登记有限责任公司办理信托登记手续。

资金家族信托及其产品案例——"鸿承世家"信托计划

2013年年初,平安信托在深圳推出了国内首单家族信托产品。该产品是家族信托模式在国内的首次应用。该信托是一位40岁的高净值企业家将其持有的货币资金5000万元委托给平安信托,信托期限为50年,并约定平安信托与委托人共同管理信托财产,并按照合同约定将信托收益分配给家庭成员。

"鸿承世家"信托是通过多个委托人的投资形成一个集合资金池,平安信托作为集合资金池的受托人对资金进行管理。其具有集合信托的性质,但与之不同的是,平安信托会依据与不同委托人签署的信托合同对单一客户提供一对一的服务。当投资标的资金量较小时,可以以单一资金信托的方式帮助投资者配置;当投资标的资金量需求较大时,受托人可以将多个投资者的资金以集合资金信托的方式共同配置。

第三节　股权家族信托

一、股权家族信托概述

股权家族信托是指公司股东作为委托人,将其所持有的股权委托给受托人,由受托人根据信托合同为了受益人的利益,以自己的名义进行管理和处分的行为。根据《公司法》相关规定,股权包括投资收益权、公司经营管理权、管理者选择权、股份或出资转让权、剩余财产分配权等。股权具有以下特点:其一,股权本身是一种财产性权益。股东通过向公司投入资本,以获得受益权;其二,股权是可转让的财产性权益。股权可经法定程序评估作价,股东可将其享有的公司股权转移给受让人。

股权家族信托,对家族企业管理和传承而言,价值是多方面的。首先,委托人将其所有的家族企业股权作为信托财产设立家族信托,使得家族企业股权不至于因夫妻离婚或子女传承等而分散,有利于维持家族企业股权的集中和稳定。其次，委托人可在信托文件中预先选定家族企业的管理者或设定遴选机制，避免不适合的家族成员接管企业。还可以规定股权不可转让、信托不可撤销等，以维持该股权家族信托的稳定。此外，我国《公司法》中规定，公司章程可对董事会的职权等进行相对自由的分配和设计。基于此，委托人还可以根据自身情况通过信托文件对信托财产的管理方法进行约定，然后配合公司章程相关条款的设置，从而让委托人维持对公司管理的灵活参与。

我国内地的家族信托尚处于起步阶段，股权作为信托财产目前还存在一些限制性因素。股权家族信托的发展任重道远。

二、股权家族信托的登记公示

（一）股权家族信托登记的意义

如前所述，家族信托登记包括作为信托生效要件的登记和不作为信托生效要件的登记两种。后者为所有类型的信托计划所共有，故不予专门讨论。此处仅探讨前一层意义上的股权家族信托登记。作为信托生效要件的登记，重点在于实现信托财产公示。完整的信托财产公示应当包括两层内容，其一是股权转移公示，其二是股权信托公示。目前，我国有关法律法规对股权转移公示有明确规定，对股权信托公示则缺乏相关规定。

股权转移公示是指委托人将其所持有的企业的股权作为信托财产转移给受托人时所应进行的公示，由此使信托财产区别于委托人的其他财产。此种意义上的公示，与日常的股权转让并无本质差异。股权信托公示，是指在信托设立时，应将相应的权利凭证或登记簿上的股权权属状态记载为"信托"。对于信托登记公示的效力，很多国家或地区遵循的是"登记对抗主义"。例如，韩国《信托法》第三条规定："关于需登记或注册的财产权，其信托可因登记或注册而与第三人对抗。对于有价证券，信托可根据内阁令的规定，对证券表明信托财产的实际情况；对于股票证券和公司证券，信托则可在股东名册簿或公司债券簿上，表明信托财产的实际情况，从而与第三人对抗。"我国《信托法》第十条的规定采取了"登记生效主义"，只是将该"登记生效主义"的适用范围限定为有关法律、行政法规规定应当办理登记手续的情况。

（二）股权家族信托的登记方法

1. 有限责任公司股权作为信托财产

我国《公司法》第三十二条规定，"有限责任公司应当置备股东名册，记载下列事项：（一）股东的姓名或者名称及住所；（二）股东的出资额；（三）出资证明书编号。记载于股东名册的股东，可以依股东名册主张行使股东权利。公司应当将股东的姓名或者名称向公司登记机关登记；登记事项发生变更的，应当办理变更登记。未经登记或者变更登记的，不得对抗第三人。"实务操作中，对以什么作为股权变动的依据存在一定争议。从该条的文意来看，应该是以记载于股东名册作为股权变动的依据，以在公司登记机关办理相应变更登记作为获得对抗第三人效力的条件。

然而，前述《公司法》的规定仅解决了股权在不同主体之间变动的公示问题，并没有解决信托公示的问题。从《信托法》第十条的规定来看，以有限责任公司股权设立信托的，仍应通过登记实现信托公示。鉴于我国尚无明确的股权信托登记规则，结合《公司法》的相关规定，目前以有限公司股权设立信托的，应当在股东名册上载明"股权信托"相应内容，并在公司章程中予以体现。根据《公司登记管理条例》第三十六条规定，公司章程修改未涉及登记事项的，公司应当将修改后的公司章程或者公司章程修正案送原公司登记机关备案。对体现了股权信托事宜的公司章程，应在公司登记机关办理备案。至于在公司登记机关的登记过程中体现股权信托登记的问题，尚有待相关部门进一步完善规则。在当前的法律环境下，借鉴证券登记机关可将信托计划名称登记为股东的做法，通过将股权归属直接指向家族信托的方式来实现信托公示，是不错的方案，但需要得到公司登记机关的支持。

2. 股份有限公司的股权（股份）作为信托财产

股份有限公司的股权（股份）采取股票的形式，股票是公司签发的证明股东所持股份的凭证，股票包括记名股票和无记名股票。《公司法》第一百三十九条规定，"记名股票，由股东以背书方式或者法律、行政法规规定的其他方式转让；转让后由公司将受让人的姓名或者名称及住所记载于股东名册。股东大会召开前二十日内或者公司决定分配股利的基准日前五日内，不得进行前款规定的股东名册的变更登记。但是，法律对上市公司股东名册变更登记另有规定的，从其规定"。第一百四十条规定，"无记名股票的转让，由股东将该股票交付给受让人后即发生转让的效力"。据此，以记名股票设立信托的，应由委托人通过背书方式将股票转移给受托人，同时在股东名册上予以记载；而以无记名股票设立信托的，应由委托人将该自己的股票交付给受托人。此外，《中华人民共和国证券法》第一百四十五条第一款规定："证券登记结算机构为证券交易提供集中登记、存管与结算服务，不以营利为目的，依法登记，取得法人资格。"第一百四十七条规定："证券登记结算机构履行下列职能：（一）证券账户、结算账户的设立；（二）证券的存管和过户；（三）证券持有人名册登记；（四）证券交易的清算和交收；（五）受发行人的委托派发证券权益；（六）办理与上述业务有关的查询、信息服务；（七）国务院证券监督管理机构批准的其他业务。"第一百五十一条第二款规定："证券登记结算机构应当根据证券登记结算的结果，确认证券持有人持有证券的事实，提供证券持有人登记资料。"因此，上市公司的股权转让应当经过证券登记结算机构的登记。经由前述操作，便可实现股权（股份）由委托人转移至受托人的公示，权利变动便可发生效力。

上述操作系针对股权变动，而非信托公示。仍需辅之以其他手段以实现信托公示。就此，上市公司和非上市公司存在差异：

其一，上市公司的股权信托。如前所述，上市公司股权由证券登记结算机构登记，且可将信托计划登记为股东。由此，上市公司股权作为信托财产进行登记时，其权利人已经显示为信托计划，故可以实现信托公示。

其二，非上市公司的股权信托。按照前述有限责任公司股权信托的方法，通过公司股东名册及章程予以体现。

三、设立股权家族信托面临的其他问题

由于我国有关信托的法律法规尚不完善，除信托登记在实践中无明确的操作标准外，以股权设立家族信托，在实施方面还面临其他一些因规则的不确定性所带来的问题。

（一）股权信托的税务问题

根据《信托法》的要求，委托人以其持有的股权作为信托财产设立信托的，在实操中，以股权设立信托需要将股权从自然人名下转移至信托公司名下，因而会涉及征缴个人所得税问题。2006年国家实施股权分置改革，实现企业股份的全

流通，非流通股也可以上市进行交易。但为了减少股权分置改革导致的市场上股票供应的剧增，避免造成股价大跌，所以限制了这部分股份的上市时间，即在一定时期内不上市流通或对在一定时期内出售的数量进行限制。如果委托人拟设立信托的股权是限售股解禁后的，比如是在2006年股权分置改革新老划断后，首发上市形成的限售股设立信托，除缴纳印花税外，应以限售股转让所得减去股票原值和合理的税费后的余额为应纳税所得额，缴纳20%的个人所得税；如果纳税人未能提供完整、真实的限售股原值凭证的，不能准确计算限售股原值的，那就按限售股转让收入的15%核定限售股原值及合理税费。如果委托人拟设立信托的股权不是限售股解禁的，而是从二级市场购入，目前在没有资本利得税的情况下，还不需要缴纳个人所得税，但需要缴纳0.1%的印花税。①

因此，在委托人以解禁后的限售股设立家族信托的，委托人作为纳税义务人，将其所持有的股权转让给受托人时将面临数额不小的所得税税负。这也是实践中造成以股权设立信托相对较少的原因之一。但委托人以股权设立家族信托后，可以通过信托架构设计，减少其他税务性支出，同时还可在家族财富传承、防范婚变风险、企业经营风险隔离等方面发挥作用，所以股权家族信托设立的税负问题也不构成根本性困扰。

（二）信息披露与信托保密功能

家族信托具有一定的保密性功能，能够较好地保护家族的隐私。但是上市公司股权设立信托，尤其是股份比例较大的情形，需要进行公开市场披露，这难免会削弱信托的保密性。根据证监会发布的《公开发行证券的公司信息披露内容与格式准则第2号——年度报告的内容与格式（2017年修订）》中第四十八条第三款的规定："公司应当比照本条第二款有关控股股东披露的要求，披露公司实际控制人的情况，并以方框图及文字的形式披露公司与实际控制人之间的产权和控制关系。实际控制人应当披露到自然人、国有资产管理机构，或者股东之间达成某种协议或安排的其他机构或自然人，包括以信托方式形成实际控制的情况。对实际控制人为自然人的，应当披露其过去10年曾控股的境内外上市公司情况。如实际控制人通过信托或其他资产管理方式控制公司，应当披露信托合同或者其他资产管理安排的主要内容，包括信托或其他资产管理的具体方式，信托管理权限

---

① 《关于个人转让上市公司限售股征收个人所得税有关问题的通知》（财税〔2009〕167号）。

（包括公司股份表决权的行使等），涉及的股份数量及占公司已发行股份的比例，信托或资产管理费用，信托资产处理安排，合同签订的时间、期限及变更、终止的条件，以及其他特别条款……"因此，上市公司股东以其所持有的股权设立家族信托时，其家族信托的私密性会受到影响。如果因设立家族信托导致了上市公司的实际控制人发生变更，还会引发一些其他方面问题；即便实际控制人未发生变更，也需依法依规进行披露。

四、离岸股权家族信托

实践中，部分高净值人士会选择在一些离岸地设立家族信托，即设立离岸股权家族信托。在这些离岸金融中心设立股权家族信托，具有以下优势：其一，相关法律法规较为完善，且会适时地进行法律更新，可以为股权家族信托提供有力的法律保障；其二，对受托人保密义务的规定比较严格，客户隐私得到有力保护；其三，可以为家族企业海外上市提供灵活的信托架构安排；其四，为家族搭建便利的投资通道。

在实践中，委托人可以同时通过设置投资公司架构的方式以达到将其所持有的股权成功置入信托并仍实际控制企业的目的。例如，可先由委托人选择合适的离岸地设立控股公司，再由该控股公司收购境内公司的股份，通过在离岸地设立私人信托公司（PTC），将控股公司的股权委托给私人信托公司，设立家族信托。同时，委托人及其家族成员可担任私人信托公司的董事会成员，从而实现间接控制持有家族资产的控股公司的目的。该信托架构一方面可以使委托人及其家庭成员间接地实际掌控着家族资产，另一方面也便于已经在海外有投资的股权资产或者将要进行的海外投资股权信托架构进行整合或筹划。

股权家族信托案例——潘石屹、张欣家族信托

潘石屹和张欣家族信托是典型的离岸股权家族信托。2002年，SOHO中国为了在海外上市，搭建了红筹架构。潘石屹和张欣夫妇通过私人公司控制了SOHO中国（Cayman）股权。再由SOHO中国（Cayman）设立了7家BVI公司，控制其境内7家地产项目公司。其中，潘石屹通过Boyce（BVI）控制SOHO中国（Cayman）47.39%的股权，张欣通过Capevale（BVI）控制SOHO中国（Cayman）47.39%的股权，夫妻二人控制的股权共计94.78%。2005年11月14日，潘石屹将

其在Boyce（BVI）的全部股权以馈赠的方式转让给张欣。

SOHO中国的信托持股设计模式如下：张欣把Boyce及Capevale（BVI）的全部股份转让给Capevale（Cayman）（特意为成立信托而注册的公司）；紧接着，张欣把Capevale（Cayman）的全部股份授予汇丰信托。该信托为不可撤销信托。张欣则是该信托的授予人、保护人及全权受益人。潘石屹和张欣夫妇作为Boyce及Capevale（BVI）的董事，间接控制SOHO中国。[①]

潘石屹和张欣夫妇充分利用了离岸股权家族信托的灵活性，通过信托架构的设计，实现了股权的集中，并间接地掌握了SOHO中国的控制权。此外，二人在离岸地设立的七家BVI公司，业务以及债务都彼此独立，起到了风险隔离的作用。

第四节　不动产家族信托

一、不动产家族信托的概念和种类

（一）不动产家族信托的概念

不动产家族信托是指公司股东作为委托人，将其所持有的不动产委托给受托人，由受托人根据信托合同为了受益人的利益，以自己的名义进行管理和处分的行为。具体来说，受托人通过管理、处分等程序，对不动产进行出租、出售、兴建等，以实现不动产的保值增值，受益人因此得以持续获得信托收益。同时，委托人可在信托文件中规定，信托终止后不动产的权利归属。

构建一个有效的不动产家族信托法律关系须满足以下条件：①作为信托财产的不动产应是委托人合法拥有且依法可以转让的不动产；②委托人需要向受托人转移不动产的所有权；③信托目的明确且合法；④信托当事人合法且适格；⑤依法办理不动产信托登记等相关手续。

（二）不动产家族信托的种类

从不同的角度，可以将不动产家族信托分成不同种类。比如，按该不动产是

[①]　《中国家族信托成功案例解析》，资料来源：https://www.sohu.com/a/123808069_481666。最后访问时间：2019年4月18日。

否属于房产，可将不动产家族信托分为房产家族信托和非房产的不动产家族信托；前者又可进一步区分为居住类房产家族信托、商业类房产家族信托和工业类房产家族信托。根据不动产注入信托的时间不同，又可分为不动产资产家族信托和不动产投资家族信托。

1.不动产资产家族信托

不动产资产家族信托是指委托人以其合法拥有且可以处分的不动产或不动产相关权利作为信托财产设立的家族信托。委托人将不动产或不动产相关权利委托给受托人进行管理和处分，以此获得不动产的溢价或管理收益。在不动产资产家族信托中，受托人根据委托人的资产状况及信托需求等，为委托人提供开发、运营、处分等管理服务。

2.不动产投资家族信托

不动产投资家族信托是指委托人以其合法拥有的资金作为信托财产设立信托，同时通过信托文件规定该信托的资金投向为不动产及相关领域，以此获得信托收益并分配给家族信托的受益人。

二、不动产家族信托的特点

不动产是指土地及土地附着物。在我国，土地的所有权属于国家，禁止自由买卖，但土地的使用权以及农村集体土地的土地承包经营权可以进行流转。根据《信托法》第十四条的规定，法律、行政法规禁止流通的财产，不得作为信托财产。法律、行政法规限制流通的财产，依法经有关主管部门批准后，可以作为信托财产。因此，土地以及地面固定物、土地使用权、土地经营权等可以作为信托财产设立信托。由于不动产的特殊性，使得不动产家族信托除一般信托的共同特征外，在运作方面还具有自身的一些特征，具体表现为以下几个方面：

（一）信托行为以不动产为中心

严格意义上的不动产家族信托关系中，信托行为均是围绕不动产所开展的。无论是不动产资产家族信托，还是不动产投资家族信托，受托人均是以不动产为中心进行管理或处分的。而以其他类型的财产设立的信托，则无此特征。例如，资金家族信托的投资对象可以是国债、企业债券、银行理财产品或者多元化的投资等。

（二）管理方式具有特殊性

基于不动产家族信托的信托财产类型的特殊性，受托人需要根据不动产的特性以及委托人的意愿，严格按照信托文件进行管理和处分，而不能像资金家族信托一样，将作为信托财产的资金直接用于各类投资。同时，受托人虽然在名义上拥有不动产的物权，但绝不能任意进行处分。此外，不动产的经营与管理对专业能力有着较高的要求，而信托公司作为一种金融机构往往缺乏这样的专业能力，因此需要外聘专门顾问或将部分工作外包给专业的房地产相关机构，以更好地实现信托目的。

（三）设立信托面临地域限制

家族信托委托人所拥有的不动产可能位于不同地区甚至不同国家，而不动产法律制度具有较强的地域特色。在此背景下，如希望将不同地域的不动产放入同一个信托当中，需要充分评估各地制度环境的差异及其对信托财产管理带来的影响。

三、不动产家族信托的设立

委托人设立生前不动产家族信托通常包括如下过程：

（一）需求分析和尽职调查

委托人向受托人提出设立不动产家族信托的要求后，受托人首先应对委托人的需求进行进一步分析，包括用以设立信托的不动产的属性、想要实现的财产传承目的、受益人的范围等。

其次受托人应对委托人及其不动产的权属进行尽职调查。委托人用以设立信托的不动产应属其合法所有的财产，且不存在权属争议。同时，如委托人已婚，为了避免夫妻共同财产分割纠纷导致不动产家族信托的无效或撤销，应由其配偶出具同意设立该信托的书面意见；委托人坚持不让配偶出具相关意见的，则需提供其有权单独处分、该财产与现配偶无关的证明材料。当前的实务操作中，此类证明材料一般由律师事务所或公证处等专业机构在委托人提供相应证据的基础上出具。

（二）设计信托方案

在完成尽职调查后，受托人与委托人共同协商，确定信托管理和信托利益分配的总体原则，进而设计信托方案。由于不动产的特性，委托人应通过信托文件对受托人的管理、经营和处分的方式做出明确具体的规定。受托人与委托人还应协商是否聘请专业的顾问或将部分工作外包给专业机构（比如出租及物业管理）。此外，在家族信托设立后，未来可能还会出现不动产的拆迁置换、后续维护等问题。因此受托人在设计信托方案时，应对信托运行过程中会出现的各种法律问题做出预判，并做出相应的安排。对信托存续期间取得的收益如何分配及信托终止后不动产的归属，也属信托方案的应有内容，均需予以明确。

（三）确定并签订信托合同

信托方案完成后，委托人与受托人应签订书面信托合同。结合《信托法》的规定，不动产家族信托的合同至少应包括以下内容：①家族信托目的；②家族信托委托人、受托人、受益人的权利义务及个人信息；③家族信托不动产的种类、范围、状况等信息；④受益人取得信托利益的形式、条件及方法；⑤受托人管理不动产的方法及报酬；⑥信托终止或出现其他特殊情况下，信托财产的归属等。

（四）不动产家族信托的登记公示

不动产家族信托的设立需要将委托人名下的不动产或者不动产相关权利转移到受托人名下，并办理相关的登记手续。严格来说，以不动产设立的家族信托的登记公示涉及两个方面：其一，是不动产权属由委托人转移至受托人的登记公示；其二，是受托人作为不动产新的所有人系信托（非自有）的登记公示。

1.不动产权属转移的登记公示

根据《民法典》第二百零九条规定："不动产物权的设立、变更、转让和消灭，经依法登记，发生效力；未经登记，不发生效力，但是法律另有规定的除外。依法属于国家所有的自然资源，所有权可以不登记。"由此可知，我国对不动产的权属转移采取的是"登记生效主义"。我国《信托法》第十条明确规定："设立信托，对于信托财产，有关法律、行政法规规定应当办理登记手续的，应当依法办理信托登记。未依照前款规定办理信托登记的，应当补办登记手续；不补办的，该信托不产生效力。"即不动产家族信托的设立以不动产的所有权转移为生效要件。所以，在我国以不动产设立家族信托，必须办理不动产权属由委托人转移至受托人的登记，否则不发生法律效力。

2.受托人拥有不动产的权属状态系信托的登记公示

我国当前的法律制度没有把信托作为不动产权利转移的依据，不动产登记系统中不能体现信托状态。当前要实现受托人针对相应不动产的信托持有的法律状态，须借助于特殊目的机构（以公司为主）的股权或其他出资。2020年5月28日通过的《民法典》中正式写入了遗嘱信托条款。后续不动产登记规范是否会随之做出相应调整以实现信托性公示，尚有待观察。

（五）不动产信托的转换与替代

1.资金信托与不动产信托的转换

委托人首先通过设立一个资金信托，受托人依据信托文件的约定或委托人的指示，运用该笔信托资金购买指定不动产，从而对不动产进行管理、运用和处分。这种方式借助信托资金账户的独立性，可以在一定程度上解决现阶段无法实现不动产信托公示的问题。同时，以信托公司名义购买不动产，还可以规避委托人限购的问题。例如，许多城市对个人购房有较为严格的限购政策，但对公司购房则不限购。

2.股权信托与不动产信托的转换

委托人可通过设立公司来持有相应的不动产，再以公司股权设立股权家族信托，从而使受托人通过持有公司股权而间接地持有不动产，进而对不动产进行管理、运营和处分。通过股权信托的方式，可以降低因不动产转移而产生的交易成本。将持有不动产的公司的股权置入信托，因不动产仍在公司名下，原则上可认为只是进行公司股东的变更，而不涉及不动产权利人的变更，故可不用缴纳税率相当高的土地增值税。当然，因其存在避税嫌疑，故还需符合财政部、国家税务总局的相关要求，否则仍可能被要求缴纳土地增值税。

四、不动产家族信托的管理

不动产的管理情况复杂多样，不动产家族信托的管理方式因此也非常多样。

（一）信托不动产的出租

受托人可以根据信托文件的要求以及相关法律规定，将信托不动产对外出租，以获得持续的信托收益。将不动产用于出租是不动产家族信托最常见且最稳定的管理方式。在此过程中，受托人可以直接操作不动产的出租，也可以聘请专业的房地产中介机构协助出租。

（二）信托不动产的开发、经营

委托人以其所持有的土地使用权或相关权利作为信托财产设立不动产家族信

托的,可通过信托文件约定受托人对该土地进行开发。而信托公司作为金融机构的一种,一般不具有土地及房产开发的能力与资质。因此,委托人可与受托人在信托文件中进行约定,由受托人聘请专业的开发商对该土地进行特定的开发,土地开发所得收益属于信托收益,受托人应根据信托文件的规定分配给受益人。受托人在选择开发商时,应尽到善良管理人的注意义务,谨慎选择,以实现受益人利益最大化的信托目的。

此外,受托人还可以利用信托不动产进行其他经营活动,以获得相应的信托收益。

(三)信托不动产的处分

委托人可以通过信托文件约定,受托人除对不动产进行开发、租赁、经营外,还可以选择在适当的时机对不动产进行处分,从而发挥该信托财产的最大价值。但不动产的处分需有信托文件的明确规定,受托人虽为不动产名义上的所有人,但绝不能任意处分信托财产。处分不动产所获得的资金应根据信托文件,由受托人分配给受益人、用于其他信托投资或进行信托文件规定的其他事项。

不动产家族信托案例——"国内首例"房产家族信托试水

2014年,步入花甲之年的居民宋女士在北京拥有多套房产现已价值过亿元。宋女士希望在其身故后这些房产可以顺利传给儿女。因此对北京银行提出需求,同时希望在传承过程中要有效避免因儿女婚变所产生的财产分割风险。

北京银行设计的信托方案是:北京银行与北京信托合作,由宋女士先出资设立一个单一资金信托,然后由该信托出资购入宋女士的房产,最后将该信托受益人制定为晚辈直系血亲(不包括其配偶)。通过该信托,宋女士的心愿部分得到满足。为此也承担了较为高额的税费。在我国现行法律环境下,委托人将不动产置入家族信托视同交易行为纳税,后续信托公司持有该不动产也需承担比自然人持有更高的税费负担。这个案例是我国1949年之后经公开的第一个不动产家族信托。[①]

---

① 黄斌.亿元个人房产"传内不传外"北京银行家族信托试水房产传承[N].21世纪经济报道,2015-02.

第五节　保险金家族信托

一、保险金家族信托概述

（一）保险金家族信托的概念

保险金信托，是指委托人（一般为保险合同投保人）和受托人（信托机构）协商确定，当保险理赔条件成就或保险金给付期届满时，保险公司将保险金交付于受托人，由受托人根据约定管理、处分信托财产，并将信托财产及其收益按照约定分配给信托受益人的民事行为。

（二）保险金家族信托的当事人

1.委托人

保险金信托涉及了保险和金融两种工具，因而包含两种法律关系。保险金信托的典型形态，是前端保险+后端信托，是将保单出来的钱再放入信托。而保单的资金则来源于投保人。从财富管理的角度，保险金信托是投保人为管理财富采取的措施，所以信托方的委托人宜由投保人来担任。只是根据我国《保险法》，保险金原则上属于被保险人，并且受益权的最终决定权也在被保险人手上。所以，保险金信托需要通过一个专门的法律安排，来避免投保人和被保险人之间的冲突以保证信托的平稳设立，比如有些信托公司仅接受投保人和被保险人为同一人的保单。

2.受托人

理论上而言，保险金家族信托的受托人可以是任何自然人及具有相应行为能力的组织。在这之中，专业的信托机构是首选。在我国当前的规则环境下，保险公司等其他组织不能从事信托业务，自然人担任受托人又存在多重障碍，所以信托公司成为保险金家族信托受托人的当然选择。鉴于保险金信托涉及保险机构和信托机构的衔接，各家机构对保险金信托相关法律规则的理解以及自身风控要求并不完全一致，所以目前落地的保险金信托实际上要在具有相互合作关系的"保险公司+信托公司"组合中进行选择。

3.受益人

委托人在设立保险金信托时，应将相应的保单受益权转移到受托人名下，因此在设立保险金信托之后，委托人应将保险的受益人变更为作为受托人的信托机构。同时，委托人可以通过信托文件，指定原来保险关系中的保险受益人为信托受益人，由受托人运行保险金信托，并将所得收益分配给信托受益人。

（三）保险金家族信托的法律性质

典型意义上的保险金家族信托是以保险金或保单受益权作为信托财产设立的，属于财产权信托。由于保险金的获得具有不确定性，只有当保险人承保的保险责任发生时，保险人才能向信托给付保险金，此时保险金请求权才能转化为确定的财产权。当保险金置入信托后，将转化为信托财产，保险金信托正式生效。由此，典型意义上的保险金信托合同应当属于一种附生效条件的合同。不过随着保险金信托产品的升级发展，有的保险金信托成立后便把保单的投保人变更为家族信托，这样实际上整个保单价值都已置入家族信托，保单的现金价值成了信托财产，从而使保险金信托合同的法律性质发生改变。

（四）保险金家族信托的优点

保险和信托是两种各具特色的财富管理工具，而将保险和信托进行结合所创设出的保险金信托，巧妙地实现了这两种金融工具的优劣互补，是实现家族财富保护与传承的良好解决方案。

1. 与保险相比

（1）风险隔离功能得到加强

投保人拥有法定的单方面解除保险合同（俗称"退保权"）并取回现金价值的权利，这在方便投保人的同时也使保险的风险隔离功能变弱。无论是面对投保人的配偶、继承人还是债权人，保单价值都难以维持足够的独立性。而一旦将投保人变更为信托，其风险隔离功能得到显著增强。即便不把投保人变更为信托，进入信托后的保险金也同样具有独立性，从而发挥其风险隔离功能。总之，无论通过何种方式进入信托，成为信托财产的保单价值，原则上可以排除投保人、受益人或信托公司的债权人等关系人的直接权利主张及强制执行请求，从而使其具备较强的风险隔离功能。

（2）利益授予更加灵活，能更好地实现财富人士的愿望并保护受益人的利益

相比保险的身故金一次性领取和受益人的设定，通过将保险注入家族信托之中，借助信托可以制订个性化信托方案的特征，能实现更为灵活的家族财富传承。委托人可以根据自己的意愿，通过在信托文件中设置特别条款，从多方面保

障受益人的利益。例如，当受益人因心智障碍缺乏妥善管理、支配保险金的家庭成员或有肆意挥霍的恶习时，为避免保险金被他人恶意侵占或被肆意挥霍的情况发生，委托人可通过设立保险金家族信托，并在信托文件中对信托收益的分配做出具体规定，同时限定受托人对信托财产进行投资管理的方式，以此多重保障受益人最大限度地享受保险金利益；此外，委托人还可以根据自己的意愿在信托文件中明确受益人和信托收益分配方案，以避免多个受益人之间因利益冲突而发生的继承纠纷。

2. 与常规家族信托相比

与常规家族信托相比，保险金最直接的优势是降低设立家族信托的门槛。如前所述，监管部门要求营业类家族信托的设立门槛是财产价值一千万元人民币，这对很多个人或家庭来说都会是个难题。而设立保险金家族信托，则可明显降低门槛。这首先源于保险独有的金融杠杆功能，使未来置入保险金信托的金额会大于所交纳的保费；同时，分期缴纳保费也大大缓解了当事人设立家族信托的资金压力。总之，保险金家族信托可满足中高端人群的财富管理需求，委托人在享受保险的杠杆功能和可分期支付的便利之后，又可享受到家族信托在财富管理与传承方面的好处。

二、保险金家族信托的模式

在实践中，保险金信托有多种业务模式，主要体现在保险合同和信托合同设立的先后顺序的不同以及信托委托人身份的不同。目前，主要有三种典型模式。

（一）保险（投保人作信托委托人）+信托

"保险+信托"的模式又可称为保险带动信托模式，是最常见、最典型的保险金信托模式，也是我国大陆地区当前最为主流的模式。在这种模式下，在投保人购买保险后，再由投保人以保险金或保险债权作为信托财产与受托人订立信托合同，将保险受益人变更为受托人，并通过信托合同根据自己的意愿对信托受益人、信托收益分配方式、信托财产管理方式等做出具体规定。因为根据我国《保险法》的规定，保险受益权的决定权在被保险人手中，所以实践中又以投保人和被保险人为同一人的情形最为典型。

这一模式，根据保险金的类型不同又可进一步区分为身故保险金信托模式和生存保险金信托模式以及复合模式。此外，在保险金信托成立后、保险金产生之前，又有保单的投保人有不变更为信托和变更为信托之分。

（二）保险（保险受益人作信托委托人）+信托

这种模式下的保险金信托与前述模式的不同之处在于信托的委托人不同。在这种模式下，先由投保人签订保险合同，指定明确的保险受益人，并同时放弃变更保险受益人的权利，再由保险受益人作为信托委托人，以保险金或保险债权作为信托财产设立保险金信托。这种模式在我国台湾地区较为流行，主要是因为我国台湾地区的遗产及赠与税法规定，自益信托无须交纳赠与税。

（三）资金信托+保险+信托

"资金信托+保险+信托"的模式是由投保人以其合法持有的资金设立一项资金信托，再由受托人作为投保人，以信托资金购买保险，并且保险权益也要完全转移给受托人。未来由保险公司支付的保险金仍作为资金信托的信托财产回归至信托之中。再由受托人根据资金信托文件规定的方式，将信托收益分配给信托受益人。这种模式在美国比较流行。因为在美国的税收制度下，被保险人死亡时，将对其本人或其控制、持有的保单保险金征收遗产税。通过这种保险金信托模式，设立一项不可撤销保险金信托，将所有的保险权益全部转移给受托人——从被保险人的遗产中完全分离出来，规避遗产税。[1]

我国大陆地区被称为"保险金信托3.0"的产品，具有此模式的特点。但其目的并非避开遗产税——我国当前没有关于遗产税的规定，而在于使保单获得信托的隔离功能，并使期缴保单的保费具有稳定的来源——从而保证保单后续不会受投保人支付能力的影响。

三、保险金家族信托的设立

根据不同的模式及情况，保险金家族信托的设立路径会存在差异。常规而言，在我国大陆地区可按下列步骤进行：

（一）选择保险公司和信托公司组合

投保人根据自身需求，选择可以满足其设立保险金信托目的的保险公司和信

---

[1] 李升.财富传承工具与实务[M].北京：中国法制出版社，2018.

托公司组合（相互无合作协议的保险公司和信托公司，可能导致保险金信托最终无法成功设立）。因为保险金信托的后期事务以信托为主，故应优先选择符合自身需要的信托公司，再选择与该信托公司有合作关系的保险公司。

（二）选择保险产品

按照保险规划方案购买大额人寿保险或者年金保险，并指定保险受益人，完成保险合同的签订。在这一过程中，需注意并非所有的保险产品都可以用来设立保险金信托。即使有密切合作关系的保险公司和信托公司之间，该保险公司的产品中也仅部分可用于设立信托。投保过程中，还需注意该保险公司和信托公司合作发展保险金业务的一些具体要求，比如投保人与被保险人不一致是否会被接受用于设立保险金信托。

（三）协商制订信托方案

根据前文所述，在我国目前的法律环境下，应选择专业的信托公司担任保险金家族信托的受托人。受托人对委托人所投保的保险、信托期限、信托目的以及信托受益人、收益分配方式等进行充分的调查与分析，与委托人协商制订信托方案。

（四）签订信托合同

信托方案确定后，委托人与受托人就合同内容达成一致后，签订信托合同。信托合同应当包含信托当事人的身份信息、保险金范围、种类、受托人管理信托财产的方式、信托利益的分配方式以及受托人报酬等内容。

（五）变更保险收益人

保险金信托合同签订后，委托人（投保人）应到保险公司办理保险受益人变更手续，将保险受益人变更为信托公司。但此时需要注意投保人与被保险人非为同一人的情况。根据《保险法》第三十九条的规定："人身保险的受益人由被保险人或者投保人指定。投保人指定受益人时须经被保险人同意……"以及第四十一条规定："被保险人或者投保人可以变更受益人并书面通知保险人。保险人收到变更受益人的书面通知后，应当在保险单或者其他保险凭证上批注或者附贴批单。投保人变更受益人时须经被保险人同意。"因此，如投保人与被保险人非为同一人，在设立保险金信托前，应与被保险人进行协商，确保被保险人配合变更保险受益人以及后续不会因为被保险人行使受益人变更权导致信托设立失败。

四、保险金家族信托的几个问题

保险金信托涉及保险和信托两个法律关系，结构比较复杂，随之而来的是要受到更多法律法规的限制。目前，我国《信托法》及《保险法》等相关法律尚未对保险金信托做出特别规定，没有实体法及程序法上的明确指导，一些问题还存在较大的模糊之处，这使不同机构对不同模式的保险金信托的接受度不同，从而影响了保险金信托的发展。

（一）保险合同解除问题

《保险法》第十五条规定，除本法另有规定或者保险合同另有约定外，保险合同成立后，投保人可以解除合同。对最典型的"保险+信托"模式来说，因为投保人的权利并没有放进信托，后续投保人"退保"将使信托无法真正设立。即便通过合同预先排除投保人的合同解除权，其能否对抗投保人的债权人尚存疑问，依然可能因投保人的债权人主张债权被法院要求强制解除并执行现金价值。另外，《保险法》还规定了当出现法定情形时，保险公司可解除保险合同。不论保险合同被投保人还是保险公司解除，保险合同不存在了保险金自然也就消失了，没有保险金可置入信托，将最终导致信托设立失败。

（二）保险金信托生效时间问题

对于典型的"保险+信托"模式而言，在达到保险合同约定的赔偿或保险金给付条件前，保险金没有到位，意味着信托财产尚不存在，委托人与受托人即使签订了家族信托合同，该家族信托仍处于成立但未生效的状态，必须等到保险金进入家族信托专户时，该保险金家族信托才能正式生效。这就使得家族信托生效的时间具有不确定性，甚至会出现上文所述的保险合同被解除的情况发生。

（三）保险受益人的适格性

保险公司为管控风险，往往要求受益人同样需要有可保利益，所以可以被指定的受益人经常被限定为投保人本人、其配偶、子女、子女配偶、与投保人有抚养、赡养或者扶养关系的家庭其他成员、近亲属等。这样，信托公司能否成为保险受益人就成了问题。而保险金信托的设立，又需要将信托公司指定（变更）为保险受益人。这也是我国大陆地区保险金信托业务开展之初发展的障碍因素之一。但事实上,《保险法》并没有规定保险受益人需要有可保利益。《保险法》第三十九条规定:"人身保险的受益人由被保险人或者投保人指定。投保人指定受益人时须经被保险人同意。投保人为与其有劳动关系的劳动者投保人身保险,不得指定被保险人及其近亲属以外的人为受益人。被保险人为无民事行为能力人或者限制民事行为能力人的,可以由其监护人指定受益人。"经被保险人指定或同意,抑或经投保人指定,信托公司成为保险受益人并不存在法律障碍。所以越来越多的保险公司跳出这一局限,根据自身情况开发合适的保险金信托。

五、保险金家族信托的发展趋势

作为一款兼具保险保障和信托财富传承、财产隔离和财产管理功能的产品,无论是从满足高净值人士财富保护和传承需求的角度,还是从信托业及保险业的发展角度来说,保险金信托都具有重要意义。

对客户而言,在保险金后续管理方面,保险金信托可以实现保险金的有效管理与合理分配,最大限度地满足委托人的心愿、保障受益人的利益,满足客户家族财富传承方面的需求。对保险公司而言,保险金信托可以带来更多的高端客户,成交更高额度的保单,拓展投资顾问服务(后续)。对信托行业而言,保险金信托业务能够给信托公司带来更多的高净值客户,扩大家族信托规模。虽然现阶段由于法律法规的不完善以及相关经验的不足,我国保险金信托业务的相关功能还比较局限,但作为一种具有多重保障功能的定制化综合金融产品,保险金信托定会有很大的发展空间。

保险金信托产品案例——中信"托富未来"保险金信托

2014年5月4日,中信集团金融板块旗下的中信信托和信诚人寿合作推出了国内首款保险金信托产品——"托富未来"。该产品的目标客户是净资产量达到600万元的中高端人群。该款保险金信托产品的起点门槛是保险投保额不低于500万元,保费的交纳方式分为一次性交清、分三次交清和分十年交清。以保费较高的57岁中年女性做投保人为例,如按3次交款计算,该投保人总计需要交纳保费300万元,杠杆约为60%。通过对保险杠杆作用的运用,该客户仅需支付两三百万元就可以设立一项保险金信托,大大降低了家族信托的门槛,并能享受到信托在财富管理和传承方面的功能。

该产品的运作方式是：首先由投保人购买一款大额终身寿险，该寿险产品以被保险人残疾或死亡为给付条件。投保人在购买保险产品的同时，与信托公司签订信托协议，以对保险金的请求权作为信托财产。在发生理赔前，投保人的保险金在保险公司，一旦发生达到保险合同约定的保险金给付条件，保险理赔金就进入信托公司转化为信托资金，信托公司再按照信托合同的规定，管理和处分该笔信托资金。且在保险事故发生前，投保人可以按照自己的意愿修改信托协议。

第十九章 家族信托的功能

第一节 家族信托的功能概述

一、家族信托的功能分类

（一）财富传承功能

财富积累的过程大致遵循创造财富、管理财富、传承财富的路径，而如何使得家族基业世代常青是财富拥有者特别关心的问题。财富能否完整地传承到后代手中，家庭财富是否会因为子女婚变外流或被挥霍损失，"富不过三代"的魔咒会不会降临自己的家族，让几乎所有高净值人士都感到焦虑。目前常见的财富传承工具包括遗嘱、赠与、保险、家族信托等，在解决财富传承风险上各有长短，相比之下家族信托的功能最强。通过家族信托，可以更好地实现家族财富的有效传承。首先，家族信托具有很强的灵活性。家族信托通过信托架构设计，可以实现灵活的权利机制安排。委托人可通过信托文件，预先规划好家族财富的分配方案，包括确定受益人的范围、受益权取得的前提条件等。通过信托合理地分配财产，可以避免其他财产继承方式的烦琐手续，同时也能有效防止后代子女挥霍家产，或因管理不善而造成家族财富的流失，从而保障财富的有效传承。其次，家族信托具有综合管理性功能，可以根据委托人的具体目的对信托进行不同的架构设计。例如，可以在家族信托中设立家族成员教育基金、家族成员创业基金、慈善基金等，以满足委托人对财富传承的不同目的。同时，家族信托成立后就实现了资产所有权和受益权的分离，信托财产具有独立性，防范了家族成员因家庭关系的变化而负担债务的风险。最后，家族信托的期限较长，通过对家族信托进行合理的框架设计，可以实现对财富更长久的传承。

案例：

洛克菲勒家族信托。小洛克菲勒将其从父亲处继承而来的石油股票资产，分别于1934年、1952年为其妻子与6位子女以及祖辈设立了两个不可撤销信托。并通过信托文件规定，受益人在30岁之前不能动用本金，只分享收益，30岁之后可在信托委员会的同意下动用信托本金。在受益人亡故后，信托受益权自动传给受益人的子女。同时，小洛克菲勒除赋予信托受托人管理信托财产的部分权利外，还另行指定其亲信成立了信托委员会，并赋予其处置信托资产的绝对权利。该信托委员会作为实际受托人使得小洛克菲勒对其设立的信托拥有间接的控制权，在家族财富的传承中起到了关键作用。

（二）财富保护功能

财富保护的功能，是基于信托财产的独立性从而实现资产隔离，最终使家族财产避开受到损失的风险。对于高净值人群来说，伴随高收入的是高风险。尤其在作为企业控股股东，其个人资产与企业资产界限不清时，企业的债务危机往往会波及企业控股股东的个人财产。此时，信托财产的独立性使家族信托具有较为完美的财富保护功能。委托人通过设立信托，将信托财产与其固有财产有效隔离。在正常情况下，委托人遭遇的任何变故都不影响信托的存续、不会波及信托财产。而即便受托人破产，信托财产也不能成为被追偿的对象。与此同时，在信托存续期间，受益人享有的是信托财产的受益权以及信托文件指定的其他权限，而不是信托财产本身，因而受益人的债权人也无权对信托财产进行追偿。如此一来，信托财产的隔离保护机制，将打算保留为家族所用的财产从家庭成员个人财产中独立出来，使其不因个人或企业所遇到的风险而遭受损失，实现对家族财富的保护。此外，信托的隔离功能还常常被高净值人士用于规避婚变带来的家族财富损失风险。婚姻对个人财富的影响是巨大的，比如婚前财产很容易被混同为夫妻共同财产、夫妻共同财产可能被某一方转移、婚姻存续期间一方举债可能由双方负担。同时，离婚股权分割，还可能影响家族企业的稳定。通过设立家族信托，可将关键财产置入信托之中，家族经济支出通过信托受益权来满足，从而使关键财产与家庭成员的婚姻完全隔离。当发生婚变时，家族信托充当了"防火墙"的角色。

案例：

默多克家族信托。世界传媒大亨默多克通过GCM信托公司设立并运作家族信托。默多克家族持有新闻集团近40%的有投票权的股票，其中超过38.4%由默多克家族信托基金持有。家族信托的受益人为默多克的六个子女，默多克与前两任妻子的四个子女是信托的监管人，拥有对新闻集团的投票权；而邓文迪的两个女儿有受益权但没有投票权。这样，新闻集团的控制权就牢牢掌握在默多克家族手中。在默多克与邓文迪离婚案中，邓文迪只分得2000万美元的资产，离婚之事并未影响新闻集团的资产与股权。

（三）家族治理功能

家族治理在保证家族的延续和家族企业的持续性经营方面有着至关重要的作用。对于一个想要长久繁荣的家族来说，完善的家族治理结构和优秀的家族文化必不可少。家族治理的途径包括制定家族宪章以明确家族的价值观与使命感、设立家族治理机构以商讨和决策家族重大事项等。但无论是家族宪章还是家族治理机构，都存在法律地位模糊的困扰，与家族信托相结合则有助于克服其法律约束力不足的弱点，进而实现家族治理的目标。

（四）税务筹划功能

税务筹划的重点，是通过一定的统筹安排，可避免多交冤枉税，从而降低个人或其家族企业的税负。委托人通过将信托财产转移给受托人，使信托财产成为独立的财产，再根据当地税收法律辅之以适当的信托架构设计，可以发挥一定的递延纳税乃至节税功能。一般而言，利用信托财产的独立性可以较为有效地解决高遗产税率带来的财富困扰，通过设立较长期限甚至永久期限的信托则更能帮助解决家族财富多代传承的赋税问题。此外，家族企业也可以通过信托优化税务架构，合理降负。通过信托架构设计，将家族企业股权置入信托之中，通过将企业所有权转移而只保留对企业的控制权的方式，可以发挥一定的降低税负作用。同时，通过设立离岸家族信托进行灵活的跨区域配置，运用特定区域的税收优惠政策进行结构优化，也可以起到降负的效果。

（五）隐私保护功能

设立家族信托后，信托财产的管理和处分都是以受托人的名义进行的，受托人对相关信息负有保密义务，从而可以避开信息公开可能带来的一些风险。信托的信息保密功能降低财产外露引发的风险，保护家族成员的个人隐私，同时也避免不必要的家庭内部矛盾。就离岸信托而言，选择信托相关文件不必登记或者公示的区域，其隐私性显然比较强。在我国大陆地区，《信托法》明确规定："受托人对委托人、受益人以及处理信托事务的情况和资料负有依法保密的义务。"虽然《信托登记管理办法》规定信托机构开展信托业务，应当依法办理信托登记，但也同时规定信托登记公司和信托受益权账户代理开户机构应当对所知悉的委托人或者受益人开户信息以及信托受益权账户信息依法保密。原则上只有受益人可以依法查询自己信托受益权账户中记载的信息，并且受益人无权查询同一信托下他人信托受益账户中记载的信息。

案例：

香港商人庞鼎文家族诉香港遗产署一案中，因诉讼的需要，庞鼎文生前所设立的家族信托相关信息才得以披露。庞鼎文在20世纪80年代末将其经营的钢铁公司迁出香港，并在马恩岛设立了五个单位信托，受益人是庞鼎文的妻子和七个子女，唯一受托人是庞鼎文在马恩岛设立的私人信托公司。通过一系列复杂交易，庞鼎文将巨额财产隐蔽低调地转移出了香港，避开了因信息公开可能带来的各类风险。

二、家族信托与其他财富管理工具的功能比较

（一）家族信托与遗嘱

遗嘱是自然人于生前对自己死后事务进行安排的行为。就财富传承管理而言，遗嘱是自然人生前对个人财产进行处分，并于遗嘱人死亡时发生法律效力的单方民事法律行为。遗嘱与家族信托同为财富传承的重要法律工具，二者结合最紧密的地方是，可以通过遗嘱来设立家族信托。

1.与常规遗嘱相比，家族信托的主要优势

（1）家族信托可以实现对家族财富的持续管理。常规遗嘱一般只能解决对现实财产的分配问题，不能实现对财产的持续管理。在遗嘱人死亡后，继承开始，

在缺乏监管的情况下，遗产转移到继承人手中后，不免会出现一些继承人对继承所得的财产挥霍无度的情况，使得家族财富的传承难以得到保障。相比之下，家族信托可以实现对家族财富的个性化分配与传承，达到对家族财富持续管理的目的。家族信托的委托人可以根据自己的意愿，通过信托文件灵活设置受益人以及信托利益的分配方式、数额、取得条件等内容。相比针对现实财产进行一次性给付的遗嘱继承而言，家族信托更有利于实现家族财富的有效管理与传承。

（2）家族信托具有更全面的风险隔离功能。常规遗嘱不具有家族信托的风险隔离功能——如规避婚变带来的家产外流风险、避免因负债导致家产被执行等。当被继承人负有债务和欠缴税款时，继承人只能继承债务清偿、税款缴清后余下的遗产。相对于常规遗嘱而言，家族信托具有独特的风险隔离功能，基于信托财产的独立性，家族信托可以有效隔离信托当事人的债务，从而避免了因信托当事人的财产混同、债务追索以及婚变带来的财产分割等原因给家族财富带来的损失，从而发挥比常规遗嘱继承更为全面的风险隔离功能。

（3）家族信托具有更高的稳定性。遗嘱设立的形式多样，且属于遗嘱人单方的设立行为。法律规定中也着重体现了对遗嘱人真实意愿的保护，但在实践中，遗嘱的有效性容易被继承人质疑，从而引发纠纷。例如，遗嘱人在弥留之际以合法形式立下遗嘱。部分继承人因为遗嘱授予的利益低于其法定应继份，便以遗嘱人设立遗嘱时已不能完全辨认自己的行为为由，要求确认遗嘱无效。这样，遗嘱相关利益人容易陷入纠纷之中。相比之下，家族信托通常是委托人于生前设立的，其个人财产进入信托的过程基本上由委托人亲自掌握，后续即便在委托人身故之后，受托人也仍将继续按照信托文件的约定管理和处分信托财产。同时，家族信托的受托人通常为具有专业能力的信托机构，能够在相当程度上保证委托人的目的持续得到贯彻。

2. 与常规遗嘱相比，家族信托的主要局限

（1）家族信托的设立门槛较高。如前所述，监管部门要求营业类家族信托的信托财产不低于1000万元人民币。而通过常规遗嘱处分的财产，无论何种形式的遗嘱，均没有关于遗产数量及价值的限制性要求。

（2）通过家族信托管理的财产类型受到一定限制。通过常规遗嘱处分财产，没有财产类型的限制，各类财产都可以。相比之下，因为信托涉及信托性公示的问题，故股权、不动产等财产设立家族信托受到一定限制。此外，通过信托公司

设立家族信托,还要受到作为信托公司金融属性及各公司内部控制的限制。

(二)家族信托与常规民事协议

民事协议是实践中最具普适性的财富管理工具。严格意义上说,家族信托合同也属于民事协议的一种。在财富管理实务中,赠与协议、夫妻财产协议、离婚协议、遗赠扶养协议等常规民事协议的运用非常广泛。

1. 与常规民事协议相比,家族信托的主要优势

家族信托可帮助委托人采取私密及单方行动来做出财富安排。家族信托是委托人单方与受托人之间的协议,因而不需要经过其他家庭成员的同意,并且可以按照委托人的意愿不让家庭成员提前知晓信托的相关安排,受托人也依法对信托资料和运行情况负有保密义务。而民事协议往往需要作为财富关联人的家庭成员签字认可,才可生效。这就使得当事人在通过协议对个人财产做出安排时会在一定程度上受到家庭成员的影响。例如,尽管婚前财产协议是很好的个人婚前财富保护工具,但这一安排在实务中并不多见,原因在于落实该安排的前提是取得对方的同意。但如果通过家族信托来保护个人婚前财富,就不存在这样的问题。

家族信托可以同时发挥对多种常规民事协议的功能替代作用。家族信托受《信托法》的调整,委托人可根据意思自治的原则,通过信托文件中的条款设置,实现共同财产分割、财产定向赠与等目的,同时避开委托人认为不符合其意愿的夫妻法定财产关系、离婚财产分割、法定继承等法律制度中非强制性规则的适用。例如,婚姻关系存续期间设立的家族信托,通过一定的结构设计让夫妻双方都能获得有保障的相当受益,便可以替代某种意义上的夫妻财产协议或后续的离婚财产分割协议;家族信托中向子女给付利益的条款,实际上替代了向子女赠与财产的协议。

2. 与常规民事协议相比,家族信托的主要局限

与常规民事协议得到普遍运用相比,家族信托小众化的关键是,其设立门槛及成本较高以及架构设计专业化是主要原因。常规民事协议,基本没有设立门槛,几乎对任何合法财产都可适用;并且法律规则明确、相关司法案例也非常多,所以当事人在很大程度上可以直接运用——比如使用频率非常高的赠与协议、离婚协议。相比之下,家族信托如以信托公司为受托人,待管理的财产额低于1000万元便无法设立,很多财产目前还没法置入或者成本很高;如果得不到专

业人士的支持，当事人可能根本不知道从何入手。

（三）家族信托与保险

与营业类家族信托相似，当保险作为财富管理工具时，都是借助专业金融机构作为平台来推动的。因其具有高度的专业性，且产品种类多样，在高净值人群中的接受度也比较高。

1. 与保险相比，家族信托的主要优势

（1）家族信托具有更强的风险隔离功能。保险的风险隔离功能受限较多。比如就债务风险来说，根据《保险法》第四十二条的规定，如果没有明确的受益人，在被保险人死亡后，保险金将被作为被保险人的遗产。因此，如果被保险人突然死亡且未在保单中指定受益人，当被保险人有未清偿债务时，保单的现金价值会作为被保险人的财产而可能被追偿，剩余的保单现金价值作为遗产再进行分配。而家族信托财产的独立性使得信托财产与信托当事人的自有财产隔离开来，不属于其遗产或清算财产，有关第三人也不得就信托财产主张权利，从而实现债务隔离功能。

（2）家族信托对受益人的安排更为灵活。保单的利益授予，基本上没法附条件，在分期支付设置上也受到较多限制，比如被保险人身故后想要实现分期支付只能得到少数产品的支持。相比之下，家族信托的授予无论是条件还是期限设置上，都具有非常大的弹性。虽然在实务中各家机构把握不尽相同，但操作空间确实很大。此外，在保险存续期间，变更受益人会受到《保险法》的一系列约束。如投保人变更受益人需要征得被保险人的同意。而对家族信托而言，只要信托文件设置了变更受益人的相关条款，依该条款操作原则上无须经过其他人的同意。

（3）家族信托可以实现对多种类家族财产的管理。而对于保险而言，只限于传承资金是其作为财富管理工具中最主要的缺陷。保险所能管理的财富仅限于货币资产。对于财富类型多样的高净值人士而言，保险不能满足他们对于股权、不动产等非资金类型财产的管理需求。但在家族信托中，可以将资金、不动产、股权等多种类资产都置入信托架构中，实现多种类家族财富的管理。

2. 与保险相比，家族信托的主要局限

（1）家族信托的设立门槛及成本较高。保险基本上是零门槛，各大公司丰富的产品足以让当事人选择。相比之下，营业类家族信托的1000万元人民币筑起了较高的门槛。同时，保险无论是成立阶段还是运行阶段，基本上是无须承担额外税费支出的；而家族信托在各个阶段都有较高的成本费用。比如在设立阶段，在我国目前的税收政策下，不动产、特殊动产、股权等财产的转让将不可避免地产生较高的税务成本。再如运行阶段，家族信托还需要承担付给受托人的管理费用以及一些特殊信托财产的税费支出和维护费用。

（2）不具备保险的杠杆功能。对于人寿保险来说，投保人向保险公司缴纳保费，会低于保险公司最后赔给受益人的保险金，这就是人寿保险的保障杠杆功能。保险能够实现以低费用撬动高保障。经由这一功能，保险可以放大传承的财富。相比之下，家族信托不具有这样的杠杆功能。[1]

（四）家族信托与家族基金会

根据国务院发布的《基金会管理条例》，基金会是指利用自然人、法人或者其他组织捐赠的财产，以从事公益事业为目的的非营利性法人。家族基金会，则重在家族的共同和持续参与。

1.与家族基金会相比，家族信托的主要优势

（1）家族信托可以完全服务于家族自益需要，也可以兼顾公益。家族信托的受益人一般为委托人及其家庭成员，其设置可完全服务于家族的自益需要；也可以嵌套公益安排，使之同时服务于家族的自益和公益需要。而基金会的目的限于公益事业，只能服务于家族的回馈社会的公益需要，基本上无法满足家族自益的需要。

（2）家族信托具有更高的私密性。家族信托因原则上不涉及社会公共利益，信息公开相关的要求少，可以较好地保护家族财富的相关秘密。基金会以公益为目的，且因税收优惠会对财政收入造成影响，需面临更多的信息公开。

（3）家族信托的架构设计更为灵活。家族信托的设置只要不违反相关法律规定，原则上委托人与受托人协商一致即可，灵活性强。而基金会则受到更多的法律限制。

2.与家族基金会相比，家族信托的主要局限

（1）所置入财产的独立性相对弱些。与家族信托的重要区别之一，是家族基金会有独立的法人资格且没有类似股东的"终极归属人"，也不存在必不可少的受托人；而家族信托有受益人这样的"终极归属人"也有依然保留了一定权利的委

---

[1] 当然，家族信托也可以对接保险，获得保险的此项功能。

托人，且需要依靠受托人进行信托财产的管理、分配。因此，财产置入基金会比置入家族信托会获得更为彻底的独立性，可以更好地避免被关联方的风险所波及。

（2）对置入财产的管理权限不如前者确定。与家族信托不同，基金会按照发起人制定的"章程"进行运作，发起人及其关联人可以通过担任基金会的理事继续对财产进行管理、控制。而家族信托中委托人虽然可以保留对信托财产的管理权，也可以通过由关联人担任监察人的方式对信托财产进行管理，但必须在信托成立时就做出相应安排且不违反法律、行政法规的强制性规定，否则信托财产原则上由受托人管理和控制。

（3）不能享受前者所具备的税收优惠。根据规定，基金会及其捐赠人、受益人依照法律、行政法规的规定享受税收优惠。相比之下，常规情形下的家族信托不符合享受税收优惠的条件，仅能因其架构的特殊性实现一定的节税目的。

第二节 家族信托与财富传承

近年来，高净值人士对财富传承的需求持续走高。招商银行和贝恩管理顾问公司联合发布的《2019中国私人财富报告》指出，财富传承观念逐渐向年轻化发展，提前进行财富传承安排逐渐成为新的趋势。[①]家族信托在帮助高净值人士的财富传承上，其功能非常强大。

一、家族信托架构下的财富传承

财富传承是几乎所有家庭都会面临的问题。一般认为，家族信托最有价值的功能是财富传承。经由家族信托进行的财富传承，委托人是财富的拥有人和传出者，受益人是接受财富传承的人，受托人则是委托人和受益人之间的桥梁。当委托人把财产转移给受托人，受托人成为该财产的所有人但又无权享受其最终利益，受托人必须根据委托人设定的方式将最终利益交给受益人。这样的安排，使家族信托获得了区别于传统的遗嘱和民事协议的特别优势。委托人对家族及子孙后代的种种心愿都可以借受托人之手，慢慢地实现。在将财富最终交给家人的同时，委托人可以针对家庭成员（主要是后代）可能的挥霍，要求受托人控制向受

---

① 招商银行，贝恩公司. 2019中国私人财富报告[R].

益人授予利益的节奏，避免受益人短时间内获得太多财产后迅速花光；也可以针对家庭成员可能面对的婚恋生活的多变，将利益授予设定为排除受益人配偶，避免家庭财富因后代婚变流出家族；还可以把跨代传承、依法节税、家族治理等种种考量嵌入其中，并长时间保持。尤其对常规安排下很难以法律强制力保障的家族精神传承、祭祀安排等特殊心愿，经由恰当的家族信托安排则可得到较高程度的保障。家族信托显然也不完美，但不失为传承的法律重器。

二、财富传承的多样化目标与信托设置

通过家族信托将财富传承给后代，其目标可能是多重的。这些目标大致可以分为生活保障、学业及事业发展、纪念以及家族声望等。通常来说，前两个更为常见，尤其是第一个。保障性传承的关键，在于确保后代得到必要的资金支持，以维持一定标准之上的生活、接受一定标准之上的教育和医疗。生活保障类传承的条款，利益授予的标准应结合信托财产及受益人数量等情况由委托人决定，并按照经济发展或通胀水平保持一定的增长率（购买力维持）；利益授予的期限或条件要求，则以定期为原则，特定时间及情况发生时增加金额为补充。比如，如果只是为了防止子女突然得到大笔财产后挥霍，基本上定期支付加上每年随当地人均收入增长率同步调整的利益授予标准便可完成；但当受益人为未成年人时，则在其达到一定年龄（通常是成年）时通常有比较大的调整，结婚及生育时往往会有一笔金额较大的专项资金授予（往往还需就再婚能否再次授予及其次数等问题进行细化设定）。教育和医疗保障，原则上以实际发生为利益授予的条件、对不能从社保和保险报销的部分按实承担，也可根据信托财产及受益人数量等情况设定支付限额。发展性传承的重心，是对后代求学、创业等积极行为予以经济支持，并由委托人事先通过信托文件设定利益授予标准。

纪念性传承主要包括维持特定物品的原状和促使后代从事某些特定纪念活动两方面。前者的路径，主要是将具有特定纪念意义的财产置入信托，仅供后代无偿使用但不损耗其所有权，并由受托人自行或聘用专业机构或人员保管；后者的路径，主要是针对后代设定附条件的受益，比如去特定场所参与祭祀活动的可获得受益金若干。就当前境内的信托实务而言，由信托公司担任受托人的信托，此两者都不多见，尤其是后者目前还缺乏有效的实施机制（主要制约因素是实施成

本偏高），有待进一步发展完善。家族声望目标，主要通过在家族信托中置入慈善内容来实现。

案例：

现年65岁的L先生经营企业多年，积累下不少资产。L太太从一家单位闲职退休多年，平时家中大小事以L先生的意见为主。L先生和太太共有一儿一女。女儿36岁，在一家外企上班；结婚10年，和丈夫生育了两个男孩——分别为9岁和6岁。儿子32岁，在L先生的公司任部门副总，打算自己创业；结婚3年，和太太育有一个女孩——刚满1岁。L先生以8000万元资金作为信托财产设立家族信托，由某信托公司担任受托人。信托财产管理不做任何保留，全部委托给信托公司，按照风险低中高16%：38%：46%的比例进行资产配置。针对家庭实际情况，L先生确定基本分配方案如下：第一，L先生、L太太、L先生的儿子和女儿，每人每月可从信托中领取生活费2万元，每年都在前一年的基础上增长5%。第二，在外孙上大学之前，每个外孙每月由女儿领取1万元养育费；在孙女上大学之前，由儿子每月领取1万元养育费。往后再有新的孙子女或外孙子女出生，按同样标准追加。以上养育费的支付标准，每年都在前一年的基础上增长5%。第三，子女及孙子女、外孙子女中的任何人，接受全日制大学本科及以上学历教育的，凭录取通知书每次可领取8万元的助学金；获得毕业证和学位证书后，可领取8万元的奖励金。监察人可在前列基础上根据其所就读学校的情况决定增加费用，最高不超过200%。本科阶段的学历教育，每人只有一次领取助学金和奖励金的机会；硕士研究生和博士研究生的学历教育，每人领取助学金和奖励金的机会不超过两次。第四，子女及孙子女、外孙子女中的任何人及其配偶，每年医疗支出超过5000元的部分，都由家族信托承担；但个人医疗费总额超过200万元的部分，由监察人决定是否由家族信托承担。第五，孙子女、外孙子女结婚的，给予100万元的祝福金（每人限一次）。第六，子女、孙子女、外孙子女创业的，由监察人决定是否予以资助；子女单次不超过100万元，儿子累计不超过500万元，女儿累计不超过200万元；孙子女、外孙子女单次不超过50万元，累计不超过100万元。

三、家族信托与家族企业传承

在家族企业传承过程中，如何保持家族对企业的长期权属具有重要意义。家族企业创始人经常担心的问题是，股权被交给后人时，他们会不会发生因婚变、挥霍等原因导致的家族企业股权外流情况；当最终取得股权的后代多起来时，他们能否保持足够好的合作，会不会因为意见不一致导致公司出现僵局。通过家族信托进行企业传承具有多重优势：首先，可以在保留家族企业控制权的情况下，实现财产利益的传承。家族企业控制人，可以将股权移转给家族信托，并为自己保留对此项信托财产的管理权，同时通过受益权配置将其经营红利授予家庭成员。这样即可以实现其生前财富传承的目的，又保留了对家族企业的实际经营管理权。其次，可以实现家族企业股权的集中保管，避免股权过于分散影响公司重要决策。将股权直接传给后代，在人数较多的情况下，股权分散几乎成为必然。遇到重大决策时，大家可能因为意见不一致迟迟无法做出决策，影响企业正常经营和发展，甚至危及企业生存。将家族企业股权的全部或大部分置入家族信托，受托人成为名义上的股东，集中行使决策权。经由家族信托授予利益的家庭成员并非公司股东，无论多么分散均不直接影响企业决策。最后，使家族股权不会因为家庭成员去世、婚变、挥霍等因素导致的家族企业股权外流，维持家族企业的家族色彩。在股权被直接传给家庭成员的情况下，如他们去世，这些股权会作为他们的遗产被继承；如他们发生婚变，股权则可能因为属于夫妻共同财产而被分割，或作为夫妻共同财产分割中的折价补偿被转移；如他们出现挥霍、经营失利需要偿债等情况，股权还可能会被抵债或拍卖偿债。无论出现前述哪种情况，都可能使家族企业股权流出家族。通过家族信托方式传承，因为家族企业股权由信托公司等受托人直接持有，不会存在前述股权外流的情况，故其家族属性可得以维持。

当然，通过家族信托传承家族企业也存在一些不足。比如因为股权没有直接归属于任何家族成员，实际上企业的前途和个人利益的关联度相对弱化，从而使家族成员对企业的关注和投入都容易存在某种程度的不足。而受托人毕竟不是最终的利益归属者，大概率上而言不会像实质股东那样关心企业。所以全部或大部分股权置入家族信托的企业，一旦创始人因健康或去世等原因不再管理企业，其运行效率和发展前景整体上会弱于常规情形。

案例：

2015年香港富豪李嘉诚将其旗下所有产业重组为长江和记实业有限公司（以下简称长和）及长江实业集团有限公司（以下简称长地），并且设立了6个家族信托（4个全权信托和2个单位信托），来分别持有其家族资产。在完成大重组之后，李嘉诚的家族信托的结构也基本明确，李氏家族通过家族信托持有了几乎全部长和与长地的股份。

李氏家族信托包括四个全权信托DT1、DT2、DT3、DT4，以及两个单位信托UT1、UT2，李嘉诚是全权信托的委托人，而信托的酌情受益人包括李泽钜及其妻子和子女，以及李泽楷。信托受托人所发行的所有股份均由Unity Holdco和Castle Holdco持有，而李嘉诚和李泽钜分别拥有Unity Holdco与Unity Castle三分之一和三分之二的股份。在将所有资产置入家族信托之后，将继任和分产分开，由李泽钜掌舵家族企业，并利用家族信托，让全家人以信托受益人的形式享有财产收益，以确保控制权不因分家而旁落。

第三节　家族信托与债务隔离

得益于信托财产具有独立性的制度优势，使家族信托产生了债务隔离这一独特的功能。委托人设立一项家族信托，需要将其合法持有的财产转移给受托人，委托人对该信托财产丧失直接权利。受托人成为信托财产名义上的所有人，有权根据信托文件对信托财产进行管理和处分，但法律规定信托财产不属于其固有财产。受益人享有信托受益权以及信托文件中规定的其他权利，但并非信托财产的直接所有人。由此，信托财产的独立性使得信托财产与信托当事人的自有财产相互隔离，不会成为信托当事人的责任财产或遗产，有关第三人也不得就信托财产直接主张权利，从而使其具有一定的债务隔离功能。

一、与委托人的债务隔离

家族信托通常是委托人基于其对家族财富保护与传承的目的而设立的，一般情况下，委托人将其家庭成员作为受益人设立信托。实践中，委托人多为企业家、影视明星等高净值人士，高收入往往伴随着高风险，一旦委托人因为某种原因背上金额较大的债务，家族财富可能迅速被吞噬，从而让整个家族陷入困境。为此，债务风险隔离成为许多财富家族的重要愿望。

《信托法》第十五条规定："信托财产与委托人未设立信托的其他财产相区别。设立信托后，委托人死亡或者依法解散、被依法撤销、被宣告破产时，委托人是唯一受益人的，信托终止，信托财产作为其遗产或者清算财产；委托人不是唯一受益人的，信托存续，信托财产不作为其遗产或者清算财产；但作为共同受益人的委托人死亡或者依法解散、被依法撤销、被宣告破产时,其信托受益权作为其遗产或者清算财产。"可以看出,信托成立后,信托财产独立于委托人的自有财产。家族信托原则上为他益信托,受益人以委托人之外的家族成员为主。在纯他益信托的情况下,家族信托财产和委托人完全脱离关系,当委托人死亡时,完全为他人设立的家族信托的信托财产不作为其遗产,(委托人以外的)信托受益人的受益权不受影响。而如果委托人也将自己设置为受益人之一时,委托人主体资格的消灭,仅仅会导致其自己那部分受益权被作为遗产,但是并不会影响整个信托法律关系的存续以及其他受益人的受益权。

家族信托的债务隔离功能须在信托不存在效力瑕疵时才能实现。《民法典》第一百五十五条规定"无效的或者被撤销的民事法律行为自始没有法律约束力。"第一百五十七条规定:"民事法律行为无效、被撤销或者确定不发生效力后,行为人因该行为取得的财产,应当予以返还;不能返还或者没有必要返还的,应当折价补偿……"当家族信托因故被宣告无效或撤销时,置入家族信托的财产须返还给委托人,作为委托人的责任财产,故不可能隔离委托人的债务。根据《信托法》第十一条规定,存在下列情形之一的,信托无效:第一,信托目的违反法律、行政法规或者损害社会公共利益;第二,信托财产不能确定;第三,委托人以非法财产或者本法规定不得设立信托的财产设立信托;第四,专以诉讼或者讨债为目的设立信托;第五,受益人或者受益人范围不能确定;第六,法律、行政法规规定的其他情形。根据《信托法》第十二条第一款规定,委托人设立信托损害其债权人利益的,债权人有权申请人民法院撤销该信托。根据《民法典》第五百三十八条、第五百三十九条规定,委托人将自有财产置入家族信托,影响其债权人的债权实现的,债权人可以请求人民法院撤销债务人的行为。委托人以明显不合理的低价向其所设家族信托转让财产、以明显不合理的高价受让其所设家族信托的财产,影响其债权人的债权实现的,其债权人原则上可以请求人民法院撤销委托人人的行为。[1]

---

[1] 根据《信托法》第五十三条规定,信托被撤销属于信托终止的一种情形。根据该法第五十四条规定,信托终止的,信托财产归属于信托文件规定的人;信托文件未规定的,按下列顺序确定归属:第一,受益人或者其继承人;第二,委托人或者其继承人。由此似乎可以得出结论,信托因为损害债权人利益被撤销,信托财产原则上不需要拿去给委托人还债。但事实上,该规则已经让位于后颁行的《合同法》相应规定以及将于2021年1月1日实施的《民法典》相应规定——信托被撤销后信托财产归入委托人的责任财产用于清偿债务。

此外，根据《信托法》第十七条规定，设立信托前债权人已对该信托财产享有优先受偿的权利，并依法行使该权利的，债权人可申请强制执行信托财产。此情形下的家族信托，对该特定债权也无债务隔离功能。另外，如家族信托因某种原因仅存委托人作为唯一受益人，该家族信托原则上无法隔离委托人的债务；委托人经由信托文件为自己保留了解除信托并取回剩余信托财产的权利，或者其他实质上可以支配信托财产的权利，均可能导致该家族信托无法隔离委托人的债务。

案例：

Q先生20世纪90年代开始办企业，一直稳扎稳打，迄今已经积累下数亿身家。近年来，Q先生觉得市场环境变得越来越难适应，税收和社保执法持续收紧，对企业前景感到忧虑。但对自己一手创办起来的企业以及追随自己多年的员工，Q先生都难以割舍。企业经营过程中要融资，向银行借款Q先生得作为连带责任保证人在借款合同上签名；承接的重大项目，也经常会被对方要求作为连带责任保证人。Q先生觉得，自己随时有可能因为企业的事背负巨债；而一旦生产经营被迫停止，价值几亿元的厂房设备也折不了几个钱，因企业背下的债最后势必会执行自己的个人财产。经咨询律师，Q先生决定趁着企业和自己财务状况都还正常，将2000万元个人存款用于设立家族信托，并计划出售名下的一套排屋作为追加资金。该信托属于"不可撤销"信托。信托资金的投资管理全权委托给信托公司，并对投资方式和范围进行了限制。Q先生将太太、父母、两个儿子和两个孙子、一个孙女均作为信托受益人。这样，万一生意失利，Q先生个人财产被执行，但家族信托不受影响。Q先生的家人因为得到家族信托持续不断的资金支持而能维持不错的生活水平，同家人生活在一起的Q先生也能保持相应的生活水准。

二、与受托人的债务隔离

委托人将其合法持有的财产委托给受托人设立家族信托后，受托人成为信托财产名义上的所有人，但该信托财产相对于受托人的固有财产而言也是独立的。《信托法》第十六条明确规定："信托财产与属于受托人所有的财产（以下简称固有财产）相区别，不得归入受托人的固有财产或者成为固有财产的一部分。受托人死亡或者依法解散、被依法撤销、被宣告破产而终止，信托财产不属于其遗产或者清算财产。"受托人对于信托财产必须单独管理、分别记账，不得与其固有财产混合管理。同时，受托人须严格依照信托文件的规定对信托财产进行管理、处分。信托财产除独立于受托人固有财产外，在受托人管理、处分信托财产的过程中所产生的债权也具有独立性，受托人不得将这些债权与其固有财产产生的债务相抵销。①

《信托法》允许受托人可以是组织或自然人，实践中，家族信托的受托人一般由专业的信托机构担任。当前持牌的信托公司只有六十多家，相对管理比较规范。所以尽管有些财产在由委托人转移至信托公司名下之后，没法实现信托性公示，但只要信托公司严格遵守有关规定分别记账，其隔离效果基本上能得到法院认可。如信托机构被依法解散、依法撤销或被宣告破产，家族信托财产不会被列入清算财产，而受托人自身债务的债权人也不得申请强制执行信托财产。同时，信托机构作为受托人时，其被依法解散、宣告破产也是导致其受托人职责终止的原因之一，但其责任的终止不会影响家族信托的存续，清算人应当妥善保管信托财产，并协助新受托人接管信托事务。②

对自然人担任受托人的家族信托来说，虽然根据法律规定信托财产可以隔离其债务，但因为其缺乏必要的公示机制以及容易引发"借信托之名逃债"，其相对于受托人债务的隔离效果不易得到法院认可，风险系数相对较高。

三、与受益人的债务隔离

受益人在家族信托中享有受益权，但对于信托财产本身而言，受益人并不享有所有权。受益人不得对信托财产进行直接管理与处分，其债权人也不得申请强制执行信托财产。

《信托法》第四十七条、第四十八条规定，受益人的受益权可以用于清偿债务，也可以依法转让和继承，但这些权利受到法律、行政法规以及信托文件的限制。因此，委托人可通过在信托文件中设置特殊条款，对受益人针对其受益权的处分权限进行限制，以达到将信托受益权与受益人债务隔离的目的。

此外，《信托法》第五十四条规定："信托终止的，信托财产归属于信托文件

---

① 《信托法》第十八条。
② 《信托法》第三十九条。

规定的人；信托文件未规定的，按下列顺序确定归属：（一）受益人或者其继承人；（二）委托人或者其继承人。"为了防止信托终止后剩余信托财产被信托权利归属人用于偿还债务或者被强制执行，委托人可在信托文件中确定剩余信托财产权利归属人的范围时，把无债务风险的受益人设置为信托权利归属人，或者规定信托终止时，无债务负担的受益人可参与信托财产的分配。由此，将家族信托的债务隔离功能在信托的整个运行过程都得到发挥，最大限度地保护家族财富的安全。

案例：

M先生和M太太早年下海经商，打拼过程非常艰苦。虽然攒下不菲身家，但疏于照管子女。女儿虽然脾气有点儿急躁，但过日子也还踏实，不会乱花钱。儿子几年前从某独立学院辍学，既不寻思学习深造，也不愿意工作。成天无所事事，喜欢跟一帮年龄相仿的人混在一起，花钱大手大脚。M先生和M太太非常担忧儿子的前途，但也无可奈何。两人商量，将企业交给子女，估计办不长久。经咨询律师并多次共同商讨，M先生和M太太决定，除给自己留一套养老住房和为儿子预留一套婚房（登记在M太太名下，早先为女儿购置的房屋已登记在女儿名下）外，对企业股权和其余房产全部进行处理。经过多次资产剥离、出售、重组之后，M先生和M太太手上拥有了一大笔资金和一个持有较多房产的公司。M先生和M太太将手上的大部分资金在不同的信托公司各设了一个家族信托。然后以转让方式将持有房产的公司股权置入M太太的家族信托，该公司由M先生担任法定代表人。在这两个家族信托中，除给M先生和M太太做了养老金的安排外，为女儿、外孙和儿子都做了丰裕的生活及教育费规划。在女儿、外孙和儿子的受益权条款中，明确约定该受益权不得用于偿还受益人负债；同时约定，受益人无论因何种原因被法院判决向第三人偿还债务，其受益份额均自动降为原标准的百分之二十，但监察人认为不降低受益份额的除外。[①]

第四节　家族信托与婚姻财富管理

婚姻是两个人互为终身伴侣的承诺，是一种物质和精神的高度结合，也是一项具有较强财富转移和互换功能的法律机制。以我国大陆地区现行法（包括将于

---

① 这里的条款内容仅为传达其意思，而非原文。为使约定具有可操作性，实际条文侧重解决关于相应证明材料或指示的形式问题。

2021年1月1日起生效的《民法典》）来看，婚姻确实在很多时候、很多方面会让一方辛苦打拼取得的财产，很自然地成为双方共同财产；有时候，也会让一方的个人财产或共同财产成为另一方的个人财产。与此同时，随着社会观念等因素的变化，离婚率却越来越高，婚姻的稳定性越来越差。一旦离婚，那些在权属上被另一方转移的财产，便成为当事人不可逆转的损失。所以，婚姻财富管理与保护越来越成为高净值人群关心的问题。家族信托则以其独特的优势，受到关注。

一、家族信托与婚前财富保障

一方的婚前财产，可能会因为婚后主动或被动的处分等情况，全部或部分转化为夫妻共同财产。首先，一方的婚前财产会因为婚姻关系存续期间的流动、使用、投资收益等情况，导致财产所有权界限模糊，从而很难证明是婚前个人财产——被推定为共同财产。比如一方婚前的存款，婚后多次和婚后所得一起用于购买理财产品、出借给亲朋好友，在这个过程中还发生了多次消费行为，实际上已经很难从全部财产中辨认出这笔婚前个人存款了。其次，许多地方在执行不动产登记制度的过程中，对处于婚姻关系状态中的购房者，要求必须登记在夫妻双方名下，除非该购房者能提供其配偶出具的《权利放弃声明》或《同意不动产权利作为××个人财产登记的声明》之类的材料。尽管这样的要求在法律上并不合理，却让购房者陷入尴尬。因为如果要求配偶出具这类材料，可能会伤害夫妻感情。所以大多数购房者会选择登记为双方共有。就这样，婚前的个人财产很自然地成了夫妻双方共有的财产。最后，婚姻关系存续期间取得的个人生活物品归一方等规则的存在，也可使一方婚前个人财产成为另一方的个人财产。无论哪种情形，只要财产权属发生了从一方个人所有向双方共有或另一方个人所有的转变，一旦婚姻关系出现问题，拥有较多婚前财产的一方便可能遭受实质性的损失。在此背景下，婚前财富保障成为诸多拟进入婚姻的高净值人士的需要。

家族信托的优势，在于通过将个人婚前财产置入信托，使该部分财产与委托人的其他财产及后续的所得都保持隔离，并且界限清晰。因为委托人也无权直接动用信托财产，所以前述因为主动或被动处分受到损失的风险大大降低。又因为信托财产由受托人管理并严格记账，所以前述混同的风险也基本上消除。

案例：

某企业高管Z女士和前夫离婚时，分得价值约5000万元的财产，直接抚养双方五岁的女儿。Z女士和公司同事Y先生走到了一起。两人处了一段时间之后，Y先生发出了结婚邀请。Z女士也想和Y先生结婚，但又担心Y先生日后变心。因为Y先生比Z女士小3岁，在公司的职务和收入上都比Z女士低，也没什么个人财产。Z女士担心Y先生是因为自己的经济条件所以同意结婚，以后他有钱了可能另觅新欢。Z女士希望将自己的婚前财产保护起来，同时又不影响其保值增值及自己正常的开支。分析意见：Z女士名下的两套房屋按揭贷款已经还清，只要结婚后不卖，无须担心混同问题。Z女士在结婚之前，将银行存款、理财产品等用于设立家族信托。信托生效后，该部分财产成为信托财产，不在Z女士名下。此部分财产相关信息除了Z女士以外由信托公司掌握，可以对Y先生保密。信托公司收到财产后，会按照Z女士的要求进行资产配置，实现该部分财产的保值增值。在此过程中，该部分财产及其增值、收益等都始终独立于Z女士，更与Y先生无关，不用担心混同问题。Z女士可以在信托合同中，将自己和女儿指定为受益人，并明确该部分利益授予归受益人个人（排除与配偶共有的可能）。Z女士日常生活，优先从工资薪金收入及那套出租房的租金中支出，不足的再去行使受益权。这样一来，Z女士的婚前财富便得到了强有力的保障，但又不影响其保值增值及正常使用。

二、家族信托与婚内财富保全

根据我国现行法，婚姻关系存续期间所得原则上属于夫妻共同财产。所以，但凡结婚年数比较长，基本上各方名下的财产都属夫妻共有。只是这样的共有，在实践中并不意味着利益必然真正共享。很多时候，一方作为法律上的财产共有人，只能支配极少部分的财产。因为对方擅长投资理财，或者长期以来都是由对方在掌握运用财产。在这样的情况下，不掌握财产的那一方会感到不安。因为万一对方变心，悄悄地转移财产，可能等到自己发现时为时已晚。另外即便对方没有异心，只是对财产的态度发生变化，比如过于冒险或者过度挥霍，但自己因为不掌握财产所以不能及时发现。这样的问题，有时候会引发家庭内部大战，如果没有找到好的方案，问题不会很好地得到解决。显然，一方不放心对方的情况可以理解，但由长期不掌管财产或不善投资理财的那一方来掌握财产，也确实不合适。

把财产放入家族信托，通过适当的架构设计切断任何一方单方解除或撤销信托的可能，然后对信托财产的管理和分配做出合理约定，协调双方的立场，是解决前述夫妻共同财产管理难题的有效办法。夫妻共同财产被转移给受托人之后，不在夫妻任何一方，彼此不放心、担心对方转移财产的问题基本上迎刃而解。接下来的关键，是不让任何一方可以单方终止信托或者调整受益权，这一点只要信托合同不做特别保留原则上就可以实现。至于信托财产的管理，可以为擅长投资理财的那一方保留一些参与的权利，以便其发挥专长。在此基础上，对受益权做公平分配，首先把双方需承担的义务通过受益权的方式予以分解，比如对父母的赡养、对子女的抚养等都通过受益权解决；其次根据双方的情况，设定利益授予条款，使双方平等地从家族信托中受益。经过这些操作，夫妻共同财产得以固定，任何一方都不会因为对方的不当行为遭受损失，并且对家庭责任及双方生活都做出了较好的安排。

三、家族信托与离婚财产分割

在离婚过程中，双方经常会为财产分割争执不下，因为就财产在彼此间的分配问题很难达成一致，有些案件只得将财产赠与子女作为破局之举。而过早地把大量财产转移给子女，显然存在相当大的风险。这种风险，包括子女可能因此丧失奋斗动力、挥霍等，也包括当事人本人后续可能出现无钱养老的尴尬局面。此外，若夫妻双方在离婚时无法在股权或企业财产份额分割上达成一致意见，企业主的婚变还可能给企业的运营带来严重负面冲击。因为一方采取强有力的保全措施，可能导致企业难以正常经营，或者使公司引入投资者、增资扩股的计划无法继续。对拟上市公司来说，控股股东或实际控制人的离婚纠纷，会影响对公司运营稳定性的预期，从而导致上市进程受阻；对上市公司而言，则可能造成股价下跌。所以，妥善处理离婚纠纷及其所涉及的财产分割问题，无论对当事人还是他们所控制的企业、事业来说，都非常重要。家族信托作为一种能带来稳定预期的财产安排机制，是离婚当事人在特定财产问题上搁置争议、面向未来的良好选项。

拟离婚的双方当事人，可用拟分割的夫妻共同财产设立家族信托，并通过架构设计切断任何一方单方解除或撤销信托的可能，并且不让任何一方可以单方终止信托或者调整受益权，由此保证该部分财产全部置入信托，真正独立于任何一方当事人。然后根据双方的情况，对信托财产的管理做出合理约定，在可能的情况下考虑全部委托给信托公司。最后对家族信托的受益权进行合理分配，使各方当事人公平地获得相关利益，并对共同的子女做出妥善安排。

案例：

某企业家H先生与妻子J女士婚姻走到尽头。此时，H先生作为大股东和法定代表人的公司正在和投资者洽谈增资事宜。在离婚过程中，就如何分割公司股权，双方产生了较大争议。H先生认为，应当按公司净资产来估算股权价值，H先生支付J女士相应折价款获得双方共有的全部股权。但J女士认为，公司受到投资者青睐，前景广阔，以公司净资产对股权进行估价的话明显低估了公司股权的价值，对自己不公。J女士提出对公司股权进行分割，但遭到H先生的反对。H先生反对的理由之一是，直接分割股权将会导致投资者对公司的未来发展产生疑虑，甚至会导致公司融资失败。H先生不同意直接分割的另外一个理由是，股权分割将导致H先生失去对公司的控股地位，不利于后续公司的及时决策。H先生认为，正在洽谈的公司新投资者是自己的好友，入股一方面是因为自己比较稳健风险不大，另一方面也是为了支持自己，按双方谈的价格确定折价款自己根本付不起。双方争执不下，会消耗彼此的精力，影响各自的工作和生活，并对公司经营及其价值产生不利影响。如果将该部分股权置入家族信托，并设置成不可撤销（解除）、不可终止及受益权完全固定，H先生的经营行为按职业经理人待遇获得独立报酬，H先生、J女士各自通过受益权公平分享股权利益，则基本上可消除各方顾虑。当然，考虑到当前的IPO政策及实践倾向于排除信托计划持股，如果该公司后续打算上市，比如投资者入股的条件就是将来要上市，则原则上不建议将家族信托作为离婚股权分割的替代性安排。

第五节　家族信托与税

税负作为一种必须承担的财富负担，是财富管理中的重要考量因素。家族信托自身的税负及作为税务筹划工具的问题，都值得关注。鉴于当前家族信托业务的受托人，主要为持牌信托公司，以下分别就营业类家族信托设立和运行过程中涉及的主要税收问题做简要介绍。

一、委托人将自有财产转移至家族信托过程中的税

目前,在我国用以设立家族信托的财产主要包括资金、不动产、股权、特殊动产、保险金。其中,涉税问题主要集中于不动产和股权上。

(一)资金

委托人将自有资金转移至家族信托,目前无须就此缴税。

(二)不动产

1. 契税

在将不动产业转移至家族信托的过程中,无论是赠与或受遗赠过户还是交易过户,均须以受托人名义缴纳契税。根据《契税暂行条例》的规定,契税税率为3%~5%,契税的适用税率,由省、自治区、直辖市人民政府在前款规定的幅度内按照本地区的实际情况确定,并报财政部和国家税务总局备案。目前向信托公司转移房屋所有权及相应的国有建设用地使用权,各地的适用税率基本上为3%。计税依据为不动产交易价格,或者由税务机关参照市场价格核定的不动产价格。契税由信托公司缴纳,从信托财产中列支。

2. 印花税

委托人将不动产置入家族信托,无论通过交易还是赠与方式,均需缴纳印花税。将住宅所有权及相应的国有建设用地使用权直接由委托人个人名下转移至信托公司,信托公司须按交易价格或由税务机关参照市场价格核定的不动产价格的0.05%缴税印花税。[①] 将住宅以外的房产直接由委托人个人名下转移至信托公司,委托人和信托公司均须按交易价格或由税务机关参照市场价格核定的不动产价格缴税印花税。信托公司缴纳的印花税,从信托财产中列支。

3. 个人所得税

委托人按交易价格或由税务机关参照市场价格核定的不动产价格减去原购房价及相关扣除税费,按照20%的税率缴纳个人所得税。无法取得房屋原值凭证的,可按税务局核定的征收标准缴纳。目前各地住宅一般按交易价格或由税务机关参照市场核定价格的1%~3%征收率缴纳个人所得税,部分区域对非住宅实行

[①] 《财政部 国家税务总局关于调整房地产交易环节税收政策的通知》(财税〔2008〕137号)第二条规定,对个人销售或购买住房暂免征收印花税。

同样的政策。置入信托的不动产,系委托人自用5年以上并且是家庭唯一生活用房(土地用途为住宅)的,免征个人所得税。

4. 增值税及其附加

委托人将自己名下的不动产直接用于设立家族信托的,需要缴纳增值税。商住房置入信托,按照5%的征收率全额缴纳增值税。住宅则区分是否为普通住宅以及是否持有房产满2年。将购买不足2年的住宅置入信托,按照5%的征收率全额缴纳增值税。将购买2年以上(含2年)的住宅置入信托,在北京市、上海市、广州市和深圳市之外的地区一律免征增值税;在北京市、上海市、广州市和深圳市,如系普通住宅免征增值税,如系非普通住宅则以销售收入减去购买住宅价款后的差额按照5%的征收率缴纳增值税。委托人在缴纳增值税的同时,还需按所缴增值税的1%、5%和7%不等缴纳城市维护建设税,[①]按所缴增值税的3%缴纳教育费附加。

5. 土地增值税

将住宅置入信托,目前无须缴纳土地增值税;[②]将非住宅房屋置入信托,需缴纳土地增值税。土地增值税实行30%~60%的四级超率累进税率,以按交易价格或由税务机关参照市场核定的价格减除准予扣除项目的金额后的余额作为应纳税增值额。

(三)股权

1. 增值税

委托人将股权及上市公司股票置入信托,无须缴纳增值税。

2. 印花税

委托人将股权置入信托,委托人和信托公司均需按交易价格或由税务机关依法核定的价格的0.5‰缴纳印花税,信托公司缴纳的印花税从信托财产中列支。

[①] 根据《城市维护建设税暂行条例》及其实施细则的有关规定,城市维护建设税实行分区域的差别比例税率:(1)纳税人所在地在市区的,税率为7%。这里称的"市"是指国务院批准市建制的城市,"市区"是指省人民政府批准的市辖区(含市郊)的区域范围。(2)纳税人所在地在县城、镇的税率为5%。这里所称的"县城、镇"是指省人民政府批准的县城、县属镇(区级镇),县城、县属镇的范围按县人民政府批准的城镇区域范围。(3)纳税人所在地不在市区、县城、县属镇的,税率为1%。

[②] 《财政部 国家税务总局关于调整房地产交易环节税收政策的通知》(财税〔2008〕137号)第三条。

3.个人所得税

委托人将股权置入信托，依法缴纳个人所得税。税率为20%。根据《中华人民共和国个人所得税法》及《中华人民共和国个人所得税法实施条例》的相关规定，个人股权转让以交易价格或由税务机关依法核定的价格减除财产原值和合理费用后的余额，为应纳税所得额。

二、家族信托存续阶段的税收问题

家族信托存续期间，因信托财产的持有、运用、经营产生的增值税、城市维护建设税、教育税附加、房产税、土地增值税、印花税等由信托公司缴纳，从信托财产中列支。信托财产有增值收益的，无须缴纳企业所得税。委托人作为信托受益人的，原则上应就增值部分缴纳个人所得税。委托人之外的家族信托受益人，如何就其受益部分缴纳个人所得税，目前规则尚不明确，争议较多。就当前的实际情况而言，信托公司在向受益人支付收益时一般不代扣代缴个人所得税。

本部分由魏小军、宋词撰写

第四部分
高净值人士涉税问题及应对策略

第二十章　高净值人士常见避税手段的税法评价

第一节　利用两套账避税

一、定义

"两套账"是一种通俗的说法，是指在法定账册外设置其他账册的行为，一般设置内账和外账两套账。内账，即企业内部管理账，是能够真实反映公司经营状况的账目，仅企业负责人可以查阅，不向外界或者企业普通员工公开。外账，即对外公开工商税务账，是经会计人员"加工"而成，用于向税务机关申报纳税、向企业员工、投资者公开的账目。

实务中，一般来说，对于取得的不开发票或现金收款收入，计入外账；对于取得的所有收入，计入内账。内账的金额比外账的金额大，且为了达到收入成本配比原则，会在外账上将相应的成本、费用进行人为调整，以便维持表面上的"合理性"。当然，也有在外账上虚增收入，内账上反映真实收入的情况。工作中，笔者发现过有企业做五套账的，一套供税务检查看，一套供银行贷款用，一套供统计局看，一套供管理层看，一套供投资者看。所以，所谓的"两套账"，只是这类现象的统称。

二、主要目的

（一）少缴税款

少缴纳税收，是设立"两套账"的主要目的。部分企业主认为，企业税负比较重，又不能准确把握和享受相应的税收优惠政策，索性直接以设立"两套账"的方式逃避缴纳税款义务。

（二）少缴社保

如果在账面上不体现较高的工资费用，则社会保险费用支出就可以相应减少。这也是部分企业设立"两套账"的原因之一。即在工资表上减少员工人数，降低工资总额，将每个人的工资额做到当地社保最低缴费标准或个税起征点上下，以达到少缴社会保险费用的目的。

（三）吸引投资

部分企业为在外账上虚增收入和配比一定的成本，以美化财务报表，供特定的投资看，以便吸引更多的外部投资。一般来说，这类企业都处于创业初期或特定的融资需求期。

三、法律风险

（一）违反《中华人民共和国会计法》（以下简称《会计法》）

《会计法》第十六条规定，各单位发生的各项经济业务事项应当在依法设置的会计账簿上统一登记、核算，不得违反本法和国家统一的会计制度的规定私设会计账簿登记、核算。若设立"两套账"，根据《会计法》第四十三条规定：对单位可被处五千元以上十万元以下的罚款；对其直接负责的主管人员和其他直接责任人员，可被处三千元以上五万元以下的罚款。

（二）触犯《中华人民共和国税收征收管理法》（以下简称《税收征收管理法》）

《税收征收管理法》第六十三条第一款规定："纳税人伪造、变造、隐匿、擅自销毁账簿、记账凭证，或者在账簿上多列支出或者不列、少列收入，或者经税务机关通知申报而拒不申报或者进行虚假的纳税申报，不缴或者少缴应纳税款的，是偷税。对纳税人偷税的，由税务机关追缴其不缴或者少缴的税款、滞纳金，并处不缴或者少缴的税款百分之五十以上五倍以下的罚款；构成犯罪的，依法追究刑事责任。"

（三）触犯《中华人民共和国刑法》（以下简称《刑法》）

设立"两套账"过程中，为了避免留下做假账的证据或痕迹，一般会刻意地将部分不能用或不需要的会计凭证资料加以销毁或隐藏。这一行为，极易触犯一个罪名：隐匿、故意销毁会计凭证、会计账簿、财务会计报告罪。根据《刑法》第一百六十二条之一规定，情节严重的，处五年以下有期徒刑或者拘役，并处或者单处二万元以上二十万元以下罚金。

四、如何被发现的

（一）被人举报

天下没有不透风的墙，即使采取了非常严格的保密措施，也可能出现城堡被从内部攻破，如被内部知情人举报至税务机关或其他政府部门。

（二）金税三期识别

作为国内涉税信息交换和集中处理的唯一平台，金税三期集中了广泛又海量的涉税信息，经过对开票信息、银行收款信息、申报信息等信息的综合分析后，很容易就能发现企业或个人不符合营业常规的隐藏收入、账外经营的情况。

（三）案中案牵连

"两套账"只是实现诸多非法目的的一种手段，若其他行为被相关政府部门查获，那么"两套账"也可能会被"牵连"出来。

第二节 买发票逃税

为了少缴企业所得税或个人所得税，购买一定量的发票直接用于报销，可说是最简单、直接和高效的一种方式了。同时，也是涉税法律风险中最重的一种方式了。

一、买发票=虚开发票

（一）法律依据

1.《中华人民共和国发票管理办法》（以下简称《发票管理办法》）

《发票管理办法》第二十二条规定，开具发票应当按照规定的时限、顺序、栏目，全部联次一次性如实开具，并加盖发票专用章。

任何单位和个人不得有下列虚开发票行为：

（1）为他人、为自己开具与实际经营业务情况不符的发票；

（2）让他人为自己开具与实际经营业务情况不符的发票；

（3）介绍他人开具与实际经营业务情况不符的发票。

2.《最高人民法院关于适用〈全国人民代表大会常务委员会关于惩治虚开、伪造和非法出售增值税专用发票犯罪的决定〉的若干问题的解释》

具有下列行为之一的，属于"虚开增值税专用发票"：

（1）没有货物购销或者没有提供或接受应税劳务而为他人、为自己、让他人为自己、介绍他人开具增值税专用发票；

（2）有货物购销或者提供或接受了应税劳务但为他人、为自己、让他人为自己、介绍他人开具数量或者金额不实的增值税专用发票；

（3）进行了实际经营活动，但让他人为自己代开增值税专用发票。

3.法理分析

（1）《发票管理办法》角度。

购买发票，肯定没有发生相应的实际经营业务，所以构成《发票管理办法》规定的让他人为自己开具与实际经营业务情况不符的发票。

（2）《最高人民法院关于适用〈全国人民代表大会常务委员会关于惩治虚开、伪造和非法出售增值税专用发票犯罪的决定〉的若干问题的解释》角度。

购买发票，肯定没有发生相应的实际经营业务，构成《最高人民法院关于适用〈全国人民代表大会常务委员会关于惩治虚开、伪造和非法出售增值税专用发票犯罪的决定〉的若干问题的解释》角度的"没有货物购销或者没有提供或接受应税劳务而为他人、为自己、让他人为自己、介绍他人开具增值税专用发票"，即常说的"无货虚开"。

（二）法律后果

1.《发票管理办法》第三十七条

违反本办法第二十二条第二款的规定虚开发票的，由税务机关没收违法所得；虚开金额在一万元以下的，可以并处五万元以下的罚款；虚开金额超过一万元的，并处五万元以上五十万元以下的罚款；构成犯罪的，依法追究刑事责任。非法代开发票的，依照前款规定处罚。

2.《刑法》第二百零五条

虚开增值税专用发票或者虚开用于骗取出口退税、抵扣税款的其他发票的，处三年以下有期徒刑或者拘役,并处二万元以上二十万元以下罚金;虚开的税款数额较大或者有其他严重情节的,处三年以上十年以下有期徒刑,并处五万元以上五十万元以下罚金;虚开的税款数额巨大或者有其他特别严重情节的,处十年以上有期徒刑或者无期徒刑,并处五万元以上五十万元以下罚金或者没收财产。

单位犯本条规定之罪的,对单位判处罚金,并对其直接负责的主管人员和其他直接责任人员,处三年以下有期徒刑或者拘役;虚开的税款数额较大或者有其他严重情节的,处三年以上十年以下有期徒刑;虚开的税款数额巨大或者有其他特别严重情节的,处十年以上有期徒刑或者无期徒刑。

虚开增值税专用发票或者虚开用于骗取出口退税、抵扣税款的其他发票,是指有为他人虚开、为自己虚开、让他人为自己虚开、介绍他人虚开行为之一的。

第二百零五条之一 虚开本法第二百零五条规定以外的其他发票,情节严重的,处二年以下有期徒刑、拘役或者管制,并处罚金;情节特别严重的,处二年以上七年以下有期徒刑,并处罚金。

单位犯前款罪的,对单位判处罚金,并对其直接负责的主管人员和其他直接责任人员,依照前款的规定处罚。

所以,买发票,轻则罚款五万元以下;重则判处无期徒刑。买发票,表面买的是发票,减少的是应缴税款,增加的是法律风险,且其代价会非常沉重。

二、买发票是怎么被发现的

当前及未来相当一段时间内,中国仍是"以票控税"的国家。发票是落实增值税政策和企业所得税法的重要工具,是实现财政收入的重要手段。所以,国家花费了大量精力、财力、人力,加强对发票的监督管理。比如,金税三期中,发票模块是最重要的部分之一。那么,买发票是怎么被发现的呢?经笔者初步总结,实务中,有如下途径被发现:

(一)内部举报

一般来讲,如果从进出货、财务、税务等整个流程进行虚开增值税专用发票造假,外人很难发现。但如果是内部熟人举报,如开票人员或财务举报,就麻烦了。新三板上市公司芜湖市科阳电热材料有限责任公司(科阳新材:835098)参与虚开的会计到公安机关主动投案自首,上演了一部"迷途知返—无间道"大戏。结果是：科阳新材被判处罚金12万元并被没收抵扣的税款234 669.02元；会计判刑两年（缓刑两年）。

（二）家贼难防

通常情况下，企业的财务人员都深得老板信任，但财务人员也会打发票主意的。据媒体报道，湖南邵阳县某水泥有限公司税务会计戴某伙同他人，将东家的增值税专用发票开往多家实际上并没有货物流通和资金往来的客户公司，并从中收取票面金额1.2%或0.75%的开票返点费用。

（三）事起监管

2015年11月14日，中国人民银行泰州市中心支行的工作人员在日常监管中发现，靖江市有5家企业在当地3家银行开设的对公账户资金交易极其异常，他们随即向泰州市公安局经侦支队报警。最终的结果是：2016年8月，泰州公安机关成功侦破了一起公安部挂牌督办的特大虚开增值税发票犯罪团伙案件，价税合计136.9亿多元。

（四）不合常规

2015年，合肥4亿元虚开增值税发票案告破。该案中，税务机关发现：①巢湖水泥绝大多数流向上海，不符合水泥销售不超过半径200公里的行业常理；②每份金额都接近10万元，甚至部分金额价税合计为10万元整，不符合交易常规；③受票买方企业大多数只经营几个月就注销或"蒸发"。

（五）案中案牵连

一般来说，破获一起虚开增值税发票案，不会仅以抓获虚开方当事人为最终结局。还存在案里有案。例如，2015年11月9日，在全国经侦信息系统指挥调度平台上，桃源县公安局经侦民警就收到一线索：山东省昌邑市公安局侦查的一起虚开增值税专用发票案中，有桃源县某轧花厂虚开增值税专用发票百余份，票面金额达1000万余元。经侦民警立即介入调查，查实桃源县某轧花厂负责人覃某虚开增值税专用发票108份，开票金额合计1188万余元，从中获得好处费20余万元。11月10日，覃某落网，对自己的犯罪事实供认不讳，11月11日，覃某被依法刑事拘留。

（六）大数据识别

2015年10月，金华市国税局货劳处在增值税发票升级系统数据挖掘分析和失控发票清理过程中发现：市区5家商业零售企业在短期内大量领用增值税专用发票，开具发票7178份，金额6.88亿元，税额1.17亿元。这些企业均为4月增值税一般纳税人资格由审批制改为登记制后新成立的商贸流通企业，注册地址设在市区某些住宅小区单元房内。工作人员据此判断，这些企业涉嫌虚开的嫌疑很大。由此引出一个超级虚开大案：9家公司虚开发票7178份涉案金额7.1亿元。

（七）虚开跑路

金华市国家税务局稽查员在工作中发现，市区有两家企业在领取增值税专用发票后，企业法人代表就失去了联系。稽查员进行排摸后，发现在金华还有3家企业与这2家企业有关联。由此，一场虚开增值税发票大案侦破拉开序幕。

（八）三无企业

2013年下半年至2014年上半年，武汉市国税局在税务查缉过程中，发现有70多家企业登记有法定代表人、经营地点，而实地走访却发现均是无生产场地、无办公人员、无经营账目的"三无"企业。经侦介入后，涉案金额达3.7亿元的虚开增值税发票大案由此爆发。

三、虚开发票风险防范

（一）合法经营，合规取票

对于发票，只有主观上不愿意开具（取得），没有客观上不能开具（取得）的问题。只要有实际的经营业务发生，就一定可以取得合法合规的发票入账。

（二）坚持转账，避免现金

银行转账，流水有痕，可以有效避免办事人员从非交易对方取得发票。现金付款，就没有这样的功能。

（三）三流一致

资金流、货物流、发票流，三流一致，可以有效降低取得虚开发票的风险。且有利于企业建立科学的内部控制机制，避免其他法律风险的发生。

第三节 利用阴阳合同避税

一、定义及举例

阴阳合同是指合同当事人就同一事项订立两份以上的内容不相同的合同，一份对内，一份对外，其中对外的那份并不是双方真实意思表示，而是以逃避国家税收等为主要目的；对内的那份则是双方真实意思表示，可以是书面或口头形式。

例如：

（1）影视企业与A演员签订合同，约定费用为税前6000万元，直接以税前6000万元签合同，则该演员需要缴纳：

增值税 =6000÷（1+3%）×3%=174.76（万元）

城建税和教育费附加 =174.76×（3%+7%+2%）=20.97（万元）

个人所得税 =（6000–174.76–20.97）×（1–20%）×40%–0.7=1856.67（万元）

应纳税额合计 =174.76+20.97+1856.67=2052.4（万元）

（2）影视企业与A演员签订合同，约定费用为税前6000万元。如果通过阴阳合同的方式，阳合同签订的税前价格为1000万元，然后通过费用报销等其他方式再支付5000万元。则演员仅针对1000万元纳税：

增值税 =1000÷（1+3%）×3%×=29.126（万元）

城建税及教育费附加 =29.126×（3%+7%+2%）=3.495（万元）

个人所得税 =（1000–29.126–3.495）×（1–20%）×40%–0.7=308.86（万元）

应纳税额合计 =29.126+3.495+308.86=341.48（万元）

上述两种方式应纳税额相差 =2052.4–341.48=1710.92（万元）。

利用阴阳合同避税，主要集中在影视娱乐明星、个人买卖房屋等领域，是一种隐蔽性较强的避税手段。

二、阴阳合同税法风险

1.税法规定

根据《税收征收管理法》第六十三条规定："纳税人伪造、变造、隐匿、擅自销毁账簿、记账凭证，或者在账簿上多列支出或者不列、少列收入，或者经税务机关通知申报而拒不申报或者进行虚假的纳税申报，不缴或者少缴应纳税款的，是偷税。对纳税人偷税的，由税务机关追缴其不缴或者少缴的税款、滞纳金，并处不缴或者少缴的税款百分之五十以上五倍以下的罚款；构成犯罪的，依法追究刑事责任。

扣缴义务人采取前款所列手段，不缴或者少缴已扣、已收税款，由税务机关追缴其不缴或者少缴的税款、滞纳金，并处不缴或者少缴的税款百分之五十以上五倍以下的罚款；构成犯罪的，依法追究刑事责任。

2.法理分析

（1）利用阴阳合同避税，符合上述"进行虚假的纳税申报，不缴或者少缴应纳税款"规定，构成偷税行为。根据上述规定，偷税的，由税务机关追缴其不缴或者少缴的税款、滞纳金（每日万分之五），并处不缴或者少缴的税款百分之五十以上五倍以下的罚款。

（2）关于代扣代缴问题。

①对于增值税及应缴纳的增值税附加，因无相关法规明确规定，付款方无法定代扣代缴义务。

②对于个人所得税，根据《中华人民共和国个人所得税法》（以下简称《个人所得税法》）第九条规定，由付款方代扣代缴个人所得税。若未履行代扣代缴义务，根据《税收征收管理法》第六十九条规定，由税务机关向纳税人追缴税款，对扣缴义务人处应扣未扣、应收未收税款百分之五十以上三倍以下的罚款。

3.刑事风险

（1）法律规定。

《刑法》第二百零一条规定："纳税人采取欺骗、隐瞒手段进行虚假纳税申报或者不申报，逃避缴纳税款数额较大并且占应纳税额百分之十以上的，处三年以下有期徒刑或者拘役，并处罚金；数额巨大并且占应纳税额百分之三十以上的，处三年以上七年以下有期徒刑，并处罚金。"

扣缴义务人采取前款所列手段，不缴或者少缴已扣、已收税款，数额较大的，依照前款的规定处罚。

对多次实施前两款行为，未经处理的，按照累计数额计算。

有第一款行为，经税务机关依法下达追缴通知后，补缴应纳税款，缴纳滞纳金，已受行政处罚的，不予追究刑事责任；但是，五年内因逃避缴纳税款受过刑事处罚或者被税务机关给予二次以上行政处罚的除外。"

（2）法理分析。

利用阴阳合同避税，达到刑事立案追诉标准的，构成逃税罪。至于逃税罪立案的追诉标准，根据《最高人民检察院公安部关于公安机关管辖的刑事案件立案追诉标准的规定（二）》的规定，纳税人采取欺骗、隐瞒手段进行虚假纳税申报或者不申报，逃避缴纳税款，数额在五万元以上并且占各税种应纳税总额百分之十以上，经税务机关依法下达追缴通知后，不补缴应纳税款、不缴纳滞纳金或者不接受行政处罚的，即需要刑事立案追诉。但对于纳税人五年内因逃避缴纳税款受过刑事处罚或者被税务机关给予二次以上行政处罚，又逃避缴纳税款，数额在五万元以上并且占各税种应纳税总额百分之十以上的，也需要追究刑事责任。至于扣缴义务人逃税，立案标准为：采取欺骗、隐瞒手段，不缴或者少缴已扣、已收税款，数额在五万元以上的。

注意：纳税人在公安机关立案后再补缴应纳税款、缴纳滞纳金或者接受行政处罚的，不影响刑事责任的追究。

三、提醒

在国家加强金融机构大额交易、可疑交易报告管理和税务机关利用金税三期获取涉税信息能力的背景下，税务机关识别出利用阴阳合同避税的可能性加大。另外，不得不考虑：被知情人，甚至合同当事人举报的风险。

第四节　利用一元年薪避税

一元年薪，顾名思义，是指用一元钱作为年度薪水。大多是在企业陷入危机，或者金融危机时为救企业而采用，对象通常是该企业高管。拯救克莱斯勒的艾科卡拿过一元年薪，重振苹果公司的史蒂夫·乔布斯一直在拿一元年薪。因此，一元年薪更多的是管理层展现共克时艰的态度，表明走出困境的信心。但是一元年薪，也是一种重要的避税手段。特别是所在国家对股息分红的个人所得税率小于工资薪金所得最高税率时，有明显的避税效果。

一、利用税率差避税

（一）综合所得税率

根据《个人所得税法》的规定，居民个人取得工资、薪金所得，劳务报酬所得，稿酬所得，特许权使用费所得四项所得，属于综合所得。综合所得适用3%~45%的七级累进税率。

级数	全年应纳税所得额	税率（%）
1	不超过36000元的部分	3
2	超过36000元至144000元的部分	10
3	超过144000元至300000元的部分	20
4	超过300000元至420000元的部分	25
5	超过420000元至660000元的部分	30
6	超过660000元至960000元的部分	35
7	超过960000元的部分	45

举例：若某企业高管张总2019年取得1200万元年薪，扣除费用6万元以及专项扣除、专项附加扣除和依法确定的其他扣除后的余额假设为1000万元，则2019年张总应缴纳个人所得税额=10 000 000×45%-181 920=4 318 080（元）。

（二）股息红利所得税率

根据《个人所得税法》的规定，股息红利所得，适用比例税率，税率为20%。

举例：若某企业高管张总2019年取得一元年薪，但取得公司分红1200万元。则根据《个人所得税法》的规定，以每次收入额为应纳税所得额，即不得扣除任何费用，则2019年张总应纳个人所得税额=12 000 000×20%=2 400 000（元）。

综合上述两个例子，可以看出：即使在新《个人所得税法》下，发放一元年薪，也可以有效降低个人所得税税负。并且，如加以推演会发现：年收入越高，一元年薪的避税效果越显著。

二、一元年薪的税法风险

2017年3月7日，时任全国人大财经委副主任委员的黄奇帆指出："有的企业高管拿一元工资，这样就可以避免缴纳个人所得税，然后把个人开销算在了企业的费用上。"这从侧面说明一元年薪的税收风险主要集中在个人费用算在企业开销上。

1. 企业多缴所得税

根据《中华人民共和国企业所得税法》（以下简称《企业所得税法》）第八条规定，企业实际发生的与取得收入有关的、合理的支出，包括成本、费用、税金、损失和其他支出，准予在计算应纳税所得额时扣除。若一元年薪高管，将个人费用在企业报销，就属于企业发生"与取得收入无关的其他支出"，根据《企业所得税法》第十条规定，不得税前扣除，进而企业多缴企业所得税。

2. 个人少缴个人所得税

根据《中华人民共和国个人所得税法实施条例》（以下简称《个人所得税法实施条例》）规定，工资、薪金所得，是指个人因任职或者受雇取得的工资、薪金、奖金、年终加薪、劳动分红、津贴、补贴以及与任职或者受雇有关的其他所得。若企业高管在企业报销个人费用，会被认定为高管取得与任职或者受雇有关的其他所得，要求缴纳个人所得税。同时，企业会被认定为少代扣代缴个人所得税，根据《税收征收管理法》第六十九条规定，被处应扣未扣、应收未收税款百分之五十以上三倍以下的罚款。

第五节 利用关联交易避税

一、概念

（一）定义

顾名思义，关联交易是指发生在关联方之间的交易。利用关联交易避税，主要发生在企业集团内部，特别是跨国或跨地区经营企业。总公司与其各分支机构、母公司与子公司之间以及各分支机构、各子公司之间，通过人为制订内部交易结算价格，转移利润，逃避或减少特定地区的纳税义务。纳税人往往人为抬高或压低关联企业之间的交易价格，通过资产、货物销售等渠道把高税率国（或地区）的利润转移到低税率国（或地区），以减轻其税收负担，把税后利润扩大到最大限度。

注意：一般来讲，利用关联交易避税主要集中在跨国企业，但一国内部若存在低税率（或免税）地区，国内企业也会加以利用，转移利润至低税率（或免税）地区，以达到集团层面税负最低的目的。

（二）举例

我国某合资公司为了利用中国香港少征所得税，免征财产税，以及不征资本利得税等优惠，在中国香港设立子公司。母公司把成本1000万美元，原应按1500万美元作价的一批货物，按1100万美元作价销售给中国香港子公司，再由子公司以1500万美元的价格对外出售该批货物。

（1）若由母公司直接销售该批货物，则需要缴纳企业所得税额=（1500–1000）×25%=125（万美元）。

（2）若经由子公司销售给国际买家，则：

①母公司缴纳企业所得税额=（1100–1000）×25%=25（万美元）

②子公司缴纳企业所得税额=（1500–1100）×16.5%=66（万美元）

合计缴纳企业所得税额=25+66=91（万美元）

两种销售方式，后者比前者少缴纳企业所得税=125–91=34（万美元）。这就是通过关联交易手段，借香港低税率地区优势，成功减少缴纳企业所得税的一种手段。

二、关联交易避税的主要手段

（一）压低售价，转移利润至低税率国家（或地区）

比如，某高税率产品企业为减轻产品的税负，将自制半成品以低价卖给了执行较低产品税率的联营企业。虽然减少了本企业的销售收入，却使联营厂多得了利润，企业从中反而获得更多联营利润，从而实现了减轻税负的目的。

（二）抬高进价，压低高税率企业利润

比如，有些实行高税率的企业，在向其低税负的关联企业购进产品时，有意抬高进货价格，将利润转移给关联企业。这样既可以减少本企业的增值额，降低所得税负。然后，还从低税负的关联企业多留的企业留利中获得一定的其他利益补偿。

（三）无偿借款或支付预付款，转移利息负担避税

比如，有些资金比较宽裕或贷款资源较多的企业，由于其税负相对较重，可以无偿借款或支付预付款给其关联企业使用。如此一来，这部分资金所支付的利

息便全部由提供资金的企业负担,增加了成本,减少了所得税负。

(四)关联企业间劳务提供不计报酬或不合常规计报酬避税

比如,某些企业在向其关联企业提供销售、管理或其他劳务时,不按常规计收报酬,采取要么不收,要么多收、要么少收的策略以相互转移收入进行避税,当对哪一方有利时就向哪一方转移。

(五)不符合常规价格转让或使用资产避税

比如,将持有的固定资产或无形资产以不符合常规的低价销售或处理给某些关联企业,其损失部分由本企业负担,可以有效减轻所得税负。

三、关联交易避税的税务风险

关联交易避税,从本质上看,就是利用企业的定价自主权,在关联企业之间人为调节利润,以实现利润向低税率国家(或地区)转移,进而实现少缴税的目的。所以,税法对这种避税手段,主要是从挑战其定价的合理性入手。

(一)税法规定

1.《企业所得税法》

(1)第四十一条规定,企业与其关联方之间的业务往来,不符合独立交易原则而减少企业或者其关联方应纳税收入或者所得额的,税务机关有权按照合理方法调整。

企业与其关联方共同开发、受让无形资产,或者共同提供、接受劳务发生的成本,在计算应纳税所得额时应当按照独立交易原则进行分摊。

(2)第四十三条规定,企业向税务机关报送年度企业所得税纳税申报表时,应当就其与关联方之间的业务往来,附送年度关联业务往来报告表。

税务机关在进行关联业务调查时,企业及其关联方,以及与关联业务调查有关的其他企业,应当按照规定提供相关资料。

(3)第四十四条规定,企业不提供与其关联方之间业务往来资料,或者提供虚假、不完整资料,未能真实反映其关联业务往来情况的,税务机关有权依法核定其应纳税所得额。

(4)第四十五条规定,由居民企业,或者由居民企业和中国居民控制的设立在实际税负明显低于本法第四条第一款规定税率水平的国家(地区)的企业,并非由于合理的经营需要而对利润不做分配或者减少分配的，上述利润中应归属于该居民企业的部分，应当计入该居民企业的当期收入。

（5）第四十六条规定，企业从其关联方接受的债权性投资与权益性投资的比例超过规定标准而发生的利息支出，不得在计算应纳税所得额时扣除。

（6）第四十七条规定，企业实施其他不具有合理商业目的的安排而减少其应纳税收入或者所得额的，税务机关有权按照合理方法调整。

（7）第四十八条规定，税务机关依照本章规定做出纳税调整，需要补征税款的，应当补征税款，并按照国务院规定加收利息。

2.《中华人民共和国企业所得税法实施条例》（以下简称《企业所得税法实施条例》）

（1）第一百零九条规定，企业所得税法第四十一条所称关联方，是指与企业有下列关联关系之一的企业、其他组织或者个人：

①在资金、经营、购销等方面存在直接或者间接的控制关系；

②直接或者间接地同为第三者控制；

③在利益上具有相关联的其他关系。

（2）第一百一十条规定，企业所得税法第四十一条所称独立交易原则，是指没有关联关系的交易各方，按照公平成交价格和营业常规进行业务往来遵循的原则。

（3）第一百一十一条规定，企业所得税法第四十一条所称合理方法，包括：

①可比非受控价格法，是指按照没有关联关系的交易各方进行相同或者类似业务往来的价格进行定价的方法；

②再销售价格法，是指按照从关联方购进商品再销售给没有关联关系的交易方的价格，减除相同或者类似业务的销售毛利进行定价的方法；

③成本加成法，是指按照成本加合理的费用和利润进行定价的方法；

④交易净利润法，是指按照没有关联关系的交易各方进行相同或者类似业务往来取得的净利润水平确定利润的方法；

⑤利润分割法，是指将企业与其关联方的合并利润或者亏损在各方之间采用合理标准进行分配的方法；

⑥其他符合独立交易原则的方法。

（二）法理解释

（1）企业与其关联方之间的业务往来，不符合独立交易原则，并不一定会被税务机关纳税调整，只有在同时使得企业或者其关联方应纳税收入或者所得额减少时，税务机关才会按照合理的方法进行调整。

（2）企业在向税务机关报送年度企业所得税纳税申报表时，应当就其与关联方之间的业务往来，附送年度关联业务往来报告表。这是法定义务，不得拒绝或延误。这些关联交易报告是税务机关进行纳税调整的主要信息来源之一。

（3）税务机关启动关联交易纳税调整时，按照"没有关联关系的交易各方，按照公平成交价格和营业常规进行业务往来遵循的原则"对相关关联交易进行审查，以评判其是否符合税法规定的独立交易原则。

（4）审查是否符合独立交易原则时，主要适用可比非受控价格法、再销售价格法、成本加成法、交易净利润法、利润分割法等法定方法进行评估。实务中，一般会借助BvD数据库OSIRIS中的相关同行业、同时期相关数据进行分析。

（5）若认定关联交易不符合独立交易原则，则会做出纳税调整，需要补征税款的，应当补征税款，并按照税款所属纳税年度中国人民银行公布的与补税期间同期的人民币贷款基准利率加5个百分点计算加收利息。

四、注意

不仅企业所得税角度有对关联交易的纳税调整规定，自2019年1月1日起实施的《个人所得税法》也有对个人的关联交易有纳税调整规定。

（一）税法规定

（1）《个人所得税法》第八条规定，有下列情形之一的，税务机关有权按照合理方法进行纳税调整：

①个人与其关联方之间的业务往来不符合独立交易原则而减少本人或者其关联方应纳税额，且无正当理由；

②居民个人控制的，或者居民个人和居民企业共同控制的设立在实际税负明显偏低的国家（地区）的企业，无合理经营需要，对应当归属于居民个人的利润不做分配或者减少分配；

③个人实施其他不具有合理商业目的的安排而获取不当税收利益。

税务机关依照前款规定做出纳税调整，需要补征税款的，应当补征税款，并依法加收利息。

（2）《个人所得税法实施条例》第二十三条规定，个人所得税法第八条第二款规定的利息，应当按照税款所属纳税申报期最后一日中国人民银行公布的与补税期间同期的人民币贷款基准利率计算，自税款纳税申报期满次日起至补缴税款期限届满之日止按日加收。纳税人在补缴税款期限届满前补缴税款的，利息加收至补缴税款之日。

（二）法理解释

（1）个人与其关联方之间的业务往来也可能不符合独立交易原则，但只有在因此造成本人或者其关联方应纳税额减少且无正当理由时，税务机关才有权启动纳税调整。这与《企业所得税法》的相关规定不甚相同。

（2）税务机关做出纳税调整，需要补征税款的，应当补征税款，并按照税款所属纳税申报期最后一日中国人民银行公布的与补税期间同期的人民币贷款基准利率计算，自税款纳税申报期满次日起至补缴税款期限届满之日止按日依法加收利息。

五、总结

利用关联交易进行避税，是一种常见的避税手段。从企业所得税和个人所得税角度来看，都有被启动纳税调整的情形及程序规定，所以在利用关联交易避税时，不能忽略了这个税法风险。

第六节 利用税收洼地避税

利用关联交易避税，主要集中在跨国企业。若在一国内部，则主要通过税收洼地来避税。即通过一定的手段，将利润转移至税收洼地完税，进而合法少缴税。

一、常见税收洼地

1. 低税率地区

比如，霍尔果斯地区，根据《财政部 国家税务总局关于新疆喀什霍尔果斯两个特殊经济开发区企业所得税优惠政策的通知》（财税〔2011〕112号）规定，2010年1月1日至2020年12月31日，对在新疆喀什、霍尔果斯两个特殊经济开发区内新办的属于《新疆困难地区重点鼓励发展产业企业所得税优惠目录》范围内的企业，自取得第一笔生产经营收入所属纳税年度起，五年内免征企业所得税。这就是典型的税收洼地。

2.财政返还地区

为了招商引资，部分地方政府做出承诺，对地方财政贡献较大的企业，给予企业一定比例的税收返还，一般以企业缴纳各项税收地方财政留成一定比例的直接返还，多以政府奖励的形式予以实现。这也是一种典型的税收洼地，可以用来作为避税桥梁。

3.核定征收

根据《税收征收管理法》第三十五条的规定，满足特定条件的纳税人，税务机关可以核定其应纳税额。国家税务总局还据此制定了《企业所得税核定征收办法（试行）》（国税发〔2008〕30号）、《个体工商户税收定期定额征收管理办法》（国家税务总局令〔2006〕第16号）等核定征收相关规定。一般来说，核定征收依据应税所得率来核定，而公布的应税所得率，根据行业不同，从3%至30%不等。计算下来，大多会较正常核算少缴税。

二、利用税收洼地的税法风险

（一）低税率地区收入成本不匹配与虚开发票风险

（1）正常税率地区企业将收入转移至低税率地区，以便能在税收洼地享受低税率（甚至免税）的税收优惠。通常情况下，会在低税率地区成立关联可控企业，以其作为签订合同、开具发票、收款的主体。一般为"空壳公司"，税务上的开票、申报都由相关中介来完成。此时，该主体有取得收入，也有对应的成本发生（即税率正常企业的销售价），但没有相应的费用发生。这是违反企业经营常规和收入与费用相匹配原则的。

（2）为了让费用与收入相匹配，部分企业会采取直接向税收洼地企业开具费用发票的形式解决。这时就会触发另外一个风险：虚开发票。根据《发票管理办法》及《刑法》的相关规定，无实际交易活动发生，开具发票即构成虚开，依法需要承担较高的行政法责任（甚至刑事责任）。

（二）财政返还不被执行

部分地区招商引资时的承诺非常正式又庄重，待到实际执行时，会因各种原因不予执行,特别是面临政府换届或政府主要领导更换时,这种情况尤为突出。面临部分政府不守信,纳税人的法律救济途径是缺乏的。特别是与缴纳税款挂钩的财政返还,涉及退税,而根据《税收征收管理法》第三条第二款"任何机关、单位和个人不得违反法律、行政法规的规定,擅自做出税收开征、停征以及减税、免税、退税、补税和其他同税收法律、行政法规相抵触的决定"的规定,地方政府做出的财政返还(退税决定)是与法律、法规相冲突的。所以,若地方政府不予执行财政返还协议,纳税人几乎无法律途径解决。

(三)核定征收取消

实务中,核定征收所得税的期限一般都是一年。若在此后,税务机关基于各种原因,不给予核定征收待遇,则面临此前避税手段"失效"的风险。

三、风险规避

(一)在税收洼地建立符合常规的经济实体

为了解决税收洼地无实质的费用业务发生的问题,可以在税收洼地建立符合营业常规的经济实体,即派驻管理人员、招聘落地人员、租赁办公场地、设立当地财务部等,将费用业务做到"有形",看得见。

(二)慎重选择财政返还地

要在政府诚信度比较高,最好是地方财政收入较为充裕的地区,争取财政返还待遇。

(三)争取长期核定征收待遇

根据《税收征收管理法》第三十五条规定,满足列举的情形之一者,税务机关都可以核定其应纳税额。所以,争取长期的核定征税是可能的。

第七节 利用避税天堂避税

一、避税天堂

避税天堂是指那些为吸引外国资本流入、繁荣本国或本地区经济,在本国或本地区确定一定范围,允许境外人士在此投资和从事各种经济、贸易和服务活动，获取收入或拥有财产而又不对其征直接税，或者实行低直接税税率，或者实行特别税收优惠的国家和地区。例如，英属维尔京群岛、开曼群岛等。

二、避税方式

（一）设立离岸公司

离岸公司泛指在离岸法区内依据其离岸公司法规范成立的公司。当地政府对这类公司没有任何税收，只收取少量的年度管理费，同时，所有的国际大银行都承认这类公司，为其设立银行账号及财务运作提供方便。具有高度的保密性、减免税务负担、无外汇管制三大特点。这类公司多为外国股东实际控制，是富人阶层利用避税天堂进行国际避税的主要手段之一。通过设立离岸公司，富人阶层将避税港境外的财产和所得汇集在离岸公司的账户内，从而逃避其应向所得来源国缴纳的税款。

（二）开展中介业务

通过在"避税天堂"建立的离岸公司开展的业务，一般将其称为中介业务。开展中介业务，一般是母公司先将自己的产品和劳务卖给离岸公司，然后离岸公司再将这些产品和劳务销售给其他国家的子公司。这样一来，企业就可以把一大部分收入转移到避税地，以此避开需要在高税率国家缴纳的税款。其实就是通过关联交易，进行避税的行为。

三、税收风险

（一）关联交易被纳税调整

《企业所得税法》第四十一条第一款规定，企业与其关联方之间的业务往来，不符合独立交易原则而减少企业或者其关联方应纳税收入或者所得额的，税务机关有权按照合理方法调整。与离岸公司开展相关业务，有被税务机关认定为关联交易的风险，进而启动关联交易纳税调整调查。若经查实关联交易价格不公允，会被要求补税，并依法加收利息。

（二）视同股息分配，征收国内税

开展中介业务，在避税天堂归集和留存利润，即使不对股东做股息分配，根据《企业所得税法》第四十五条和《个人所得税法》第八条规定，国内税务机关也可以对此启动纳税调整，认定已经做出股息分配，进而要求缴纳相应的所得税。

（三）国外金融账户被调查

随着CRS的陆续落地，境外账户所在国的相关金融机构开始实施金融账户持有人、纳税人身份识别程序。据报道，新西兰、中国香港等地金融机构，暂时冻结了部分金融账户，要求确认开户人是否属于外国纳税人。通过避税天堂避税的高净值人士，一般都会在境外注册金融账户，以便接受相关公司支付或转移的收益资金。但在此期间，自己仍居住在中国境内或属于依法在中国成立的企业，根据《企业所得税法》《个人所得税法》的相关规定，属于税收居民（企业），在中国境内有纳税义务。

第八节　购买艺术品避税

不少企业认为，现行税收政策对企业购买艺术品如何进行税务处理没有明确规定，因此可以用以避税。特别是部分企业高层有相关收藏爱好，以公司的名义进行购买艺术品，既满足了自己的爱好，又便于避税。其实，艺术品投资，不仅可用于避税，还可用于洗钱。所以，国家一直以来，对此现象给予严格查处和严厉打击。

一、实务案例

A市国税局稽查人员在对B房地产公司2013年度的申报纳税情况进行检查时发现，一对价值1200万元的清代官窑粉彩花瓶被该公司作为当期公司费用做了处理。稽查人员提出，清代黄花梨家具作为固定资产处理违反《企业会计准则第4号——固定资产》对固定资产的定义，也不符合《企业所得税法实施条例》第五十七条对固定资产的定义。既然企业购买艺术品是为了升值，就是一种投资，因此企业购买的艺术品应作为投资资产。但《企业所得税法》第十四条规定，企业对外投资期间，投资资产的成本在计算应纳税所得额时不得扣除。因此，企业购买的艺术品不能税前扣除，待再次转让时才可以扣除购买成本，就转让收益缴纳企业所得税。

企业提出，清代官窑粉彩花瓶是企业用于装饰的，所以可以税前扣除。但稽查人员指出，根据《企业所得税法》第八条规定，企业实际发生的与取得收入有关的、合理的支出,包括成本、费用、税金、损失和其他支出,准予在计算应纳税所得额时扣除。合理性支出应符合企业的常规生产经营活动,而购买清代官窑粉彩花瓶并不是房地产企业的常规生产经营活动。另外,合理性支出应是企业必要的支出。现实中,清代官窑粉彩花瓶并不是房地产企业生产经营活动中必须花费的东西。此外,合理性支出应是企业正常的支出。正常即符合常理,花几百元、上千元买个花瓶作装饰正常,花600多万元买个清代花瓶作装饰就不正常了,因此不能算是合理支出,不能作税前扣除。所以,企业购买的古玩、字画等艺术品,不得在购买年度税前扣除,也不得折旧、摊销,而应在处置该项资产的年度税前扣除。

最终,B公司对稽查人员的处理予以认可,补缴了相关税款。

二、税务风险

通过企业购买艺术品,既可供企业主或高层占有、欣赏,又可在企业所得税前扣除,以便少缴企业所得税,这是利用艺术品投资避税的主要操作方法。这种方式下,购买艺术品的成本能否在所得税前列支,取决于支出是否为取得收入有关的、合理的支出,即是否必要和符合企业常规。一般来说,企业购买高价值的艺术品,都与取得收入无直接关系,不是经营常规之必需品。所以,存在被税务机关认定为不得税前扣除,进而要求补税,缴纳滞纳金的税务风险。

第九节 利用移民避税

部分高净值人士认为,通过移民成为其他国家公民,取得其他国家政府颁发的护照,即可规避中国内地纳税义务。比如,成为中国香港居民,而中国香港实行"地域来源地"原则征税,就可以不按照中国内地所得在中国香港缴税。其实,单就这一想法,就有以下两种税法风险。

一、内地税收居民个人风险

根据中国内地《个人所得税法》第一条第一款规定,在中国境内有住所,或者无住所而一个纳税年度内在中国境内居住累计满183天的个人,为居民个人。居民个人从中国境内和境外取得的所得,依照本法规定缴纳个人所得税。即中国内地《个人所得税法》实行"居住地"和"居住时间"双重征税原则。只要在内地有住所或在一个纳税年度内在内地居住满183天,即构成中国内地的税收居民个人,有在中国内地就全球所得缴纳个人所得税的法定义务。

二、CRS识别金融账户信息风险

根据CRS信息交换基本规则,金融机构需要识别账户开户人的税收居民身份,进而将金融账户相关信息传递给税收居民身份国税务机关。一般来说,移民至中国香港的高净值人士,仍在中国内地居住或常驻,根据《个人所得税法》的相关规定,仍属于中国内地税收居民个人。CRS信息交换时,仍会将相关金融账户信息交换至中国内地税务机关。那么,借由移民中国香港规避中国内地纳税义务的做法就行不通。

第二十一章　涉税信息全透明时代

第一节　金税三期

一、背景

1994年1月我国推行新税制,核心内容之一是建立以增值税为主体税种的税制体系,并实施以专用发票为主要扣税凭证的增值税征管制度。为了有效防止不法分子利用伪造、倒卖、盗窃、虚开专用发票等手段进行偷、骗、逃国家税款的违法犯罪活动,国家决定在纸质专用发票物理防伪的基础上,引入现代化技术手段强化增值税征收管理。1994年2月国务院召开专题会议,指示要尽快建设以加强增值税管理为主要目标的"金税工程"。会议同意利用人民银行清算中心网络建设交叉稽核系统,同时指出防伪税控系统要先试点,后推行。为组织实施这项工程,国务院成立了国家税控系统建设协调领导小组,下设"金税工程"工作办公室,具体负责组织、协调系统建设工作。当年下半年防伪税控系统和交叉稽核系统开始试点,金税工程正式启动。

二、金税一期、二期

金税工程是国家电子政务"十二金"工程之一，从1994年上半年到2001年上半年，先后经历了一期和二期建设阶段。2005年9月7日，国务院审议通过了金税三期工程项目建议书；2007年4月9日，发改委批准金税三期工程可研报告；2008年9月24日，发改委正式批准初步设计方案和中央投资概算，标志金税三期工程正式启动。

金税一期有三个子系统：增值税交叉稽核系统、增值税税控收款机系统及增值税防伪税控系统，但采取手工采集数据，错误率高，覆盖面窄。金税二期是国家税务总局在总结一期运行经验的基础上于1998年建立的一套增值税管理信息系统，分为4个子系统：增值税防伪税控开票子系统、防伪税控认证子系统、增值税稽核子系统、发票协查信息管理子系统。

三、金税三期

1.原则

由上述介绍可以知道，金税一期、二期主要围绕发票开具、认证、稽核、协查等工作展开，主要解决纸质发票的电子化及相关征管问题。但仍未解决全税种、跨部门协作、监控高效等问题。为此，金税三期"应运而生"。根据一体化原则，金税三期的建立基于统一规范的应用系统平台，依托计算机网络，总局和省局高度集中处理信息，覆盖所有税种、所有工作环节、国地税局并与有关部门联网，包括征管业务、行政管理、外部信息、决策支持四大子系统的功能齐全、协调高效、信息共享、监控严密、安全稳定、保障有力的税收管理信息系统。就是要建立"一个平台、两级处理、三个覆盖、四个系统"。一个平台是指包含网络硬件和基础软件的统一的技术基础平台；两级处理是指依托统一的技术基础平台，逐步实现数据信息在总局和省局集中处理；三个覆盖是指应用内容逐步覆盖所有税种，覆盖所有工作环节，覆盖国地税局并与相关部门联网；四个系统是指通过业务重组、优化和规范，逐步形成一个以征管业务系统为主，包括行政管理、外部信息和决策支持在内的四大应用系统软件。

2.标准

金税三期基于一体化建设原则（目标），致力于统一原国地税征管应用系统版本，建立统一的网络发票系统和纳税服务系统，运用先进的税收征管理念和信息技术，统一全国征管数据标准和口径,实现全国征管数据应用大集中。目前,已经完成国地税系统数据并库工作,有效地打通了国地税原有数据分割沟壑,为全国征管数据应用大集中、统一全国征管数据标准、口径奠定了基础。金税三期已经实现纳税登记、全税种(费)纳税申报全国范围内的网上管理。税务机关可以做到分行业、分税种、分企业类型、分经营方式、分经营性质、分地区等多层次、多角度的税务大数据分析、综合税务预警评估,也可以实现对某一个企业的经营情况进行全方位的动态税务分析。

3.外部来源

金税三期,不仅掌握了广大纳税人的发票开具、纳税申报、税务登记等海量数据,根据法律授权,还可以通过数据接口,从外部有关部门和单位持续获得更多涉税数据。包括但不限于:

(1)公安部门有关户籍人口基本信息、户成员关系信息、出入境证件信息、相关出国人员信息、户籍人口死亡标识等信息;

(2)卫生健康部门有关出生医学证明信息、独生子女信息;

(3)民政部门、外交部门、法院有关婚姻状况信息;

(4)教育部门有关学生学籍信息(包括学历继续教育学生学籍、考籍信息)、在相关部门备案的境外教育机构资质信息;

(5)人力资源社会保障等部门有关技工院校学生学籍信息、技能人员职业资格继续教育信息、专业技术人员职业资格继续教育信息;

(6)住房城乡建设部门有关房屋(含公租房)租赁信息、住房公积金管理机构有关住房公积金贷款还款支出信息;

(7)自然资源部门有关不动产登记信息;

(8)人民银行、金融监督管理部门有关住房商业贷款还款支出信息;

(9)医疗保障部门有关在医疗保障信息系统记录的个人负担的医药费用信息;

(10)国务院税务主管部门确定需要提供的其他涉税信息。

金税三期掌握的数据越充分,数据分析能力越强,对纳税人的违规行为识别就越精准、高效。

四、金税三期纳税评估举例

1.当期新增应收账款大于销售收入的80%

销售收入中的大部分为应收款项,没有经营性净现金流的企业,是很难长期维持下去的，企业需要筹集足够多的资金垫付采购款和内部费用支出。因此，税务机关有理由怀疑其交易的真实性。

2.当期新增应付账款大于销售收入的80%

应付账款是核算企业购进货物应付未付的货款。当期新增应付账款大于销售收入80%，说明企业当期购进的货物绝大部分没有付款，这也是不符合经营常规的，容易引起税务机关的怀疑。

3.商业零售企业无票收入低于总收入的30%

商业零售企业特别是经营终端消费品的烟酒、食品、手机、家电、服装、汽车修理等企业一般应该有无票收入，根据过去已发案件统计和税务机关对个体零售纳税人调查及国有商业零售企业无票收入占总销售收入比例等佐证，绝大部分商业企业无票收入高于销售收入的30%，其无票收入一般在总收入的30%~70%之间。若某商业零售企业无票收入占收入的比例小于30%，则说明该企业有隐藏收入，少申报无票收入的风险。

4.工业企业电力支出金额小于销售收入的0.05%

工业企业，特别是农产品加工企业的电力支出金额只占销售收入的0.05%，则企业电力支出金额不足以支持正常生产，据此判断如果企业存在电力支出较小和销售收入规模较大的不匹配情况，则可能存在虚假抵扣或虚假开具的现象。

凡此种种，都是金税三期工程多方面获得涉税数据后，经过数据加工、处理、数据建模、数据筛选后识别出来的异常企业，都有较高的税务风险。说到底，金税三期是适应信息管税的时代需要，不仅仅是税务机关用于征税的平台，也是监管机关获取、处理涉税数据，并据此进行监管的综合平台。

第二节　FATCA 与 CRS

一、FATCA的背景及模式

（一）背景

FATCA是美国国会于2010年颁布的《雇佣激励以恢复就业法案》的部分条款（涵盖了《美国联邦税法典》第四章第1471-1474条的内容），旨在打击美国税收居民的跨国避税问题，要求位于美国国外的金融机构将其管理的美国税收居民持有的金融账户信息申报给美国国税局。对于不遵守FATCA合规要求的外国金融机构，对于其来源于美国的某些特定收入征收30%的预提所得税。FATCA是在欧盟《储蓄指令》的基础上，意图摧毁类似瑞士银行等银行客户信息保密制度。

（二）模式

模式一

外国金融机构依据其本国FATCA实施法规将其管理的美国税收居民持有的金融账户信息申报给该金融机构所在国的政府机构，然后交换至美国国税局。同样，美国的金融机构和美国国税局也会将该伙伴国的税收居民的金融账户信息申报和交换给伙伴国的政府机构。

模式二

外国金融机构直接与美国国税局签订《外国金融机构协议》，将其管理的美国税收居民持有的金融账户信息申报给美国国税局，而不需要经本国政府机构"中转"。这个模式，效率高，但非双边交换模式，受制于金融机构所在国政府的态度，执行中存在一定变数。

（三）中国与FATCA

中美双方自2012年已开始就FATCA政府间协议展开磋商，在博弈两年后于2014年6月实现"草签"，即仅"实质性达成FATCA的政府间协议"，仍未签订正式的FATCA政府间协议，只是签署了FATCA模式一的政府间替代性正式协议。2017年1月1日后，美国政府向中国政府交换中国居民个人在美信息，但仅限于利息信息，且为一类存款账户信息。所以，尚不必为美国政府向中国政府交换更多信息而慌张。因为向其他国家交换除一类存款账户信息外的其他信息，在美国还存在法律障碍，无法实现。作为一直以来强调对等履行协约义务的中国政府来讲，中国政府也不会主动向美国政府提交更多的账户信息。

二、CRS

（一）CRS的由来

2013年英国、法国、德国、意大利和西班牙欧洲五国宣布将发展和试行一项基于美国FATCA政府间协议模式的多边涉税信息自动交换机制，并迅速得到欧盟理事会的支持和同意，并意图将其扩展至整个欧盟国家甚至全球。在欧盟和八国集团（G8）的推动下，二十国集团（G20）也产生兴趣，并在2013年9月圣彼得堡峰会上正式请求经合组织制定一套类似美国FATCA制度的全球版金融账户涉税信息自动交换统一报告标准。2014年2月，经合组织向二十国集团（G20）提交了《统一报告标准》（Common Reporting Standard，CRS）文本，并得到二十国集团（G20）的批准，成为金融账户涉税信息自动交换的全球标准。

（二）CRS在中国

2014年9月，在澳大利亚凯恩斯举行的二十国集团财政部部长和央行行长会议上，中国正式承诺将实施CRS，并明确对外交换金融账户涉税信息的首次时间为2018年9月。2015年，第十二届全国人大常委会第十五次会议表决通过中国实施CRS的多边国际法律基础《多边税收征管互助公约》，并于2016年2月实施。2017年5月，国家税务总局、中国人民银行、保监会、证监会、银监会和财政部正式发布《非居民金融账户涉税信息尽职调查管理办法》，同时就该办法的立法背景和一些热点实操问题发布了相关解读，还开通了"金融账户涉税信息自动交换"门户网站，就金融机构开展尽职调查提供参考信息和资料。2017年12月8日，中国人民银行、国家税务总局和国家外汇管理局联合发布了《银行业存款类金融机构非居民金融账户涉税信息尽职调查细则》，对尽职调查程序进行了细化，并对金融机构的年度执行情况报告的合规要求进行了明确。

2018年5月31日前，金融机构向国家税务总局或其他金融主管部门报送账户信息。2018年9月，国家税务总局与其他国家税务主管当局进行了第一次CRS下的金融账户涉税信息自动交换。

三、CRS下税收居民判定

CRS下涉税信息交换就是将对方国家的税收居民在本国金融机构设立的金融账户的相关信息交换给对方国家的税务主管当局，用于征税之目的。所以，有必要了解主要国家的税收居民的判断标准这一最基础概念。

从所得税角度来看，大多数国家的税法都将纳税人分为税收居民与非税收居民，并规定不同的纳税义务。一般规定，前者有无限的纳税义务，后者仅就来源所得缴税。

（一）中国内地税收居民标准

1. 企业所得税

居民企业是指依照中国法律、法规在中国境内成立，或者依照外国（地区）法律成立但实际管理机构在中国境内的企业。

非居民企业是指依照外国（地区）法律、法规成立且实际管理机构不在中国境内，但在中国境内设立机构、场所的，或者在中国境内未设立机构、场所，但有来源于中国境内所得的企业。

2. 个人所得税

居民个人是指在中国境内有住所，或者无住所而一个纳税年度内在中国境内居住累计满183天的个人。

非居民个人是指在中国境内无住所又不居住，或者无住所而一个纳税年度内在中国境内居住累计不满183天的个人。

（二）美国税收居民标准

1. 企业所得税

居民企业是指根据美国50个州的其中一个或哥伦比亚特区的法律而成立，并向各州（特区）政府注册设立的企业。即只要依据美国法律在美国注册设立，则为美国税收居民企业，不论其是否在美国开展经营活动或拥有财产，也不论其股权是否为美国企业或个人所持有。

非居民企业是指根据外国法律而成立，并通过外国政府注册的企业。即不论其是否在美国开展经营活动或拥有财产，即使股权的全部或部分为美国企业或个人所持有，都属于美国联邦税法规定的非税收居民企业。

2. 个人所得税

居民个人包括美国人、持有美国绿卡的外国人及于本年度在美国居留达183天；或者本年度在美国居留至少31天，且在本年及上溯两年的时间里在美国累计居留达183天的外国人。

（三）加拿大税收居民标准

1. 企业所得税

居民企业是指依法在加拿大境内成立或者主要管理及控制机构在加拿大境内的企业。

2.个人所得税

居民个人包括在加拿大有住所或通常居住在加拿大的个人或在某一日历年度中在加拿大境内停留至少183天的个人。

四、CRS信息交接机制

比如,中国和新加坡采纳CRS后,某中国税收居民在新加坡金融机构拥有账户,则该居民的个人信息以及账户收入所得会被新加坡金融机构收集并上报新加坡税务机关,并与中国税务机关进行信息交换,这种交换每年进行一次。从理论上来讲,中国税务机关将掌握中国税收居民海外资产的收入状况。

五、CRS覆盖海外机构类型

(一)存款机构

各种接受存款的银行或类似机构。

(二)托管机构

如果机构替他人持有"金融资产"并且金融资产和服务的相关收入超过总收入的20%,即符合CRS关于托管机构的认定,时间前提是过去的三年,如果机构存续不足三年则以存续时间为准。

(三)投资实体

如果某机构在过去三年(存续时间不满三年以存续时间为准)主要的经济活动(相关收入超过总收入的50%)是为客户或代表客户进行以下一种或者几种业务,则会被认定为"投资实体"。

(1)交易货币市场工具(支票、汇票、存单、衍生品等),外汇,汇率、利率、指数工具,可转让证券,商品期货。

(2)个人和集体投资组合管理。

(3)代表他人对金融资产进行投资管理。

如果某机构受其他CRS协议中规定的托管机构、存款机构、特定保险公司、上述投资实体的专业管理,并且收入主要来源于金融资产的投资、再投资、交易,则该机构也会被认定为投资实体。

(4)特定保险机构从事有现金解约价值的保险业务和年金业务的保险公司或

者控股公司。

六、CRS交换资产信息类型

CRS交换资产信息的类型包括以下几种：

（1）存款账户。

（2）托管账户。

（3）现金值保险合约。

（4）年金合约。

（5）持有金融机构的股权/债权权益。

七、CRS交换账户信息

CRS交换账户信息包括：

（1）账户及账户余额：对于公司账户，需要看公司是积极所得类型公司还是消极所得类型公司。如果公司是消极所得类型的公司（投资所得占50%以上），需要将控制人作为情报交换的对象。而对于控制人，则要根据金融行动特别工作组的关于反洗钱的行动建议来判定。

另外，对于已有的个人账户，没有门槛。即无论金额多少，均在情报交换的范围内。对于已有的公司账户，金额在25万美元以下的可以不在情报交换的范围之内。对于新开设的个人或者公司账户，无论金额大小均需进行情报交换。

（2）相关账户的利息收入、股息收入、保险产品收入、相关金融资产的交易所得。

（3）账户基本信息：姓名、出生日期、国别等。

（4）年度付至或记入该账户的总额。

八、CRS影响的群体

（一）已经移民的中国人

取得了他国移民永居权身份的中国人，大多低调不习惯全面申报资产，更没有如实向移民国家交所得税。可移民国要求税务居民每年都要将全球资产披露，并且每年还要进行税务申报。在CRS的实施下，在中国境内隐藏的金融资产也很有可能被披露给移民国，同时极有可能面临税务补缴及各种罚金，甚至刑事责任。

（二）海外有金融资产配置的人

中国人在境外（包括中国香港）的金融资产（包括存款账户、托管账户、现金价值保单、年金合同、证券账户、期货账户、持有金融机构的股权/债权权益等），金融资产存放的国家或地区会依据CRS协议将其所持有的金融资产情况披露给中国内地税务局，用于征税之目的。

（三）在海外持有空壳公司投资理财的人

在境外税收洼地设立公司，通过该公司在银行等金融机构开户持有资产，也通过公司账户来进行理财或消费。那么，这类企业在CRS下，可能将被认定为"消极非金融机构"（即我们通常说的"空壳公司"），施行相互披露，交换至中国内地税务机关，用于核查征税。

（四）在海外存钱的境内公务员

CRS交换回来的金融账户信息，可能直指境内贪污腐败，至少会触犯巨额财产来源不明罪。根据《刑法》规定：国家工作人员在境外的存款，应当依照国家规定申报。数额较大、隐瞒不报的，处二年以下有期徒刑或者拘役；情节较轻的，由其所在单位或者上级主管机关酌情给予行政处分。

（五）在海外购买了大额人寿保单的人

香港保险公司也需要将境内居民纳税人的大额保单资产信息交换给中国内地税务机关，且不仅涉及2017年新买的保单还涉及历史上已经购买的保单，都需要进行数据交换。

（六）设立了海外家族信托的人

大部分家族信托法域都成为这次CRS的签约国，而且，CRS协议内容规定：已设立的家族信托的相关信息也要被披露，包括家族信托的委托人（即财产授予人）、保护人、受托人（通常是信托机构）、受益人，各方当事人都在披露范围之列。

（七）在境外设立公司从事国际贸易的人

在境外开立的个人金融账户资产被披露，那么在中国税务局稽查的时候，就会查到这些钱不是从境内换汇出境的，而是老板们在境外直接从自己公司分红所获得的收入。而根据中国《个人所得税法》第二条规定，居住在中国境内的股东，需要在中国境内申报缴纳股息红利所得的个人所得税。

九、CRS的应对方案

CRS在执行力和覆盖面上都非常强大,但并不是无计可施。合理应对CRS主要有以下应对方案:

(1)海外身份配置;

(2)海外开户;

(3)账户资产控制在100万美金以下;

(4)房地产、基金、保险、投资机构等多种资产来配置;

(5)海外房产、珠宝、艺术品、股东、贵金属、公司股权等不属于金融资产的品类;

(6)获得一个海外非税国的住址和当地联系。

第三节 资金监控与反逃税

2017年,中国四川省眉山市地方税务局基于税银金融情报交换平台,利用眉山市某商业银行依照《金融机构大额交易和可疑交易报告管理办法》向眉山市人民银行反洗钱中心提交的一份有关自然人黄庆(化名)的重点可疑交易报告,成功追缴了4000万元的个人所得税。这一新闻,迅速引起舆论关注,特别是财税专业人士的注意,也拉开了利用资金监控反逃税的序幕。

2017年8月29日,国务院办公厅发布了国务院办公厅《关于完善反洗钱、反恐怖融资、反逃税监管体制机制的意见》(国办函〔2017〕84号),明确提出健全监管合作和数据信息共享机制,依法打击洗钱、恐怖融资、逃税等违法犯罪活动。在此背景下,各地税务机关与当地人民银行开征深度协作,挖掘金融大数据中的涉税信息,利用金融情报开展针对高收入、高净值自然人的反逃税工作,逐渐取得成效。特别是瞄准反洗钱、反恐怖融资、反逃税(统称"三反")目标,在税警银搭建的情报交换平台上,汇集的涉税信息越来越多,越来越精准,为从源头上截击逃税行为提供了重要基础。

目前,自然人税收管理的"瓶颈"在于:税务机关很难准确掌握自然人纳税人的收入数据。作为自然人账户管理的金融服务机构、金融管理部门则轻松掌握着自然人的交易数据,其金融大数据能够有效解决自然人税收管理中征纳双方信息不对称的问题。因此,准确掌握自然人收入,加强自然人税收管理,税务机关从金融大数据中获取涉税信息是个可靠的基础。

根据《金融机构大额交易和可疑交易报告管理办法》（中国人民银行令〔2016〕第3号）规定，金融机构负有向人民银行反洗钱中心报告大额交易和可疑交易的义务。在税务机关与人民银行反洗钱中心之间建立金融情报交换平台，可以让税务机关准确获取关系到自然人收入的金融数据，也将金融机构的大数据分析能力整合到反自然人逃税工作中来。

其实，这项工作早于2016年已有苗头，《中国人民银行关于加强支付结算管理防范电信网络新型违法犯罪有关事项的通知》（银发〔2016〕261号）规定，自2016年12月1日起，银行业金融机构为个人开立银行结算账户的，同一个人在同一家银行（以法人为单位）只能开立一个Ⅰ类户，已开立Ⅰ类户，再开新户的，应当开立Ⅱ类户或Ⅲ类户。这份文件名称虽为"防范电信网络新型违法犯罪"，但减少了不必要的开户数量，将有利于更加准确、高效地获得特定纳税人的资金交易信息，也为做好纳税评估做了一定准备。

可以预见的是，中国内地税收征管正在从"以票控税"向"资金查税"转变，特别是所得税领域，跟踪资金流向以倒查纳税情况，在不久的将来，将成为税收征管，特别是税务稽查的常态工作之一。

第四节　跨部门涉税信息协作

一、大规模信息协作从"三证合一"开始

所谓"三证合一"，就是将企业依次申请的工商营业执照、组织机构代码证和税务登记证三证合为一证，通过"一口受理、并联审批、信息共享、结果互认"，实现由一个部门核发加载统一社会信用代码的营业执照。"三证合一"结束了过去工商登记信息，质监局组织机构代码，税务局税务信息之间的孤岛现象，为下一步全国范围内的信用信息整合打下基础。

一直以来，税务机关都希望获取更多政府部门、行业机构等掌握的涉税信息，自然人的涉税信息基于一个身份证件归集的原则，获取较为简单、容易。但非自然人类的纳税人，面临非常多的困难。最大的困难之一就是：身份识别标志不统一。比如，将税务纳税人识别号应用到工商行政管理局，就行不通，因为工

商行政管理部门识别管户的标志是工商营业执照号码。在与其他政府部门交换信息时，也常常出现这类的操作障碍。所以，仅从税收征收管理来看，迫切需要统一商事主体的识别标志。当然，利于税收征收管理，仅仅是"三证合一"（包括后续的"五证合一""多证合一"）的一个目的，从社会管理角度出发，全国范围内的信用信息库的建立，更是必须实现"三证合一"。

二、跨部门涉税信息协作的实践与发展

（一）房地产领域

跨部门涉税信息协作大多数集中在涉及房产、土地领域。较早明确提出涉税信息跨部门协作要求的是1997年10月1日实施的《中华人民共和国契税暂行条例》第十一条第二款规定，纳税人未出具契税完税凭证的，土地管理部门、房产管理部门不予办理有关土地、房屋的权属变更登记手续。

《国家税务总局住房城乡建设部关于加强信息共享深化业务协作的通知》（税总发〔2017〕114号）规定，全面推进房地产涉税信息共享和积极推行跨部门业务联办，将房地产领域的跨部门信息共享与协作进一步推向高潮。

（二）股权转让领域

《税收征收管理法》第十六条规定，从事生产、经营的纳税人，税务登记内容发生变化的，自工商行政管理机关办理变更登记之日起三十日内或者在向工商行政管理机关申请办理注销登记之前，持有关证件向税务机关申报办理变更或者注销税务登记。所以，股权转让时，税务变更登记都安排在工商变更登记后。

为解决工商税务关于纳税人股权变动信息不对称的问题，《国家税务总局国家工商行政管理总局关于加强税务工商合作实现股权转让信息共享的通知》（国税发〔2011〕126号）明确提出，工商行政管理部门、税务部门相互提供股权转让信息的程序要求。

实务中，因无上位法规定，股权转让时工商行政管理部门一般不予查验完税凭证。2019年1月1日起实施的《个人所得税法》弥补了这一缺陷，其第十五条明确规定……个人转让不动产的，税务机关应当根据不动产登记等相关信息核验应缴的个人所得税，登记机构办理转移登记时，应当查验与该不动产转让相关的个人所得税的完税凭证。个人转让股权办理变更登记的，市场主体登记机关应当

查验与该股权交易相关的个人所得税的完税凭证。有关部门依法将纳税人、扣缴义务人遵守本法的情况纳入信用信息系统,并实施联合激励或者惩戒。

至此,急需跨部门协作进行涉税信息交换的两个重点领域:房地产过户和股权转让,都有了明确又具体的操作要求。此前,不理会税务登记和是否完税手续的现象,会得到极大遏制。

第二十二章 财富传承工具的税法考量

高净值人士都会遇到巨额财富如何传承的问题。在财富传承过程中,常用的工具有赠与、大额保单、信托、基金及股权代持。以下即为运用这五种工具时,需要关注的税法问题。

第一节 赠与

财富传承赠与时,主要是赠与房产、股权、车辆、金银首饰等。车辆在赠与方为企业时,有视同销售,缴纳增值税和企业所得税的问题,但因增值一般为负数,所以基本无影响。赠与金银首饰时,赠与方一般为个人,中国尚未开征赠与税,所以也可不予考虑。

一、赠与房产

(一)个人赠与房产

个人无偿赠与房产,虽无现金交易发生,但并不意味着不用承担纳税义务。根据相关法规规定,不同的赠与情形,赠与人与受赠人会产生不同的纳税义务。

1.增值税

(1)一般规定。

《财政部、国家税务总局关于全面推开营业税改征增值税试点的通知》(财税〔2016〕36号,以下简称财税〔2016〕36号文)附件1《营业税改征增值税试点实施办法》第十四条规定，个人向其他单位或者个人无偿转让不动产，除用于公益事业或者以社会公众为对象的外，应视同销售不动产，即个人无偿赠与不动产除用于公益事业或者以社会公众为对象的外，即使没有取得任何经济利益，也应当视同发生销售行为，缴纳增值税。

（2）免税规定。

财税〔2016〕36号文附件3《营业税改征增值税试点过渡政策的规定》第一条第十五款规定，个人销售自建自用住房免征增值税。第三十六款规定，涉及家庭财产分割的个人无偿转让不动产、土地使用权，免征增值税。即个人无偿赠与的自建自用住房，以及家庭财产分割的行为均可以免征增值税。

家庭财产分割，包括下列情形：离婚财产分割；无偿赠与配偶、父母、子女、祖父母、外祖父母、孙子女、外孙子女、兄弟姐妹；无偿赠与对其承担直接抚养或者赡养义务的抚养人或者赡养人；房屋产权所有人死亡，法定继承人、遗嘱继承人或者受遗赠人依法取得房屋产权。

（3）小结。

①将房产赠与他人，除用于公益事业或者以社会公众为对象的外，税法上视同销售，需要缴纳增值税。

②若受赠人是配偶、父母、子女、祖父母、外祖父母、孙子女、外孙子女、兄弟姐妹，及对其承担直接抚养或者赡养义务的抚养人或者赡养人，则免征增值税。

注意：免征增值税时，城市维护建设税、教育费附加和地方教育附加也一并免征。

2.土地增值税

（1）税法规定。

《中华人民共和国土地增值税暂行条例实施细则》第二条规定，转让国有土地使用权、地上的建筑物及其附着物并取得收入，是指以出售或者其他方式有偿转让房地产的行为。不包括以继承、赠与方式无偿转让房地产的行为。

《财政部、国家税务总局关于土地增值税一些具体问题规定的通知》（财税字〔1995〕48号）第四条第一款规定，细则所称的"赠与"指如下情况：（一）房产所有人、土地使用权所有人将房屋产权、土地使用权赠与直系亲属或承担直接赡养义务人的。（二）房产所有人、土地使用权所有人通过中国境内非营利的社会团体、国家机关将房屋产权、土地使用权赠与教育、民政和其他社会福利、公益事业的。

（2）小结。

财富传承时，将房产赠与直系亲属或承担直接赡养义务人，不征收土地增值税。对于赠与其他人，如张总将一处别墅赠与一位友人，是否征收土地增值税？根据《财政部、国家税务总局关于调整房地产交易环节税收政策的通知》（财税〔2008〕137号）规定，自2008年11月1日起，对个人销售住房暂免征收土地增值税。所以，只要赠与的不动产是住房的，即使赠与非直系亲属或承担直接赡养义务人，同样免征收土地增值税。

3. 契税

（1）一般规定。

《国家税务总局关于加强房地产交易个人无偿赠与不动产税收管理有关问题通知》（国税发〔2006〕144号）规定，对于个人无偿赠与不动产行为，应对受赠人全额征收契税。

（2）免税规定。

《国家税务总局关于继承土地、房屋权属有关契税问题的批复》（国税函〔2004〕1036号）规定，对于《中华人民共和国继承法》规定的法定继承人（包括配偶、子女、父母、兄弟姐妹、祖父母、外祖父母）继承土地、房屋权属，不征契税。非法定继承人根据遗嘱承受死者生前的土地、房屋权属，属于赠与行为，应征收契税。

（3）小结。

财富传承时，只要是法定继承人（包括配偶、子女、父母、兄弟姐妹、祖父母、外祖父母）来继承土地、房屋权属，即不征收契税，但在实务中，税务机关要求必须提供死亡证明和亲属关系证明等资料，所以若只是生前赠与，未发生死亡事实，则需要征收契税。

4. 印花税

（1）一般规定。

根据《中华人民共和国印花税暂行条例》规定，产权转移书据属于所列举的应税凭证。《中华人民共和国印花税暂行条例实施细则》第五条规定，条例第二条所说的产权转移书据，是指单位和个人产权的买卖、继承、赠与、交换、分割等所立的书据。由此可见，个人赠与不动产所书立的书据属于印花税的征收范围，赠与、受赠双方均应缴纳印花税。

（2）免税规定。

《财政部、国家税务总局关于调整房地产交易环节税收政策的通知》（财税〔2008〕137号）规定，自2008年11月1日起，对个人销售或购买住房暂免征收印花税。

（3）小结。

财富传承时，若房产为住房，则双方都免征印花税。若为非住房，则需要缴纳万分之五的印花税。

5.个人所得税

（1）一般规定。

按照《财政部 税务总局关于个人取得有关收入适用个人所得税应税所得项目的公告》（财政部 国家税务总局公告2019年第74号）的规定，房屋产权所有人将房屋产权无偿赠与他人的，受赠人因无偿受赠房屋取得的受赠收入，按照"偶然所得"项目计算缴纳个人所得税。按照《中华人民共和国个人所得税法》的规定，"偶然所得"适用的税率为20%。对受赠人无偿受赠房屋计征个人所得税时，其应纳税所得额为房地产赠与合同上标明的赠与房屋价值减除赠与过程中受赠人支付的相关税费后的余额。

（2）免税规定。

财税〔2009〕78号文同时规定，房屋产权所有人将房屋产权无偿赠与配偶、父母、子女、祖父母、外祖父母、孙子女、外孙子女、兄弟姐妹或对其承担直接抚养或者赡养义务的抚养人或者赡养人，以及房屋产权所有人死亡，依法取得房屋产权的法定继承人、遗嘱继承人或者受遗赠人的情况，对当事双方均不征收个人所得税。

（3）小结。

财富传承时，将房屋产权无偿赠与上述规定明确的个人时，以及房屋产权所有人死亡，依法取得房屋产权的法定继承人、遗嘱继承人或者受遗赠人，当事双方均不征收个人所得税。

6.提示

财富传承时，虽然在大多数情况下，都不涉及相关纳税义务，但在特定情况下还是有纳税义务发生。所以，建议依照上述规定，结合传承房产及受赠方情况，准备对应资金，以供过户前缴税用。

（二）企业赠与房产

财富传承时，有时候会发现，如果当时取得房产时是以企业的名义取得的，此时可能会产生将房产从企业直接过户至被赠与方的情况。因为企业与个人之间无亲属或继承关系，所以上述针对个人的大部分免税规定，都将不适用。

1. 增值税

财税〔2016〕36号文附件1《营业税改征增值税试点实施办法》第十四条规定，单位或个人向其他单位或者个人无偿转让不动产，除用于公益事业或者以社会公众为对象的外，应视同销售不动产。也就是说，企业将房产赠与（传承）给其他单位或个人时，企业需要就赠与房产计算相应的增值税销项税额。但无偿赠与不动产用于公益事业或者以社会公众为对象的不视同发生销售行为，不计算缴纳增值税。

2. 土地增值税

《财政部、国家税务总局关于土地增值税一些具体问题规定的通知》（财税字〔1995〕48号）第四条规定，细则所称的"赠与"指如下情况：①房产所有人、土地使用权所有人将房屋产权、土地使用权赠与直系亲属或承担直接赡养义务人的。②房产所有人、土地使用权所有人通过中国境内非营利的社会团体、国家机关将房屋产权、土地使用权赠与教育、民政和其他社会福利、公益事业的。即企业赠与（传承）给中国境内非营利的社会团体、国家机关用于教育、民政和其他社会福利、公益事业的，不征土地增值税。除此之外的情况，都需要缴纳土地增值税。

3. 契税

《中华人民共和国契税暂行条例》第一条规定，在中华人民共和国境内转移土地、房屋权属，承受的单位和个人为契税的纳税人，应当依照本条例的规定缴纳契税。即财富传承时，承受的单位和个人需要缴纳契税。

4. 印花税

《中华人民共和国印花税暂行条例》规定，财产所有人将财产赠与政府、社会福利单位、学校所立的书据免纳印花税，即若企业将房产传承赠与政府、社会福利单位、学校，所立产权转移书据，免征印花税。

5. 企业所得税

（1）《企业所得税法》。

①第九条规定，企业发生的公益性捐赠支出，在年度利润总额12%以内的部

分，准予在计算应纳税所得额时扣除；超过年度利润总额12%的部分，准予结转以后三年内在计算应纳税所得额时扣除。

②第十条规定，本法第九条规定以外的捐赠支出，在计算应纳税所得额时不得扣除。

（2）《企业所得税法实施条例》第五十一条规定，企业所得税法第九条所称公益性捐赠，是指企业通过公益性社会组织或者县级以上人民政府及其部门，用于符合法律规定的慈善活动、公益事业的捐赠。

（3）小结。

财富传承时，若企业将房产通过公益性社会组织或者县级以上人民政府及其部门，用于《中华人民共和国公益事业捐赠法》规定的公益事业的捐赠，则在年度利润总额12%以内的部分，准予在计算应纳税所得额时扣除。除此之外的房产赠与，都不得扣除，即赠与在税法上得不到"承认"，不能扣除相应成本，会变相导致当期多缴企业所得税。

二、赠与股权

（一）增值税

一般来讲，赠与股权不涉及增值税。因为根据《增值税暂行条例》及财税〔2016〕36号文规定，一般企业的股权非增值税应税对象，转让该企业股权不涉及增值税。但若是赠与上市公司公司股票，则根据财税〔2016〕36号文附件1《营业税改征增值税试点实施办法》规定，即为赠与金融资产。根据前述介绍，可能涉及视同销售问题。

所以，若将上市公司的股票以赠与的方式传承给其他人，除赠与用于公益事业或者以社会公众为对象外，都需要缴纳增值税。若赠与非上市公司股权，则无增值税纳税义务。

（二）所得税

若个人赠与公司股权，则根据《个人所得税法》第二条之规定，应无个人所得税纳税义务。但若受赠方为个人时，部分地区税务机关认为个人无偿受赠股权的，以赠与合同上标明的赠与股权价格减除赠与过程中受赠人支付的相关税费后的余额为应纳税所得额，按照"财产转让所得"项目，适用20%税率，计算征收个人所得税。比如，广东省、河北省税务机关。若受赠方为企业，则根据《企业所得税法》之规定，取得的股权，属于接受捐赠收入，需要计入应税所得额缴纳企业所得税。

（三）印花税

根据印花税条例规定，赠与股权签订的相关协议，会被认定为产权转移书据，双方都需要依法缴纳万分之五的印花税。

第二节　大额保单

根据通说[①]，所谓的"大额保单"是保险公司专门为高净值客户量身定制的，保费特别高、保额特别大，能有针对性地满足高净值客户某些特定财富管理需求的人寿保险单。

通过上述定义可以看出，大额保单是人寿保险单，基本与所在企业无直接法律关系。但在实务中，也有企业出资"帮"股东、高管购买大额保单。所以，关于大额保单，我们需要关注如下三个税法问题。

（一）买保险时，税法是否允许

购买大额保单时，资金主要有两个出处，一是高净值人士"自掏腰包"；二是所在企业"帮忙买单"。对于前者，若是税后收入，是国家鼓励的做法；若是税前收入，大额保单保费肯定不属于《个人所得税法实施条例》规定的可税前扣除的"个人购买符合国家规定的商业健康保险、税收递延型商业养老保险的支出"，所以不得扣除该项保费支出。对于后者，根据《企业所得税法》第十条规定，此为"与取得收入无关的其他支出"，在计算企业应纳税所得额时，该项支出不得扣除。另外，根据《国家税务总局关于单位为员工支付有关保险缴纳个人所得税问题的批复》（国税函〔2005〕318号）的规定，对企业为员工支付各项免税之外的保险金，应在企业向保险公司缴付时（即该保险落到被保险人的保险账户）并入员工当期的工资收入，按"工资、薪金所得"项目计征个人所得税，税款由企业负责代扣代缴。所以，若企业为股东或高管购买大额保单，有较高的税法风险。

[①] 曾祥霞，等.大额保单操作实务［M］.北京：法律出版社，2017.

（二）境外保险，是否受CRS规制

受制于国内保险产品收益及相关法规限制，大多数高净值人士都会在境外配置大额保单资产。那么，这些境外保单信息，是否会经CRS机制交换至中国内地税务机关，进而引发其他税法风险？这要看大额保单是否有现金价值或是否属于年金合同，若有（是），则很可能会被交换（披露）；若没有（不是），则不会交换（披露）。但大额保单一般都有较高的现金价值，即使是储蓄分红类大额保单，在三四年后保单现金价值增长的也较快。所以，若在境外CRS交换国家（地区）购买大额保单，也会交换（披露）回来，受其规制。

（三）保险理赔，是否免税

根据《个人所得税法》第四条规定，保险赔款，免征个人所得税。但购买大额保单，除有保险赔款收益外，还有保险年金、分红等收益。根据中国香港的税制，这类收益不需要缴纳个人所得税。中国内地《个人所得税法》下，暂未有明确规定对此收益征收个人所得税。根据税收法定原则，笔者认为，保险年金，分红等收益在中国内地也不用缴纳个人所得税。

特别强调，根据《企业所得税法实施条例》第三十六条规定，除企业依照国家有关规定为特殊工种职工支付的人身安全保险费和国务院财政、税务主管部门规定可以扣除的其他商业保险费外，企业为投资者或者职工支付的商业保险费，不得扣除。实务中，企业为股东或高管购买大额保单用以避税，在企业所得税率25%和股息红利分红个人所得税率20%的前提下，是得不偿失的。

第三节　信托

一、信托简介

现代信托起源于中世纪的英格兰，经过几百年的发展和演变，已经成为全球私人财富管理领域最有效的资产配置和税收筹划工具之一。

（一）定义

信托是指委托人基于对受托人的信任，将其财产权委托给受托人，由受托人按委托人的意愿以自己的名义，为受益人的利益或者特定目的，进行管理或者处分的行为。

(二) 当事人

信托当事人一般包括委托人、受托人、受益人三种人。

(1) 委托人是指具有完全民事行为能力的自然人、法人和依法成立的其他组织。

(2) 受托人通常是指接受委托人委托，管理和运用信托财产的人。但能够从事资金信托业务的受托人必须是经中国人民银行批准成立的信托投资公司。

(3) 受益人是指在信托中享有受益权的自然人、法人和依法成立的其他组织。受益人既可以是委托人自己，也可是委托人指定的自然人、法人和依法成立的其他组织。

除上述当事人外，在信托法律关系中，还可能存在信托保护人，即信托监察人。主要履行监督信托受托人依照于委托人的利益或意愿行事。

(三) 离岸信托

离岸信托是指在离岸属地成立的信托。

二、中国信托税收制度

目前，中国没有单独的信托税收制度，并且在每个税种的实体法规中也基本都未涉及信托业务的税务处理。在实务中，税务机关出于自身执法风险的考虑，会倾向于对信托业务强行套用现行的税收法律法规。

(一) 所得税

1. 信托设立环节

如果信托财产是非货币型资产，那么委托人可能需要在将信托财产委托给受托人时做视同销售处理。对于视同销售产生的所得，需要按规定缴纳企业所得税。根据《国家税务总局关于企业处置资产所得税处理问题的通知》(国税函〔2008〕828号，以下简称国税函〔2008〕828号文) 规定，企业将资产移送他人的下列情形，因资产所有权属已发生改变而不属于内部处置资产，应按规定视同销售确定收入。

(1) 用于市场推广或销售；

(2) 用于交际应酬；

（3）用于职工奖励或福利；

（4）用于股息分配；

（5）用于对外捐赠；

（6）其他改变资产所有权属的用途。

即从企业所得税法角度来看，若企业持有的资产所有权属发生改变，就视同取得销售收入，需要并入当期收入，计算缴纳企业所得税。具体视同销售收入金额，根据《国家税务总局关于企业所得税有关问题的公告》（国家税务总局公告2016年第80号）规定，按照被移送资产的公允价值确定。

从个人所得税法角度来看，尚无视同销售概念，信托设立时的非货币资产转移，不属于《个人所得税法》明确的应税所得类型，所以暂无个人所得税风险。在中国财政部、国家税务总局发布的《个人所得税法实施条例（修订草案征求意见稿）》征求意见中有提到"个人发生非货币性资产交换，以及将财产用于捐赠、偿债、赞助、投资等用途的，应当视同转让财产并缴纳个人所得税"，但在正式发布的《个人所得税法实施条例》中将该条予以删除，所以从个人所得税法角度来看，无类似企业所得税法上的视同销售（转让）财产概念。

2.信托存续环节

所得税纳税义务主要由受托人和受益人承担。在信托业务中，受托人一般应就其自身取得的信托业务报酬收入缴纳企业所得税。但对归属于信托财产的信托收益，是由委托人、受托人还是受益人缴纳（代扣代缴）企业所得税或个人所得税，目前仍未有明确规定。这是中国信托税制不健全，其他基本税法不明确所导致的。在实务中，一般需要与所主管税务机关进行沟通确认。

3.信托终止环节

信托资产将由受托人主体转移至委托方人或收益人，所有权属发生再次转移，根据国税函〔2008〕828号文，受托人需要按视同销售处理。但对于视同销售产生的所得，是由委托人还是受托人缴纳（代扣代缴）企业所得税，目前仍未有明确规定。此外，如果信托的受益人与委托人不是同一人（如他益信托），受益人取得信托财产时，可能还需要按接受捐赠缴纳企业所得税。

至于是否发生个人所得税法角度的视同销售问题，前面已有介绍，应无个人所得税纳税义务发生。

（二）增值税

1.信托设立环节

当委托人在设立信托时将信托财产委托给受托人时，信托财产的名义所有权已经发生了转移。此时，如果信托财产属于增值税应税货物，那么该项转移可能需要按视同销售处理，根据《中华人民共和国增值税暂行条例实施细则》视同销售的相关规定，委托人会被要求计算增值税销项税额。

2.信托存续环节

受托人为运用信托财产发生的提供增值税应税商品和服务，同样需要按照规定计算增值税销项税额。

3.信托终止环节

受托人将信托财产归还委托人或受益人，此时受托人会被要求就名义所有权的移转作视同销售处理，并按照规定计算增值税销项税额。

（三）契税等其他税项

（1）当信托财产属于应税不动产时，信托业务的财产受让方负有缴纳契税的义务。

（2）在信托设立环节，委托人将应税不动产委托给受托人时，作为信托财产名义承受人的受托人可能需要按其市场价格缴纳契税。

（3）在信托存续环节，受托人在运作信托项目过程中购入其他应税不动产时，也需要按照规定计算缴纳契税。

（4）在信托终止环节，受托人将信托财产（如不动产）归还给委托人或受益人时，委托人或受益人可能需要就所取得的信托财产缴纳契税。

与契税类似，信托各方在信托设立、信托存续、信托终止等环节还可能涉及印花税等其他税务事项。

根据上面的介绍，中国内地信托在设立、存续及终止环节，最大的问题是，存在较为严重的重复征税。

三、离岸信托与税收

鉴于中国内地信托配套制度不完善（不科学）等原因，很多高净值人士走出国门，搭建离岸信托，以供资产有效配置或做税收规划用。

离岸信托吸引人的两个功能就是"保密"和"税收筹划"。但离岸信托最具诱惑力之处却在于它是位于低税地的一个不透明的税收实体。例如，中国内地税收居民A设立以自己为受益人的离岸信托，通过离岸信托等中间架构向中国内地投资；投资回报最终会回到离岸信托，并且被分配给受益人A。根据中国内地税收法律之规定，A需要向中国内地税务机关就其海外收入申报缴纳个人所得税，但由于离岸信托是一个不透明税收实体，中国内地的税务机关无法知悉离岸信托取得收入并向A分配的行为，因此也就无法向A征缴个人所得税。

CRS下，中国以及绝大多数的离岸地、低税地都参与了税务信息自动交换体系。大多数离岸信托作为消极金融机构，其账户所在银行需要向离岸地税务机关申报如下信息：委托人、受托人、受益人（包括取得收益的自由裁量受益人）、保护人的身份信息，账户余额和账户金额变动信息。如上例，在CRS下A通过离岸信托取得了向中国内地投资的收益，只要中国内地为税务信息自动交换缔约国，那么该离岸地税务机关会自动将信托利益相关人的身份信息、信托账户的余额和金额变动情况向中国内地税务机关交换，进而成为中国内地税务机关向A征缴年度所得税的依据之一。

离岸信托可以一直不向受益人分配收益吗？如上例中，离岸信托不向受益人A分配收益。根据2019年1月1日起施行的《个人所得税法》第八条规定，居民个人控制的，或者居民个人和居民企业共同控制的设立在实际税负明显偏低的国家（地区）的企业，无合理经营需要，对应当归属居民个人的利润不做分配或者减少分配，税务机关有权按照合理方法进行纳税调整，需要补征税款的，应当补征税款，并依法加收利息。所以，即使离岸信托在相当一段时间里不对受益人分配收益，也可能会被中国内地税务机关直接认定为"已经做了分配"，要求缴纳相应的个人所得税，并加收法定利息。

所以，综合来看，中国境内高净值人士搭建离岸信托用于避税，至少要突破CRS信息披露的"瓶颈"和规避《个人所得税法》第八条纳税调整的"魔咒"，才能达到避税之目的。为此，笔者认为，将财富管理重新定位回到离岸信托所真正具有的功能和优势——严密的保护隔离功能、灵活的权益结构安排，健全的保护与救济措施上来，是较为明智的做法。

另外，离岸信托不一定局限于所谓的传统的离岸金融中心，如开曼、英属维尔京群岛等，可以考虑在美国部分州建立信托架构。美国部分州，包括阿拉斯加州、佛罗里达州、内华达州、南达科他州、得克萨斯州、华盛顿州和怀俄明州等，是不对永久信托征收所得税的，且其他相关法规较为健全，法治环境较好。最重要的是，FATCA下美国对其他国家税收居民在美国金融账户信息交换（披露）较少，可以保证做到一定程度的涉税信息保密。这些"好处"，具有一定的独特性，可以加以利用。

四、慈善信托在中国

根据《中华人民共和国慈善法》（以下简称《慈善法》）规定，慈善信托属于公益信托，是指委托人基于慈善目的，依法将其财产委托给受托人，由受托人按照委托人意愿以受托人名义进行管理和处分，开展慈善活动的行为。并规定，未按规定将相关文件报民政部门备案的，不享受税收优惠。但慈善信托在中国，并无直接的、专门的税收优惠可供适用。

（一）慈善信托的税务困境

1.所得税

根据《慈善法》第四十六条规定，慈善信托的受托人，可以由委托人确定其信赖的慈善组织或者信托公司担任，即作为合格受托人的，只有慈善组织和信托公司。若信托公司作为受托人，则会面临信托公司作为受托人不能为委托人开出捐赠票据的难题。这一难题，延伸至所得税领域，会导致以下问题：①企业以资金设立慈善信托，不能在计算应纳税所得额时，扣除年度利润总额12%以内的部分。②个人以资金设立慈善信托，无法依照慈善捐赠，扣除应纳税所得额30%的部分。

2.增值税与土地增值税

若以土地、房产、无形资产、货物设立慈善信托，将其转移至信托公司名下时，根据《增值税暂行条例》及财税〔2016〕36号文规定，有视同销售的问题。将房产、土地使用权过户至信托公司设立慈善信托，根据《国家税务总局关于印发<土地增值税清算管理规程>的通知》（国税发〔2009〕91号）规定，也有视同销售，进而缴纳土地增值税的问题。

（二）慈善信托税务困境的出路

1.长久之计：尽快出台促进、发展慈善信托的专门税收优惠政策

既然《慈善法》有规定"未按照前款规定将相关文件报民政部门备案的，不

享受税收优惠",作为税务机关,也应尽快予以落实,出台相关税收优惠政策,以供慈善信托相关主体适用。

2. 权宜之计:基金会做委托人开具捐赠发票

在这种模式下,财产所有人先将财产捐赠给慈善基金会,并由基金会作为委托人,就捐赠财产设立慈善信托。信托公司作为受托人,根据基金会的意愿使用信托财产。信托公司的加入增加了慈善资金运用的监督环节,提高了资金使用透明度和专业水平。基金会在财产所有人向其捐赠的同时开出捐赠发票,解决捐赠者的合规扣除凭证问题。

第四节 基金会

高净值人士利用基金会做财富保全,特别是精神财富传承,越来越常见。通常来说,做财富保全和物质财富传承时,会选择做股权投资基金;做精神财富传承时,会选择做慈善基金会。

一、股权投资基金

作为财富保全的股权投资基金,一般为私募股权投资基金,且分为公司型、合伙型和契约型三种。私募股权投资基金会运作过程中,需要注意以下税收问题:

(一)增值税

1. 股权(股票)转让收入

若转让是上市公司(包括新三板上市企业)的股票,则根据财税〔2016〕36号文,需要按照融商品转让的增值税目来计算、缴纳增值税。若转让的是非上市公司股权,则无增值税纳税义务。

2. 管理费收入

作为一个基金的管理人,主要收入为募集总金额2%的管理费。对于公司和合伙,需要缴纳增值税,一般纳税人按照6%,小规模纳税人按照3%;个人作为管理人,统一按照小规模纳税人3%来缴纳增值税。

至于契约型基金的税务问题,在税法上采用的是纳税主体征税原则,因其是多方通过基金合同的形式组成,按照目前的政策来讲,暂时没找到征收增值税的法律依据。

注意：不包括管理人和投资者的增值税问题。

（二）所得税

1. 公司型的基金所得税

和一般公司一样，按照《企业所得税法》计算缴纳企业所得税即可。

2. 合伙制基金层面

（1）《中华人民共和国合伙企业法》第六条："合伙企业的生产经营所得和其他所得，按照国家有关税收规定，由合伙人分别缴纳所得税。"其中，合伙企业包括普通合伙企业和有限合伙企业。这就意味着合伙制私募基金在基金层面无企业所得税纳税义务。《企业所得税法》第一条"个人独资企业、合伙企业不适用本法"的规定，也说明了这一点。

（2）投资者层面。

根据《财政部国家税务总局关于合伙企业合伙人所得税问题的通知》（财税〔2008〕159号）规定，合伙企业以每一个合伙人为纳税义务人。合伙企业合伙人是自然人的，缴纳个人所得税；合伙人是法人和其他组织的，缴纳企业所得税。并规定，合伙企业生产经营所得和其他所得采取"先分后税"的原则。

3. 税收优惠

根据《财政部 国家税务总局关于将国家自主创新示范区有关税收试点政策推广到全国范围实施的通知》（财税〔2015〕116号）规定，全国范围内的有限合伙制创业投资企业采取股权投资方式投资于未上市的中小高新技术企业满2年（24个月）的，该有限合伙制创业投资企业的法人合伙人可按照其对未上市中小高新技术企业投资额的70%抵扣该法人合伙人从该有限合伙制创业投资企业分得的应纳税所得额，当年不足抵扣的，可以在以后纳税年度中结转抵扣。

另外，部分地区的地方政府为吸引投资针对股权投资基金，有颁布规定，针对上缴税款的一定比例，给予财政返还。比如，西藏、江西、江苏等地。

二、慈善基金会

慈善基金会既受《慈善法》规制，也受《基金会管理条例》管辖。所以，根据后者要求，成立基金会必须经民政部门注册登记，成立非营利性法人。为此，慈善信托面临的税务问题，慈善基金会一般都遇不到。在此特说明，慈善基金会如何保持"免征企业所得税"和"公益性捐赠税前扣除"等资格的问题。

（一）企业所得税免征资格

1. 税法规定

（1）《企业所得税法》第二十六条规定，"符合条件的非营利组织的收入"为免税收入。

（2）《企业所得税法实施条例》第八十四条第一款规定，企业所得税法第二十六条第（四）项所称"符合条件的非营利组织"，是指同时符合下列条件的组织：

①依法履行非营利组织登记手续；

②从事公益性或者非营利性活动；

③取得的收入除用于与该组织有关的、合理的支出外，全部用于登记核定或者章程规定的公益性或者非营利性事业；

④财产及其孳息不用于分配；

⑤按照登记核定或者章程规定，该组织注销后的剩余财产用于公益性或者非营利性目的，或者由登记管理机关转赠给与该组织性质、宗旨相同的组织，并向社会公告；

⑥投入人对投入该组织的财产不保留或者享有任何财产权利；

⑦工作人员工资福利开支控制在规定的比例内，不变相分配该组织的财产。

（3）《财政部、国家税务总局关于非营利组织企业所得税免税收入问题的通知》（财税〔2009〕122号）规定，非营利组织的免税收入包括：

①接受其他单位或者个人捐赠的收入；

②除《中华人民共和国企业所得税法》第七条规定的财政拨款以外的其他政府补助收入，但不包括因政府购买服务取得的收入；

③按照省级以上民政、财政部门规定收取的会费；

④不征税收入和免税收入孳生的银行存款利息收入；

⑤财政部、国家税务总局规定的其他收入。

（4）《财政部、国家税务总局关于非营利组织免税资格认定管理有关问题的通知》（财税〔2018〕13号，以下简称财税〔2018〕13号文）规定，符合条件的非营利组织，必须同时满足以下条件：

①依照国家有关法律法规设立或登记的事业单位、社会团体、基金会、社会服务机构、宗教活动场所、宗教院校以及财政部、税务总局认定的其他非营利组织；

②从事公益性或者非营利性活动；

③取得的收入除用于与该组织有关的、合理的支出外，全部用于登记核定或者章程规定的公益性或者非营利性事业；

④财产及其孳息不用于分配，但不包括合理的工资薪金支出；

⑤按照登记核定或者章程规定，该组织注销后的剩余财产用于公益性或者非营利性目的，或者由登记管理机关采取转赠给与该组织性质、宗旨相同的组织等处置方式，并向社会公告；

⑥投入人对投入该组织的财产不保留或者享有任何财产权利，本款所称投入人是指除各级人民政府及其部门外的法人、自然人和其他组织；

⑦工作人员工资福利开支控制在规定的比例内，不变相分配该组织的财产，其中，工作人员平均工资薪金水平不得超过税务登记所在地的地市级（含地市级）以上地区的同行业同类组织平均工资水平的两倍，工作人员的福利按照国家有关规定执行；

⑧对取得的应纳税收入及其有关的成本、费用、损失应与免税收入及其有关的成本、费用、损失分别核算。

综上，慈善基金会享受企业所得税免征的税收优惠，必须按照上述规定提交相关资料，向主管税务机关申请企业所得税免税资格。得到批准后，才可就上述规定收入免征企业所得税。

注意，根据财税〔2018〕13号文规定，已认定的享受免税优惠政策的慈善基金会有下述情形之一的，应自该情形发生年度起取消其资格：

（1）登记管理机关在后续管理中发现非营利组织不符合相关法律法规和国家政策的；

（2）在申请认定过程中提供虚假信息的；

（3）纳税信用等级为税务部门评定的C级或D级的；

（4）通过关联交易或非关联交易和服务活动，变相转移、隐匿、分配该组织财产的；

（5）被登记管理机关列入严重违法失信名单的；

（6）从事非法政治活动的。

所以，取得非营利组织免征企业所得税资格后，并不是一劳永逸，持续地合规运作基金会是基础和关键。

（二）公益性捐赠税前扣除资格

基金会的有效运营，不仅依赖设立基金会的高净值人士的捐赠，也赖于社会各界的大力支持。根据《企业所得税法》规定，企业通过公益性社会团体或者县级以上人民政府及其部门，用于《中华人民共和国公益事业捐赠法》规定的公益事业的捐赠支出，不超过年度利润总额12%的部分，准予扣除。根据《个人所得税法》规定，个人将其所得对教育、扶贫、济困等公益慈善事业进行捐赠，捐赠额未超过纳税人申报的应纳税所得额30%的部分，可以从其应纳税所得额中扣除。向慈善基金会进行捐赠，捐赠方并不可以税前扣除应纳税所得额，还依赖于基金会是否有公益性捐赠税前扣除资格。

按照《财政部 税务总局 民政部关于公益性捐赠税前扣除有关事项的公告》（财政部公告2020年第27号）的规定，公益性社会组织，包括依法设立或登记并按规定条件和程序取得公益性捐赠税前扣除资格的慈善组织、其他社会组织和群众团体。公益性群众团体的公益性捐赠税前扣除资格确认及管理按照现行规定执行。依法登记的慈善组织和其他社会组织的公益性捐赠税前扣除资格确认及管理按本公告执行。

在民政部门依法登记的慈善组织和其他社会组织(以下统称社会组织)，取得公益性捐赠税前扣除资格应当同时符合以下规定：

（1）符合企业所得税法实施条例第五十二条第一项到第八项规定的条件。

（2）每年应当在3月31日前按要求向登记管理机关报送经审计的上年度专项信息报告。报告应当包括财务收支和资产负债总体情况、开展募捐和接受捐赠情况、公益慈善事业支出及管理费用情况(包括本条第三项、第四项规定的比例情况)等内容。

首次确认公益性捐赠税前扣除资格的，应当报送经审计的前两个年度的专项信息报告。

（3）具有公开募捐资格的社会组织，前两年度每年用于公益慈善事业的支出占上年总收入的比例均不得低于70%。计算该支出比例时，可以用前三年收入平均数代替上年总收入。

不具有公开募捐资格的社会组织，前两年度每年用于公益慈善事业的支出占上年末净资产的比例均不得低于8%。计算该比例时，可以用前三年年末净资产平均数代替上年末净资产。

（4）具有公开募捐资格的社会组织，前两年度每年支出的管理费用占当年总支出的比例均不得高于10%。

不具有公开募捐资格的社会组织，前两年每年支出的管理费用占当年总支出的比例均不得高于12%。

（5）具有非营利组织免税资格，且免税资格在有效期内。

（6）前两年度未受到登记管理机关行政处罚(警告除外)。

（7）前两年度未被登记管理机关列入严重违法失信名单。

（8）社会组织评估等级为3A以上(含3A)且该评估结果在确认公益性捐赠税前扣除资格时仍在有效期内。

在实务中，财政、税务、民政等部门结合社会组织登记注册、公益活动情况联合确认公益性捐赠税前扣除资格，并以公告形式发布名单。不在该名单内的慈善基金会，捐赠方的捐赠支出就不能在所得税前限额扣除。

所以，为了将慈善基金做大、做久，保持公益性捐赠税前扣除资格，也尤为重要。

三、股权捐赠的税务问题

自改革开放40多年来，中国内地积累了大批高净值人士，他们不仅手握大量现金，更多的资产还体现在自己持有的股权上。在财富传承时，他们也希望以股权捐赠的形式投身慈善事业，既可以省去股权变现的高额成本，又有利于保持被持股公司在金融市场的稳定性。对于受赠的慈善组织来讲，企业的股权不但能够产生持续的分红，而且随着企业规模的扩大，股权价值也将不断增长，慈善组织可以通过被投资公司股权红利或变卖股权收入在较长时间内获得稳定的现金流，以支持慈善活动的开展。但是股权捐赠也有绕不开的难题，如视同销售产生的高额税负成本。

根据《国家税务总局关于企业处置资产所得税处理问题的通知》(国税函〔2008〕828号)规定,企业将所持股权捐赠给其他法律主体(如慈善基金会),视同销售,需要缴纳企业所得税。因为股权的所有权属已经发生改变。并且根据《国家税务总局关于贯彻落实企业所得税法若干税收问题的通知》(国税函〔2010〕79号)第三条规定:"企业转让股权收入,应于转让协议生效、且完成股权变更手续时,确认收入的实现。转让股权收入扣除为取得该股权所发生的成本后,为股权转让所得。"但在曹德旺股权捐赠事件的推动和多方面的努力下,2016年4月20日国家财政部、国家税务总局发布了《财政部、国家税务总局关于公益股权捐赠企业所得税政策问题的通知》(财税〔2016〕45号,以下简称财税〔2016〕45号文)规定,企业向公益性社会团体实施的股权捐赠,应按规定视同转让股权,股权转让收入额以企业所捐赠股权取得时的历史成本确定。自此,企业股权捐赠迎来"零税负"时代。

遗憾的是,个人股权捐赠仍面临较高的个人所得税款缴纳困难,至今未见有全国性税收政策对此有明确规定。所以,笔者建议,尽快参照财税〔2016〕45号文规定,制定类似制度,推动股权捐赠及慈善事业的发展。

第五节 股权代持

在财富保全和传承过程中,常用的手段还包括代持。比较集中的是,基于各种原因,委托他人代持股权。在股权代持时,也必须做好税收规划,控制税法风险。

股权代持又称委托持股、隐名投资或假名出资,是指实际出资人(隐名股东)与他人(显名股东)约定,以他人(显名股东)名义代实际出资人(隐名股东)履行股东权利义务的一种股权或股份处置方式。

股权代持最大的税法风险就是,可能被双重征税。即隐名股东要求解除代持协议,办理工商变更登记时,根据《个人所得税法》第十五条规定,会被要求先完税,后办理过户手续。此时,会被要求按照财产转让所得缴纳个人所得税(20%)。例如,2007年甲委托公司员工乙代持公司股权,公司名下有两套房产。2017年,甲欲解除代持协议,将公司股权变更到自己名下时,公司所在地税务机关以房屋升值为由核定股权转让收入,要求乙缴纳1200多万元税款。其实,这时只是将本属于甲的股权,从法律上确认为甲所有而已。这时,就产生了重复征税的问题。

实务中,虽然代持的法律关系和事实客观存在,但纳税人往往因为缺乏充足的证明材料而无法说服税务机关按照经济实质课税,最终被迫接受按照公允价格计税的补税决定。在此,建议隐名股东重视有关材料的收集(如出资的支付凭证、参与公司股东会的决议、参与公司利润分配的凭证等),并加强与税务机关的交流和沟通,争取实质课税的原则,以尽最大可能维护自身的合法涉税权益。另外,因存在不被实质课税的风险,建议在委托代持时,谨慎选择显名股东,若能选择《股权转让所得个人所得税管理办法(试行)》(国家税务总局公告2014年第67号)规定,能提供具有法律效力身份关系证明的配偶、父母、子女、祖父母、外祖父母、孙子女、外孙子女、兄弟姐妹以及对转让人承担直接抚养或者赡养义务的抚养人或者赡养人的,则可以在解除股权代持时,按照低价股权转让的方式进行处理,不用实质缴纳财产转让的个人所得税。

第二十三章 税收筹划的原理及应用

第一节 税收筹划与非法避税

时常听到诸如"私人账户收款……这是合理避税"之类的说辞。是的,这是合理避税,但也是非法避税,更准确地说是逃税!鉴于实务中普遍存在的混淆避税与筹划界限的现象,笔者认为,有必要在此谈一下个人的看法。

一、避税合理,但分合法与非法

仅从短期利益来看,缴税会影响个人的现实到手收益,甚至影响交易能否成交。缴税多少与个人短期收益之间成反比关系,即缴税多,个人收益少;缴税少,个人收益大;不缴税,个人收益最大。但从长期利益来看,缴税有利于筹集社会治理资金,以便营造更和谐发展的社会环境。若仅从这个角度来看,缴最多的税,最有利于每个人。

美国南加州大学W.B.梅格斯博士在《会计学》一书中，引用了知名法官汉德的一段话："人民安排自己的获得以达到降低税负的目的，是无可指责的。每个人都可以这么做，不论他是富翁，还是穷光蛋。而且这样是完全正当的，因为他无须超过法律规定来承担国家税赋；税收是强制课征的，不是靠自愿捐献。以道德的名义要求税收，不过是侈谈空论而已。"这段话，准确地阐述了避税是人的合理需求。

避税是合理的，但并不代表所有的避税行为都是合法的。比如，在纳税行为发生后，采取各种手段规避申报纳税义务，这就是非法的。虽然从人性之"趋利避害"的本能来看，这存在一定合理性。但若大家都采取这样的手段避税，则国家财政收入将入不敷出，无以为继，建设共同的美好生活的愿景将无法实现。所以，此时法律会介入进来，对这种行为进行规制，以便建立良好的社会秩序。

合理的底线是合法。在纳税行为发生后，采取各种手段规避申报缴税义务，就触及合理的底线：法律的禁止性规定。在中国内地，如果触犯《税收征收管理法》或《刑法》的相关规定，需要承担一定的法律责任（包括刑事责任）。

如何判断避税是否合法？其实不难。笔者认为：①避税手段不违法；②避税行为要发生在纳税义务发生前。比如，还未开始经营（纳税义务尚未发生）就着手建立"两套账"，以便隐藏收入，少缴纳税款。这就涉嫌违法，至少违反了《会计法》的相关规定。待到纳税行为发生后，即纳税行为完成后，再做的任何行为都是徒劳的。因为税法是对当时的行为评价，而不是对包括后续的掩盖行为在内的系列行为评价。所以，避税要筹划在前，至少在纳税义务发生之前。

二、关于税收筹划

关于税收筹划的定义，学术界的观点各异：有强调"利用好税收优惠"的；有突出"缴纳最低的税收"的；还有追求税收利益最大化的。在此，说明一下笔者理解的税收筹划：在纳税行为发生前，在不违法的前提下，通过对纳税主体经营活动或投资活动等涉税事项做出提前安排，以实现优化纳税、减轻税负或递延纳税等目标的一系列活动。

（一）不违法

这是税收筹划与逃避税收行为的根本标志。在多种可选方案中，选择一种既可以实现自己的商业目的，又可以降低税负（包括递延纳税）的方案，并加以实施。只要不违反法律的禁止性规定，都是可以接受的。

（二）计划性

筹划有规划、计划之意，这也是税收筹划的本质特征之一。在纳税行为发生前，自己综合所持资源和拥有的机会，反复测算后做出最有利于自己的商业安排，是每个理性经济人最常用的方式。

（三）专业性

在各国税制越来越复杂，商业模式越来越超前的大背景下，依靠纳税人自身力量进行税收筹划，已经显得力不从心了，作为第三产业的税务咨询、代理应运而生。税收筹划业务，越来越需要借助专业机构的力量完成。

第二节　税收筹划案例

本节介绍多个案例，供读者了解、思考，以便建立对税收筹划的初步认识。

案例一

张三计划成立一家贸易公司，预计招聘员工30人，资产50万元，年销售额为400万元（不含增值税）。问：如何税收筹划可以使其综合税负最低？

（一）增值税

纳税人身份的选择。根据《财政部税务总局关于统一增值税小规模纳税人标准的通知》（财税〔2018〕33号）规定，增值税小规模纳税人标准为年应征增值税销售额500万元及以下，该贸易公司可以作为小规模纳税人计算缴纳增值税。根据《中华人民共和国增值税暂行条例》规定，小规模纳税人会计核算健全，能够提供准确税务资料的，可以向主管税务机关办理登记，不作为小规模纳税人，按照一般纳税人有关规定计算缴纳增值税。

假设该贸易公司购进货物时，能从上家取得合规增值税专用发票用于抵扣进项税。则需要比较一般纳税人与小规模纳税人的税负，结合该贸易公司预计增值率来选择纳税人身份。

一般纳税人应缴增值税额＝销项税额－进项税额＝销售额×增值税税率－成本价×增值税税率。

小规模纳税人应缴增值税额=销售额×征收率。

假设使上述等式相等时的购成本价为Y，则：

销售额×增值税税率−购进价×增值税税率=销售额×征收率。

400×13%−Y×13%=400×3%

52−Y×13%=12

Y=307.69（万元）

即若成本价能维持在307.69万元时，作为一般纳税人和小规模纳税人，增值税税负无差异。

若成本价高于307.69万元时，作为一般纳税人，税负较低。

若成本价低于307.69万元时，作为小规模纳税人，税负较低。

所以，张三需要就可能发生的采购价（不含税）进行预测，以便供公司财务人员在纳税人身份选择时综合考虑。

（二）企业所得税

假设经计算，2019年该贸易公司应纳税所得额为240万元。不做税收筹划时，需要缴纳企业所得税=240×25%=60（万元）。

根据《国家税务总局关于实施小型微利企业普惠性所得税减免政策有关问题的公告》（国家税务总局公告2019年第2号）规定，自2019年1月1日至2021年12月31日，对小型微利企业年应纳税所得额不超过100万元的部分，减按25%计入应纳税所得额，按20%的税率缴纳企业所得税；对年应纳税所得额超过100万元但不超过300万元的部分，减按50%计入应纳税所得额，按20%的税率缴纳企业所得税。若直接设立两个贸易A、B公司，承接相关业务，将100万元应纳税所得对应的业务装入A贸易公司；将240万元应纳税所得额对应的业务装入B贸易公司。则：

A贸易公司应缴企业所得税额=100×25%×20%=5（万元）

B贸易公司应缴企业所得税额=140×50%×20%=14（万元）

合计应缴企业所得税额=5+14=19（万元）。

所以，税收筹划节省税额=60−19=41（万元）。

案例二

A公司（非房地产公司）账面上有：现金1000万元。不动产：房屋及土地使用权2000万元（公允价值7000万元）。负债：2000万元（同公允价值及计税基础）。所有者权益：实收资本1000万元。现，B公司欲以7000万元购买该房屋及土地使用权。

方案一：直接出售房地产

1.增值税

假设选择一般计税方法，则应缴增值税=7000×9%=630（万元）。

2.增值税附加

应缴增值税附加税费=630×（7%+3%+2%）=75.6（万元）。

3.土地增值税

（1）计算增值额=7000–75.6–2000=4924.4（万元）。

（2）计算增值率=4924.4/（2000+75.6）×100%=237%。

（3）应缴土地增值税=4924.4×60%–2075.6×35%=2954.64–726.46=2228.18（万元）。

（4）企业所得税=应纳税所得额×25%=（7000–75.6–2228.18）×25%=1174.06（万元）。

（5）契税=7000×3%=210（万元）。

合计：A、B公司缴纳各项税费金额=630+75.6+2228.18+1174.06+210=4317.84（万元）。

方案二：转让股权

1.A公司新设C公司

以1000万元现金和评估3000万元的房屋、土地使用权及资产相关负债、劳动力一起新成立C公司。在设立过程中，根据财税〔2016〕36号文规定，不征增值税。根据《财政部 税务总局关于继续实施企业改制重组有关土地增值税政策的通知》（财税〔2018〕57号）规定，暂不征土地增值税。但根据《企业所得税法》规定，需要计算缴纳企业所得税，应交税额=（3000–2000）×25%=250（万元）。

2.A公司转让C公司股权

以8000万元的价格转让所持C公司股权，A公司仅需要缴纳企业所得税额=（8000–4000）×25%=1000（万元）。

合计：A公司共缴纳税款=250+1000=1250（万元）。

对比方案一、方案二可知，方案二节税金额=4317.84–1250=3067.84（万元）。

案例三

2013年，上海甲公司（适用税率25%）投资2000万元取得A公司30%的股权；2015年以5000万元的价格转让给关联公司——西藏乙公司（适用税率9%）；次年以2.1亿元转让给无关联的第三方。

分析：

1.若直接以甲公司的名义转让该股权，需要缴纳企业所得税额=（21 000–2000）×25%=4750（万元）。

2.经由乙公司转让，则

（1）甲公司缴纳企业所得税额=（5000–2000）×25%=750（万元）。

（2）乙公司缴纳企业所得税额=（21 000–5000）×9%=1440（万元）。

合计：缴纳企业所得税额=750+1440=2190（万元）。

两种转让股权方式，企业所得税额相差=4750–2190=2560（万元）。

注意：9%的企业所得税税率，出《自西藏自治区人民政府关于印发〈西藏自治区企业所得税政策实施办法〉的通知》（藏政发〔2014〕51号），其规定西藏自治区的企业统一执行西部大开发战略中企业所得税15%的税率，且自2015年1月1日起至2017年12月31日止，暂免征收我区企业应缴纳的企业所得税中属于地方分享的部分。所以，2015年1月1日至2017年12月31日西藏自治区的企业实际适用9%的企业所得税税率。

第三节　税收筹划原理及注意事项

通过上节案例的展示，我们可以对税收筹划做出如下总结。

一、税收筹划的本质是合法"泄压"

某环节或主体税负压力较大时，才需要做税收筹划。而税收筹划就是将局部的税负压力，合法"转移"至其他主体或环节，最好是能将其消失得无影无踪。比如，承接税负压力的环节或主体的税负由国家直接给予免除，那是最好不过的了。就如中国香港特区，从某种程度来讲，就是中国内地企业税收筹划的"泄压"地。因为中国香港的利得税税率为16.5%，而中国内地的企业所得税税率为25%。

二、懂业务是基础，晓税法是关键

税法规定是普遍适用的，且不能轻易改变，但是企业的组织架构、业务操作都可以因各种需求发生一定程度的改变。如欲把税负降下来，改变业务模式或组织架构是解决问题的根本。所以，做好税收筹划的前提是对业务操作非常了解，知道达成业务目标的不同路径，在不违反税法规定的基础上，做出更经济、有效的税收安排。

三、不多缴税的同时合法少缴税

据笔者观察，不少企业利用各种手段避税，就是少缴税。对各种可以适用的税收优惠不予理睬，就是多缴税。中国内地涉税规范性文件浩如烟海，仅准确理解、掌握其内涵加以适用，不多缴税已属不易。更别说，想找到税法的漏洞加以利用以便避税了。

以下案例，如何定性？

（1）张总公司现有两名残疾人员工（持有《残疾人证》），月工资共计10 000元。年度汇算清缴时可加计扣除120 000元，但未加计扣除，"多"缴企业所得税：30 000元。

（2）张总听说聘用残疾人员工，工资可以加计扣除，"找"了两个《残疾人证》，指示会计做账10 000元工资支出。年度汇算清缴时加计扣除120 000元，少缴企业所得税：30 000元。

（3）张总听说聘用残疾人员工，工资可以加计扣除，要求人事招聘了两名残疾人员工（持有《残疾人证》），每月共发放工资10 000元。年度汇算清缴时加计扣除120 000元，少缴企业所得税：30 000元。

经过分析，我们可以知道，案例1属于没适用税收优惠，导致多缴税；案例2属于典型的避税；案例3属于税收筹划。

四、资本的税最轻，资产的税最重

中国内地税制主要围绕商品（即资产）展开，同时为了招商引资扩大就业等，给予资本较多的税收优惠。这一现实导致资本的税最轻，资产的税最重。上节案例就充分地说明了这一点。但是风险与收益相伴，资本一般都带有或有负债

（受让的C公司可能就有对外巨额欠款），而资产就无相关或有负债产生。可谓有得有失，风险与收益并存。

五、合法少缴税≠不缴税

部分高净值人士，对税收的理解有偏差，认为不应该缴税，最好是一分钱都不缴纳。这种观点是十分错误的，税收是国家财政收入的主要来源，如果大家都不缴纳税款，这个国家就无法建立强大的国防和外交保护我们、支持我们。税收筹划是争取合法少缴税，不是一点税款都不交。

税收是国家这个"不请自来"合伙人的钱袋子。高净值人士的税法风险，某种程度上来讲，就是没处理好和国家这个合伙人的财产收益分配关系。我们既要通过合法缴税支持国家这个合伙人，又要避免非法缴税给国家这个合伙人带来损失。一切都行走在税法规定的基础上，我们的合伙事业（国家建设、民族发展等）才会越来越美好！

第二十四章 个人投资涉税问题

对于高净值个人而言，最重要的是要确保已经取得的资产保值增值。要让已经取得的资金实现增值，把资金存入银行显然不可取，仅有的存款利息连通货膨胀都无法超越，连保值都谈不上，就更谈不上增值了。

因此，选择适合的投资渠道，用资金对外投资便是高净值个人的不二选择。

第一节 个人用货币投资设立公司的涉税问题

在诸多投资渠道中，投资设立公司是最常见的。而设立公司，最常见的又是用货币出资。货币出资设立公司，在不同的阶段，国家的法律要求又有很大的差异。

一、2014年2月28日前货币投资设立公司

按照《公司法》（2005年修订）的规定，有限责任公司的注册资本为在公司

登记机关登记的全体股东认缴的出资额。公司全体股东的首次出资额不得低于注册资本的20%，也不得低于法定的注册资本最低限额，其余部分由股东自公司成立之日起两年内缴足；其中，投资公司可以在五年内缴足。

如果高净值人士个人投资的公司在2014年2月28日之前设立，且用货币出资，按照上述政策的要求，一般公司必须要在成立之日起两年内缴足。加之设立公司时，一般的注册资本金额比较高，全部用自有资金又无法满足全额入资的要求。因此，寻找中介"垫资"就成了在此时期很多投资者的选择。

凡是通过中介帮助"垫资"设立的公司，公司成立后，中介机构必然会把资金从公司抽走。而对于投资者设立的公司，就只能将该笔抽走的资金在会计上计入"其他应收款"，且通常还会将该其他应收款挂在投资者个人名下。

（一）"垫资"长期挂账的涉税风险

其他应收款长期在股东个人名下，必然会给投资者和公司带来不可忽视的税收风险。这种风险主要体现在以下几个方面。

一是投资者的个人所得税风险。按照《财政部、国家税务总局关于规范个人投资者个人所得税征收管理的通知》（财税〔2003〕158号）的规定，纳税年度内个人投资者从其投资的企业（个人独资企业、合伙企业除外）借款，在该纳税年度终了后既不归还，又未用于企业生产经营的，其未归还的借款可视为企业对个人投资者的红利分配，依照"利息、股息、红利所得"项目计征个人所得税。

其他应收款长期挂在投资者个人名下，就相当于投资者个人从被投资公司借款，在借款当年既没有归还，也没有用于公司的生产经营，按照上述政策的规定，投资者个人需要按照"利息、股息、红利所得"项目缴纳20%的个人所得税。

按照《税收征收管理法》的规定，纳税人未按照规定期限缴纳税款的，扣缴义务人未按照规定期限解缴税款的，税务机关除责令限期缴纳外，从滞纳税款之日起，按日加收滞纳税款万分之五的滞纳金。

因此，对于投资者个人而言，被投资公司在其他应收款会计科目上长期挂账在投资者名下，一旦被税务稽查，投资者不仅要缴足个人所得税，而且还要按照规定缴纳按日加收滞纳税款万分之五的滞纳金。

二是被投资公司的增值税和企业所得税风险。投资者个人从被投资公司将资金借出，实质上相当于被投资公司将资金无偿提供给投资者个人使用。按照财税

〔2016〕36号文附件1《营业税改征增值税试点实施办法》的规定，单位向个人无偿提供服务，视同销售，但用于公益事业或者以社会公众为对象的除外。

被投资公司将资金借给投资者个人使用，显然不是用于公益事业或以社会公众为对象，应视同销售计算缴纳增值税。

小提示：按照《财政部 税务总局关于明确养老机构免征增值税等政策的通知》（财税〔2019〕20号）规定：自2019年2月1日至2020年12月31日，对企业集团内单位（含企业集团）之间的资金无偿借贷行为，免征增值税。

对该政策的适用，实务中需要注意只有满足企业集团条件的单位之间才可以在上述特定期间享受免增值税优惠。被投资公司将资金无偿借给投资者个人，即便在上述特定期间，也不适用增值税免税优惠。

按照《企业所得税法》第四十一条规定：企业与其关联方之间的业务往来，不符合独立交易原则而减少企业或者其关联方应纳税收入或者所得额的，税务机关有权按照合理方法调整。

依据该条规定，被投资公司将资金无偿借给投资者个人，该交易属于不符合独立交易原则的关联交易，税务机关有权按照合理方法调整。也就是说，被投资公司需要就该行为应产生的利息收入计算缴纳企业所得税。

无论是增值税还是企业所得税，被投资公司未按时足额缴纳，按照《税收征收管理法》的规定，纳税人未按照规定期限缴纳税款的，扣缴义务人未按照规定期限解缴税款的，税务机关除责令限期缴纳外，从滞纳税款之日起，按日加收滞纳税款万分之五的滞纳金。

（二）解决"垫资"问题的应对策略

对于历史遗留的垫资问题，如何用相对合理的方式进行处理，实务中常见的方法有以下几种。

一是让投资者个人还款。这种方式操作非常简单，在投资者个人资金富余的情况下，非常容易实现。问题是投资者个人可能没有那么多闲置资金，或者即便有闲置资金，也不愿意这么处理。所以，尽管是一个简单易行的策略，但实务中通常很难得到投资者的认可。

二是被投资公司针对投资者借出的该项资金及时计提坏账准备。计提坏账准备后，挂在投资者个人名下的该资金便会从账上"消失"。假设当初设立公司时，涉及垫资的部分有500万元，有关会计处理如下。

  借：资产减值损失   500万元
    贷：坏账准备   500万元
  借：坏账准备   500万元
    贷：其他应收款——投资者 500万元

  会计上计提了坏账准备，在计算缴纳企业所得税时不做税前列支，既无须填报资产损失纳税调整表，更无须到税务机关报备或审批，只需在企业所得税汇算清缴时做纳税调增处理即可。

  这种操作也比较简便，只要公司股东出具书面的认可意见，会计就可依据该意见进行会计操作，汇算清缴时做纳税调增处理。

  但这种操作同样存在另一种风险，即汇算清缴时纳税调整金额和历年汇算清缴调整金额相比较，金额出现异常偏高，反而可能会引起税务部门的关注。一旦被关注后，可能会对该事项进行追查，进而导致前期的涉税风险逐一暴露，仍然要补缴税款和滞纳金。

  三是被投资企业针对投资者借出的该项资金不在当下计提坏账准备，而是通过"以上一年度损益调整"，将坏账准备追回到以前年度列支。仍然以上述金额为例，有关会计处理如下。

  借：以前年度损益调整   500万元
    贷：坏账准备   500万元
  借：坏账准备   500万元
    贷：其他应收款——投资者 500万元
  借：未分配利润   500万元
    贷：以前年度损益调整   500万元

  这样处理完成后，会计上发生的坏账损失并不会在当下体现，而是在以上一年度体现。不在当下体现，意味着不对当年的利润产生任何影响，企业所得税汇算清缴时无须针对该事项做任何调整。而放在以上一年度体现，因为上一年度的所得税汇算清缴已经完成，所以该损失也无须税前列支，意味着也无须对过去年度已经申报的纳税事项进行调整。

  但是这种处理也并非十全十美。其最大的缺陷在于，处理完成后，本年度其他应收款的期初数和上一年度其他应收款的期末数会存在500万元的偏差。在金税三期无所不能的监管情况下，是否会把该项目列为异常事项，存在很大的不确定性。而一旦被列为异常，同样也可能会导致所有的操作都付之东流，变得毫无意义。

四是可以考虑通过减资处理。按照《公司法》（2013年修订）的规定，除其他法律法规另有要求外，对公司的注册资本不再有最低限额的要求。也就是说，1元钱注册资本，同样可以设立公司。

基于上述规定，假设被投资公司注册资本500万元，均通过垫资设立，可以考虑将被投资公司注册资本减少至1万元（具体金额可根据投资者的偿债能力及被投资公司正常经营所需要的注册资本额确定）。按照工商部门的要求正常办理减资后，被投资公司的会计处理如下。

借：实收资本　　　　　　　　499万元
　　贷：其他应付款——投资者　499万元

该499万元无须支付给投资者，可以和投资者之前欠公司的500万元对冲，差额1万元有投资者正常还款即可。会计处理如下。

借：其他应付款——投资者　499万元
　　银行存款　　　　　　　　1万元
　　贷：其他应收款——投资者　500万元

这种处理方式属于公司正常的减资行为，只要按照工商部门的要求办理即可。有关的会计处理也不涉及对处理当年的损益产生任何影响，被税务关注的风险自然会比较小。

二、2014年3月1日后货币投资设立公司

按照《公司法》（2013年修订）的规定，从2014年3月1日起，股东应当按期足额缴纳公司章程中规定的各自所认缴的出资额。股东以货币出资的，应当将货币出资足额存入有限责任公司在银行开设的账户；以非货币财产出资的，应当依法办理其财产权的转移手续。

从上述规定不难看出，从2014年3月1日开始，投资者新设立公司，对于注册资本应于何时缴足，法律不再做限制性规定，只是要求股东"按期足额"缴纳。这里的"按期"，在实务操作中就是股东在设立公司时，公司章程里约定的

缴纳入资期限。通俗地讲，投资者想在什么时候缴纳入资，就可以在章程里面写希望缴纳入资的期限。即便到期时没有足够的资金缴纳，也可以通过修改章程，延长缴纳入资的期限。

既然注册资本的缴纳时间可以由投资者完全自主决定，相当一部分投资者在设立公司时往往就会把公司的注册资本金额无限放大。新法实施后出现了很多新设立的投资类公司就是很明显的例证。只不过后来这种"吹牛皮"式的投资公司出现了太多的"坑蒙拐骗"行为，才导致国家不得不对此类型公司的设立进行了严格的限制。

当然，对于设立公司的初衷就是为了正常经营的投资者而言，在当前如此宽松的政策背景下，注册资本是否越多越好呢？

（一）投资者认缴的注册资本是否需要对债权人承担责任

很多高净值的个人在投资设立公司时，往往会有这样一个误解：反正注册资本也没有实缴，未来如果公司经营不善出现破产，个人也不需要承担责任。

案例1：张某和妻子拟共同投资设立A有限责任公司，公司主要从事节能、环保技术的研发及配套产品的生产和销售。20×7年11月公司设立时，张某夫妇将注册资本确定为1000万元，全部认缴，章程约定，认缴的注册资本在2030年12月31日前缴足。

20×8年3月，公司基于生产经营需要，从其他企业和个人共借入资金500万元。20×9年2月，由于市场环境恶化，公司已经资不抵债，生产经营无法继续。

债权人了解这一信息后，纷纷要求张某还款。

张某称，公司已经资不抵债，正在申请破产清算，因为公司是有限责任公司，各债权人只能就账面上剩余的资产经拍卖后按规定的程序获取相应补偿。

张某还坚称，夫妻两人当下没有富余资金（但有多处房产和证券资产），并且对公司的注册资本还未到实缴期限，现在公司即将破产，已经无须再缴纳，自己也不会再拿出任何资金去偿还债务。

张某的说法能得到法院的认可吗？债权人能得到赔偿吗？

按照《公司法》第三条第二款的规定，有限责任公司的股东以其认缴的出资额为限对公司承担责任；股份有限公司的股东以其认购的股份为限对公司承担责任。

因此，张某夫妇需要对认缴的1000万元出资承担责任，即便没有现金，也需要用自己的其他资产承担责任。

本案中,张某夫妇在设立公司时,若将注册资本设定为50万元,后续的亏损属于正常经营造成的,在上述情况中,张某夫妇需要承担的责任仅为认缴的50万元。

(二)投资者认缴的注册资本是否需要对其他股东承担责任

章程中约定的注册资本缴纳期限到期,有的股东按期足额缴纳,有的股东没有按期足额缴纳,或者完全不缴纳。在这种情况下,未按期足额缴纳或未缴纳注册资本的股东是否需要对其他已经按期足额缴纳的股东承担责任呢?

按照《公司法》第二十八条第二款的规定,股东不按照规定期限缴纳出资的,除应当向公司足额缴纳外,还应当向已按期足额缴纳出资的股东承担违约责任。

(三)投资者未按期缴纳出资是否可以获取分红

在公司经营过程中产生了盈利,分红时,对于未足额缴纳注册资本的股东而言,是否可以参与分红呢?

按照《公司法》第三十四条的规定,股东按照实缴的出资比例分取红利;公司新增资本时,股东有权优先按照实缴的出资比例认缴出资。但是,全体股东约定不按照出资比例分取红利或者不按照出资比例优先认缴出资的除外。

通过上面的规定可以看出,如果公司章程中对股东分红没有做特殊约定,则在分红时只有实缴注册资本的股东才可以参与分红,而且只能按该股东实缴资本额占全部实缴资本的比例参与分红。

如果公司章程中对股东分红有特殊约定,就按章程约定的方式分红。如章程约定按各股东认缴资本比例参与分红,则无论股东是否实际出资,均可以正常参与分红。

因此,对于高净值个人而言,在投资设立公司——尤其是和他人共同投资设立公司时,一定要在公司章程中对于各类可能发生的争议事项或有损自身利益的事项提前做好约定,千万不要盲目使用公司设立代办机构的模板。

第二节 个人用非货币投资设立公司的涉税问题

按照《公司法》的规定,股东既可以用货币出资,也可以用实物、知识产权、土地使用权等可以用货币估价并可以依法转让的非货币财产作价出资；但是，法律、行政法规规定不得作为出资的财产除外。对作为出资的非货币财产应当评估作价，核实财产，不得高估或者低估作价。法律、行政法规对评估作价有规定的，从其规定。

股东以非货币财产出资的，应当依法办理其财产权的转移手续。

依据上述政策，从2014年3月1日开始，投资者设立公司，不再有货币资金入资比例的限制。也就是说，投资者完全可以用非货币资产进行出资。在科技日新月异的今天，实务中用非货币性资产出资，最常见的表现形式就是投资者用知识产权（技术）入资。

为了落实"大众创业、万众创新"的政策，现有财税政策对投资者用技术投资给予了一系列税收优惠政策。但也正是这些优惠政策，在实务操作中，给很多投资者带来了意想不到的烦恼。

一、技术所有权的法律障碍

股东用技术进行投资，首先要拥有技术。这个"拥有"不是"公司拥有就是投资者拥有"的概念，而必须是技术的所有权在投资者的个人名下。

在实务中，经常出现个别投资者使用公司名下的知识产权进行投资的情况。蹊跷的是，评估机构竟能对此视之不见，堂而皇之地指鹿为马，把本属于公司的知识产权按投资者个人拥有的知识产权进行评估，个别会计师事务所针对此种入资行为也能跟着评估机构亦步亦趋出具投资者已经入资的《验资报告》。

在投资者根本就没有拥有技术所有权的情况下，利用公司的知识产权对公司进行入资，这种行为属于典型的虚假入资。

按照《公司法》的规定，公司的发起人、股东虚假出资，未交付或者未按期交付作为出资的货币或者非货币财产的，由公司登记机关责令改正，处以虚假出资金额5%以上15%以下的罚款。

投资出虚假出资除罚款外，按照《刑法》的规定，公司发起人、股东违反公司法的规定未交付货币、实物或者未转移财产权，虚假出资，或者在公司成立后又抽逃其出资，数额巨大、后果严重或者有其他严重情节的，处五年以下有期徒刑或者拘役，并处或者单处虚假出资金额或者抽逃出资金额2%以上10%以下罚金。单位犯前款罪的，对单位判处罚金，并对其直接负责的主管人员和其他直接责任人员，处五年以下有期徒刑或者拘役。

对于出具虚假评估报告和验资报告的机构和个人，按照《公司法》的规定，承担资产评估、验资或者验证的机构提供虚假材料的，由公司登记机关没收违法所得，处以违法所得一倍以上五倍以下的罚款，并可以由有关主管部门依法责令该机构停业、吊销直接责任人员的资格证书，吊销营业执照。承担资产评估、验资或者验证的机构因过失提供有重大遗漏的报告的，由公司登记机关责令改正，情节较重的，处以所得收入一倍以上五倍以下的罚款，并可以由有关主管部门依法责令该机构停业、吊销直接责任人员的资格证书，吊销营业执照。承担资产评估、验资或者验证的机构因其出具的评估结果、验资或者验证证明不实，给公司债权人造成损失的，除能够证明自己没有过错的外，在其评估或者证明不实的金额范围内承担赔偿责任。

二、技术类型对入资的影响

在涉及投资者技术入资的增值税优惠政策中，按照《财政部 国家税务总局关于全面推开营业税改征增值税试点的通知》（财税〔2016〕36号）的规定，技术转让增值税免税中的技术包括专利技术和非专利技术。

专利技术和非专利技术分别包括哪些内容？在上述政策中没有进一步的明确。

在涉及投资者技术入资的企业所得税优惠政策中，按照《财政部 国家税务总局关于完善股权激励和技术入股有关所得税政策的通知》（财税〔2016〕101号）的规定，投资者用技术入资可享受所得税暂免征收的优惠。这里的技术是指专利技术（含国防专利）、计算机软件著作权、集成电路布图设计专有权、植物新品种权、生物医药新品种，以及科技部、财政部、国家税务总局确定的其他技术成果。

除上述已经明确列示的技术外，科技部、财政部、国家税务总局确定的其他技术成果包括哪些？

目前还没有明确的规定。但在实务中，最常见的就是技术秘密，也称之为专有技术。

但如果投资者用技术秘密或专有技术投资，在实务中能否享受上述优惠会存在很大的不确定性。

因此，在实务操作中，建议投资者最好先取得有证书的技术，然后再考虑投资的问题。

三、技术入资的增值税优惠

个人将技术投资到公司，实质上发生了技术转让和投资两项业务。按照财税〔2016〕36号文附件3《营业税改征增值税试点过渡政策的规定》的规定，纳税人提供技术转让、技术开发和与之相关的技术咨询、技术服务，免征增值税。

如果纳税人希望享受免税优惠，须持技术转让、开发的书面合同，到纳税人所在地省级科技主管部门进行认定，并持有关的书面合同和科技主管部门审核意见证明文件报主管税务机关备查。

若纳税人未履行上述认定和备查程序，则无法享受增值税优惠。

如某省人张某在北京设立了一家科技公司，张某将自己的一项专利技术评估500万元（请中介机构出具了评估报告）投资到公司中，履行有关登记手续后完成公司设立。

张某若要享受增值税优惠，需要履行如下程序：

首先，张某需要从北京回户籍地某省，到某省科技部门对该技术入资协议进行技术合同认定。技术合同是否能被认定成功完全取决于认定机构是否熟悉此类业务。如果认定机构不熟悉此类业务（经济越不发达地区，对此类业务越陌生），则技术合同是否能被认定，何时能被认定，就成了"谜"一样的事项。如果该认定无法完成，后续的所有税收优惠都无从谈起。

如果张某顺利完成了技术合同认定，张某是在户籍所在地税务机关进行免税备案，还是要到被投资公司所在地税务机关申请免税备案呢？

按照财税〔2016〕36号文的规定，非固定业户应当向应税行为发生地的主管税务机关申报纳税。

由于技术入资行为发生在被投资公司所在地，因此，张某在完成技术合同认定后还需要到被投资公司所在地的税务机关申请增值税免税备案。

然而，在实务中，用技术投资的个人股东，有多少人知道并真正履行了上述技术合同认定和增值税免税备案程序呢？即便知道，又有几人会这么长途跋涉去履行认定手续呢？

理论上讲，上述程序都可以由中介机构代办，但在有些地方，必须股东亲自到场才给办理。

四、技术入资的所得税优惠

按照《财政部 国家税务总局关于完善股权激励和技术入股有关所得税政策的通知》（财税〔2016〕101号）的规定，个人以技术成果投资入股到境内居民企业，被投资企业支付的对价全部为股票（权）的，选择技术成果投资入股递延纳税政策的，经向主管税务机关备案，投资入股当期可暂不纳税，允许递延至转让股权时，按股权转让收入减去技术成果原值和合理税费后的差额计算缴纳所得税。

如上述张某完成了增值税免税备案程序后，同时履行了个人所得税暂免税备案手续。未来张某转让股权取得时，仍然要按全部增值额计算缴纳个人所得税，只不过纳税时间递延至股权转让时。

未来张某在纳税时，用于投资的技术成果原值该如何确定呢？

按上述文件规定，个人因技术成果投资入股取得股权后，非上市公司在境内上市的，处置递延纳税的股权时，按照现行限售股有关征税规定执行（按财税〔2009〕167号文，按转让收入的15%核定原值及相关税费）。

问题是，如果被投资公司没有上市（实务中，投资者用技术投资比比皆是，而被投资公司能够上市却是寥若晨星），个人将股权转让后，技术成果原值该如何核定呢？政策没有明确。

五、被投资企业税前列支的涉税风险

被投资企业取得投资者投入的技术，计入无形资产。按《企业所得税法》的规定，通常会在10年内摊销。被投资公司在各年发生的无形资产摊销额，在计算缴纳企业所得税时，是否可以正常列支呢？

按照《企业所得税税前扣除凭证管理办法》（国家税务总局公告2018年第28号）的规定，企业在境内发生的支出项目属于增值税应税项目，对方为从事小额零星经营业务的个人，其支出以税务机关代开的发票或者收款凭证及内部凭证作为税前扣除凭证，收款凭证应载明收款单位名称、个人姓名及身份证号、支出项目、收款金额等相关信息。

小额零星经营业务的判断标准是个人从事应税项目经营业务的销售额不超过

增值税相关政策规定的起征点。

按照财税〔2016〕36号文的规定，增值税按次征收的，起征点最高不超过500元。

个人将技术投入公司，公司向个人支付的是股权，该行为属于增值税应税项目。技术入资时，个人按次计算缴纳增值税，技术评估后的价格会远远超过500元。

所以，个人将技术投入公司后，取得了被投资公司支付的对价——股权，需要同时向被投资公司开具发票（到被投资公司主管税务机关代开）。否则，公司发生的无形资产摊销，由于未取得合法有效的扣除凭证而无法在企业所得税前列支。

但当个人到税务机关代开发票时，又会出现这样的尴尬：个人申请代开数百万元甚至上千万元的发票，但个人又享受了增值税免税、个人所得税暂免征收的优惠，仅对技术转让行为缴纳万分之五的印花税（按财税〔2019〕13号，小规模纳税人印花税减半）。在个人纳税如此之少的情况下，代开的发票还能开出来吗？

不能说不行，但的确很难。

六、与技术投资有关的可行方案

根据上面的分析，基本可以得出这样的结论：优惠政策确实很好，但用起来可不是一般的麻烦，甚至根本就用不上。

如果某高净值个人王某名下有一项专利技术，有100万元现金，希望实现对A公司500万元增资，王某希望该投资行为不要产生太多潜在的涉税风险，该如何操作？

若王某直接用技术对A公司投资，如上所述，税收风险太大。

比较适合的操作方式是充分利用现有税收洼地的特殊政策。具体操作方式如下：

第一步，王某在税收洼地设立个人独资企业B。

第二步，以个人独资企业B的名义申请新的知识产权。

第三步，个人独资企业B把知识产权以500万元的价格销售给A公司，A公司向个人独资企业B支付500万元，个人独资企业B向A公司开具500万元的技术转让发票。

该步骤中，税收洼地会充分利用《关于个人独资企业和合伙企业投资者征收个人所得税的法规》（财税〔2000〕91号）的规定，对个人独资企业投资者的个人所得税进行核定征收。在税收洼地核定后，个人所得税率通常不会超过3%。

同时，按照现行的增值税政策，纳税人年销售额不超过500万元的，属于小规模纳税人，小规模纳税人增值税的征收率为3%。

如此一来，个人独资企业转让知识产权，所有的税费加上支付机构的服务费通常不会超过7%。如果按7%综合税率核算，个人独资企业及王某个人合计需要支付的税费为35万元。

完税后，王某可将465万元（500万元－35万元）合法合理地直接转移至个人账户。

第四步，王某将500万元现金再投入A公司，实现对A公司的货币增资。

如此一来，通过上述操作，王某实际花费了70万元的现金投入，但实现了对A公司500万元的货币增资。A公司取得500万元的知识产权，合理取得了正规发票，在后续发生的摊销额可以全部在企业所得税前列支。

第三节　个人债权投资的涉税问题

公司设立后，仅靠实际缴纳的注册资本可能无法满足日常经营的需要。为了维持公司的运营，投资者个人需要继续向公司投入资金。

在公司注册资本不增加的情况下，注册资本缴足后，投资者继续投入的资金通常会按公司向个人借款处理。

投资者个人将自有资金借给所投资的公司，既可能是无偿借款，也可能是有偿借款。

一、个人无偿借款给公司

当公司股东只有投资者个人或都是投资者的直系亲属时，该借款通常是无偿的。这种无偿借款行为是否存在风险呢？

（一）合法性风险

自然人股东将资金无偿借给自己投资的公司，签订无偿借款合同，这种合同受法律保护吗？

按照《最高人民法院关于审理民间借贷案件适用法律若干问题的规定》（法释〔2015〕18号）的规定，个人和非金融机构之间可以发生借贷行为，如果借贷双方没有约定利息，出借人主张支付借期内利息的，人民法院不予支持。

因此，自然人股东将资金无偿借给自己投资的公司使用，只要该约定是双方真实意思表示，该约定就不违法。换句话说，即便出借方股东反悔，向法院提起诉讼，要求公司向个人支付利息，法院也不支持。

（二）所得税风险

自然人股东将资金无偿借给自己投资的公司，属于关联交易，该关联交易会对所投资公司的企业所得税产生什么影响呢？

股东将资金无偿提供给A公司使用，显然不符合独立交易原则。如果要进行纳税调整，由于A公司未支付利息，所以要调减A公司的应纳税所得额，需要退回A公司原来多缴纳的企业所得税。既然是退税，又不是补税，对A公司而言，自然不存在所得税风险。

张某和李某将资金无偿提供给A公司使用，张某和李某是否要缴纳个人所得税呢？在2018年12月31日前，我国个人所得税的税收政策中没有对于个人无偿提供资金要按视同销售缴纳个人所得税的规定。

但是，从2019年1月1日起，修订后的《个人所得税法》正式实施。按照新修订的法律规定，个人与其关联方之间的业务往来不符合独立交易原则而减少本人或者其关联方应纳税额，且无正当理由的，税务机关有权按照合理方法进行纳税调整。

因此，从2019年1月1日之后，个人将资金无偿提供给公司使用，就会存在个人所得税的风险。

（三）增值税风险

股东张某和李某将资金提供给A公司使用，对于张某和李某而言，属于贷款行为，张某和李某是增值税纳税主体，A公司对该业务无须缴纳增值税。那么张某和李某将资金无偿提供给自己的公司使用，张某和李某是否需要缴纳增值税呢？

按照附件1财税〔2016〕36号附件1《营业税改征增值税试点实施办法》的有

关规定，单位或者个体工商户向其他单位或者个人无偿提供服务，视同销售，但用于公益事业或者以社会公众为对象的除外。

上述政策并未规定其他个人（自然人）对外无偿提供服务也要视同销售处理。因此，张某和李某将资金无偿提供给自己的公司使用，张某和李某无须缴纳增值税。

二、个人有偿借款给公司

当公司股东人数超过一人，且各股东之间并非直系亲属关系，某一投资者将资金借给公司使用，通常会收取一定的利息。

投资者个人从公司收取利息，对个人、对公司都涉及哪些税收风险呢？

（一）个人所得税

按照《个人所得税法》及《个人所得税法实施条例》的规定，个人取得利息所得，应按利息全额缴纳20%的个人所得税。该税款由支付利息的公司履行代扣代缴义务。

按照《税收征收管理法》的规定，扣缴义务人应扣未扣税款的，由税务机关向纳税人追缴税款，对扣缴义务人处应扣未扣税款50%以上3倍以下的罚款。

《国家税务总局关于贯彻〈中华人民共和国税收征收管理法〉及其实施细则若干具体问题的通知》（国税发〔2003〕47号）的规定，扣缴义务人违反征管法及其实施细则规定应扣未扣税款的，税务机关除按征管法及其实施细则的有关规定对其给予处罚外，应当责成扣缴义务人限期将应扣未扣的税款补扣。

然而在实务中，由于缺乏对税收政策的了解，很多企业向投资者借款后，在向投资者个人支付利息时，往往忽略了代扣代缴个人所得税的义务，从而不可避免为投资者个人及支付利息的公司带来税收风险。

实务中最常见的"法人贷"，也是上述情况的典型表现。

企业日常经营中，靠企业自身的实际情况向商业银行申请贷款，由于各种各样条件的限制，导致企业无法正常获得经营所需的资金。在这样的背景下，很多商业银行为了扩大贷款业务，纷纷推出了"法人贷"产品，即银行以信用贷款或消费贷款的形式将资金贷给投资者个人，个人再将从银行获取的资金借给所投资的公司使用，从而间接实现公司的资金需求。

在"法人贷"模式下，公司并未向银行贷款，而是向个人借款。公司支付的利息也不是给银行的贷款利息，而是支付给投资者个人的贷款利息。若公司未履行代扣代缴个人所得税义务，就会给公司和投资者个人带来涉税风险。

（二）增值税

按照财税〔2016〕36号文附件1《营业税改征增值税试点实施办法》的规定，个人发生应税行为的销售额未达到增值税起征点的，免征增值税；达到起征点的，全额计算缴纳增值税。

增值税起征点幅度为：按期纳税的，为月销售额5000元–20000元（含本数）；按次纳税的，为每次（日）销售额300元–500元（含本数）。

个人将资金提供给公司使用并取得利息，相当于提供了贷款服务，该行为属于增值税应税项目。

按照上述规定，如果企业支付金额超过增值税起征点，则个人需要全额缴纳增值税；如果支付金额未超过增值税起征点，则个人无须缴纳增值税。

对于个人提供增值税应税行为，目前只在《国家税务总局关于小规模纳税人免征增值税政策有关征管问题的公告》（国家税务总局公告2019年第4号）中，对个人提供不动产租赁确定为按月计算销售额。而对于个人提供劳务服务或特许权使用服务，实务中通常会按次计算销售额。

这也就意味着，只要公司每次向个人支付利息超过500元，个人还需要缴纳增值税及附加税费（不需要支付方代扣代缴）。个人未及时办理税款缴纳的，按照税收征管法的规定，同样面临补缴税款和滞纳金的处罚。

小提示：按照《中华人民共和国增值税法（征求意见稿）》的规定，在境内发生应税交易且销售额达到增值税起征点的单位和个人，以及进口货物的收货人，为增值税的纳税人。增值税起征点为季销售额30万元。销售额未达到增值税起征点的单位和个人，不是本法规定的纳税人；销售额未达到增值税起征点的单位和个人，可以自愿选择依照本法规定缴纳增值税。

因此，在增值税法正式实施后，对于个人提供贷款服务收取的利息，如果季度销售额不超过30万元，个人可以不缴纳增值税。但在增值税法未正式实施前，仍然要继续延续现行的增值税政策。

（三）企业所得税风险

按照《企业所得税税前扣除凭证管理办法》（国家税务总局公告2018年第28

号)的规定,企业在境内发生的支出项目属于增值税应税项目,对方为从事小额零星经营业务的个人,其支出以税务机关代开的发票或者收款凭证及内部凭证作为税前扣除凭证,收款凭证应载明收款单位名称、个人姓名及身份证号、支出项目、收款金额等相关信息。

小额零星经营业务的判断标准是个人从事应税项目经营业务的销售额不超过增值税相关政策规定的起征点。

按照财税〔2016〕36号文附件1《营业税改征增值税试点实施办法》的规定,个人发生应税行为增值税起征点幅度为:按期纳税的,为月销售额5000元–20 000元(含本数);按次纳税的,为每次(日)销售额300元–500元(含本数)。

按照《个人所得税法》的规定,个人取得的利息收入,按次计算缴纳个人所得税。

公司向个人支付贷款利息,只要单次金额超过500元,个人就超过了增值税起征点的标准,个人不满足小额零星的要求,公司支付的该款项需要取得个人向税务机关代开的发票才可以税前列支。

实务中,很少有企业能按照上述规定取得发票,但很多公司却都在税前列支了。这对使用资金的公司而言,又是一个潜在的税收风险。

(四)适合的策划方案

在实务中,当投资者个人确实需要将资金提供给公司使用,且又要象征性收取利息,该如何操作呢?

在目前的金融和财税政策下,"大额存单质押贷款"是对各方都非常有利的选择。

大额存单质押贷款通常的操作方法是:投资者个人在银行存入一笔确定金额的资金并取得大额存单。公司向银行贷款取得所需资金,个人将大额存单质押给银行提供连带保证。

在这种模式下,个人取得的利息属于存款利息,而不是贷款利息。按照财税〔2016〕36号文的规定,纳税人取得银行的存款利息,不征增值税。

按照《财政部 国家税务总局关于储蓄存款利息所得有关个人所得税政策的通知》(财税〔2008〕132号)的规定,储蓄存款在2008年10月9日后(含10月9日)滋生的利息所得,暂免征收个人所得税。

公司使用资金支付利息不再是向个人支付，而是向银行支付。银行收取贷款利息并向使用资金的公司正常开具发票是完全正常的经济业务。公司向银行支付利息并取得发票后，就可以正常在企业所得税前列支。

另外，在目前的金融政策下，人民银行对商业银行的存款利率和贷款利率大小不再做强制性限制，只是基于正常的窗口指导。因此，当投资者个人需要向公司出借的资金较多，且期限较长，就可以和银行对存款利率和贷款利率进行谈判，以争取个人能获得较高的存款利率，公司获得一个较低的贷款利率。

通过该模式的应用，既不违反国家的财税和金融政策，又实现了个人、公司、银行的"三赢"局面，皆大欢喜。

三、投资者借款给公司后被投资公司注销

投资者将资金借给自己投资的公司，公司可能会正常运营并在后续经营中逐渐将资金偿还，也可能经营不善不得不注销。在注销环节，如果投资者借给公司的借款尚未收回，会有哪些涉税风险呢？

案例2：张某投资设立A公司，注册资本300万元，张某全额实缴。A公司经营过程中，由于开展业务需要，张某还额外借给公司200万元。由于市场拓展没有太大起色，A公司经历第一年的亏损后，以后各年勉强做到盈亏平衡。经营8年后，张某决定将A公司注销。

注销时，由于A公司没有可弥补的亏损额，税务机关要求A公司对未偿还的200万元转为营业外收入，并缴纳50万元企业所得税。

税务机关做出如此判定的依据是《企业所得税法实施条例》第二十二条的规定。该规定明确，企业确实无法偿付的应付款项属于企业所得税法第六条第（九）项所称其他收入。

出现这样的情况，无论对于投资者个人还是对于被投资公司，都是一个非常"尴尬"的状况。本来就已经入不敷出，想干干净净把公司注销完之后再另起炉灶，重打鼓另开张。没想到还要再缴纳50万元税款后才能放行。

遇到这种问题，很多人的第一想法就是：不公平。

其实不是不公平，本来法律就已经明确规定，自己非要往"枪口"上撞，怨不得别人。只能怪自己学艺不精或用人不当，缴了不该交的冤枉税。

到底该怎么操作才能规避这样的风险呢？

有人提议可以通过"债转股"实现。就是将债权人对公司的债权转为持有公司的股权。

按照《公司注册资本登记管理规定》（国家工商行政管理总局令第64号）第七条的规定，债权人可以将其依法享有的对在中国境内设立的公司的债权，转为公司股权。

转为公司股权的债权应当符合下列情形之一：

（1）债权人已经履行债权所对应的合同义务，且不违反法律、行政法规、国务院决定或者公司章程的禁止性规定；

（2）经人民法院生效裁判或者仲裁机构裁决确认；

（3）公司破产重整或者和解期间，列入经人民法院批准的重整计划或者裁定认可的和解协议。

上述案例中，张某对A公司的债权符合上述规定（1）的情形，可以通过债权变更为股权的形式将A公司应付张某的债务消除，从而达到注销时无须对此缴纳企业所得税的目的。

上述方案在理论上不存在任何障碍。问题的关键在于，实务中很多地方的机构根本就不让这么操作。此路不通。

除了债转股之外，还有其他合适的方法吗？

当然有。在公司注销前，可以考虑采取下面的策划方案。"曲线救国"，同样能达到"债转股"的效果。

第一步，张某对A公司增资，增资额200万元。A公司在工商和税务部门办理正常增资手续，张某完成200万元注册资本的实缴。

第二步，A公司收到200万元资金后，把200万元再还给张某。

第三步，A公司正常办理注销。这时再注销时，A公司就不存在未偿付的应付款项，也就不存在因为无法支付的应付款项而补税的问题。

当然，实务中有人仍然会提出疑问，张某根本没有200万元现金，如何完成200万元新增注册资本的实缴？

之所以会有这样的疑问，是大多数人总是按一般的惯性思维考虑问题，感觉此路不通。

其实，对于张某而言，实缴200万元根本不需要一次性缴纳。A公司欠张某的200万元也不需要一次性偿还。

假设张某只有10万元可用资金，张某只需要先将10万元入资到A公司即可。A公司收到10万元入资款后，先偿还张某10万元；张某收到10万元后再入资到A公司，A公司收到10万元入资款后，再偿还张某10万元……

如此循环往复，10万元资金循环50次就把200万元注册资本实缴和200万元的还款一并搞定。

第四节　公司和个人混同的涉税问题

公司的就是老板的，老板的也是公司的。这种观点在很多企业——尤其是民营企业普遍存在。作为高净值个人，持有这种观点的也不在少数。

把公司和老板个人混同，在实务中很容易产生较大的涉税风险。

一、投资者个人以公司名义炒股

为了提高公司闲置资金的使用效率，或者为了满足投资者个人的风险偏好，实务中很多企业的投资者会要求公司财务人员以公司的名义开设证券账户，由投资者个人具体操作股票买卖。

如果是以个人名义在金融市场买卖上市公司股票，国家有一系列的税收优惠政策。而以公司名义买卖股票，对个人的优惠无法直接适用于公司。在投资者将个人和公司混同的情况下，就非常容易产生涉税风险。

（一）个人持有买卖股票的涉税政策

个人买卖上市公司股票，获取的受益包括两种表现形式。一种是持股期间收到的股息；另一种是买卖股票取得的资本利得。

两种收入涉及的税种包括增值税及附加税费、个人所得税和印花税。

1.增值税及附加税费

（1）持股期间取得的股息收入。

个人在持股期间取得上市公司分配的股息，不属于增值税征税范围，个人无须缴纳增值税及附加税费。

(2)买卖股票取得的资本利得。

按照财税〔2016〕36号文附件3《营业税改征增值税试点过渡政策的规定》的规定,个人从事金融商品转让业务免征增值税。

按照《销售服务、无形资产、不动产注释》的规定,金融商品转让,是指转让外汇、有价证券、非货物期货和其他金融商品所有权的业务活动。

股票属于有价证券的一种表现形式。因此,个人通过证券市场买卖上市股票,可以享受免征增值税的优惠。

增值税免征,附加税费自动享受免税优惠。

2. 个人所得税

(1)持股期间取得的股息收入。

如果投资者个人持有的是上市公司流通股,按照《财政部 国家税务总局 证监会关于上市公司股息红利差别化个人所得税政策有关问题的通知》(财税〔2015〕101号)的规定,个人从公开发行和转让市场取得的上市公司股票,根据持股期限,税收政策有差异。

①持股期限超过1年的,股息红利所得暂免征收个人所得税。

②持股期限在1个月以上至1年(含1年)的,暂减按50%计入应纳税所得额,适用20%的税率计征个人所得税(也就是按10%的比率计算缴纳个人所得税)。

③持股期限在1个月以内(含1个月)的,其股息红利所得全额计入应纳税所得额,适用20%的税率计征个人所得税。

投资者个人在持股期间取得上市公司的分红,根据持股期间,可以自行判定是否可以享受上述减免税优惠政策。

如果投资者个人持有的是上市公司的限售股,按照《财政部 国家税务总局 证监会关于实施上市公司股息红利差别化个人所得税政策有关问题的通知》(财税〔2012〕85号)的规定,对个人持有的上市公司限售股,解禁后取得的股息红利,按照上述流通股利息的税收政策执行,持股时间自解禁日起计算;解禁前取得的股息红利继续暂减按50%计入应纳税所得额,适用20%的税率计征个人所得税。

(2)买卖股票取得的资本利得。

按照《财政部 国家税务总局 证监会关于个人转让上市公司限售股所得征收个人所得税有关问题的通知》(财税〔2009〕167号)的规定,对个人在上海证券交易所、深圳证券交易所转让从上市公司公开发行和转让市场取得的上市公司股票所得，继续免征个人所得税。

如果投资者个人持有的是上市公司的限售股，在将限售股出售时，按照《财政部 国家税务总局 证监会关于个人转让上市公司限售股所得征收个人所得税有关问题的通知》（财税〔2009〕167号）的规定，对个人转让限售股取得的所得，按照"财产转让所得"，适用20%的比例税率征收个人所得税。

如果投资者个人人同时持有限售股及该股流通股的，其股票转让所得，按照限售股优先原则，即：转让股票视同为先转让限售股，按规定计算缴纳个人所得税。

3.印花税

按照《财政部、国家税务总局关于调整证券（股票）交易印花税征收方式的通知》（财税明电〔2008〕2号）的规定，从2008年9月19日起，调整证券（股票）交易印花税征收方式，将现行的对买卖、继承、赠与所书立的A股、B股股权转让书据按千分之一的税率对双方当事人征收证券（股票）交易印花税，调整为单边征税，即对买卖、继承、赠与所书立的A股、B股股权转让书据的出让方按千分之一的税率征收证券（股票）交易印花税，对受让方不再征税。

按照上述规定，投资者个人在证券市场上买卖股票，只在卖出时按千分之一缴纳印花税，买入时无须缴纳印花税。

（二）公司持有买卖股票的涉税政策

投资者个人以公司名义买卖上市公司股票，获取的受益也是两种表现形式：一种是持股期间收到的股息，另一种是买卖股票取得的资本利得。

两种收入涉及的税种包括增值税及附加税费、企业所得税和印花税。

1.增值税及附加税费

（1）持股期间取得的股息收入。

公司在持股期间取得上市公司分配的股息，不属于增值税征税范围，公司无须缴纳增值税及附加税费。

（2）买卖股票取得的资本利得。

财税〔2016〕36号文附件3《营业税改征增值税试点过渡政策的规定》中，对于公司从事金融商品转让业务免征增值税的情形仅限于"证券投资基金（封闭式证券投资基金，开放式证券投资基金）管理人运用基金买卖股票、债券"。对于在实务中存在的个人以公司名义炒股的情形，基本不符合上述免税的规定。

因此，投资者个人以公司名义炒股，发生增值的，公司需要对增值部分缴纳增值税及附加税费。

如果发生亏损了，原来缴纳的增值税及附加税费可以申请退还吗？当然不可以。

按照财税〔2016〕36号文附件2《营业税改征增值税试点有关事项的规定》的规定，金融商品转让，按照卖出价扣除买入价后的余额为销售额。

转让金融商品出现的正负差，按盈亏相抵后的余额为销售额。若相抵后出现负差，可结转下一纳税期与下期转让金融商品销售额相抵，但年末时仍出现负差的，不得转入下一个会计年度。

从上述规定可以看出，如果公司买卖股票，在一个会计年度的前半段挣钱了，需要对增值部分缴纳增值税及附加税费；在一个会计年度的剩余期间不仅把上半年的都亏进去，甚至连本金都亏了一些，这时候的亏损就是"白亏"。因为这些亏损不仅无法将之前已经缴纳过的税费退还，而且该亏损还不能结转到下年度继续使用。

在有盈有亏的情况下，最理想的状态是亏损集中在一年头几个月，剩下的都是盈利，这样才能获得整体收益最大化。问题是，这怎么可能呢？

2.企业所得税

（1）持股期间取得的股息收入。

在公司持股的情况下，无论持有的是上市公司的流通股还是限售股，在持股期间取得的股息收入，按照《企业所得税法》的规定，符合条件的居民企业之间的股息、红利等权益性投资收益，免征企业所得税。

按照《企业所得税法实施条例》的规定，免税的股息、红利等权益性投资收益，不包括居民企业连续持有居民企业公开发行并上市流通的股票不足12个月取得的投资收益。

上述政策表达的意思就是，居民企业持有上市公司股票，如果持股时间不足12个月，其取得的股息不能享受企业所得税免税优惠。

这里需要注意的是，如果公司在取得分红时，持股期尚不足12个月，但在次年5月31日汇算清缴前仍一直持有，且到汇算清缴时持股期已满12个月，公司取得上市公司的股息仍然可以享受免税优惠。

如果公司在取得分红时，持股期尚不足12个月，在次年5月31日汇算清缴前仍一直持有，且到汇算清缴时持股期仍然不满12个月，汇算清缴时应作为征税收入计算缴纳企业所得税。若企业仍然一直持有该股票至期满12个月，则对该股息收入在上年度已经缴纳的企业所得税是否可以申请退还呢？

这个问题目前没有特别明确的政策予以规范。

（2）买卖股票取得的资本利得。

对于公司买卖上市股票取得的资本利得，在企业所得税上没有任何减免税优惠。该所得需要并入公司收入总额计算缴纳企业所得税。

和个人买卖上市公司股票相比，一个比较好的优势在于，当买卖股票出现大额亏损时，对于个人而言，就是"白亏"；但对于公司，该亏损就可以抵减公司其他项目的盈利，从整体上减少公司当年的应纳税所得额，如果亏损额特别大，还可以递延至下一年度继续弥补。

这里还有一个需要特别注意的事项。如果公司购买股票达到了大宗交易的标准，就无法在证券市场按照通常的模式直接买卖，买卖双方需要通过交易所签订协议后进行交易。

在这种交易模式下，买卖双方都是确定的，交易的对象是股票。按照《企业所得税税前扣除凭证管理办法》（国家税务总局公告2018年第28号）的规定，企业在境内发生的支出项目属于增值税应税项目的，对方为已办理税务登记的增值税纳税人，其支出以发票（包括按照规定由税务机关代开的发票）作为税前扣除凭证；对方为依法无须办理税务登记的单位或者从事小额零星经营业务的个人，其支出以税务机关代开的发票或者收款凭证及内部凭证作为税前扣除凭证，收款凭证应载明收款单位名称、个人姓名及身份证号、支出项目、收款金额等相关信息。

股票转让属于增值税征税范围，按照《国家税务总局关于增值税发票管理若干事项的公告》（国家税务总局公告2017年第45号）的规定，协议转让方如果是属于公司的，需要自行开具发票；协议转让方如果是个人的，个人需要到税务机关代开发票。

在购买方未取得发票的情况下，购买股票的计税成本无法得到税务的认可，未来公司再销售股票时，只要再销售价格超过交易过程中的税费，就一定存在盈利。而实际上，在交易价格低于当时协议购买价时，持股公司是不可能盈利的！

所以，当投资者个人以公司名义进行股票交易，在协议转让这种特定交易模式下，一定要取得销售方开具或到税务机关代开的股票转让发票。

3. 印花税

内容基本与"个人持有买卖股票的涉税政策"部分一致，在此不再一一赘述。

二、投资者个人的家庭费用在公司报销

公司和个人混同的另一个常见表现形式就是投资者个人将家庭日常各项消费支出在公司报销。

几乎所有人都会认为这种报销是天经地义的，根本无须产生任何质疑。

也正因为公司是一个独立的法人主体，而不是投资者个人的附属物，将本属于投资者个人或家庭的消费在公司报销，就严重侵犯了公司及公司股东、公司债权人的利益。

（一）企业所得税风险

按照《企业所得税法》的规定，企业经营中发生的与取得收入无关的其他各项支出，不得在企业所得税前列支。

这里的与取得收入无关的其他各项支出，是指与本企业取得收入无关的各项支出。各项支出包括哪些？在税收政策上没有逐一列举。

但对于个人及家庭消费支出，本属于应由个人或家庭负担的支出，放在公司进行报销，明显属于和公司取得的收入无任何关联。此类支出自然无法在企业所得税前列支。

典型的案例是，青岛市国税局稽查部门查处的青岛某自动化有限公司偷税一案。该企业通过隐匿收入方式逃避缴纳相关税收，已构成偷税行为。

案例3：根据工作安排，国税稽查人员对青岛某自动化有限公司纳税和发票使用情况进行了纳税检查。

经查，该单位法定代表人陶某购买家用电器、家装材料、家居用品用于个人消费，购买时直接支付现金，取得青岛某商业有限公司开具的普通发票25份，计入单位账簿管理费用——办公费30万元。

事后陶某把发票交予财务人员报销，进行税前扣除，未做纳税调整，其明知

道购进的物品是自己消费,却开具办公用品到单位报销,构成主观故意偷税。

由于该公司2012年偷税数额达8.46万元,除被要求补缴税款和滞纳金外,还被税务机关处以偷税额50%的罚款4.23万元,同时,由于该公司偷税比例达12.14%,被移送公安机关做进一步处理。

(二)个人所得税风险

按照《财政部 国家税务总局关于企业为个人购买房屋或其他财产征收个人所得税问题的批复》(财税〔2008〕83号)的规定,企业出资购买房屋及其他财产,将所有权登记为投资者个人、投资者家庭成员或企业其他人员的,对于个人投资者或其家庭成员取得的上述所得,视为企业对个人投资者的红利分配,按照"利息、股息、红利所得"项目计征个人所得税;对于企业其他人员取得的上述所得,按照"工资、薪金所得"项目计征个人所得税。

投资者个人将自己或家庭发生的支出在公司报销,实质上就相当于公司为个人投资者或其他家庭成员购买财产,按照上述规定,投资者个人还需按"利息、股息、红利所得"项目缴纳20%的个人所得税。

三、将公司收入转入投资者个人账户

将本属于公司的各项收入要求购买方将资金直接打入个人账户,这种情况在实务中比比皆是。当投资者投资设立的公司以个人为服务对象的,这种情况就更加明显。如饭馆、各类中小学生课外培训机构、娱乐场所,等等。

在过去国家对资金监管不是很严格的时候,这种操作模式为很多高净值个人提供了非常便捷的资金收取通道。在资金监管日益严格的当下,如果还是延续这种模式,无异于飞蛾扑火、自投罗网。

(一)银行监管风险

按照《金融机构大额交易和可疑交易报告管理办法》(中国人民银行令〔2016〕3号令)的规定,从2017年7月1日起,对于下列常见的交易,金融机构应当及时向中国反洗钱监测分析中心报送大额交易和可疑交易报告,接受中国人民银行及其分支机构的监督、检查。

(1)当日单笔或者累计交易人民币5万元以上(含5万元)、外币等值1万美元以上(含1万美元)的现金缴存、现金支取、现金结售汇、现钞兑换、现金汇款、现金票据解付及其他形式的现金收支。

（2）自然人客户银行账户与其他的银行账户发生当日单笔或者累计交易人民币50万元以上（含50万元）、外币等值10万美元以上（含10万美元）的境内款项划转。

（3）自然人客户银行账户与其他的银行账户发生当日单笔或者累计交易人民币20万元以上（含20万元）、外币等值1万美元以上（含1万美元）的跨境款项划转。

将上述规定进行总结，对于个人账户当日单笔或累计发生下列任一情形，个人账户就很容易被监控：5万元以上的现金收支（提现或存现）、50万元以上的境内资金划转（境内转账）、20万元以上的跨境资金划转（跨境转账）。

按照《国家税务总局 中国银行保险监督管理委员会关于深化和规范"银税互动"工作的通知》（税总发〔2019〕113号）的规定，各省应结合本地实际情况，加快推进税务和银行之间"省对省"数据直连工作机制。税务总局不再扩大与银行总行数据直连试点范围。税务部门不再与第三方签订新的"银税互动"合作协议（单纯为税务部门提供平台开发和技术运维服务的协议除外），已经与第三方签订相关合作协议的，要尽快转换为与银行或银保监部门数据直连模式，积极稳妥地与当地银行或银保监部门做好转换期间的业务对接，确保正常业务不脱节、不中断。

可以想象的是，在"银税互动"越来越紧密的环境下，任何可疑的银行交易都可能存在会被及时共享到税务机关核实是否存在逃避税款的风险。

（二）刑事风险

按照《最高人民法院 最高人民检察院关于办理非法从事资金支付结算业务、非法买卖外汇刑事案件适用法律若干问题的解释》（法释〔2019〕1号）的规定，非法为他人提供单位银行结算账户套现或者单位银行结算账户转个人账户服务的；非法为他人提供支票套现服务的，均属于"非法从事资金支付结算业务"。

非法从事资金支付结算业务，非法经营数额在500万元以上或违法所得数额在10万元以上的，应当认定为非法经营行为"情节严重"。按照《刑法》的规定，对违法行为人可处5年以下有期徒刑或者拘役，并处或者单处违法所得1倍以上5倍以下罚金。

（三）涉税风险

将本属于公司的收入要求客户汇入个人账户，无法改变该款项属于公司收入的事实，一旦被税务稽查，公司仍然面临补缴税款、滞纳金甚至罚款的风险。

案例4：公司收入进入实际控制人和法定代表人个人账户。

2017年，北京市通州区国家税务局稽查局向北京创四方电子股份有限公司出具《税务行政处罚决定书》（通国税稽罚〔2017〕47号），主要内容如下。

通州国税稽查局对公司实际控制人、法定代表人李元兵在工商银行和兴业银行开立的个人账户进行检查，发现，以上两个账户均是用于收取客户汇入的购货款。

在2013—2015年，收取金额共计4 197 447.08元（不含税金额为3 587 561.61元），其中：1 368 229.53元已经在2013—2014年确认了收入纳税申报，剩余2 219 332.08元为2013年度应申报而未申报，应追缴增值税税款共计377 286.46元。公司2013年度应申报而未申报收入2 219 332.08元，确认成本1 813 269.08元，应调增当年应纳税所得额406 063元，应追缴2013年度企业所得税101 515.75元。

处罚决定：对公司少缴增值税377 286.46元、企业所得税101 515.75元分别处以0.5倍的罚款，金额合计239 401.11元。

案例5：公司收入进入股东、法定代表人以为的其他个人账户。

安徽省宣城市M工程机械有限公司将本应属于公司的部分销售收入打入法定代表人陆某的姐姐（不是M公司股东）个人账户，稽查人员检查中发现有24笔流水在交易备注上标注"沥青搅拌机""沥青拌合楼预付款"等，从交易对方账户信息来看，有个人账户，也有标注为"某沥青商砼公司""某路桥公司"等企业账户，这些疑似销售款的资金累计金额达1570万元之多。

安徽省宣城市税务机关经过深挖细查，确认M工程机械有限公司采用销售收入不入账等方式少计营业收入1887万元，共计少缴增值税320.8万元、企业所得税76.6万元，少缴各类地方税及附加32.8万元。针对企业违法行为，税务机关依法对其做出补缴税款、加收滞纳金314.8万元，并处罚款207.1万元的处理决定。

四、适合的策划安排

公是公、私是私，公私一定要分明。属于公司的资金，就不要直接往自己腰包里装。君子爱财，取之有道。守法经营，用法策划，才是企业安全运营的根本。

实务中，很多投资者设立公司后，股东往往都是义务劳动，公司根本不给股东发工资，需要钱就直接从公司拿或找发票报销。这种方式非常不可取。

股东参与公司经营，也是公司的员工，公司给股东个人发放工资，天经地义。股东个人的家属参与公司经营，同样也可以正常发放工资。

至于工资的金额定多少，国家没有任何禁止性规定，只要正常申报个税就是合理。在理论上讲，在公司所得税率25%，个人股东取得分红20%的情况下，只要个人从公司取得工资的综合税率不超过40%，就非常合适。

案例6：张某和妻子共同投资设立A公司，两人平时不从公司取得工资收入，只有在公司盈利的时候，才从公司取得分红收入。假设A公司当年实现利润200万元。A公司适用的企业所得税税率为25%，不考虑纳税调整，A公司及张某和妻子共同负担的税款如下。

A公司缴纳企业所得税=200×25%=50（万元）

张某和妻子取得分红缴纳个人所得税=（200-50）×20%=30（万元）

总纳税额=50+30=80（万元）

整体税负=80÷200=40%

如果张某和妻子每个月从公司领取工资收入，年度分别为100万元，除了基本扣除6万元之外，不考虑其他扣除事项。张某和妻子在当年也没有工资外的其他综合所得。

张某取得工资收入应纳个税=（1 000 000-60 000）×35%-85 920=243 080（元）

张某和妻子合计缴纳个税=243 080×2=486 160（元）

由于张某和妻子合计取得工资收入200万元，A公司当年盈亏平衡，无须缴纳企业所得税。

整体税负=486 160÷2 000 000=24.31%

张某和妻子通过正常、合法领取工资的形式获取资金，比分红模式下少缴纳313 840元的税款。

如果再考虑年终奖、张某和妻子的"三险一金"扣除、专项附加扣除等因素，整体税负还会更低。

第五节　个人从公司分红的涉税问题

个人投资于公司，取得分红的形式既包括现金股利、也包括非现金形式股利。针对不同类型的公司，在向个人支付股利时，涉税政策会有不同差异。

一、个人股东收到公司支付的现金分红

（一）个人取得上市公司支付的现金股利

1.个人持有上市公司流通股

按照《财政部 国家税务总局 证监会关于上市公司股息红利差别化个人所得税政策有关问题的通知》（财税〔2015〕101号）的规定，个人从公开发行和转让市场取得的上市公司股票，根据持股期限，税收政策有差异。

（1）持股期限超过1年的，股息红利所得暂免征收个人所得税。

（2）持股期限在1个月以上至1年（含1年）的，暂减按50%计入应纳税所得额，适用20%的税率计征个人所得税（也就是按10%的比率计算缴纳个人所得税）。

（3）持股期限在1个月以内（含1个月）的，其股息红利所得全额计入应纳税所得额，适用20%的税率计征个人所得税。

需要注意的是，这里的持股期限并非从购买日至派息日的期间，而是个人从公开发行和转让市场取得上市公司股票之日至转让交割该股票之日前一日的持有时间。

所以，上市公司派发股息红利时，对个人持股1年以内（含1年）的，上市公司暂不扣缴个人所得税；待个人转让股票时，证券登记结算公司根据其持股期限计算应纳税额，由证券公司等股份托管机构从个人资金账户中扣收并划付证券登记结算公司，证券登记结算公司应于次月5个工作日内划付上市公司，上市公司在收到税款当月的法定申报期内向主管税务机关申报缴纳。

2.个人持有上市公司限售股

按照《财政部 国家税务总局 证监会关于实施上市公司股息红利差别化个人所得税政策有关问题的通知》（财税〔2012〕85号）的规定，对个人持有的上市公司限售股，解禁后取得的股息红利，按照上述流通股利息的税收政策执行，持股时间自解禁日起计算；解禁前取得的股息红利继续暂减按50%计入应纳税所得

额，适用20%的税率计征个人所得税。

依据上述政策，对于个人持有上市公司限售股取得的分红，可以得出如下结论：

（1）限售股未解禁，个人需要缴纳10%的个人所得税。

（2）限售股已解禁，从解禁之日开始计算，时间超过1年的，免个人所得税；时间在1个月以上至1年（含1年）的，按10%计算缴纳个人所得税；时间在1个月以内（含1个月）的，按20%计算缴纳个人所得税。

（二）个人取得挂牌公司支付的现金股利

按照《财政部 税务总局 证监会关于继续实施全国中小企业股份转让系统挂牌公司股息红利差别化个人所得税政策的公告》（财政部 税务总局 证监会公告2019年第78号）的规定，对于个人持有挂牌公司的股票，无论是原始股还是非原始股，取得挂牌公司支付的股息时，一律执行如下纳税政策：

（1）个人持有挂牌公司的股票，持股期限超过1年的，对股息红利所得暂免征收个人所得税。

（2）个人持有挂牌公司的股票，持股期限在1个月以内（含1个月）的，其股息红利所得全额计入应纳税所得额。

（3）个人持有挂牌公司的股票，持股期限在1个月以上至1年（含1年）的，其股息红利所得暂减按50%计入应纳税所得额；上述所得统一适用20%的税率计征个人所得税。

这里的持股期限是指个人取得挂牌公司股票之日至转让交割该股票之日前一日的持有时间。

挂牌公司派发股息红利时，对截至股权登记日个人持股1年以内（含1年）且尚未转让的，挂牌公司暂不扣缴个人所得税；待个人转让股票时，证券登记结算公司根据其持股期限计算应纳税额，由证券公司等股票托管机构从个人资金账户中扣收并划付证券登记结算公司，证券登记结算公司应于次月5个工作日内划付挂牌公司，挂牌公司在收到税款当月的法定申报期内向主管税务机关申报缴纳，并应办理全员全额扣缴申报。

（三）个人取得非上市、非挂牌公司支付的现金股利

自然人持有公司股权，当公司有盈利直接向个人分红时，个人需要按照《个人所得税法》的规定缴纳20%的个人所得税，该税款由支付股息的公司履行代扣

代缴义务。

二、个人股东尚未收到公司的现金分红

实务中，当公司给个人的分红尚未直接现金支付，会有什么涉税风险呢？

常见的表现形式是，股东已经召开股东会，决定将公司的未分配利润对股东进行分配，并形成股东会决议。财务部门按照股东会决议进行如下会计处理：

借：未分配利润

贷：其他应付款——应付股利——股东

在即将向股东支付股利前，公司遭遇一些突发事件，急需资金。股东紧急决定暂停股利支付，待后续经营稳定后再根据情况确定于何时支付。

于是，应付股东的股利就这样一直处于挂账状态。

按照《个人所得税法实施条例》的规定，扣缴义务人向个人支付应税款项时，应当依照个人所得税法规定预扣或者代扣税款，按时缴库，并专项记载备查。

前款所称支付，包括现金支付、汇拨支付、转账支付和以有价证券、实物以及其他形式的支付。

在上述股利并未实际支付给股东个人的情况下，满足《个人所得税法实施条例》所规定的"支付"标准吗？如果不满足，公司就不需要为股东个人代扣代缴个人所得税。

按照《国家税务总局关于利息、股息、红利所得征税问题的通知》（国税函〔1997〕656号）的规定，扣缴义务人将属于纳税义务人应得的利息、股息、红利收入，通过扣缴义务人的往来会计科目分配到个人名下，收入所有人有权随时提取，在这种情况下，扣缴义务人将利息、股息、红利所得分配到个人名下时，即应认为所得的支付，应按税收法规规定及时代扣代缴个人应缴纳的个人所得税。

依据上述政策，即便公司并未向个人实际支付股息，但由于已经在会计科目中分配到个人名下，公司仍然要将股东个人的股息收入正常代扣代缴个人所得税。

三、外籍个人股东从境内公司取得的分红

当投资者是外籍人时，境内公司向该外籍人股东分配股息时，是否需要代扣代缴20%的个人所得税？

按照《财政部 国家税务总局关于个人所得税若干政策问题的通知》（财税字

〔1994〕20号）的规定，外籍个人从外商投资企业取得的股息、红利所得，暂免征收个人所得税。

在中国境内投资设立的外商投资企业在实务中的存在形式，包括外商独资企业、中外合作企业和中外合资企业。

依据上述政策，境内外商投资企业在向外籍个人股东分红时，无须代扣代缴个人所得税。该外籍个人是否需要在其所在国补缴个人所得税，取决于其所在国的税收政策，不在我们讨论的范围内。

然而，2013年国务院发布《国务院批转发展改革委等部门关于深化收入分配制度改革若干意见的通知》（国发〔2013〕6号），该文件规定，加强个人所得税调节。加快建立综合与分类相结合的个人所得税制度。完善高收入者个人所得税的征收、管理和处罚措施，将各项收入全部纳入征收范围，建立健全个人收入双向申报制度和全国统一的纳税人识别号制度，依法做到应收尽收。取消对外籍个人从外商投资企业取得的股息、红利所得免征个人所得税等税收优惠。

依据该政策，上述文件发布后，外籍个人再从境内外商投资企业取得股息、红利，就无法享受免征个人所得税的优惠。

但上述文件发布后，财政部和国家税务总局既没有出台相应的跟进文件，也没有出台要将《财政部 国家税务总局关于个人所得税若干政策问题的通知》（财税字〔1994〕20号）中该条款废止的文件。

不仅如此，2018年在国家修订《个人所得税法》后，财政部和国家税务总局发布《关于继续有效的个人所得税优惠政策目录的公告》（财政部 国家税务总局公告2018年第177号），明确说明《财政部 国家税务总局关于个人所得税若干政策问题的通知》（财税字〔1994〕20号）继续有效"。

因此，在实务工作中，对于具有外籍身份的高净值个人而言，如果要在中国境内投资设立公司，站在国内税法的角度考虑，该高净值个人以自然人名义投资是最合适的。

四、被投资公司直接将部分权益转增股本

实务中常见的表现形式是不给股东分红，但将公司的未分配利润、盈余公积、资本公积转增实收资本或股本，股东虽然没有拿到分红，但股东持有公司的

股权（份）数量和金额相应增加，间接达到了分红的效果。但这种操作模式，针对不同性质的公司转增，涉税风险也略有差异。

按照《国家税务总局关于股权奖励和转增股本个人所得税征管问题的公告》（国家税务总局公告2015年第80号）的规定，上市公司或在全国中小企业股份转让系统挂牌的企业转增股本（不含以股票发行溢价形成的资本公积转增股本），按现行有关股息红利差别化政策执行。

非上市及未在全国中小企业股份转让系统挂牌的中小高新技术企业以未分配利润、盈余公积、资本公积向个人股东转增股本，并符合财税〔2015〕116号文件有关规定的，纳税人可分期缴纳个人所得税；非上市及未在全国中小企业股份转让系统挂牌的其他企业转增股本，应及时代扣代缴个人所得税。

对于上述政策的理解，可归纳如下。

（一）上市公司将权益转增股本

上市公司将股票溢价发行形成的资本公积转增股本，按照《国家税务总局关于原城市信用社在转制为城市合作银行过程中个人股增值所得应纳个人所得税的批复》（国税函〔1998〕289号）的规定，股份制企业股票溢价发行收入所形成的资本公积金。将此转增股本由个人取得的数额，不作为应税所得征收个人所得税。

上市公司将未分配利润、盈余公积及其他资本公积转增股本，根据个人股东持有的股票类型（流通股或限售股）及持股时间，税收政策不同。具体参看本节第一部分第（一）项"个人取得上市公司支付的现金股利"。

（二）挂牌公司将权益转增股本

挂牌公司将股票溢价发行形成的资本公积转增股本，按照《国家税务总局关于原城市信用社在转制为城市合作银行过程中个人股增值所得应纳个人所得税的批复》（国税函〔1998〕289号）的规定，股份制企业股票溢价发行收入所形成的资本公积金。将此转增股本由个人取得的数额，不作为应税所得征收个人所得税。

挂牌公司将未分配利润、盈余公积及其他资本公积转增股本，根据个人股东持有的股票类型（流通股或限售股）及持股时间，税收政策不同。具体参看本节第一部分第（二）项"个人取得挂牌公司支付的现金股利"。

(三)非上市、非挂牌公司将权益转增股本

1. 正常情况下权益转账股本

从2016年1月1日开始,非上市、非挂牌公司将未分配利润、盈余公积、资本公积(包括各种情况形成的资本公积)向个人转增股本,如果该公司不满足中小高新技术企业的条件,个人股东需要缴纳20%的个人所得税,税款由该公司代扣代缴。

如果非上市、非挂牌公司将未分配利润、盈余公积、资本公积(包括各种情况形成的资本公积)向个人转增股本,如果该公司满足中小高新技术企业的条件,个人股东也需要缴纳20%的个人所得税,只不过可以分5年期限缴纳,税款由该公司代扣代缴。

什么样的企业符合中小高新技术企业的要求?

按照《财政部 国家税务总局关于将国家自主创新示范区有关税收试点政策推广到全国范围实施的通知》(财税〔2015〕116号)的规定,中小高新技术企业是指注册在中国境内实行查账征收的、经认定取得高新技术企业资格,且年销售额和资产总额均不超过2亿元、从业人数不超过500人的企业。

2. 特殊情况下权益转增股本

案例7:张某和李某共同投资设立A公司,注册资本100万元,张某和李某均在公司设立时完成实缴。经过几年的发展,A公司净资产达到500万元(实收资本100万元,未分配利润、盈余公积和资本公积合计400万元)。张某和李某将其持有A公司100%的股权以500万元的价格全部卖给王某和赵某,张某和李某对股权转让的增值部分正常缴纳了个人所得税。

A公司在工商和税务部分分别办理了股权变更手续。王某和赵某成为公司股东后,将A公司的未分配利润、盈余公积、资本公积400万元转增股本。

在这种情况下,王某和赵某是否需要针对该转增股本的400万元缴纳个人所得税?

按照《国家税务总局关于个人投资者收购企业股权后将原盈余积累转增股本个人所得税问题的公告》(国家税务总局公告2013年第23号)的规定,一名或多名个人投资者以股权收购方式取得被收购企业100%股权,股权收购前,被收购企业原账面金额中的"资本公积、盈余公积、未分配利润"等盈余积累未转增股本,而在股权交易时将其一并计入股权转让价格并履行了所得税纳税义务。股权

收购后，企业将原账面金额中的盈余积累向个人投资者转增股本，新股东以不低于净资产价格收购股权的，企业原盈余积累已全部计入股权交易价格，新股东取得盈余积累转增股本的部分，不征收个人所得税。

依据上述规定，由于原股东张某和李某已经对400万元增值部分缴纳了个人所得税，所以王某和赵某就不需要再对后续400万元转增股本的行为缴纳个人所得税。

上述案例中，如果王某和赵某分别是张某和李某的特定关系人，符合《股权转让所得个人所得税管理办法（试行）》（国家税务总局公告2014年第67号）所规定的可以低价转让股权的情形，张某和李某将其持有A公司100%的股权以300万元的价格（低于净资产500万元）卖给王某和赵某。张某和李某针对该增值部分计算缴纳了个人所得税。

王某和赵某成为公司股东后，将A公司的未分配利润、盈余公积、资本公积200万元转增股本。

在这种情况下，王某和赵某是否需要针对该转增股本的200万元缴纳个人所得税？

按照《国家税务总局关于个人投资者收购企业股权后将原盈余积累转增股本个人所得税问题的公告》（国家税务总局公告2013年第23号）的规定，新股东以低于净资产价格收购股权的，在企业原盈余积累中，对于股权收购价格减去原股本的差额部分已经计入股权交易价格，新股东取得盈余积累转增股本的部分，不征收个人所得税；对于股权收购价格低于原所有者权益的差额部分未计入股权交易价格，新股东取得盈余积累转增股本的部分，应按照"利息、股息、红利所得"项目征收个人所得税。

新股东以低于净资产价格收购企业股权后转增股本，应按照下列顺序进行，即：先转增应税的盈余积累部分，然后再转增免税的盈余积累部分。

依据上述政策，王某和赵某在将200万元的权益转增股本时，需要先转增尚未纳税的部分，也就意味着，王某和赵某需要对该转增股本的200万元按照20%计算缴纳个人所得税。

在这种情况下，王某和赵某将权益转增200万元股本和转增400万元股本，纳税额是完全一样的。

第六节　个人转让公司股权（票）的涉税问题

高净值个人成为公司的股东，其持有公司的权益表现形式既可能是股权（针对非上市、非挂牌公司），也可能是股票（针对上市公司和挂牌公司）。个人再转让股权或股票时，涉及的税收政策不尽相同。

一、个人转让上市公司股票

（一）个人转让流通股

1.流通股的范围

个人从公开发行和转让市场取得的上市公司股票通常被称为流通股，按照《财政部 国家税务总局 证监会关于实施上市公司股息红利差别化个人所得税政策有关问题的通知》（财税〔2012〕85号）的规定，该类股票的范围包括：

（1）通过证券交易所集中交易系统或大宗交易系统取得的股票；

（2）通过协议转让取得的股票；

（3）因司法扣划取得的股票；

（4）因依法继承或家庭财产分割取得的股票；

（5）通过收购取得的股票；

（6）权证行权取得的股票；

（7）使用可转换公司债券转换的股票；

（8）取得发行的股票、配股、股份股利及公积金转增股本；

（9）持有从代办股份转让系统转到主板市场（或中小板、创业板市场）的股票；

（10）上市公司合并，个人持有的被合并公司股票转换的合并后公司股票；

（11）上市公司分立，个人持有的被分立公司股票转换的分立后公司股票；

（12）其他从公开发行和转让市场取得的股票。

2.个人转让流通股的增值税问题

按照财税〔2016〕36号文附件3《营业税改征增值税试点过渡政策的规定》的规定，个人从事金融商品转让业务免征增值税。

按照《销售服务、无形资产、不动产注释》的规定，金融商品转让，是指转让外汇、有价证券、非货物期货和其他金融商品所有权的业务活动。

股票属于有价证券的一种表现形式。因此，对于个人通过证券市场买卖上市股票，可以享受免征增值税的优惠。

增值税免征，附加税费自动享受免税优惠。

3.个人转让流通股的所得税问题

按照《财政部 国家税务总局 证监会关于个人转让上市公司限售股所得征收个人所得税有关问题的通知》（财税〔2009〕167号，以下简称财税〔2019〕167号文）的规定，对个人在上海证券交易所、深圳证券交易所转让从上市公司公开发行和转让市场取得的上市公司股票所得，继续免征个人所得税。

依据上述政策，个人转让上市公司流通股，无论增值有多大，都无须缴纳个人所得税。

（二）个人转让限售股

1.限售股的范围

按照财税〔2009〕167号文的规定，限售股包括以下三种情形：

（1）上市公司股权分置改革完成后股票复牌日之前股东所持原非流通股股份，以及股票复牌日至解禁日期间由上述股份滋生的送、转股（以下统称股改限售股）；

（2）2006年股权分置改革新老划断后，首次公开发行股票并上市的公司形成的限售股，以及上市首日至解禁日期间由上述股份滋生的送、转股（以下统称新股限售股）；

（3）财政部、税务总局、法制办和证监会共同确定的其他限售股。

2.个人转让限售股的增值税问题

个人转让上市公司股票，无论是流通股还是限售股，都属于个人转让金融商品。和个人转让流通股免税一样，个人转让上市公司限售股，增值税同样免税。

3.个人转让限售股的所得税问题

按照财税〔2009〕167号文的规定，对个人转让限售股取得的所得，按照"财产转让所得"，适用20%的比例税率征收个人所得税。

如果个人同时持有限售股及该股流通股的，其股票转让所得，按照限售股优先原则，即转让股票视同为先转让限售股，按规定计算缴纳个人所得税。

二、个人转让挂牌公司股票

（一）个人转让非原始股

1. 非原始股的范围

按照《财政部 国家税务总局 中国证券监督管理委员会关于个人转让全国中小企业股份转让系统挂牌公司股票有关个人所得税政策的通知》（财税〔2018〕137号，以下简称财税〔2018〕137号文）的规定，非原始股是指个人在新三板挂牌公司挂牌后取得的股票，以及由上述股票滋生的送、转股。

2. 个人转让非原始股的增值税问题

个人转让挂牌公司的非原始股，也属于转让金融商品，同样可以享受增值税免税优惠。

3. 个人转让非原始股的所得税问题

按照财税〔2018〕137号文的规定，自2018年11月1日（含）起，对个人转让新三板挂牌公司非原始股取得的所得，暂免征收个人所得税。

如果个人在2018年11月1日前转让挂牌公司非原始股，已经缴纳了个人所得税，是否可以退还？如果还没有缴纳个人所得税，是否就无须缴纳？

对此，文件进一步规定，2018年11月1日之前，个人转让新三板挂牌公司非原始股，尚未进行税收处理的，无须征税，已经进行相关税收处理的，不再进行税收调整。

通俗地讲，之前已经交过的，就是做贡献了；之前没有交的，以后也不用交了。

（二）个人转让原始股

1. 原始股的范围

按照财税〔2018〕137号文的规定，原始股是指个人在新三板挂牌公司挂牌前取得的股票，以及在该公司挂牌前和挂牌后由上述股票滋生的送、转股。

2. 个人转让原始股的增值税问题

个人转让挂牌公司的原始股，也属于转让金融商品，同样可以享受增值税免税优惠。

3. 个人转让原始股的所得税问题

按照财税〔2018〕137号文的规定，对个人转让新三板挂牌公司原始股取得的所得，按照"财产转让所得"，适用20%的比例税率征收个人所得税。

在实务操作中，个人如何缴纳该税款呢？

2019年9月1日之前，个人转让新三板挂牌公司原始股的个人所得税，以股票受让方为扣缴义务人，由被投资企业所在地税务机关负责征收管理。

自2019年9月1日（含）起，个人转让新三板挂牌公司原始股的个人所得税，以股票托管的证券机构为扣缴义务人，由股票托管的证券机构所在地主管税务机关负责征收管理。

三、个人转让非上市、非挂牌公司股权

（一）个人转让认缴股权

对于个人转让非上市、非挂牌公司的股权，目前普遍适用的是《股权转让所得个人所得税管理办法（试行）》（国家税务总局公告2014年第67号，以下简称67号公告）。如果个人转让的是已经实际出资的股权（以下简称实缴股权），适用该政策没有任何问题。

但对于非上市、非挂牌公司而言，由于新公司法对公司注册资本的缴纳期限未做强制性规定，大量的投资者在设立公司时并不会把注册资本实缴，在这种情况下，个人转让认缴资本对应的股权（以下简称认缴股权），该如何适用税收政策呢？包括所得额如何计算，公允价值如何计量，目前尚无统一的政策予以规范。

案例8：A公司注册资本100万元，甲和乙两个自然人分别认缴60万元（已实缴45万）和40万元（已实缴25万元）。甲和乙拟将未实际出资的30万股以0元价格全部转让。股权转让上月A公司净资产140万元，A公司账面不存在土地使用权、房屋、房地产企业未销售房产、知识产权、探矿权、采矿权、股权等资产。

该案例所描述的情形，在实务中比较常见。这个案例涉及几个实务问题需要大家引起重视。

1.在实缴股权和认缴股权并存的情况下，优先转让哪项股权

如果转让方个人的股权都是实缴股权，或者都是认缴股权，不存在这个问题。在既存在实缴股权，又存在认缴股权的情况下，个人转让股权是否要优先转让实缴股权，然后才能转让认缴股权？

这个问题在国家税收法律、法规及规章中没有明确规定。

所以，实务中在发生类似转让时，一定要在股权转让合同中明确，转让的股权到底是实缴股权还是认缴股权，对应的股数是多少。

2.认缴股权的公允价如何确定

如果该0元转让价格低于公允价格，则税务机关会按照公允价格界定股权转让收入，并以此为基础计算缴纳个人所得税。

针对上述案例，甲和乙转让认缴股权的公允价格该如何界定？

观点1：公允价为60万元。

此观点认为，A公司净资产140万元，对应的股数为70万股，按照67号公告的规定，每股公允价是2元。将转让的股数30万股（无论是实缴还是认缴）与每股价格相乘，即可计算得出公允价格为60万元。

该观点的致命弱点就在于将实缴股权和认缴股权混为一谈，错误地将实缴股权的每股价格生搬硬套到认缴股权。按此观点，如果甲和乙转让全部100%股权，则公允价格就应该为200万元（100×2）。

而A公司的净资产总计才不过140万元。按照67号公告的原则，就A公司的实际情况，所有股东的全部股权公允价值最多也不可能超过140万元。

因此，观点1不可取。

观点2：公允价51万元。

该观点认为，如果要套用67号公告的精神，就需要把认缴的股数按1元价格先计入净资产额。这样A公司的净资产就是170万元，而不是140万元；对应的股数是100万股，而不是70万股。则：

转让30万认缴股权的公允价=30×（140+30）÷（70+30）=51（万元）

该观点看似合理，但也存在一个缺陷。就是认缴的股数为什么要按1元价格先计入净资产额，而不是其他价格。在理论上缺乏合理的解释。

3.实务中的认定方法

个人转让注册在北京的公司股权时，被投资方公司需要向主管税务机关提交一张《个人股东变动情况报告表》。该表附件说明如下：

被投资企业股东出资有待缴（注：认缴）部分且待缴部分参与利润分配的，转让方股东转让股权对应的净资产额=个人实缴出资额+（资本公积+盈余公积+

未分配利润）× 转让比例。

注：这里的个人实缴出资额应为个人转让的股权中，与实缴股权所对应的实际出资额。

按照上述原则，针对案例8中的情况，如果甲和乙转让认缴的股权参与利润分配，则甲和乙转让的认缴股权对应的净资产额（即公允价）为：

甲和乙转让认缴股权的公允价=0+（140–45–25）×30%=21（万元）。

如果甲和乙转让认缴的股权不参与利润分配，则甲和乙转让的认缴股权对应的净资产额（即公允价）为：

甲和乙转让认缴股权的公允价=0+0=0（元）。

上述只是北京市的要求，其他地区面对此种情况如何规定，还需要在办理时咨询当地税务机关。

（二）个人平价或低价转让实缴股权

1.个人不希望增值的股权转让

什么情况下个人在转让股权时不希望增值呢？实务中比较常见的情形包括以下几种情况：

（1）被代持人希望显名。在这种情况下，代持人需要将代持的股权变更到被代持人名下。通常会按0元或平价转让。

（2）公司实施股权激励，老股东要把激励部分的股权以较低的价格转让给被激励对象或持股平台。

（3）向朋友转让股权。自然人股东以较低的价格转让给自己的朋友。

（4）向亲属或特定关系人转让股权。自然人股东以较低的价格转让给自己的亲属或其他有抚养或赡养关系的人。

2.税务对平价或低价转让股权的要求

在上述情形中，股权转让的价格明显偏低，按照67号公告的规定，符合下列情形之一的，视为股权转让收入明显偏低，税务机关可以核定股权转让收入。

（1）申报的股权转让收入低于股权对应的净资产份额的。其中，被投资企业拥有土地使用权、房屋、房地产企业未销售房产、知识产权、探矿权、采矿权、股权等资产的，申报的股权转让收入低于股权对应的净资产公允价值份额的。

（2）申报的股权转让收入低于初始投资成本或低于取得该股权所支付的价款及相关税费的。

（3）申报的股权转让收入低于相同或类似条件下同一企业同一股东或其他股东股权转让收入的。

（4）申报的股权转让收入低于相同或类似条件下同类行业的企业股权转让收入的。

（5）不具合理性的无偿让渡股权或股份。

（6）主管税务机关认定的其他情形。

实务操作中，税务机关通常按照每股净资产或股权对应的净资产份额核定股权转让收入。当被投资企业的土地使用权、房屋、房地产企业未销售房产、知识产权、探矿权、采矿权、股权等资产占企业总资产比例超过20%的，主管税务机关可参照纳税人提供的具有法定资质的中介机构出具的资产评估报告核定股权转让收入。

同时，67号公告又列举了几种即便低价转让也不需要重新核定股权转让收入的情形，这些情形包括：

（1）能出具有效文件，证明被投资企业因国家政策调整，生产经营受到重大影响，导致低价转让股权；

（2）继承或将股权转让给其能提供具有法律效力身份关系证明的配偶、父母、子女、祖父母、外祖父母、孙子女、外孙子女、兄弟姐妹以及对转让人承担直接抚养或者赡养义务的抚养人或者赡养人；

（3）相关法律、政府文件或企业章程规定，并有相关资料充分证明转让价格合理且真实的本企业员工持有的不能对外转让股权的内部转让；

（4）股权转让双方能够提供有效证据证明其合理性的其他合理情形。

3.不属于低价转让的法定情形，但也不希望溢价转让

在上述列举的个人股东希望低价转让的几种情形中，除向符合条件的亲属、有抚养或赡养关系的人进行转让能被认可外，在被投资单位净资产大于实收资本的情况下，其他情形的平价或低价转让都会被税务机关进行调整。

如果按照上述办法核定，意味着转让方需要缴纳较多的税款。在这种情况下，转让方该如何操作才能规避涉税风险呢？

可行的方法有以下几种：

（1）被投资公司增资。

案例9：A有限责任公司注册资本90万元，工商资料显示张某是唯一股东，且其注册资本均已经全部实缴。实际情况是，张某持有A公司的股权中，其中10%属于代李某持有，李某希望显名。张某拟将其代李某持有的10%股权转让给李某。A公司目前净资产990万元。A公司账面不存在土地使用权、房屋、房地产企业未销售房产、知识产权、探矿权、采矿权、股权等资产。

如果直接转让，张某需要缴纳较多的个人所得税。计算方法如下（不考虑转让过程中的印花税及其他费用）：

张某转让股权应缴纳个人所得税=（990-90）×10%×20%=18（万元）

如果张某不希望缴纳该税款，又要达到李某显名的目的，该如何操作呢？

可以考虑的实施方案如下：

第一步，A公司增资，注册资本从90万元增加至100万元，新增加的10万元由李某认缴；

第二步，张某将原来代李某入资的9万元（90×10%）资金还给李某，李某再拿出1万元，共计10万元实缴到A公司。

通过上述操作，李某成为A公司股东，持有A公司10%股权，达到了显名的目的。张某也未发生股权转让，无须缴纳个人所得税。

（2）转让少量股权，增加分红比例和表决权比例。

案例10：A有限责任公司注册资本90万元，工商资料显示公司股东是张某（持股60%）和王某（持股40%），且注册资本已经全部实缴。实际情况是，张某持有A公司的股权中，其中10%属于代李某持有，李某希望显名。张某拟将其代李某持有的10%股权转让给李某。A公司目前净资产990万元。

如果仍然通过上述增资至100万元来实现，增资完成后各股东持股比例如下：

张某持股比例=（90×60%-10）÷100=44%

王某持股比例=90×40%÷100=36%

李某持股比例=10÷100=10%

增资完成后，张某和王某的持股比例同时下降。

实际上，在征求王某意见时，王某就明确表示，不反对李某显名，但自己的持股比例不能增加，且自己不参与A公司的增资和减资。

在这种情况下，通过增资和减资无法实施。但李某要求显名的结果不能改变，该如何操作呢？只能寻求其他的替代路径。

张某和李某需要事先沟通确定，在李某显名后，在持股比例、分红比例、表决权比例和剩余财产分配比例中，李某更看重哪个比例？

通常情况下，在公司持续经营的前提下，股东更看重的是分红比例和表决权比例。

按照《公司法》的规定，有限责任公司股东按照实缴的出资比例分取红利。但是，全体股东约定不按照出资比例分取红利或者不按照出资比例优先认缴出资的除外。

股东会会议由股东按照出资比例行使表决权；但是，公司章程另有规定的除外。

依据上述规定，对于有限责任公司而言，持股比例和分红比例、表决权比例不一致。

基于上述规定，张某可以转让1%的股权给李某，同时修改公司章程。章程约定，李某虽然持有A公司1%的股权，但可按10%的比例参与分红，按10%的比例参与公司重大事项表决。张某的持股比例减少了1%，但分红比例减少10%，表决权比例也减少10%。

按照此方案操作，张某转让1%的股权需要缴纳的个人所得税如下：

张某需要缴纳的个人所得税=（990-90）×1%×20%=1.8（万元）

该方案比直接转让10%的股权少缴纳16.2万元（18-1.8）。

（三）个人溢价转让实缴股权

实务中，更多的情况是个人溢价转让股权。

案例11：A公司注册资本100万元，张某持有A公司40%股权（初始投资成本40万元），李某持有A公司60%股权（初始投资成本60万元）。目前净资产1000万元。A公司账面不存在土地使用权、房屋、房地产企业未销售房产、知识产权、探矿权、采矿权、股权等资产。

B公司经过深入了解，认为A公司对自己的未来发展可以提供很大帮助。经过多轮谈判，B公司和张某、李某达成协议，B公司出资5000万元收购张某和李某持有A公司全部股权。

在直接交易的模式下,张某和李某需要缴纳较多的个人所得税。计算方法如下:

张某和李某正常转让缴纳个人所得税=(5000-100)×20%=980(万元)

缴纳如此高的税款,张某和李某自然希望能通过合理的方式进行策划,以达到合理纳税的目的。

目前常见的策划方案是:

第一步,由张某和李某在税收洼地设立合伙企业C。股权转让不属于增值税的征税范围,无须缴纳增值税。该交易只需要缴纳个人所得税和印花税。按照《关于个人独资企业和合伙企业投资者征收个人所得税的法规》(财税〔2000〕91号)的规定,对合伙企业投资者的个人所得税可以核定征收。在税收洼地核定后,个人所得税率通常不会超过3.5%。再加上整个交易过程中的其他税费,综合税费负担一般不超过7%。

第二步,张某和李某将99%的股权按照净资产价格转让给合伙企业C。不考虑转让过程的印花税。

张某和李某需要缴纳的个人所得税=(1000-100)×99%×20%=178.2(万元)

第三步,张某、李某、合伙企业C将持有A公司100%的股权以5000万元的价格全部转让给B公司,按综合税负7%测算:

张某和李某需要对合伙企业B转让股权缴纳的税款=5000×99%×7%+(5000×1%-100×1)×20%=346.5-10=336.5(万元)

第四步,转让完成后,合伙企业C注销,张某和李某获取自己的股权转让款。

上述交易税费合计=336.5+178.2=514.7(万元)

该模式比直接股权转让节省税额=980-534.5=445.5(万元)

小提示:按照67号公告的规定,6个月内再次发生股权转让且被投资企业净资产未发生重大变化的,主管税务机关可参照上一次股权转让时被投资企业的资产评估报告核定此次股权转让收入。

按照上述操作模式,第二次转让收入价格明显高于第一次转让价格,原则上不属于上述规定规范的范围。但从谨慎的角度考虑,实务操作时建议第二步和第三步的间隔最好控制在6个月以上。

第二十五章 融资涉税问题

对于高净值个人而言，当出现资金短缺需要融资时，常见的融资包括从银行贷款、从所投资的公司借款、从其他个人或机构借款。

个人从银行贷款属于常规业务，不在我们讨论的范围内。本章我们重点讨论个人从所投资的公司借款的涉税问题。

第一节 个人从所投资公司借款的涉税问题

一、个人从所投资公司无偿借款

基于"公司是自己的就可以任性而为"的朴素理念，投资者个人从公司借款，往往是不给公司支付利息的。而作为被投资公司，由于有资金的流出，必然会将该笔资金进行挂账，计入"其他应收款"。

如果投资者个人迟迟不予还款，则该笔挂账就会长期存在。长期挂账的自然人股东借款涉税风险表现在以下几个方面：

（一）投资者的个人所得税风险

按照《财政部 国家税务总局关于规范个人投资者个人所得税征收管理的通知》（财税〔2003〕158号）的规定，纳税年度内个人投资者从其投资的企业（个人独资企业、合伙企业除外）借款，在该纳税年度终了后既不归还，又未用于企业生产经营的，其未归还的借款可视为企业对个人投资者的红利分配，依照"利息、股息、红利所得"项目计征个人所得税。

其他应收款长期挂在投资者个人名下，就相当于投资者个人从被投资公司借款，在借款当年既没有归还，也没有用于公司的生产经营的，按照上述政策的规定，投资者个人需要按照"利息、股息、红利所得"项目缴纳20%的个人所得税。

按照《税收征收管理法》(中华人民共和国主席令第49号)的规定,纳税人未按照规定期限缴纳税款的,扣缴义务人未按照规定期限解缴税款的,税务机关除责令限期缴纳外,从滞纳税款之日起,按日加收滞纳税款万分之五的滞纳金。

因此,对于投资者个人而言,被投资公司在其他应收款会计科目上长期挂账在投资者名下,一旦被税务稽查,投资者不仅仅要缴足个人所得税,而且还要按照规定按日加收滞纳税款万分之五的滞纳金。

(二)被投资公司的增值税和企业所得税风险

投资者个人从被投资公司将资金借出,实质上相当于被投资公司将资金无偿提供给投资者个人使用。按照财税〔2016〕36号文附件1《营业税改征增值税试点实施办法》的规定,单位向个人无偿提供服务,视同销售,但用于公益事业或者以社会公众为对象的除外。

被投资公司将资金借给投资者个人使用,显然不是用于公益事业或以社会公众为对象,应视同销售计算缴纳增值税。

小提示:按照《财政部 税务总局关于明确养老机构免征增值税等政策的通知》(财税〔2019〕20号)规定:自2019年2月1日至2020年12月31日,对企业集团内单位(含企业集团)之间的资金无偿借贷行为,免征增值税。

对该政策的适用,实务中需要注意只有满足企业集团条件的单位之间才可以在上述特定期间享受免增值税优惠。被投资公司将资金无偿借给投资者个人,即便在上述特定期间,也不适用增值税免税优惠。

按照《企业所得税法》(中华人民共和国主席令第63号)第四十一条第一款规定:企业与其关联方之间的业务往来,不符合独立交易原则而减少企业或者其关联方应纳税收入或者所得额的,税务机关有权按照合理方法调整。

依据该条规定,被投资公司将资金无偿借给投资者个人,该交易属于不符合独立交易原则的关联交易,税务机关有权按照合理方法调整。也就是说,被投资公司需要就该行为应产生的利息收入计算缴纳企业所得税。

无论是增值税还是企业所得税,被投资公司未按时足额缴纳,按照《税收征收管理法》(中华人民共和国主席令第49号)的规定,纳税人未按照规定期限缴纳税款的,扣缴义务人未按照规定期限解缴税款的,税务机关除责令限期缴纳外,从滞纳税款之日起,按日加收滞纳税款万分之五的滞纳金。

二、个人从所投资公司有偿借款

如果个人从所投资的公司有偿借款,按期支付利息。对于个人而言,向公司还款时就不只是本金,还包括相应的利息。

对于公司而言,由于提供了贷款服务,需要对收到的利息计算缴纳增值税和企业所得税。

在这种情况下,如果个人向公司的借款合同中约定的利率越高,个人需要支付的利息越多,公司需要缴纳的税款就越多。最终还是使投资者个人的利益受到损害。

如果个人向所投资的公司借款合同中约定的利率越低,个人需要支付的利息越少,公司需要缴纳的税款就越少。投资者个人的利益就能得到更多的保障。

但由于公司和个人是关联方,按照《中华人民共和国增值税暂行条例》的规定,纳税人发生(增值税)应税销售行为的价格明显偏低并无正当理由的,由主管税务机关核定其销售额;按照《企业所得税法实施条例》的规定,企业与其关联方之间的业务往来,不符合独立交易原则,或者企业实施其他不具有合理商业目的安排的,税务机关有权在该业务发生的纳税年度起10年内,进行纳税调整。所以,个人和所投资的公司之间签订借款协议,利率也不可能太低。

高了对自己合适,低了对国家不合适,如何把握不高不低的度呢?

最简单的方式,就是按照人民银行公布的相应借款期限的贷款利率确定自己和公司之间的借款利率水平,完全符合政策的要求。

第二节 个人向其他个人或机构借款的法律风险

个人向其他个人或机构进行借款,借贷双方没有关联关系,不存在由于关联交易导致价格被调整的问题。也就是说,个人向其他个人或机构进行借款,无论利率约定多少(只要不是0元),就都属于公允价格。

因此,在个人向其他个人或机构进行借款的情况下,我们需要更多关注的是约定利率的合法性问题。

一、借贷合同的有效性问题

个人向其他个人或机构进行借款，在什么情况下会导致该借款合同无效呢？

按照《最高人民法院关于审理民间借贷案件适用法律若干问题规定》（法释〔2015〕18号）的规定，具有下列情形之一，人民法院应当认定民间借贷合同无效：

（1）套取金融机构信贷资金又高利转贷给借款人，且借款人事先知道或者应当知道的；

（2）以向其他企业借贷或者向本单位职工集资取得的资金又转贷给借款人牟利，且借款人事先知道或者应当知道的；

（3）出借人事先知道或者应当知道借款人借款用于违法犯罪活动仍然提供借款的；

（4）违背社会公序良俗的；

（5）其他违反法律、行政法规效力性、强制性规定的。

只要借款合同不属于上述情形，高净值个人发生借款，就应该遵守合同约定按时支付本息。

二、民间借贷利率的政策要求

既然个人向其他个人或机构进行借款，借贷双方没有关联关系，在借款人处于特定条件下不得不签订高利率借款，这种高利率可以随便约定吗？

按照《最高人民法院关于审理民间借贷案件适用法律若干问题规定》（法释〔2015〕18号）的规定，借贷双方约定的利率未超过年利率24%，出借人请求借款人按照约定的利率支付利息的，人民法院应予支持。

借贷双方约定的利率超过年利率36%，超过部分的利息约定无效。借款人请求出借人返还已支付的超过年利率36%部分的利息的，人民法院应予支持。

基于上述规定，即便在特定条件下，借款人签订了高利贷，当利率超过36%，借款人也无须过度担心，因为超出的部分是不被法律认可的。

三、特定利率区间的法律问题

按照上述约定，在借款合同有效的前提下，当借款利率在24%以内时，法律保护的是出借人按合同正常收取利息的权益；当借款利率超过36%时，法律保护的是借款人无须对超额利息进行支付的权益。

实务中,当借贷双方约定的利率在24%~36%,且借贷双方发生纠纷时,法律会保护谁的权益呢?

从上述政策的规定可以看出,只有在借贷双方约定的利率未超过年利率24%,出借人请求借款人按照约定的利率支付利息时,人民法院才予以支持。这也就意味着,当借款利率超过24%,如果借款人仅支付了24%以内的利息,对超过24%的部分未支付利息时,如果出借人要求对超过24%的部分收取利息时,人民法院是不予支持的。

同时,我们也要注意,只有在借款人请求出借人返还已支付的超过年利率36%部分的利息时,人民法院才予以支持。这也就意味着,当借款人对超过24%但未超过36%的利率支付了利息,如果要求出借人返还超过24%部分的利息时,人民法院同样不予支持。

因此,对于高净值个人而言,一旦发生此类借款行为,签订了借款合同后,一定要熟知相关政策或寻求专业人士的帮助,确保自身的合法权益不受侵害。

第二十六章 综合所得涉税问题

对于高净值个人而言,有的人的收入主要来源于综合所得(工资、劳务、稿酬和特许权使用费),有的人的收入主要来源于其他所得,如股息、利息所得、财产转让所得、财产租赁所得或经营所得。

如果收入主要来源于综合所得,本节内容将会是需要重点关注的内容;如果收入主要来源于股息所得或股权转让所得,其所投资的公司给员工发放工资同样面临综合所得涉税的问题,仍然要予以重点关注。

第一节 个人专项附加扣除的实务问题

按照新版个人所得税法的要求,从2019年1月1日起,个人在取得工资收入时,除继续延续每月5000元的基本扣除费用、个人负担的"三险一金"、符合条件的由个人负担的补充养老、商业健康险和递延型商业保险外，还新增了子女教育、继续教育、住房贷款利息、住房租金、大病医疗、赡养老人六项专项附加扣除可以在各月工资中正常扣除。

对于六项专项附加扣除，在实务操作中的诸多细节问题需要引起足够重视。

一、子女教育

《个人所得税专项附加扣除暂行办法》（国发〔2018〕41号，以下简称41号文）第五条规定：纳税人的子女接受全日制学历教育的相关支出，按照每个子女每月1000元的标准定额扣除。

（一）子女的界定

41号文规定，子女，是指婚生子女、非婚生子女、继子女、养子女。

文件并未将超生子女排除在外。因此，对于超生子女，只要正常接受全日制学历教育，纳税人就可享受附加扣除。

（二）教育的界定

1.国内教育

41号文规定：学历教育包括义务教育（小学、初中教育）、高中阶段教育（普通高中、中等职业、技工教育）、高等教育（大学专科、大学本科、硕士研究生、博士研究生教育）。

年满3岁至小学入学前处于学前教育阶段的子女，按上述规定执行。

《个人所得税专项附加扣除操作办法（试行）》（国家税务总局公告2018年第60号，以下简称60号公告）规定：学前教育阶段，为子女年满3周岁当月至小学入学前一月。学历教育，为子女接受全日制学历教育入学的当月至全日制学历教育结束的当月。

这里需要注意的是，年满3周岁的幼儿，无论是否进入幼儿园，也无论是否进入公立幼儿园，在子女满3周岁的当月，父母就可以按照每个子女每月1000元的标准从个税前列支。

按照41号文规定，对于子女的全日制教育信息，税务部门和教育部门核实时，教育部门需提供学生的学籍信息（包括学历继续教育学生学籍、考籍信息）。

因此，如果子女在私立学校就读（如私塾、打工学校等），该类学校的学生信息如果未在教育部门备案,则纳税人无法享受子女教育附加扣除。

2.境外教育

41号文规定:纳税人子女在中国境外接受教育的,纳税人应当留存境外学校录取通知书、留学签证等相关教育的证明资料备查。

对于女子在境外接受教育的,税务部门和教育部门核实时,教育部门需提供境外教育机构在相关部门备案的资质信息。

因此,如果境外教育机构未在有关部门备案的,即便有境外学校录取通知书、留学签证等相关教育的证明资料,纳税人也无法享受子女教育附加扣除。

(三)教育暂时"中止"

60号公告规定,学历教育包含因病或其他非主观原因休学但学籍继续保留的休学期间,以及施教机构按规定组织实施的寒暑假等假期。

因此,对于子女在就学期间参军、中途辍学或被开除,只要学籍信息持续保留,就不影响纳税人持续享受子女教育附加扣除。

二、继续教育

41号文第八条规定:纳税人在中国境内接受学历(学位)继续教育的支出,在学历(学位)教育期间按照每月400元定额扣除。同一学历(学位)继续教育的扣除期限不能超过48个月。纳税人接受技能人员职业资格继续教育、专业技术人员职业资格继续教育的支出,在取得相关证书的当年,按照3600元定额扣除。

(一)继续教育的界定

60号公告规定,学历(学位)继续教育是指在中国境内接受学历(学位)继续教育入学的当月至学历(学位)继续教育结束的当月。

在实务中,该种教育的形式既可以是脱产,也可以是非脱产,无论是自考、函授、电大还是党校等,只要取得的学历被教育部门认可,均属于继续教育。

(二)继续教育的扣除

60号公告规定,同一学历(学位)继续教育的扣除期限最长不得超过48个月。

41号文规定,个人接受本科及以下学历(学位)继续教育,符合本办法规定扣除条件的,可以选择由其父母扣除,也可以选择由本人扣除。

因此,在实务中,需要注意:

（1）同一学历（学位）继续教育，扣除期限最多48个月。48个月内未考试通过，不得再进行扣除；如果48个月后更换专业，但仍然是相同学历（学位）的，也不能再进行扣除。

（2）个人接受本科及以下学历（学位）继续教育，如果选择由父母扣除，同样是每月400元，不能按"子女教育附加扣除"的标准（每月1000元）扣除。

（3）个人接受研究生及以上学历（学位）继续教育，只能由本人扣除，而不能选择由父母其中一方或双方扣除。

（三）资格教育的界定

41号文规定，税务部门核实资格教育信息时，人力资源和社会保障等部门需提供有关技工院校学生学籍信息、技能人员职业资格继续教育信息、专业技术人员职业资格继续教育信息。

税务部门认可的资格教育信息可查看人力资源和社会保障部发布的《2018年国家职业资格目录》。

（四）资格教育的扣除

纳税人接受技能人员职业资格继续教育、专业技术人员职业资格继续教育的支出，在取得相关证书的当年，按照3600元定额扣除。

在扣除时，并未强调资格的数量。也就是说，无论当年拿到了多少个资格证，都是3600元定额扣除。因此，对于"学霸"而言，考试还是悠着点儿，不要一年考那么多证，每年考一个，才可以年年享受3600元定额扣除。

三、大病医疗

41号文第十一条规定：在一个纳税年度内，纳税人发生的与基本医保相关的医药费用支出，扣除医保报销后个人负担（指医保目录范围内的自付部分）累计超过15 000元的部分，由纳税人在办理年度汇算清缴时，在80 000元限额内据实扣除。

（一）医疗支出范围

按上述规定，医疗支出仅限于在医保范围内且自付的部分。按照60号公告的规定，大病医疗为医疗保障信息系统记录的医药费用实际支出的当年。

因此，在实务中，下列医疗支出不能累加：

（1）完全自费的支出；

（2）属于医保目录范围内的医药费，但未在正规医院就诊（如未纳入医保定点的私立医院或诊所）或自己到药店买药，导致该支出未在当年医疗保障信息系统中记录。

（二）医疗支出的扣除

41号文规定：纳税人发生的医药费用支出可以选择由本人或者其配偶扣除；未成年子女发生的医药费用支出可以选择由其父母一方扣除。
纳税人及其配偶、未成年子女发生的医药费用支出，按本办法第十一条的规定分别计算扣除额。

因此，在实务中，医疗支出扣除时需要注意：

（1）如果医疗支出达到扣除标准，既可以自己扣除，也可以由配偶扣除；

（2）子女发生的医疗支出达到扣除标准，若子女未成年，可由父母一方扣除；若子女已成年，只能自己扣除或由自己的配偶扣除；

（3）自己、配偶、未成年子女当年的每个人未超过1.5万元的医疗支出不能合并计算。如A家庭和B家庭均为三口之家，孩子均未成年。

A家庭一家三口在2019年符合要求的自费医疗支出各1.5万元，家庭自费医疗支出共计4.5万元，则A家庭当年的医疗支出无法税前列支。

B家庭只有孩子在2019年发生符合要求的自费医疗支出4.5万元，全年家庭共计也是4.5万元，但B家庭当年的医疗支出就可以有3万元允许税前列支，可由孩子父母任一方扣除。

需要注意的是，当个人在年度内符合条件的医疗支出超过1.5万元后，实务中就存在可以累加的可能。

如C家庭一家三口在2019年符合要求的自费医疗支出均为5万元，家庭自费医疗支出共计15万元。该家庭选择医疗支出均由孩子的父亲扣除，这种情况下，孩子父亲在计算2019年度综合所得个人所得税时，允许扣除的医疗支出就是10.5万元（3.5×3）。

四、住房贷款利息

41号文第十四条第一款规定：纳税人本人或者配偶单独或者共同使用商业银

行或者住房公积金个人住房贷款为本人或者其配偶购买中国境内住房，发生的首套住房贷款利息支出，在实际发生贷款利息的年度，按照每月1000元的标准定额扣除，扣除期限最长不超过240个月。纳税人只能享受一次首套住房贷款的利息扣除。

（一）购房对象

仅限给自己或配偶购买住房。纳税人为自己的父母、岳父母、公婆、爷爷奶奶、姥姥姥爷、兄弟姐妹等亲属购买住房，即便是首套住房，该住房贷款利息也不得扣除。

（二）房子类型

仅限境内住房（无论房子有多大）。若购买的是境外住房或境内外商铺，则该贷款利息不得扣除。

（三）首套房的界定

41号文规定，首套住房贷款是指购买住房享受首套住房贷款利率的住房贷款。

因此，首套住房贷款并非一定是第一次购买住房发生的贷款，无论手中已经持有多少套房产，只要在后续买房时享受了首套住房贷款利率，该贷款利息就符合条件。

（四）扣除期限

按照60号公告的规定，住房贷款利息扣除期限为贷款合同约定开始还款的当月至贷款全部归还或贷款合同终止的当月，扣除期限最长不得超过240个月。

因此，在实务中，需要注意以下两点：

（1）若提前将贷款在20年之内还清，则扣除截止到贷款合同终止当月；

（2）若贷款期限超过20年，则在20年之内可以按每月1000元税前扣除（无论每月偿还银行的利息是否超过1000元，均按每月1000元税前扣除），超过20年的年限内则不能享受贷款利息税前扣除。

（五）扣除次数

按照41号文规定，纳税人只能享受一次首套住房贷款的利息扣除。

如果纳税人购买了一套住房后在5年之内还清，后来再次购房签订贷款合同时享受了首套住房贷款利率优惠,则其第二次购房的利息支出,不得享受住房贷款利息税前扣除的政策。

（六）婚前购房

41号文规定,夫妻双方婚前分别购买住房发生的首套住房贷款,其贷款利息支出,婚后可以选择其中一套购买的住房,由购买方按扣除标准的100%扣除,也可以由夫妻双方对各自购买的住房分别按扣除标准的50%扣除,具体扣除方式在一个纳税年度内不能变更。

在实务中,需注意以下两个问题：

（1）婚前分别购买住房发生的首套住房贷款,可以各自分别扣除；但婚后只能选择其中一套房子的贷款利息由购买方按扣除标准100%扣除或夫妻双方各自按扣除标准50%扣除。

（2）婚前共同购买住房发生的首套房贷款,是否可以认定为各自为自己购买住房分别在税前扣除呢？政策没有明确规定。

五、住房租金

41号文第十七条第一款规定：纳税人在主要工作城市没有自有住房而发生的住房租金支出,可以按照以下标准定额扣除：

（1）直辖市、省会（首府）城市、计划单列市以及国务院确定的其他城市,扣除标准为每月1500元。

（2）除第一项所列城市以外,市辖区户籍人口超过100万的城市,扣除标准为每月1100元；市辖区户籍人口不超过100万的城市,扣除标准为每月800元。

在实务操作时,需要注意以下问题：

（一）自有住房的界定

纳税人在主要工作城市没有自有住房,但配偶在该城市有自有住房,按41号文的规定,视同纳税人在主要工作城市有自有住房。

（二）谁来扣除

夫妻双方主要工作城市相同的,只能由一方扣除住房租金支出,且只能由签订租赁住房合同的承租人扣除（不能协商由哪一方扣除）。

夫妻双方主要工作城市不相同的,且在各自主要工作城市均无住房的,各自发生的租金均可按规定标准税前扣除。

（三）租谁的房子

在实务中，正常租赁房屋享受税前扣除，通常不会有大碍。如果个人工作后租赁父母的房屋，并按照市场交易的模式和父母签订租赁协议并按时支付租金，是否也可以享受住房租金税前列支的政策呢？

现有的政策文件中并没有规定个人不能租赁父母的房子。因此，实务中有类似实例发生，不影响纳税人正常税前列支。

（四）在哪里租房

通常情况下，为了便于上下班工作的需要，个人都会在工作所在地城市租赁房屋。但对于北上广深这样的一线城市，由于住房租金偏高，在交通条件允许的情况下，个人往往会在一线城市相邻的其他城市租房。

如纳税人在北京工作，在河北燕郊租房，纳税人在税前列支租金支出是按照北京的标准还是按照河北燕郊的标准扣除呢？如果按照北京的标准，意味着纳税人可税前扣除1500元，如果按照河北燕郊的标准，可能每月只能税前扣除1100元。

按照41号文的规定，纳税人在主要工作城市没有自有住房而"发生的住房租金支出"，这里的租金支出并未要求必须是在主要工作城市租赁住房发生的。因此，在类似上述情况下，税前列支时，应按工作地的扣除标准列支，而不是按房屋所在地的标准列支。

（五）扣除期限

按照60号公告的规定，租金支出为租赁合同（协议）约定的房屋租赁期开始的当月至租赁期结束的当月。提前终止合同（协议）的，以实际租赁期限为准。

（六）租金和房贷利息并存

按照41号文的规定，纳税人及其配偶在一个纳税年度内不能同时分别享受住房贷款利息和住房租金专项附加扣除。

六、赡养老人

41号文第二十二条规定：纳税人赡养一位及以上被赡养人的赡养支出，统一按照以下标准定额扣除：

（1）纳税人为独生子女的，按照每月2000元的标准定额扣除。

（2）纳税人为非独生子女的，由其与兄弟姐妹分摊每月2000元的扣除额度，每人分摊的额度不能超过每月1000元。可以由赡养人均摊或者约定分摊，也可以由被赡养人指定分摊。约定或者指定分摊的须签订书面分摊协议，指定分摊优先于约定分摊。具体分摊方式和额度在一个纳税年度内不能变更。

在实务操作中需注意以下问题：

（1）非独生子女有未成年的弟弟或妹妹。

政策没有对未成年弟弟、妹妹参与分摊进行排除，因此，只要父母一方年满60岁，纳税人即便有未成年的弟弟或妹妹，也需要参与到2000元扣除的分摊。

（2）失独父母。

计划生育执行这么多年，存在一个特殊的群体——失独家庭。对于失独家庭夫妻二人满60岁时，没有子女进行赡养。在未来退休年龄会逐步延长的情况下，年满60岁仍需继续工作，是否可以允许他们自我赡养，即从个人工资中每月扣除1000元或2000元？政策没有这方面的规定。

（3）扣除期限。

按照60号公告的规定，赡养老人的扣除期限为被赡养人年满60周岁的当月至赡养义务终止的年末。

第二节 个人取得各项补贴的涉税问题

对于部分高净值个人而言，除了日常领取工资外，还会取得公司支付的各项福利补贴。这些福利补贴，有现金形式的，也有非现金形式的。拿到工资正常纳税，不存在任何问题。取得各项补贴福利，还需要交税吗？

一、个人取得的福利费到底是否免税

（一）免税福利费

个人取得公司支付的福利，包括现金福利和实物福利，个人到底交不交个人所得税呢？有人说，当然不交了！

因为《个人所得税法》第四条第一款第（四）项规定，福利费免征个人所得税。

法律都规定不需要交了，难道还能有假？单看此条，的确如此，还真的不用交个人所得税。太好了。

真的这么好吗？这里面讲到的福利费免征个人所得税，是全部福利费，还是个别福利费呢？在该法中没有进一步的解释。但是《个人所得税法实施条例》有进一步说明。

按照《个人所得税法实施条例》的规定，免征个人所得税的福利费，是指根据国家有关规定，从企业、事业单位、国家机关、社会组织提留的福利费或者工会经费中支付给个人的生活补助费。

看到了吧，不是所有的福利费都可以免征个人所得税，只有生活补助费才能免。

那问题又来了，如果公司考虑现在物价上涨，为了减轻员工的生活压力，最大限度降低员工的个税负担，除每月给员工发放工资外，再发一部分生活补助，该生活补助是否可以不用交个人所得税呢？

当然不是了。《个人所得税法实施条例》中提到了给个人的生活补助费，但没有限定员工的范围，是个别员工还是全体员工？如果是全体员工，那大家都会在拿很少工资的同时再获取更高金额的生活补助，岂不是都不用交个人所得税了。显然不可能如此。那么如果不是全体员工，应该是谁呢？

按照《国家税务总局关于生活补助费范围确定问题的通知》（国税发〔1998〕155号，以下简称国税发〔1998〕155号文）的规定，生活补助费，是指由于某些特定事件或原因而给纳税人本人或其家庭的正常生活造成一定困难，其任职单位按国家规定从提留的福利费或者工会经费中向其支付的临时性生活困难补助。

根据上面的文件可知，只有发生特殊困难的极个别人员才可以获取这种免税的补助，而且还只能是临时性的，不能是永久的。

但问题又来了，如果真有这样的事情发生了，给多少钱算生活困难补助呢？一次给10万元，是否可以？分次给，合计总共10万元，是否可以？

如果一次补助金额不大，几百元或上千元，但补助多长时间属于临时性呢？1年以内是临时性，还是3年内是临时性？

金额标准和期限标准分别是多少，这些问题在政策中都没有明确。需要企业在实际操作时，结合当地的经济发展状况及具体人员的具体情况，自行判断处理。

总之，使用时要把握一个原则：有悖于生活常规的困难补助肯定不是免税的。

（二）征税的福利费

根据上面的分析，除上述特殊情况下的临时性生活补助费可以免个人所得税外，其他的福利费是否都应该缴纳个人所得税呢？

理论上确实如此。

为此，国税发〔1998〕155号文对于非免税的福利费范围进行了明确，凡事属于下列情况的，都不属于临时性生活困难补助性质的支出，都要并入员工工资薪金所得，计算缴纳个人所得税。

（1）从超出国家规定的比例或基数计提的福利费、工会经费中支付给个人的各种补贴、补助。如各单位逢年过节超过福利费标准发放的过节费、过节礼物。

（2）从福利费和工会经费中支付给本单位职工的人人有份的补贴、补助。如各公司为员工支付的通信补贴、交通补贴等。

（3）单位为个人购买汽车、住房、电子计算机等。

如果严格按照上述规定，有人会问，公司设有食堂，每天中午免费给员工提供午餐。食堂购买食材的各项支出属于福利费，公司把食堂做好的饭菜免费让员工食用，相当于公司让每个员工都享受到了该实物的补贴。那么每个员工每天中午吃的饭菜是否都需要并入其当月工资计算缴纳个人所得税呢？

按照国税发〔1998〕155号文的规定，这种人人有份的补贴确实要缴纳个人所得税。但在实际上没有公司会这么做。不这么做是否违反税法规定呢？

对此，2012年5月7日国家税务总局纳税服务司专门进行了网上答疑：对于发给个人的福利，无论是现金还是实物，均应缴纳个人所得税。但目前对于集体享受的、不可分割的、非现金方式的福利，原则上不征收个人所得税。

通过上述政策不难看出，向员工支付福利费并没有想象的那么美好，做不好就会掉入纳税的"陷阱"，为个人、为企业带来税收风险。但同样的事情，换另外一种方式处理，结果可能大相径庭。如防暑降温支出，直接发放现金，就属于福利费，企业要代扣代缴个人所得税。如果企业用该笔支出购买防暑降温品，该防暑降温品就不属于福利费，而是劳保用品，此时再将其发放给员工，就不存在个人所得税的问题了。

（三）特殊"福利"

按照《征收个人所得税若干问题的规定》（国税发〔1994〕89号）的规定，下列不属于工资、薪金性质的补贴、津贴或者不属于纳税人本人工资、薪金所得项目的收入，不征税：

（1）独生子女补贴；

（2）执行公务员工资制度未纳入基本工资总额的补贴、津贴差额和家属成员的副食品补贴；

（3）托儿补助费；

（4）差旅费津贴、误餐补助。

对于上述补贴，实务中需要特别注意差旅费津贴和误餐补助的涉税问题。

关于差旅费补贴。《财政部关于印发〈中央和国家机关差旅费管理办法〉的通知》(财行〔2013〕531号)规定了出差期间的伙食补贴和交通补贴标准，但该文件并未规定以此标准发放差旅补贴是否需要缴纳个人所得税。

按照2012年4月30日国家税务总局纳税服务司的答疑，单位以现金方式给出差人员发放交通费、餐费补贴应征收个人所得税，但如果单位是根据国家有关标准，凭出差人员实际发生的交通费、餐费发票作为公司费用予以报销，可以不作为个人所得征收个人所得税。

关于误餐补助。按照《财政部 国家税务总局关于误餐补助范围确定问题的通知》(财税字〔1995〕82号)的规定，误餐补助仅指按财政部门规定，个人因公在城区、郊区工作，不能在工作单位或返回就餐，确实需要在外就餐的，根据实际误餐顿数，按规定的标准领取的误餐费。在实务中很多企业以误餐补助名义发给职工的补贴、津贴，应当并入当月工资、薪金所得计征个人所得税。

二、公司为员工负担补充保险，个人是否纳税

为员工缴纳社会保险和住房公积金是公司的法定义务，是否为员工缴纳补充医疗或补充养老，则完全取决于公司的实力。实力强的企业，在基础保险的基础上再为员工缴纳补充保险，相当于多给了员工额外的福利。

按照本文第一条所分析的，该支出如果是人人有份，那就应该并入工资、薪金所得，计算缴纳个人所得税。

在补充养老和补充医疗刚开始兴起的时候，的确如此。包括国家财税政策的制定，也都偏重于让获取福利的员工交税。

但随着经济的发展，贫富差距的拉大，为了这点钱征收个人所得税，的确显得不太"仁慈"。于是，财政部和国家税务总局联合其他部委纷纷出台政策，对于员工取得的补充保险给予一定的税收优惠。

（一）补充养老

企业为员工缴纳的补充养老金（年金），按照《财政部 国家税务总局人力资源社会和保障部关于企业年金 职业年金个人所得税有关问题的通知》（财税〔2013〕103号）的规定，从2014年1月1日开始，实行特殊免税政策。企业在具体执行该优惠政策时，需要注意以下几个问题：

（1）公司负担的年金，个人无须缴纳个人所得税。即公司根据国家有关政策规定的办法和标准，为员工缴付年金，其中公司负担的部分在计入个人账户时，个人暂不缴纳个人所得税。

（2）个人负担的年金部分，可以在一定标准内在个人所得税前扣除。即个人根据国家有关政策规定缴付的年金个人缴费部分，在不超过本人缴费工资计税基数的4%标准内的部分，暂从个人当期的应纳税所得额中扣除。

（3）超过标准的部分应并入当期工资、薪金所得纳税。企业和员工超过上述第1项和第2项规定的标准缴付的年金，应并入员工个人当期的工资、薪金所得，依法计征个人所得税。税款由建立年金的单位代扣代缴，并向主管税务机关申报解缴。

（4）正确合理确定个人缴费工资计税基数。企业年金个人缴费工资计税基数为本人上一年度月平均工资。月平均工资按国家统计局规定列入工资总额统计的项目计算。月平均工资超过职工工作地所在设区城市上一年度职工月平均工资300%以上的部分，不计入个人缴费工资计税基数。

（二）补充医疗

与补充养老金不同，公司为员工缴纳补充医疗保险金，尚无明确的政策规定允许员工享受减免税税收优惠。2009年，国家税务总局在下发的《关于2009年度税收自查有关政策问题的函》（企便函〔2009〕33号）特别强调，企业为职工缴付的补充医疗保险，如果企业委托保险公司单独建账，集中管理，未建立个人账户，应按企业统一计提时所用的具体标准乘以每人每月工资总额计算个人每月应得补充医疗保险，全额并入当月工资扣缴个人所得税。

后续各地在执行补充医疗的个人所得税政策时，基本都是参照上述标准执行。

但是，随着经济的发展，人们对健康的需求和关注越来越高，对企业为员工缴纳补充医疗保险减税的呼声也日益高涨。基于此，2017年财政部、国家税务总局和保监会联合发布《财政部 国家税务总局 保监会关于将商业健康保险个人所得税试点政策推广到全国范围实施的通知》（财税〔2017〕39号），对公司为员工缴纳的满足特定条件的健康保险给予一定的个人所得税优惠。相当于从另外一个方向为补充医疗的个人所得税优惠打开了一个口子。

政策的核心内容是单位统一为员工购买符合规定的商业健康保险产品的支出，应分别计入员工个人工资薪金，视同个人购买。在计算个人所得税时，可以按照每月不超过200元的限额从个人所得税前扣除。

对于该政策的使用，需要注意以下几个问题：

（1）公司为员工负担的部分，要并入员工工资、薪金所得。与补充养老金不同，公司为员工负担的健康保险金，需要并入员工当期工资、薪金所得，但该所得可以按照每月不超过200元的标准在个人所得税前扣除，相当于对该部分给予了特定的个人所得税优惠。

（2）个人负担的部分在个人所得税前不得扣除。如果在缴纳该健康保险时，公司和员工约定了各自负担的金额，对于员工个人负担的部分，不能在个人所得税前列支，仍然要以工资的名义计算缴纳个人所得税。

（3）购买的健康保险需要满足规定的条件。并非企业为员工购买的所有健康保险都可以享受税收优惠。保险公司开发的保险产品必须满足《财政部 国家税务总局 保监会关于将商业健康保险个人所得税试点政策推广到全国范围实施的通知》（财税〔2017〕39号）所规定的条件，并且还要按《保险法》的规定程序上报保监会审批。如果企业从保险公司购买的不是上述保险产品，即便保险合同写的是《补充医疗保险合同》，被保险的员工也无法享受上述个人所得税优惠。

第三节 个人取得工资以外的其他综合所得涉税问题

除工资外，其他综合所得包括劳务所得、稿酬所得和特许权使用费所得。需要引起高净值个人重点关注的是劳务所得和特许权使用费所得。

无论是高净值个人自己取得劳务所得或特许权使用费所得，还是高净值个人的公司向其他人支付劳务费或特许权使用费,除了支付方向个人支付费用需要履行代扣代缴个人所得税之外,涉及的其他税收风险也需要予以关注。

一、增值税风险

按照财税〔2016〕36号文附件1《营业税改征增值税试点实施办法》的规定,个人发生应税行为的销售额未达到增值税起征点的,免征增值税;达到起征点的,全额计算缴纳增值税。

增值税起征点幅度为:按期纳税的,为月销售额5000-20000元(含本数);按次纳税的,为每次(日)销售额300-500元(含本数)。

个人按照《个人所得税法》规定的劳务范围向公司提供劳务或将技术许可给公司使用,公司向自然人支付劳务费或特许权使用费,个人提供劳务或特许权使用的行为属于增值税应税项目。

按照上述规定,如果企业支付金额超过起征点,则个人需要全额缴纳增值税;如果支付金额未超过起征点,则个人无须缴纳增值税。

对于个人提供增值税应税行为,目前只在《国家税务总局关于小规模纳税人免征增值税政策有关征管问题的公告》(国家税务总局公告2019年第4号)中,对于个人提供不动产租赁确定为按月计算销售额。对于个人提供劳务服务或特许权使用服务,在实务中通常会按次计算销售额。

这也就意味着,只要公司每次向个人支付劳务费或特许权使用费超过500元,个人还需要缴纳增值税及附加税费(不需要支付方代扣代缴)。个人未及时办理税款缴纳的,按照税收征管法的规定,同样面临补缴税款和滞纳金的处罚。

小提示:按照《中华人民共和国增值税法(征求意见稿)》的规定,在境内发生应税交易且销售额达到增值税起征点的单位和个人,以及进口货物的收货人,为增值税的纳税人。增值税起征点为季销售额30万元。销售额未达到增值税起征点的单位和个人,不是本法规定的纳税人;销售额未达到增值税起征点的单位和个人,可以自愿选择依照本法规定缴纳增值税。

因此,在增值税法正式实施后,涉及个人提供劳务并取得劳务费或提供特许权取得的特许权使用费,如果季销售额不超过30万元,个人可以不缴纳增值税。但在增值税法未正式实施前,仍然要继续延续现行的增值税政策。

二、企业所得税风险

按照《企业所得税税前扣除凭证管理办法》(国家税务总局公告2018年第28号)的规定,公司向个人支付劳务费或特许权使用费,只要每次金额超过500元,个人就超过了增值税起征点的标准,个人不满足小额零星的要求,公司支付的该款项需要取得个人向税务机关代开的发票才可以税前列支。

在实务中,存在着太多的企业(尤其是建筑行业)通过按人头列示劳务费(通常每人都在800元左右)的形式增加支出,即便履行了个税申报义务(也有未申报个税的企业),由于未取得发票,导致该支出无法在税前列支。

实际上,很多公司却都列支了!

这就是潜在的风险,一旦全面检查企业向个人支付劳务费或特许权使用费支出,不仅仅是公司,包括个人都会面临着较大的涉税风险。

第四节　个人取得综合所得的汇算清缴问题

2019年开始实施新的《个人所得税法》后,2020年3月1日开始办理个人所得税汇算清缴,成了中华民族有史以来开天辟地的大事。

针对个人取得的综合所得,哪些人需要办理汇算清缴?哪些人不需要办理汇算清缴?如果要办理汇算清缴,该如何办理?类似问题数不胜数。

本节内容中将会有比较系统的阐述。

一、哪些人不需要办理个税汇算清缴

首先了解一下哪些人不需要做个税汇算清缴。如果判定自己不属于该情形,那就必须做个税汇算清缴。

按照《国家税务总局关于办理2019年度个人所得税综合所得汇算清缴事项的公告》(国家税务总局公告2019年第44号,以下简称44号公告)的规定,不需要办理年度汇算清缴的情形包括:

(一)纳税人需要补税,但年度综合所得未超过12万元

如张三2019年每月工资收入7000元,符合条件的各项扣除共计2000元,每

月取得工资收入纳税额为0元。2019年张三还取得劳务费[①]共计20 000元，每次取得的报酬金额均不超过800元，每次取得劳务报酬应纳个税也是0元。2019年结束后，无其他需要补扣的事项。则张三汇算清缴需要补缴个税480元（20000×80%×3%）。

张三尽管需要补税，且补税额超过400元，但由于其2019年综合所得为10.4万元，未超过12万元，所以张三不需要做个税汇算清缴，也就不存在补税的问题。

（二）纳税人年度综合所得虽然超过12万元，但年度汇算后补税金额未超过400元

如张三在2019年的工资收入为40万元，各项扣除均在各月取得工资时正常列支，按照年度综合所得税率表，其适用的个人所得税税率为25%。

张三在2019年度内取得劳务费10000元（不考虑增值税），支付方代扣代缴个人所得税1600元，张三实际取得劳务费8400元。

如果办理汇算清缴，张三需要补缴个人所得税=10000×（1-20%）×25%-1600=400（元）

张三补税额正好是400元，未超过400元，所以张三不需办理个税汇算清缴。

（三）纳税人年度综合所得无论多少，已预缴税额与年度应纳税额一致

这种情况在实务中比较常见。如纳税人在一个纳税年度内只在一家公司任职，各项扣除均在各月正常列支，年度结束后也不存在需要再补扣的情形（如未取得符合条件的资格证书、符合条件的医疗支出未超过1.5万元等），且纳税人在纳税年度内也没有劳务所得、稿酬所得或特许权使用费所得。

满足上述条件的纳税人，即便纳税年度内的综合所得达到数十万元、甚至过百万元，也无须办理个税汇算清缴。

（四）纳税人年度综合所得无论多少，已预缴税款大于应纳税额，需要退税，但纳税人放弃年度汇算退税

如某纳税人在2019年3月和4月在A公司工作，月薪3万元；2019年8月和9月在B公司工作，月薪也是3万元。2019年其他时间，该纳税人赋闲在家。A公司和B公司在为其发放工资时，各项扣除只按月列支。

---

① 本书中提及的劳务费，若未特别说明，均为不含增值税的劳务费。

该纳税人在2019年需要扣除的事项只在4个月内做了正常列支，还有8个月的扣除尚未列支，如果该纳税人办理了汇算清缴，就一定会有退税。

但如果纳税人放弃退税，则无须办理个税汇算清缴。

二、需要办理个税汇算清缴的情形

按照44号公告的规定，高净值个人符合下列情形之一的，需要办理年度个人所得税汇算清缴：

（一）年度已预缴税额大于年度应纳税额且申请退税的

针对高净值个人而言，实务中的表现形式包括以下几种情况：

（1）年度中间劳务报酬、稿酬、特许权使用费适用的预扣率高于综合所得年适用税率。

当高净值个人年度收入主要来源于股息、利息、财产转让（如股票转让）、经营所得等非综合所得，来源于综合所得的只有少部分，就容易出现需要退税的情况。

如高净值个人张三，年收入200万元，其中属于综合所得的有8.4万元。各项综合所得中，工资收入6万元，一次性取得劳务报酬收入2.4万元，年度内符合条件的各项扣除共计8万元。

个人所得税汇算清缴时，张三应纳税综合所得4000元，适用的年度综合所得税率为3%，需要缴纳120元个人所得税；而张三在取得劳务报酬所得时，支付方按20%的税率已经代扣代缴了3840元（24 000×80%×20%）的个人所得税。

张三的情况就属于年度中间劳务报酬适用的预扣率高于综合所得年适用税率的情形，汇算清缴后，张三可以取得退税额3720元（3840-120）。

（2）预缴税款时，未申报扣除或未足额扣除减除费用、专项扣除、专项附加扣除、依法确定的其他扣除或捐赠，以及未申报享受或未足额享受综合所得税收优惠等情形。

如某些高净值个人，基于对个人隐私的考虑，日常取得工资收入时，并未将各类专项附加扣除信息向任职单位申报，年度办理个人所得税汇算清缴时，将可以扣除的各类专项附加扣除信息自行在个税App中填报。在这种情况下，必然会存在退税的问题。

（二）2019年度综合所得收入超过12万元且需要补税金额超过400元的

包括取得两处及以上综合所得，合并后适用税率提高导致已预缴税额小于年度应纳税额等情形。

如高净值个人李某在A公司和B公司同时任职，在各处均取得工资收入，各单位在发放工资时，均按每月5000元的费用标准正常扣除，专项附加扣除只在其中一处正常列支。年度结束后，在A公司任职取得收入的年度应税所得24万元，对应综合所得税率为20%；在B公司任职取得收入的年度应税所得为23万元，对应综合所得税率为20%。

李某年度汇算清缴时，将两处所得合并，除日常各项已经扣除的事项外，李某无其他补扣事项，其年度应税综合所得为53万元（23+24+6），对应综合所得税率为30%。合并后适用税率高于各处的税率，李某需要补缴个人所得税。

如果个人无法自行判定到底是否满足不需要汇算清缴的情形，该如何处理呢？

最简单的操作方法就是，先在个税App中的汇算清缴模块中填写，由系统判定是否满足不需要汇算清缴的情形。

三、如何办理汇算清缴

按照44号公告的规定，办理年度汇算有三种方式可以选择：自己办，单位办，请人办。

凡是自行办理的，纳税人可通过网上税务局（个人所得税手机App）办理年度汇算。

由于个人收入的多样性，个人很难在年度结束后准确统计出纳税年度综合所得的税前金额。因此，只要纳税人通过网上税务局办理，税务机关将会按一定规则给纳税人提供申报表预填服务，如果纳税人对预填的结果没有异议，系统就会自动计算出应补或应退税款，纳税人就可以知道自己是否符合豁免政策的要求了。

如果纳税人还有比较复杂的情况不好把握，但又不希望让任职单位知道得更多，还可以委托涉税专业服务机构或其他单位、个人代为办理年度汇算。

四、个税汇算清缴时免税收入如何处理

按通常理解，既然是免税收入，当然就无须纳税。既然无须纳税，是否就不

需要在个税汇算清缴时进行申报了呢？

（一）需要并入综合所得的免税收入

按照国家税务总局发布的《关于修订部分个人所得税申报表的公告》（国家税务总局公告2019年第46号，以下简称46号公告）的规定，从规定中要求填写的申报表A表及《个人所得税减免税事项报告表》显示的信息来看，有些免税收入即便无须纳税，也需要并入综合所得进行纳税申报，此类免税收入包括以下情形。

1.稿酬所得免税部分

按上述规定，对于个人取得的稿酬所得，纳税人需按稿酬所得×（1–20%）×30%在对应栏次填列。

2.科技人员取得职务科技成果转化现金奖励

如果高净值个人属于科技人员，且将自己发明的科技成果按规定进行了转化并取得了相应现金奖励，会享受一定的免税优惠。享受免税优惠的部分在个税汇算清缴时也需要并入综合所得进行纳税申报。

需要注意的是，并非所有从事科技工作的人员取得了科技成果奖励都可以享受税收优惠。

按照《国家税务总局关于科技人员取得职务科技成果转化现金奖励有关个人所得税征管问题的公告》（国家税务总局公告2018年第30号）的规定，享受该优惠需要同时满足以下条件：

（1）科技人员的任职单位必须是非营利性科研机构或高校。非营利性科研机构和高校包括国家设立的科研机构和高校、民办非营利性科研机构和高校。

科技人员在非营利性科研机构和高校以外的其他单位任职，取得类似奖励无免税优惠。

（2）单位向科技人员发放现金奖励，在填报《扣缴个人所得税报告表》时，应将当期现金奖励收入金额与当月工资、薪金合并，全额计入"收入额"列，同时将现金奖励的50%填至《扣缴个人所得税报告表》"免税所得"列，并在备注栏注明"科技人员现金奖励免税部分"字样，据此以"收入额"减除"免税所得"以及相关扣除后的余额计算缴纳个人所得税。

符合条件的单位向符合条件的科技人员发放现金奖励并申报个税时，如果仅将扣除免税部分之后的金额与工资合并申报，不仅违反上述政策要求，同时也会导致本单位的残保金缴纳金额出现错误，福利费、工会经费的税前扣除金额也可能出现错误。

3.外籍个人出差补贴、探亲费、语言训练费、子女教育费等津补贴

按照《财政部关于个人所得税法修改后有关优惠政策衔接问题的通知》（财税〔2018〕164号）的规定，2019年至2021年，外籍个人如果满足了居民个人的条件，既可以选择住房补贴、语言训练费、子女教育费等津补贴免税优惠，也可以选择将上述支出以专项附加形式予以扣除。但从2022年开始，均需按专项附加扣除形式税前列支。

如果上述外籍人选择了免税优惠，在个税汇算清缴时，需要将上述免税收入并入综合所得一并申报。

同样在实务中还需要注意的是，在具体发放时，支付方应参照上述科技人员取得职务科技成果转化现金奖励的优惠操作模式，在平时进行个税申报时，应将上述符合免税条件的补贴全额并入当期工资收入，同时将免税补贴全额填至《扣缴个人所得税报告表》"免税所得"列。

若未按此申报，同样也会导致本单位的残保金缴纳金额出现错误，福利费、工会经费的税前扣除金额也可能出现错误。

（二）不需要并入综合所得的免税收入

从申报表A表及《个人所得税减免税事项报告表》显示的信息来看，《个人所得税法》中所列示的免税收入，在表中均未直接体现。如退休人员的退休金收入；个人取得的满足一定行政级别机构颁发的科技、文化等奖金；个人取得的国务院特殊津贴、院士津贴；个人取得的符合免税条件的临时性困难补助等。

如张某是退休人员，2019年取得退休金收入6万元。2019年张某在A公司任职还取得工资收入7万元，取得劳务收入2万元（不考虑增值税，每次取得劳务收入均未超过800元）。除每年6万元扣除费用外，张某无其他可以税前扣除的事项，且该扣除已经在张某各月取得工资时正常列支。

年度汇算清缴，张某需要补缴个税=20 000×（1-20%）×3%=480（元）

如果退休金不并入综合所得，张某年度综合所得为9万元，未超过12万元，无须做个税汇算清缴（也就不存在补税的问题）。

如果退休金纳入综合所得税，张某年度综合所得为15万元，超过了12万元，

且补税额超过400元，张某需要办理个税汇算清缴。

从新版申报表的列示内容来看，应该是倾向于将《个人所得税法》中列示的免税收入不并入综合所得（如果需要并入，在已经属于法定免税的情况下，应该在《个人所得税减免税事项报告表》中明确列示才是正常）。这对于有此类所得的纳税人来说，无疑会是一个相对利好的选择。

五、个人取得全年一次性奖金是否必须申报

在新版申报表中，单独列示了一项"全年一次性奖金个人所得税计算"。是否意味着，所有需要办理个税汇算清缴的纳税人只要在2019年取得年终奖，都需要在申报表中填写上述信息呢？不是。

该部分内容针对的是无住所居民个人。如果属于在境内有住所的居民个人，无论取得年终奖是单独纳税还是并入综合所得纳税，均无须填写该部分内容。

即便属于无住所居民个人，也仅限于其被预判为非居民个人时，取得的数月奖金选择按全年一次性奖金计税，但到年度结束后又被认定为居民纳税人，才需要填写本部分内容。

第五部分
财富管理与资产配置

第二十七章　财富管理与资产配置

一、三个维度理解财富管理

什么是财富管理？按照百度百科的定义，"财富管理是指以客户为中心，设计出一套全面的财务规划，通过向客户提供现金、信用、保险、投资组合等一系列的金融服务，将客户的资产、负债、流动性进行管理，以满足客户不同阶段的财务需求，帮助客户达到降低风险、实现财富保值、增值和传承等目的"。从这个定义出发，我们至少可以从三个维度去理解财富管理。

（一）财富管理是一件专业性很强的事情

1.财富管理事关收益与风险

财富，泛指一切具有经济价值的东西，"财"者，储备金、银行存款、有价证券等皆是，"富"者，意指"家屋充实"，"财"与"富"合在一起表示"拥有有价值的东西，且多而有余"。财富是需要流动的，财富流动起来就能创造增量的财富。比如，两个人其中一个人有一筐苹果，另一个人有一筐梨子，他们把自己的水果都吃腻了，这时候让他们用各自的水果进行交换，使得吃腻了苹果的人能够吃到梨子，吃腻了梨子的人能够吃到苹果，这两个人的整体财富价值水平就都得到了提高。让"多而有余"的财富流动起来，就是财富管理。

财富的流动有着多种多样的形式，可以是财富形态的转化，比如将现金买成股票；可以是财富使用权的让渡，比如将房屋出租获得租金；可以是不同人财富的聚合，比如项目众筹，共享超额收益等等。正确的财富流动安排都能带来增量的财富，这就是财富的增值。

通过财富管理让财富实现增值，是每个财富拥有者最基本的需求，因为每个人的生命周期都需要各种开支来保证生活目标的实现，且未来的开支数量也存在着较大的不确定性，让"多而有余"的财富在暂时不需要使用时发挥增值保值的作用，显然是一个正确的策略。

但是，财富管理就一定能带来财富的增值吗？不一定，比如，股票价格下跌导致了市值缩水、房屋失火以至于不动产灭失、众筹项目失败发生资产损失等，财富管理失败导致财富损失也是另外一种可能性，这种可能性就是风险。

财富管理的目标是获得收益，但财富管理的重点却在风险控制。

2.财富管理事关长期与短期

当说到财富管理的时候，我们往往会想到投资方法和投资工具，这些投资方法和工具就像一个魔术箱，输入的是本金，输出的是本金加收益。当然，在这里我们希望每一位财富拥有者都是一位技艺高超的"魔术师"，深谙财富管理的法门，或者至少能够在专业的财富管理者的帮助下做出正确的判断和取舍，从而确保每一次的实战成功。

在财富管理的这个"技艺"里，有大量的关于收益获取和风险管控的理念和技术，但是有一个要素往往会被忽视且实际上又至关重要，那就是"时间"。比如，资产配置往往强于静态时点上的考量而弱于动态衍变上的预案，投资规划往往重于有限时间内直接收益的获取而轻于更大时间维度上权益的规划等。同样的财富，如果在时间维度上赋予其"长钱"或"短钱"的不同属性后，从某种角度上来看，这就是两笔截然不同的财富了，换言之，所有的财富管理都应该有一个默认的前提，即这是一个长期的规划还是一个短期的规划。

3.财富管理事关技术与哲学

财富管理呈现在大众面前的往往是其技术性的一面，比如现金、信用、保险、投资组合等，但如何运用这些财富管理专业技术，以及通过这些技术达到哪些人生规划的目标，又充满了辩证与哲学。深刻理解财富的本质，是可以抵达财富哲学高度的，而运用对财富管理的哲学思辨，又可以不断拓宽财富管理的边界与深度，提升财富管理的效用与效率。比如，家族信托就充分利用了信托制度体系里财产所有权的转移，实现了"你名下的财富不一定是你的，但你能控制的一定是你的财富"的辩证。

回望中国经济的发展，最大的特点之一应该是发展的速度，从1978年改革开放以来，用短短的三十余年的时间，成长为世界第二大经济体。在这个过程中，民众的私人财富伴随着经济环境的变化也在快速的积累和增长，不断地跨越到新的量级并呈现出加速之势。如前所述，财富量级的变化会衍生出一系列深刻的影响，其中就包括对高净值人群财富理念的影响。相对而言，在低财富量级阶段，人们对财富的管理是目标有限、低风险意识、失败了可以东山再起，但在现在这样的高财富量级上，做好收益与安全的平衡，设计好发展与传承的规划，构建起能够自我保护自我管理进而达到财富基业长青、百年传承的有效机制，显然比单纯的财富追逐更有意义。这样的背景与诉求，也为构建和完善以"价值投资"为核心的中国私人财富哲学体系创造了条件和机遇。

（1）私人财富的增长，引致了对财富哲学的迫切需求。财富的增长，为财富拥有者的人生规划开创了大量的可能性。比如，实现财务自由，终极而言是关于对自己的掌控，对自己的时间与生活的掌控，进而是对自己生命的掌控；再如，家族的规划是理性地认识到在每一代人的发展都充满变数的前提下，用好已经获得的财富来保障子孙后代良好的生存条件，同时发挥财富的正面激励作用和负面约束作用，最大可能地保持家族整体的基业长青和对不可预测风险的对抗；又如，慈善的本质是在回馈社会的同时对财富的管理，用对财富规模的保持和社会声望的提升，保障甚至加强家族财富的传承……所有的这些对财富的管理与规划，都需要拥有者具备对财富深刻的洞见和理解力，用能够穿透时光的远见，实现对财富的长期驾驭。而所有这些，都需要站在哲学思辨的高度达成有效的理解。一套完整的财富哲学才是为财富管理与财富传承保驾护航的"守护之神"，是财富管理持续成功的必要因素。

（2）私人财富的增长，引致了不同的财富管理诉求。对风险的防范与管控，成了最核心的诉求。在安全投资的前提下，财富拥有者更能够承认自己有着知识和能力所及的能力圈，进而将对财富的管理牢牢地守护在自己的能力圈之内，不去追逐虽然充满诱惑、但是处于能力圈之外的所谓机会。比如说在投资领域，就是要求财富拥有者在自己的能力圈内行动并减少投资的次数，因为频繁的操作意味着自我否定，这不仅否定了由于自己的不周密导致的错误，而且也否定了自己正确的选择，并统统代之以新的错误。面对不可预测的市场，最合理的方式是要用谨慎保守的方式进行投资，最大化保证决策的质量而坚决地降低决策的次数，同时对所定下的决策给予足够的执行时间，这其实就是价值投资和财富风险控制的另一个角度的表达。

（3）私人财富的增长，强化了对"价值投资"的深刻理解。在"市场先生"

的寓言中，作为市场人格化的"市场先生"是个喜怒无常、惊慌失措的疯子，无人能对其未来的行为做出持续而准确的预测，因此人们所要做的不是去预测或顺应"市场先生"的情绪，而是彻底无视他的情绪和举动。这里必然的选择就是"价值投资"。价值投资的模式下的核心要素是：安全边际，集中投资，复利收益和长期持有。华人首富李嘉诚经常打一个比方：一个人从现在开始，每年存1.4万元，并都能投资到各个领域，获得每年平均20%的投资回报率，40年后财富就会增长为10281万元。这就是复利的概念和力量，但算个细账还会发现，按这种方式操作，第10年仅能够累积36万元，第20年也只能累积到261万元，到了第30年，积累的财富可以达到1930万元，到了第40年，则会迅速增长为10281万元。这就是时间的概念和力量，也就是所谓"时间的玫瑰"。上面的这个例子和数据演变，对于财富的拥有者，放在财富传承的角度，就更容易理解"价值投资"对风险的厌恶、对财富安全的极度关注和对复利与时间的高度信任了。

把对财富的理解从对增长的追逐延伸至对传承的重视，从对利润的关注转移到对价值的追随，这必然是一个逐步的、渐进的过程，但是，高净值人群财富量级的提升，使得这一群体具备了构建和完善适当的财富哲学的自发需要和内生动力，整体上能够在正确的财富观的方向上先行一步，这也为高净值人群财富的稳健、持续发展奠定了稳固的基础。

(二)财富管理是一件涉及"关系"的事情

1.财富管理是一种社会分工

财富管理的主角是谁？是财富拥有者，还是财富管理领域的专业从业者？这是一个界限略显模糊的问题。这是因为在很多的场景下，财富拥有者似乎拥有更多的话语权和决策权，而财富管理者往往又不具备足够的经验值和专业度，在这种情况下，财富管理更像是财富拥有者个人所主导的事情，而财富管理者更像是金融产品的提供者或者推销者。

但必须指出的是，这种情况更多只是反映出中国的财富管理领域在各种因素的影响下，目前还处于尚未成熟的早期阶段，需要完善和提高的地方还很多。从某种角度而言，财富拥有者更大的能力在于其财富创造能力，正是由于其具备了独特的资源禀赋，才使得其可以划拨出进行财富管理的"第一桶金"或者持续的"可投资资产"，站在社会化分工的角度，将自己的时间和精力放在创造财富效率最高的领域无疑才是财富拥有者们的最佳策略。

这个时候，财富拥有者对高水平的财富管理者的需求就体现了出来。前者负责"创富"和"享富"，后者利用自身的综合专业能力和资源平台帮助前者"守富"或者"传富"，由此完成了财富"创、守、传、享"的闭环。社会化的专业分工是财富管理者应有的定位，也是财富管理者的发展空间，更是中国财富管理领域的一个需要不断强化的发展趋势。

2.财富管理是一种平等对话

在实践中，财富拥有者往往因为其在某一特定领域的成功，而具备相对较高的社会地位，在各种交流中往往呈现出比较主动的状态；而目前阶段许多财富管理者往往以"产品推荐"作为客户切入点，在与客户的交流中呈现出一种比较被动的状态，由此也给很多财富管理者带来了不能和客户平等对话的困扰。

但正如前文所述，财富拥有者和财富管理者之间更本质的其实是社会分工、互相支持的关系，要点在于财富管理者们要不断地提升自己的专业能力和交流能力，把向客户"卖产品"的思维转换成帮客户"买产品"，把为客户提供"产品"的思维转换成为客户提供"需求解决方案"。事实上，在专业化社会分工的前提下，财富拥有者和财富管理者之间应该是平等对话的关系，正如著名的管理学家乔·吉拉德所言"销售，绝不是降低身份去取悦客户，而是像朋友一样给予合理的建议。你正好需要，我正好专业，仅此而已"。

3.财富管理的"1+1+N"

在财富管理领域里有个著名的模式叫作"1+1+N"，即"一个客户关系经理+一个投资顾问+N类综合资源"，它揭示的流程是财富管理机构通过一个客户关系经理触达客户，了解和收集客户需求，并在中台投资顾问的支持下形成初步的客户需求解决方案，以此获得客户相对确定的合作意向，在此基础上，整合N类综合资源及背后的专家团队，形成最终的落地方案。

在这里，客户关系经理中的"关系"实质上讲的是"信任关系"而非其他，某种角度而言，财富管理的过程包括了两个阶段，第一个阶段是在专业的基础上赢得客户的信任，第二个阶段是在赢得客户信任的基础上实现客户的专业需求解决方案，财富管理的底层基础是"信任的关系"。

（三）财富管理是一件非常个性化的事情

智能手机是一件非常有趣的东西，它的出厂设置和基本配置是一样的，但是当它归属于某一个个人所有并使用一段时间后，就表现出了极大的差异化，每部手机上配置的App及其使用频率都不一样，当你借用别人的同型号手机的时候，更像是在使用一部完全不同的手机，这就是个性化。

财富管理也是如此，每个财富拥有者的起点都是"可投资资产"，但是每个人的需求具有极大的差异化，虽然财富管理是一个关系交互的过程，其最终都将指向资产配置，但具体配置的资产类别和各自比例又都因人而异，呈现出明显的个性化。个性化也是我们强调在财富管理中"信任的关系"重要性的原因，客户需求是一个循序渐进、逐步挖掘、动态完善的过程，需要有专业的财富管理者的专业帮助和保驾护航。

二、财富管理与资产配置

了解了什么是财富管理，那么什么是资产配置呢？依然来参考下百度百科的定义，"资产配置是根据投资需求将投资资金在不同资产类别之间进行分配，通常是将资产在低风险、低收益资产与高风险、高收益资产之间的分配"。可见，资产配置是实现财富管理的方法和手段。

应该说，资产配置是财富管理的一个部分，但是，单就以上的定义而言，更加需要注意的是定义之外的内涵。

（一）资产配置不仅仅是资产分散

"不要把鸡蛋放在一个篮子里"是对资产配置最常见的表述和概括，这个比喻很符合上述百度百科的定义，也非常形象和贴切地描述出了资产配置通过大类资产的分散来对抗市场的波动性和不确定性进而控制风险的特征，并且这种"鸡蛋不放在一个篮子里"的情况的确也是绝大部分人在绝大部分时间里的主要资产配置状态，因此，某种程度上，在很多人的观念里，资产配置就等同于资产分散。

但是，在财富管理的世界里，有很多辩证的事物是同时并存的，比如规避风险和经营风险，又如杠杆的超额收益和杠杆的加倍风险，再如资产的分散和集中，等等。对于资产配置而言，资产的集中仅仅是它其中的一面，是财富拥有者面对他不能驾驭的市场的不确定性时候的最佳策略选择，但是，当市场出现客户能够掌握的相对确定性的机会的时候呢？再一味地强调资产分散显然就是对机会或机遇的巨大浪费了，这个时候的最佳策略应该是资源向"机会"的相对集中，通过对机会的把握来实现财富的突破增长。为什么绝大多数的人从财富角度看都停留在中产阶级阶段，而只有一小部分人能够进入富翁阶段呢？在很多情况下，这两类人中间的一个重要的差别就在于他们是否有过对重大机遇，哪怕仅仅是一次的重大机遇的把握。资产配置不仅仅是资产分散，还包括相对确定的机会来临时的资产集中。

（二）资产配置不仅仅是投资规划

我们先来看看一对在财富管理领域里常见的概念，"产品"和"需求解决方案"。"产品"是财富管理者常常向客户推荐的东西，但客户尤其是高净值客户需要的其实不是一个简单的"产品"，而是一套适合他的"需求解决方案"，但最终的"需求解决方案"又必然会以"产品"的形式体现出来。换言之，客户需要的是"需求解决方案"，而不是"产品"，但"需求解决方案"最终还是会以"产品"的形式呈现。"产品"和"需求解决方案"之间最大的不同在于是否真正的以客户为中心，从客户的个性化需求出发。

如果仅仅从字面的定义出发，我们能够很容易看到资产配置技术层面的东西，但更容易忽略资产配置在技术层面之外的东西，由此将资产配置狭义地理解为投资规划。事实上，"投资规划"更多的只是财富管理者从资产收益率的角度向客户提交的理财方案，但客户尤其是高净值客户需要的其实不是一个简单的"投资规划"，而是一套适合他的全方位需求的"资产配置方案"，但最终的"资产配置方案"又必然会以"投资规划"的形式体现出来。换言之，客户需要的是"资产配置方案"，而不是"投资规划"，但"资产配置方案"最终还是会以"投资规划"的形式呈现。"投资规划"和"资产配置方案"之间最大的不同在于是否真正的以客户为中心，从客户的全面而不仅仅是收益率的需求出发。

（三）资产配置不仅仅是"有形"配置

在很多情况下，资产配置之所以被狭义地理解为投资规划，是因为收益率是资产配置最直观和最外在的结果体现，各类技术性的方法和技巧也是大众理解资产配置最大的接触面，但由此产生的一些"日用而不知"的概念混淆却恰恰提示了资产配置中面对的最大挑战,即在国内目前尚处于初级阶段,距离成熟阶段还相距甚远的财富管理市场领域里,对许多基本概念的理解其实是不完整的,基本概念的"失之偏颇"再加上主流金融机构以产品为导向而非以需求为导向开展财富管理业务的现状的叠加,其结果就有可能会是差之毫厘,谬以千里。

对完整的资产配置的理解应该不仅仅包括这些"有形"的技术层面的配置,还应该包括那些看不见的"无形"的财富理念,乃至财富哲学层面的配置。被评为过去100年共同基金行业最有影响力的25位基金管理人之一的理查德·德里豪斯的一段话可以较好地说明财富哲学的重要意义:"有一套核心哲学是长期交易成功的根本要素。没有核心哲学,你就无法在真正困难时期坚守你的立场或交易计划。你必须彻底理解、坚决信奉并完全忠实与你的投资哲学",这种对核心哲学的理解也适用于财富管理的方方面面。

三、什么是资产配置

对于什么是资产配置,从不同的角度可以归纳出不同的定义。如前所述,我们从具有比较广泛代表意义的百度百科的相关定义出发,归纳了一些关于财富管理和资产配置的特点与注意事项,也试图指出这些比较常规且为相当一部分大众所认可的观点之中存在的一些不完善之处。也是基于此现状,在本书中,我们将尝试在现有的这些对相关概念的理解基础上,再增加一些不同的视角,尤其是客户的视角,去更加全面、更加完善地理解什么是财富管理,什么是资产配置。

其实,如果我们改变一些"习以为常"的观点和看法,把我们对资产配置常规理解中的那些显见的信息放后一点,而把那些隐含的信息请出来,我们就能得到另一个完全不同的资产配置定义,比如在本书后续章节中我们将探讨的资产配置的目标,其实应该对应于财富拥有者的整个生命周期的规划,大类资产在时间和空间上的安排更基础的依据其实应该是如何保障自身那些重要的生活规划目标的确定性实现,资产配置的决策因素不仅包括专业精准的理性人假设,还包括行为经济学要素的影响等。所以,我们后续的所有关于资产配置的讨论都将基于这样一个定义:

资产配置是基于财富拥有者个体的生命周期或家族成员的长生命周期中的相关目标,包括并不限于基本保障、事业进取、安全保障、财富传承、社会责任等，在正确的财富理念指引下，利用有效的财富管理方法，对现有及未来可支配财富在时间和空间上的有效分配，从而实现对个体、家族、社会都具有积极意义的人生规划的过程。

资产配置是一个框架性的概念，财富哲学是它的骨架和底蕴，财富技术是它的外在和呈现。两者都很重要，但他们之间的关系是，每一位财富拥有者和财富管理者都应该首先构建起对财富管理和资产配置正确理解的框架，然后在这个框架内不断地深入把握其中的具体知识，从而构建起一个完整的资产配置理念，并在实践中不断地完善和精进。

第二十八章　以客户思维看资产配置

一、资产配置现实中的种种悖论

在现实的财富管理实践中，人们往往都是从美好的愿景出发，对现有的资产做出尽可能合理的规划，以期获得较好的财产性收入，增强财富实力，提升生活品质。但与此同时，很多人包括部分财富管理行业的从业人员都将资产配置的目标过多放在了收益率这个点上，并没有很恰当地做好财富拥有者的预期管理，以至于我们经常能看到大量的理论与现实脱节的现象。当然，这也恰恰反映出，没有对资产配置的正确理解，确实很难获得良好的预期效果。

1.平均收益与个体感受的差异

2018年是公募基金发展20周年，当年5月17日，证监会公布了一组数据：截至2017年年底，公募基金行业管理资产合计达到11.6万亿元，累计分红1.71万亿元，其中偏股型基金年化收益率平均为16.5%，超出同期上证综指平均涨幅8.8个百分点，远远跑赢大盘；债券型基金年化收益率平均为7.2%，超出三年定期存款利率4.5个百分点。

上述的收益水平是在一个足够长的时间段内的年化平均收益，可以代表市场所能提供的平均机会收益，但数据公布之后，得到的主要反馈却是这组数据和大部分个人投资者的主观感受很不相符。事实上，在国内股票市场上的一个统计结果是，个人投资者的战绩长时间都是"七亏两平一盈利"。市场提供了很好的收益机会，但却不能被投资者所把握的悖论长期存在。

2. 财富明星与被忘却的大多数

说到"财富故事"，这可能又是一个被不自觉片面化的词，因为很多人会把"财富故事"等同于"成功的财富故事"，所以，人人都会知道和记住世界首富、股神巴菲特的故事，或者中国的"公募一哥"、明星基金经理王亚伟的故事等，而那些"失败的财富故事"，往往在人们的一番叹息之后，便烟消云散了。

在财富管理领域，这是一种常见的"幸存者偏差"，即只看到一部分被筛选过的结果，而自觉或不自觉地忽略了更多、更全面的信息。"幸存者偏差"的存在与期望值相关，每一个人都希望自己就是那个成功故事中的主角，对财富成功的渴望与期望也恰恰成了我们筛选哪些信息、忽略哪些信息的潜意识标准。但无论如何，当我们大量忽略那些投资失败的案例时，我们对财富管理或资产配置的真实成功率也就被十倍甚至成百上千倍放大，随之而来的，将会是现实与预期之间的差距与悖论。

3. 最聪明人的失败

牛顿，被称为百科全书式的"全才"，他仅凭一己之力便帮助整个人类跨越了蒙昧到文明的界限，在经济上，最基础的金本位制度也是由他提出来的。可以说，怎么评价牛顿的伟大都不过分，但他在18世纪时的投资经历却又形成了一个巨大的悖论。

1711年，有着英国政府背景的英国南海公司成立，并发行了最早的一批股票，其股票价格从1720年1月的每股大概128英镑迅速攀升，涨幅惊人。当年4月，牛顿用自己大约7000英镑的资金购买了南海公司的股票。仅仅两个月左右的时间，当比较谨慎的牛顿把这些股票以250英镑的价格卖掉后，赚了7000英镑。但刚卖掉股票，牛顿就后悔了。因为到了7月，股票价格达到了1000英镑，几乎涨了8倍。牛顿加大投入，重新买入了南海公司的股票。

然而此时南海公司出现了经营困境，股票的真实价格与市场价格严重脱钩，并且在此前的6月，英国国会通过了《反泡沫公司法》，对南海等公司进行政策限制。没过多久，南海公司的股票一落千丈，到了12月最终跌为约124英镑。

南海公司总资产严重缩水。许多投资者血本无归，聪明绝顶的牛顿也未及脱身，亏了整整2万英镑。

这笔亏损对于牛顿来说是一笔巨款。牛顿曾做过英格兰皇家造币厂厂长的高薪职位，年薪也不过2000英镑。事后，牛顿慨叹："我能计算出天体运行的轨迹，却难以预料到人们的疯狂。"

其实，类似的案例还有很多，所有的案例反馈出来的信息都是，财富管理和资产配置是一件"知易行难"的事情，是一件底层逻辑很朴素但是过程坚持很艰难的事情，以至于这是一个理论上成功率很高但事实上并没有太多人能做得很好的悖论。

二、资产配置悖论背后的原因探究

客观而言，国内的财富管理领域目前尚处于初级阶段，距离成熟阶段还相距甚远，很多现象的存在不能简单地归结为投资者的不成熟或非理性，因为一旦站在客户的视角来看，就能发现投资者的财富管理理念和认知是受周边大环境的引导和影响的，这些内外部大环境中的不完善以及我们对某些新兴领域包括行为经济学等的重视不足，是目前阶段我们更应该重视以及思考应对之策的着眼点。

（一）金融体系中的"刚性兑付"

中国的金融体系是财富管理最大的外部环境。各类金融机构提供的资管产品是财富管理服务的主要载体，这些金融机构也是最主要的财富管理服务提供者。金融机构的所有变化都与普罗大众的财富管理息息相关。

过往的这几十年时间里，金融行业在创新带来的全新领域里积极探索与快速成长，与此同时，金融对实体经济微观支持模式的探索与宏观经济格局大调整之间的矛盾冲突也无时不在，影子银行的快速扩张与监管风控之间的相互博弈更是如影随形。这里，既有创新带来的金融行业大发展，也有当发展走在规则之前时免不了出现的所谓"金融乱象"。所谓"天下大势，合久必分，分久必合"，目前，中国的金融行业正处于"资管新政"的调整阶段，而且"资管新政"也将是中国金融领域未来相当长一段时期内最重要的事项。

关于"资管新政"在后续的章节中我们将有专门的论述，但是一个公认的结论是，在过往的金融机构资管业务发展过程中，在各种因素的综合作用下，逐步形成了刚性兑付的业务模式。央行的《中国金融稳定报告》中对刚性兑付的描述是"当金融理财产品资金出现风险、可能违约或得不到预期收益时，作为发行方或渠道提供方的金融机构为了维护自身声誉通过寻求第三方、借用自有资金进行垫付等多种方式来保证理财产品本金及收益的兑付"。

刚性兑付实际上是破坏资金的风险定价机制和市场机制，造成资产泡沫，可能导致系统性风险。概括而言，"刚性兑付"具有以下重要影响。

（1）刚性兑付使风险停留在金融体系内部。金融机构刚性兑付将本应由投资者承担的资产损失的风险交由作为受托管理人的金融机构承担，如果此种风险累积，在各类风险尤其是信用风险集中爆发后，个别金融机构可能因不能刚性兑付而引发系统性风险。一是刚性兑付可能使金融机构承担投资所带来的损失。如果金融机构本身是具有系统重要性的，个别崩溃可能会引起物理性和心理性的连锁反应。二是金融机构的刚性兑付可能使投资者的实际风险偏好与实际资产的风险不匹配。刚性兑付无法维持时，投资者会很快转变为风险过度敏感型，争相赎回其投资，引起市场恐慌。三是我国金融机构因为存在政府等领域的隐性担保，缺少抑制风险业务扩张的内在制约。

（2）刚性兑付不利于资源配置和直接融资服务实体经济。"资管新规"发布后的中央银行有关负责人答记者问对刚性兑付的问题表达为"刚性兑付偏离了资管产品'受人之托，代人理财'的本质，抬高无风险收益率水平，干扰资金价格，不仅影响发挥市场在资源配置中的决定性作用，还弱化了市场纪律"。具体而言，一是刚兑影响资源配置和资管机构的公平竞争。刚兑模式下的"资管业务"注重机构本身的信用能力和客户资源，不利于依靠投研能力的资产管理机构在市场竞争中脱颖而出。二是刚兑可能使金融机构的强信用能力拉高无风险收益率，普遍的资金端利率上升必然会引起资金成本的上升。

（3）刚性兑付不利于投资者的整体利益和长远利益。刚兑可能使"金融机构不尽职尽责，道德风险较为严重"，因为刚性兑付可能诱发金融机构不履行必要的投资管理义务，激发金融机构不择手段地"投资管理"。一是不利于投资者的整体利益。金融机构实施刚性兑付可能建立在损害部分投资者利益的基础上，资金链断裂后，部分投资者可能成为"接盘侠"。二是不利于投资者的长远利益，事实上的债权债务关系可能会减弱信义义务的制约。

（4）刚性兑付不利于财富管理行业的健康发展。刚性兑付使投资者可以无须关注风险与配置去单纯地追逐收益，并确实能够获得事实上不应该有的超额收益，进而也弱化了其了解和掌握正确资产配置理念的学习动力。同时，对于财富管理者，其所掌握的专业知识也失去了真正的发挥空间，在不需要市场和事实对其进行检验和验证的前提下，资产配置变成了推销金融产品的"装饰配件"，长期而言，财富管理者也失去了学习与成长的正向反馈机制，在某些局部，财富管理成了"劳动密集型"的工作而不是"技术密集型"的工作。

刚性兑付不是一件正确的事情，但却是一件容易的事情，这种模式一旦形成，作为经营者的金融机构，在监管体系尚不完善的情况下，客观上便有了"谁胆子大谁就能占据更多的市场"的效应，作为个体，也更倾向于坐享制度漏洞的红利。从监管套利和机构、个体博弈的角度而言，要金融机构或者投资者个体自觉主动地放弃刚性兑付绝非易事，这也正是资管新规的重要意义所在，他对抗的正是过往刚性兑付资管规模不断扩大背后隐含的金融风险的灰犀牛。

（二）金融监管中的"分业经营"

在中国的金融监管过程中一直存在着"分业经营"和"混业经营"的探讨，这两种模式没有绝对对错优劣之分，而是各有各的特点与不足。比如，"分业经营"的优势在于为各行业创造了一个相对稳定而封闭的环境，避免了竞争摩擦问题，有利于提高各行业的专业技术和专业管理水平，有利于保证各行业自身及客户的安全，有利于抑制金融危机的产生。但它的不足之处在于以法律形式所构造的行业分离的运行系统，使得各类业务难以开展必要的业务竞争，具有明显的竞争抑制性，不利于各行业的优势互补，也不利于长期的国际竞争等。

从行业的角度，"分业经营"有利于提升从业者的专业水平，但其影响却有两个方面：一方面，"分业经营"使从业者需要更加聚焦专业深度，达到更高的专业水准；另一方面，站在财富管理的角度，客户的需求一定是综合和多元的，"分业经营"又使得从业者在知识广度以及换位思考、跨界思维上受到一定的影响，未必能够很好地匹配客户的需求。比如，站在基金行业的角度，其特别擅长的就是权益投资，而权益投资又是一个技术性很强的领域，所以很多所谓的"基金行业专业人才"，大体指的就是那些权益投资技术能力很强的人，他们在这个专业技术领域不断学习与精进，但面对客户的综合性需求的时候，其身所在的机构因为"分业经营"而带来的服务功能上天然的限制，以及其自身的专业知识结构，就使得他们给出的资产配置方案，可能更多的是从其自身能力出发的"权益投资的资产配置方案"，而不是真正从客户需求出发的"全面的资产配置方案"。与此类似，一个保险机构的专业人员更倾向于给出一个"保险的资产配置方案"，一个信托机构的专业人员更有可能给出一个"固收类的资产配置方案"。

某种程度上，中国的金融机构在现有的监管体制下所处的"分业经营"状态，客观上割裂了财富管理市场的产品与服务供给，形成了一支支行业属性过强、本位主义严重、跨界资源受限、综合能力不足的理财经理队伍。而财富拥有者尤其是普通的老百姓，很难在这种割裂的市场上自行整合相关资源为自己构建合理的资产配置方案，因此也很难真正体会到资产配置的力量。由此也形成了这样的一个观点，即"中国目前并没有真正的财富管理行业，而只有资产管理行业"。

正如任何一枚硬币都有两面一样，现实中存在的任何不足既是问题，也是机遇，金融监管中的"分业经营"所带来的影响提醒我们，在财富管理市场上需要的是能够满足客户综合需求的专业人员，这即是现状的不足，也是完善的方向。

（三）投资者的认知偏差

本杰明·格雷厄姆是股神巴菲特的老师，《证券分析》《聪明的投资者》是其著名的代表作，并被称为"华尔街教父"。在美国大萧条期间，格雷厄姆在1930年投资损失了20%的情况下，继续贷款抄底股市，其后发生的事情，用格雷厄姆自己的话说就是"所谓的底部一再被跌破，那次大危机的唯一特点是一个噩耗接着一个噩耗，糟的越来越糟"。1932年的账户跌掉了70%之多，格雷厄姆实质上已经破产。这些经历使得格雷厄姆对投资和财富管理有了更深刻的理解和把握。

格雷厄姆对投资和财富管理有很多深刻的发现和论述，他也注意到了财富管理中的一个不太被重视的现象：投资艺术有一个特点不为大众所知。门外汉只需些许努力，便可以取得令人尊敬（即使并不可观）的结果。但是，如果想在这个容易获得的标准上更进一步，则需要更多的实践和智慧。

这句话揭示出资产配置所面对的一个挑战，即资产配置面对的第一个门槛并不是来自财富，而来自财富拥有者的认知。在很多情况下，财富拥有者的认知并不见得完善或者正确，但是其过往的既有经验却可能给予其"固执己见"的动力，因此，要理解和重视财富拥有者在这点上的不足，并以此作为与其交流的先决条件是十分重要的。

实际上，财富拥有者存在认知偏差是十分普遍的现象，前述的"幸存者偏差"也是一种认知偏差，承认并正视客户存在的认知偏差，并将这些认知偏差作为资产配置必须纳入考虑的因素，就是我们所提倡的"客户思维"。

三、资产配置背后的行为经济学

如果路边的树上有很多李子，你觉得这些李子能不能吃呢？这个问题的背后，其实蕴含着传统经济学最基本的观点，那就是人都是趋利避害的，会通过成本—收益原则来对其所面临的一切机会和目标及实现目标的手段进行优化选择。因此，树上的李子可以免费吃但剩了很多，就反映出前面的人已经验证过了这些李子其实是不好吃不能吃的，这就是"理性经济人"的假设。中国古代《世说新语·雅量》中有个故事说"王戎早慧，七岁尝与诸小儿游。见道边李树多子，诸儿竞走取之。唯戎不动。人问之，答曰：'树在道边而多子，此必苦李'，取之，信然"，也早早地印证了"理性经济人"的假设。

亚当·斯密关于传统经济学的"经济人"假设有一段经典的描述："每个人都力求运用自己的资本，生产出最大的价值。一般而言，他不会是为了促进公共利益，也不知道促进多少。他只考虑自己的安全，自己的所得。真是这样，他由一只看不见的手引导着，实现着他自己并不打算实现的目标。与有意地促进相比，在追求他自己的利益的过程中，往往能更加有效地促进社会的公益。""理性经济人"也成了市场经济下诸多金融理论的前提与基础，深刻地影响了人们对于经济与金融的理解与感受。在很大程度上，金融机构在财富管理领域的种种行为，如大量代理和发行金融产品、为客户进行资产配置等，从宏观上看，其底层的逻辑就是"理性经济人"假设。

在现实中，有大量的现象是"理性经济人"假设所无法解释的，比如说，按照有效市场假说，在均衡的市场条件下，我们在任何时刻观察到的金融资产价格都是那个时刻所有信息的准确反映，在股票市场上，一只股票的价格反映的就是市场上各种观点和信息的汇总，正面的信息会通过"买入"的行为进入价格，而负面的信息会通过"卖出"的行为来进入价格，最后均衡的股票价格会包含所有的信息。但现实中，总有一部分人会呈现出过于乐观的状态，股票价格的持续上涨作为最直接的、最明显的信息会对他们产生非常明显的影响，而价格持续上涨带来的价格对价值的偏离越来越大的效应往往会被他们所忽视，所以会造成一只股票价格偏高的现象，更重要的是，在牛市的时候，人的群体会呈现出预期一致的倾向，更容易跟风买入，所以即使有部分理性的投资者认为估值过高，但股票价格的泡沫还是会被越吹越大，乐观派的观点会不断地被强化，更加强烈地刺激市场的情绪，很多在这个点位进入的散户就生生地成了"接盘侠"，牛市套牢一大片人的那个尖尖的顶峰往往就是由此而来。这种现象，在行为经济学中被称为"估值偏高假说"。

2013年10月，瑞典皇家科学院将诺贝尔经济学奖同时颁发给了美国经济学家尤金·法马教授、芝加哥大学拉尔斯·皮特·汉森教授和耶鲁大学的罗伯特·席勒教授，获奖者的成就在于，法马教授证明了市场是有效的，而席勒教授则证明了市场的无效。换言之，诺贝尔经济学奖被同时颁发给了两种截然相反的观点。诺贝尔经济学奖评选委员会表示，获奖者的研究成果奠定了人们目前对资产价格理解的基础，资产价格一方面依赖波动风险和风险态度，另一方面也与行为偏差和市场摩擦相关。这些成果有两种解释：一种是理性投资者对资产价格的不确定性，因为资产价格风险越大，回报率越高；另一种则侧重于理性投资者行为的偏离，因为行为经济学需要考虑到制度的限制，比如限制聪明的投资者就错误的定价进行市场交易。这些看似矛盾却又令人惊喜的发现，正是基于法马、汉森和席勒的研究贡献。

即便是诺贝尔经济学奖也没有纠结于两种相反的观点谁对谁错，那我们更应该立足于传统经济学与行为经济学的辩证，充分理解各自的定位与特点，从中找到对资产配置最有实践和指导意义的关键点所在，提升我们财富管理的效率与效益。我们不妨先来建立一个如下的认知框架：人们无法预期资产在接下来三五天内的价格，但是可以预测更长期如未来3~5年内的走势，因为从长期看，价格总是会向真实的价值回归，这就由传统经济学建立了一个基于市场均衡的"正确"标准，能够做出"正确"决策的人就是所谓的"理性人"；但与此同时，无论是生物学还是心理学的研究都表明，人又是非理性的，正是这种非理性，导致人会出现行为经济学所研究的种种偏离"正确"的路径，正是因为有"偏离"，我们才能够预测价格相对于"正确"来说是高了还是低了。所以，传统经济学和行为经济学并不矛盾，它们是短期和长期的关系。传统经济学讲的是长期价格最终应该如何，行为经济学讲的是在短期的不确定性中经常会出现什么偏差和错误，人们可以利用这些偏差和错误进行反向操作盈利，但这种反向操作又会引导价格向理性方向收敛。

现实中的问题是，在包括财富管理在内的大部分领域里，金融机构和金融从业者更多的是沿着传统经济学理性经济人的逻辑和理论在指导自己和其他客户的具体资产配置等行为，而这种行为模式下，人们的预期和现实的结果之间往往存在较大的偏差。其中的原因，很大一部分就在于对行为经济学相关观点的忽视和认识不足，所以，学会从行为经济学的视角观察和理解资产配置，无疑是一个非常具有现实意义的方向和课题。

（一）行为经济学概述

20世纪70年代，美国普林斯顿大学的丹尼尔·卡尼曼教授和斯坦福大学的阿莫特·特沃斯基教授认为金融市场上，买什么、卖什么的决策都是由人做出来的，所以开始关注和研究从人的角度理解经济问题。2002年，诺贝尔经济学奖因"把心理学研究和经济学研究有效的结合，从而解释了在不确定性条件下如何决策"而将奖项授予丹尼尔·卡尼曼教授和另一位乔治梅森大学的弗农·史密斯教授，这标志着行为经济学正式被学术界认可。业界普遍认可行为经济学是由卡尼曼教授和特沃斯基教授所创立。此后，耶鲁大学的罗伯特·席勒教授、芝加哥大学的理查德·塞勒教授又因为在行为经济学研究领域的卓越成就先后荣获2013年和2017年的诺贝尔经济学奖，从而使得行为经济学的理论体系更加完善。

行为经济学相对于经济学研究市场"应该是"什么样的定位，更重视真实的市场"实际是"什么样的定位，因而也更加接近实务。比如，行为经济学认为，监管者在面对市场时，不能因为认为市场从长期来看总是对的，就可以不管它；如果能早点适当干预市场，就能够避免很多经济危机的发生。有趣的是，在高等学府里，传统经济学的学者们大多专心研究，很少转行实务（事实是，一些传统经济学的理论派的投资实战效果可以说非常不好，最典型的就是股神巴菲特的老师，被称为"华尔街教父"的本杰明·格雷厄姆，在美国大萧条期间贷款抄底股市，结果在1932年其账户市值亏损70%之多，实质性破产），而很多行为经济学家，后来都进入了金融市场，直接实践交易策略，成为战绩非常不错的投资实战派。如今，金融市场上人们常见的"量化交易策略"，大多数就是以行为经济学理论为基础的。

行为经济学的构建主要来自两个领域：一个是经济学，另一个是心理学。行为经济学从实证研究出发，从人的心理特质、行为特征揭示了影响选择行为的非理性心理因素，它的核心理论是卡尼曼教授和特沃斯基教授所提出的"前景理论（prospect theory）"。前景理论通过一系列的实验观测，发现人的决策选择取决于结果与预期的差距，而非结果本身。人在决策时会在心里预设一个参考点，基于参考点的不同，人会衡量每个结果是高于还是低于这个参考点，从而产生不同的风险态度。对于高于参考点的收益型结果，人们往往表现出风险厌恶，偏好确定的小收益；对于低于参考点的损失型结果，人们又表现出风险喜好，寄希望于好运气来避免损失。同时，社会心理学中指出人的行为有随机性和系统性两个方面的特点，当个体的非理性决策随机性发生时，随机的结果就意味着结果可以互相抵消，因此最后的均衡结果不变，就能得出传统经济学中的价格涵盖一切因素的结果；但更多的时候，个体的非理性决策会受其他因素的影响而倾向于统一，这就是系统性，而系统性是同方向的，大量案例显示，当群体非理性一面被统一时，心理群体的智商甚至比单个理性人的智商还要低，非理性的心理群体会产生系统性合力。比如，熊市中股票跌得很惨时，大家会同时产生恐慌性情绪，都不愿意买而是抢着卖，使得股票价格不会像传统经济学预期的那样迅速修复，而是持续下跌，哪怕最后股市崩盘。

前景理论揭示出人们的决策不是按照期望效用最大化来决策的，而是通过对所掌握信息的"编辑"和"判断"两个阶段来完成决策。人们做出的选择也未必是最优的，却会是当事人在心理上感到最满意的。

在这样的决策过程中，人们在"编辑"阶段按照一定的决策程序对信息进行编辑，这里就会存在所谓的各类"偏差"，同时在"判断"阶段依靠相应的"偏好"来决策。这些"偏差"与"偏好"的存在，与传统经济学的理性假设有着明显的不同，但"反常"其实也是一种正常，也正好可以体现出行为经济学所独有的魅力。

（二）不确定性条件下行为经济学的规律与应用

前景理论探索了决策中各种"偏差"与"偏好"产生的原因。根据心理学研究成果，人的大脑中有两个思维系统，一个是直觉思维系统（非理性），另一个是理性思维系统。直觉思维系统反应迅速，很多时候是无意识的，人类面对环境的刺激，会直接在自己的过往经历和记忆中选取相关联的内容，它不用经过理性的推导或计算过程，就通过直觉直接得出结论，例如有个人向你丢石头，你想都不用想就会蹲下躲闪，但直觉系统的缺陷是不够理性。理性思维系统具有计划性和自觉性，它运用刻意的推导或计算，通过一定的方法得到结论，思考和决策的质量更高，能够对不同选项做出更加精准的比较，但它的问题是需要主动控制，需要刻意启动，也会占用更多的思考资源。在人类的决策过程中，两个系统都会发挥作用，每一个人的思考过程，都是两个系统合作的结果。当人清醒、精力旺盛的时候，两个系统都处于活跃状态，直觉系统不断给理性系统提供信息，比如印象、感觉等，正常状态下，理性系统只是稍微调整，或者按照直觉系统的建议来做判断，当直觉系统运行遇到阻碍时，便会向理性系统的理性思考求助，这也就是卡尼曼所说的，直觉遇到麻烦，理性会出面解决，但是，由于理性系统的懒惰和高成本，往往是直觉系统占据主导地位，这样一来，人的决策很大部分都是"在不确定性条件下"完成的，这些决策就会受到"偏差"与"偏好"的影响。换言之，在很多情况下，人并不是理性的，"偏差"与"偏好"是人与生俱来的缺陷。

一直以来，传统的经济学把人假设为绝对理性的决策主体，认为人会理所当然地做出理性决策，并且在这基础上推导出一系列理论和论断。但是行为经济学的研究说明，这种假设是有缺陷的，人在做决策时并不是完全理性的。只不过人们往往会在主观上觉得自己是理性的，是理性在掌控自己的决策，而实际上，人的很多行为都是在直觉系统的指引下，在非理性中完成的。

人的决策都是在对信息的"编辑"和"判断"之中完成的，各种"偏差"与"偏好"也就蕴含其中。

1. 决策信息"编辑"过程中的四大偏差

"在不确定性条件下进行决策"，首先需要在内在的期望之下对相关信息进行编辑处理。在行为经济学中，人们期望的主要变量则是参照系。最终形成决策的均衡状态，并不取决于最优结果，而是取决于相对结果，可见决策的结果与参照水平密切相关。

于是，参照点就成为决定决策结果的重要变量，而参照点的形成又取决于很多因素，包括一个人的历史记忆、接受新鲜外部刺激的范围额度等。

在信息编辑阶段，人们主要对不同的"前景"进行简化和重新整合。从认知心理学的角度，对信息的编辑整合又可以分为四个阶段——信息获取、信息加工、信息输出、信息反馈，并且在每个阶段，人们都呈现出一些非理性的认知偏差。

当单纯研究投资行为的时候，"偏差"可以被看作一种对正确结果的偏离，但是从成功营销的角度看，这些所谓的"偏差"恰恰就是投资者做出决策的方式和必经过程，只有沿着这些"偏差"的路径才能找到理性和感性的契合点。

（1）信息获取阶段。

在信息获取阶段，很多认知偏差来源于记忆方面出现的偏误和工作环境上出现的偏误。认知心理学认为，人性天然的弱点是，贪婪和恐惧对信息的获取存在影响；同时，人类的信息获取也存在生理限制——记忆的容量有限，只有部分信息能够得到关注。具体表现为在以下几个方面。

①易记性，即对具体信息的获取多于抽象信息。例如，大部分对市场规则的掌握是通过反复尝试而不是依赖指标说明书。在大多数情况下，人的情感对于显眼的数据反应最快，也会根据这些数据做出有效率的判断和决策，从而省略力所不能及的复杂计算或判断。

②易得性，即人们总是喜欢偏向于自己熟悉或者容易提取的信息来对某事进行决策。例如，如果媒体大肆报道某上市公司的正面信息，大众就会很容易高估与该事件相关的一些事情发生的概率，进而影响人们的判断。

③次序性，即刚刚发生的事情更容易从记忆库里被提取出来，从而影响人的决策。例如，刚刚盈利的投资者更容易忽略风险，继续买入；而刚刚亏损的投资者则更容易悲观，不敢再轻易尝试。

人们在获取信息的过程中，会自然选择更容易被记忆的、被理解的和时间上占有优势的信息，而不是非常理性地选择那些逻辑上更有价值的信息。

在财富管理领域，金融机构其实是非常注重通过上述特点来吸引客户注意力，提升客户黏度的。例如，证券公司的证券分析报告都非常注重形式，其目的就是利用"易记性"吸引人的关注，从而影响人的决策，扩大自己的影响。在某种意义上，形式与内容同等重要。金融机构对理财经理培训的一个热点话题"如何经营自己的微信朋友圈"，也是希望自己成为客户的一个"易得性"的和"先入为主"的信息来源。但与此同时,投资者要避免落入"信息不完善"陷阱之中。

(2)信息加工阶段。

在信息加工阶段最常见的偏差是框架效应。框架效应是指同一个东西在一种框架下,可以显示出它是处于盈利的状态,但是放在另外一个框架下,显示出它是损失的状态,对同一个问题,两种在逻辑意义上相同的说法却导致了不同的决策判断。换言之,就是当人们描述同一件事情的时候,不同的表达方式会给倾听者不一样的感觉,从而可以引导倾听者给出两种截然相反的决策。具体到投资决策上的表现是,当投资者感觉某一方案带来的是"损失"而不是"收益"时,投资者会更加敏感和难以接受这个方案。对框架效应的利用在资产配置业务中很常见。比如,建议客户投保期缴型重疾险时,如果在投资建议中建议客户每月付出一定金额完成投保和建议客户每月用理财或基金的收益配置一份保障,客户接受的效果会完全不同。

框架效应揭示出,人的决策依赖于参考点。而参考点会受到广泛的因素影响。首先,参考点与历史水平有关,在金融领域,投资中的历史水平里最重要的参考点就是成本价,投资者总是会将现在的价格于成本价相比,这被称之为"往回看",是与历史相比,而理性人则只会"往后看"不看沉没成本,只看未来。历史水平的参考点还有最高价、最低价等,如投资者在股价下跌时倾向于做补仓操作,以期摊薄成本,这种摊薄成本的观点就是人们将参考点定位在近期的股价高点而做出的决策。其次,参考点与期望水平相关,如投资者以10元的价格买入某只股票,但他预期该股票能涨到15元,那么他的卖出价格的参考点就是15元,而不再是买入价的10元。再次,参考点与周边人的决策有关,这也叫作决策的同群效应,我们可以看到有不少的投资者,在投资前即使对投资对象进行了一定的研究,但在决策时却很容易跟着专家意见或者周边朋友的决定而决定。最后,参考点是可以被控制的,在中国股市庄家比较流行的时候,庄家操纵股价的一种做法就是将股价拉高到一个绝对高点,从而形成一个参考点,使得很多散户在股价下跌时受此高点的影响而不愿卖股,庄家自己则趁机出逃。

框架效应的效果是如此显著,影响是如此广泛,因此也呈现出多种形式的认知偏差,包括妨碍效果与引诱效果、讨厌两级、沉没成本、沉锚效应等。

①妨碍效果与引诱效果。在已经有两种选项的情况下,如果增加与既有某

个选项非常类似的选项，就会产生"妨碍效果"，促使决策人选择那个与新选项完全不同的既有选项；如果新选项明显不如既有的某个选项，那么新选项就如同"饵"一样，产生"引诱效果"，使得那个明显优于新选项的既有选项吸引力大增，进而提高其获得被选择的概率。妨碍效果与引诱效果常被用来引导客户做选择。

②讨厌两级。讨厌两级是指无论是正面的还是负面的，只要增加了具有极端性质的选项，就会提高那些具有"中间"性质的选项胜出的概率。当选项变多之后，人们通常偏向于选择性质居中的那个选项，这是因为我们给自己找到了证明自己的选择是最好的理由——中间的选项在其他的两个选项的衬托下显得最合理。

③沉没成本。沉没成本是指以往发生的，但与当前决策无关的费用。人们在决定是否去做一件事情的时候，不仅是看这件事对自己有没有好处，而且也看过去是不是已经在这件事情上有过投入。这些已经发生不可收回的支出，如时间、金钱、精力等统称为"沉没成本"。在不得不进行抉择的时候，很多人只注意到自己已经投入的成本，不想白白浪费它们，却忽视了真正的重点，无法冷静思考自己所选择的结果会耗费掉多少更多的成本，以及对将来利益有何影响。

④沉锚效应。沉锚效应是指人们在对某人某事做出判断时，先会估计一个参考答案，这叫锚定值，然后再来调整。而理性人决策是没有锚定值的。这个锚定值就像沉入海底的锚一样把人们的思想固定在某处。问题是，人们在估计参考答案的时候，会受到各种外部因素的影响，往往并不准确，即便再怎么调整，也会出现巨大的评估误差。

框架效应的种种表现说明，人类的直觉系统是一个具有先入为主特性的系统，先输入的信息在判断中能够占据优势地位，不管这种信息是第一印象，还是描述时的词语和修辞，都会极大影响人们的判断。

（3）信息输出阶段。

在信息输出阶段，投资者将加工过的信息输出为参与投资决策的信息。这时的一个常见认知偏差是过度自信——认为自己知识的准确性比事实中的程度更高，对自己的信息赋予的权重大于事实上的权重。

心理学认为，过度自信大概是最经得起检验的人的认知偏差了，也就是说，正常的人普遍都会过度自信。过度自信跟人的一种特别喜欢做因果关系的推断的本性相关，因为人看到一个统计规律，就觉得这是一个因果关系，因为只有因果关系，人才觉得这个东西有道理，前后一致，那就自然会对这个东西更加过度自信。此外，过度自信的形成，还与信息积累有关。典型的场景是，如果一个人对投资一无所知，他在此领域肯定不会呈现出自信。但随着信息收集得越来越多，比如通过对股市相关知识的系统学习，他的能力相应提升，自信就会同步增强；接着他进入实战，取得了经验积累，能力进一步提升，自信进一步增强……信息、能力、自信是同步增长的。但需要注意的是，信息积累没有上限，能力提升却有上限。一个人可以不断增加各种信息的积累，但能力会封顶，到了一定程度后，随后积累的信息没有使能力提升，但却还在不断增强自信，最终，人的自信程度会超过自身的实际水平，这就是人一定会过度自信的原因。

对金融市场来说，过度自信是一个中性的概念，它的影响非常深远。按照传统经济学的观点，理性人对资产价格的判断终将会趋向一致，因此均衡的时候应该没有什么交易量，但实际情况是，市场上每时每刻都有大量的成交，原因就在于投资者都是过度自信的，每一笔成交的背后都是两位过度自信的投资者在完全一样的市场环境下做出的截然相反的判断。而基金经理们尤其是以获取绝对收益为目标的主动管理的基金经理们，其实就是一群典型过度自信的人群，某种程度上，每年基金业绩排行榜上最前面的获胜者和最后面的失败者，从本质上来讲是完全相同的一类人，只是他们玩了一个典型的"成王败寇"的游戏而已。但客观上，过度自信放大了市场的成交量，提高了市场的流动性。

另外，由于过度自信的普遍存在，当人们期望一种结果，而这种结果确实发生时，过度自信会更明显地体现出来，人们往往会高估自己的能力在理想结果中的作用。高估自己的判断力时，很容易低估风险，误以为自己能操控局面。

所以，自我认知的重点在于了解自己知道什么，不知道什么。人不一定要和自己的过度自信对抗，人也不需要成为万事通，不过最好要认清自己的知识范围，在判断自己的选择是否恰当时，正是以自己的认知为参考点的。但是，正所谓"当局者迷"，学会从第三方的立场，以一个置身事外的角度去评判问题，或者站在一个更高的视角看待问题，都是很有效规避过度自信的思维方式和办法。

(4) 信息反馈阶段。

在信息反馈阶段，人们对于输出的信息所带来的结果进行自我反馈。在前三个阶段，人们在了解信息对象时都会产生认知偏差，那么人能不能通过不断学习和反思，纠正这些偏差呢？对于主张理性经济人假设的传统经济学，在面对质疑和挑战的时候，最常见的解释是"误差"。他们也承认，在现实生活中，完全做出理性经济决策的理性经济人，其实是不存在的。但他们坚持认为，通过反复的学习和决策实践，就可以不断接近理性。但行为经济学发现，无论是在投资中还是在生活中，人们即便发现了自己的问题，仍然很难通过学习和反思进行纠正，人们对踩过的坑总是逃不过再踩，其中的原因就是人们在信息反馈阶段仍然容易陷入一些认知偏差，包括正向归因、后见之明、后悔厌恶、认知失调、确认偏差等。

①正向归因。在信息反馈阶段，人们需要将失败或成功归结于某种原因。而正向归因是指人们在进行这种归因时，一般会首先寻找外部因素，如投资环境恶劣、遭遇"黑天鹅事件"等不可控因素，而不愿反省自己内部的原因。概括而言，成功了是自己了不起，失败了是因为别人不好。在个人投资上，正向归因导致人们找不到盈利或亏损的真正原因，人们在下一次投资时并不会变得更聪明，而是会继续重蹈覆辙。

②后见之明。每当一件重大的事情已经发生，在事后来看，我们总是很容易就能找到事情发生的缘由，而且显得特别合理、贴切、清晰，即俗语所说的"事后诸葛亮"。这种现象在股市收盘之后非常常见。很大程度上，后见之明源于人类对"因果关系"的特殊偏好——如果寻找不到因果关系和一定"规律"，人类将很容易觉得自己生活在未知当中，从而感到极度的不安全。所以，人们习惯赋予已经发生的事情某种意义，并认为这是必然发生的结果，并会自以为事先已经知道某些信息，并能据此预测后来发生的事情。在投资中，后见之明会使人们在估计风险时过度乐观，从而容易导致投资失败。

③后悔厌恶。后悔厌恶是指当人们做出错误决定之后往往后悔不已，感到要为损失承担责任，导致内心十分痛苦。人们都不喜欢懊悔的滋味，下定决心改变现状比下定决心维持现状更难，因为前者总会让当事人感到责任更加重大。因此，如果某决策方式能够减少投资者后悔的可能，投资者会倾向于这样的决策方式。典型的表现是为等待某些不必要的信息而推迟决策，以及从众行为等。总体上，人们经常因为不想后悔而无法当机立断，因为缺乏自信而畏缩不前，即使能改变现状也不付诸行动，但很少人注意到，其实"不做决策"也是一种决策。

④认知失调。在几乎所有包含多种可能结果的决策之后，人们在认知上会发生冲突，表现为人们常常会问自己是否做出了正确决策、决策的选择是否能让结果更好等。出现这种现象的原因是，人们所选择的那个决策结果常常包含着消极的一面，而人们未选择的那个决策却经常包含着积极的一面。这与相信自己做出了最好决策的观点相矛盾。这种矛盾在心理学上被称为认知失调。认知失调的一个基本假设是，冲突使人感到不愉快，所有人都试图尽可能快地解决在感知和思考之间的任何冲突因素。

⑤确认偏差。其指的是一旦人们形成一个较强的观念，就会有意识地寻找利于证实自身观念的证据，而不倾向于从否定该观念的一面寻找证据。在金融市场上，如果投资者买了一只股票，那么他满眼看到的都会是支持买入的好消息；如果是卖掉了一只股票，那么他满眼看到的就都是支持卖出的消息。实际上，正面的消息和反面的消息都是存在的，只是投资者会有目的地选择对自己有利的信息而已。确认偏差会导致投资者坚持错误的交易策略，甚至带来市场的长期定价错误。

2.决策信息"判断"过程中的五大偏好

完成信息的编辑，下一步就是要进行信息的判断，进而做出最终的选择。决策判断是对决策的实际结果和预期目的的符合程度进行分析与判断。决策产生时，决策的目标与方案都还只是人们所预期的结果与过程，而不是实际的结果与过程。预期与实际之间是有矛盾与差别的。决策判断就是对决策的这种差别做出客观的分析与预计。决策判断的过程包括：决策实施前的评价，这里主要要明确的是决策预期在多大程度上有多大可能性与现实系统相符，决策方案实施的潜在问题在哪里，会对决策实施产生什么影响，程度如何等问题；决策实施过程中的评价，这里评价的是决策预期与实际情况的符合情况，以作为决策修正或追踪决策的依据与基础；实施结果的评价，包括对决策实施产生的效果的全面客观评估和实际结果与决策预期符合程度的分析判断。

在这个阶段里，行为经济学与传统经济学最大的不同在于，前者用偏好理论代替了效用理论来评价得失，在具体的参数上也用决策权重代替了概率。

行为经济学提出了确定效应、反射效应、损失厌恶、小概率迷惑和参照依赖五大偏好概念。

（1）确定效应。

所谓确定效应，就是在确定的收益和"赌一把"之间做一个抉择，多数人会选择确定的收益，用一句话打比方就是"二鸟在林，不如一鸟在手"。一个经济学实验的结果体现了确定效应，实验让一群人分别做如下选择，A 选项是直接获利 3 万元，B 选项是以 80% 的概率获利 4 万元，20% 的概率什么也得不到。实验结果是，大部分人选择 A。这与传统经济理论得到的结果明显不符，因为 $4 \times 80\% = 3.2$（万元），B 选项的数学期望要大于 3 万元。

这个实验结果是对"确定效应"的印证，即大多数人处于收益状态时，往往小心翼翼、厌恶风险，害怕失去已有的利润。换言之，稳赚的时候就会变得保守。在金融市场上，尤其是牛市的时候，股票价格普遍上涨，投资者通常处于盈利状态，但是，绝大部分股民在牛市里都赚不到头，一定涨幅之后就赶紧落袋为安了。

（2）反射效应。

与确定效应相反，所谓反射效应，就是在确定的损失和"赌一把"之间做一个抉择，而多数人会选择"赌一把"。另一个经济学实验的结果体现了反射效应，实验让一群人分别做如下选择：A 选项是确定亏损 3 万元，B 选项是 80% 的概率亏损 4 万元，20% 的概率没有任何损失。实验结果是，大部分人选择 B。这与传统经济理论得到的结果同样明显不符，因为 $(-4) \times 80\% = -3.2$（万元），B 选项承担损失的数学期望要大于 3 万元。

这个实验结果是对"反射效应"的印证，即多数人处于亏损状态时，会极不甘心，宁愿承受更大的风险来赌一把。也就是说，处于损失预期时，大多数人变得甘冒风险。这种非理性偏差在投资决策上的典型表现就是喜欢将赔钱的股票继续持有下去，"为了小损失，甘冒大风险"，统计数据证实，投资者持有亏损股票的时间远长于持有获利股票。在金融市场上，尤其是熊市的时候，股票价格普遍下跌，投资者通常处于亏损状态，熊市里的股价一般是缓慢下行，但是，很多股民在熊市里都会一亏到底，迟迟不愿意离场，手中亏损的股票一直伴随着漫漫熊市，等待着回本的那一天。

传统经济学认为人都是厌恶风险的，但行为经济学中的确定效应和反射效应显示，人厌恶风险这个特征只在面对赢利时显现，在面对亏损时，人会表现为喜欢风险，更倾向于赌一把，看看有没有机会绝处逢生。

（3）损失厌恶。

在面对盈利和亏损时，投资者除了风险偏好会反转之外，它们对待两者的心态也是不对称的。人们在决策时，内心对利害的权衡不均衡赋予"避害"因素的权重要远大于"趋利"的权重，这被称为损失厌恶。

损失厌恶是行为经济学最重要和最有用的发现之一。这个认知偏差说明，人们对财富的减少比财富的增加更加敏感，损失的痛苦远大于获得的快乐。在金融市场上有个普遍的感受，投资者买了一只股票，如果股票涨停了，人们会很高兴，但是如果它跌停了，人们感受到的痛苦值可能要两倍于从盈利中感受到的喜悦值。损失厌恶深深地影响着人们的投资决策。由于人们对一定数量的损失要比对相同数量的收益敏感得多，因此即使事先向客户讲明了某基金的下行风险，一旦真的遭遇到亏损，投资者还是会很容易情绪激动。很多人因为知道产品有亏损的风险，即便自身具备一定的风险承受能力，也不愿投资有亏损风险的产品，这就是很多人因为损失厌恶放弃本可以获利的投资机会的原因。

损失厌恶会让投资者尽量避免做出让自己损失的决定，如投资者如果委托他人投资、投基金，或将决定权交给自己信任的人，这样一来，出现损失时就可以将责任推给他人，减轻自己决策失败并为此负责带来的内疚心理。投资者也有可能会结伴投资，这样当大家一起亏损时，每个人的心里就不会那么难受。与他人决策一致并不代表一定不对，但是如果将此作为决策的考量因素，就会陷入非理性，而理性的投资行为只看投资对象，不会参考其他人的决策或将错误归于他人。另外，损失厌恶会使投资者在发生损失时难以止损。止损就是让浮动亏损实现，这让投资者非常痛苦。很多人在亏损时会选择视而不见，最后变得麻木，所以投资者也将止损称为"割肉"，形容止损像割肉一样疼。但事实是，止损不果断只会加重损失。

由损失厌恶又衍生出两个典型的认知偏差表现——禀赋效应与棘轮效应。

①禀赋效应。禀赋效应是指当个人一旦拥有某项物品时，那么他对该物品价值的评价要比未拥有之前大大增加，或者说，拥有再失去，比从来没有过更痛苦。

由于禀赋效应，人们要避免失去所拥有的东西，在决策过程中，对于"利害"的权衡并不均衡，对于"避害"的考虑，要远远大于对于"趋利"的考虑。

禀赋效应在投资上的典型体现就是由于害怕损失，股票的拥有者在承受股价下跌时，往往会变得风险偏好，为了避免损失而愿意冒价格进一步下跌的风险继续持有股票，希望有朝一日股价能重新上涨。从而产生一种奇怪的现象：股票或房地产的价格越低，其成交量反而越低，这与传统的经济学的需求曲线是相悖的。禀赋效应甚至可以解释赖账的心理，借入的时候，可能很开心，但还钱时的痛苦一定大于这种开心。

禀赋效应也有更加宏观的应用。传统经济学有个非常有名的观点，叫作科斯定理。它说的是，对一个经济体来说，只要产权明确，同时交易成本为零或者很小，无论将产权给谁，通过市场交易，最终都能够实现效益最大化。举个例子说，假设一个国家正在分配产权，将矿山分给了擅长打鱼的张三，将渔场分给了擅长采矿的李四，按照科斯定理，只要交易成本够低，张三和李四总能找到一个双方都能接受的均衡价格，完成交换，张三去经营渔场，李四经营矿山，实现效益的最大化。但是，考虑到禀赋效应的存在，张三尽管不擅长采矿，还是会觉得自己的矿山很值钱，没到手的渔场不值钱。李四正相反。两人估价的差异巨大，这个看上去很美的交易，极有可能始终无法完成。这种情形，比科斯定理所描述的理想状态更接近现实。这个例子说明，在产权的分配问题上，政府不能偷懒，不能认为产权明晰、降低交易成本就万事大吉了，一开始的产权分配也是至关重要的。因为在禀赋效应的影响下，初始状态可能很难通过后面的市场调节改善，如果一开始便很糟糕、没有效率，很可能到最后也没有效率。更进一步，这个例子说明不能完全迷信市场，不能过分相信市场对资源配置的调节能力，正如不能迷信经济人的理性一样。

②棘轮效应。棘轮效应是指人的消费习惯形成之后有不可逆性，即易于向上调整，而难以向下调整。尤其是在短期内消费是不可逆的，其习惯效应较大。这种习惯效应，是消费取决于相对收入，即相对于自己过去的高峰收入。消费者易于随收入的提高增加消费，但不易于随收入降低而减少消费。传统经济学认为消费是可逆的，即绝对收入水平变动必然立即引起消费水平的变化。但行为经济学认为消费决策不可能是一种理想的计划，它还取决于消费习惯。这种消费习惯受许多因素影响，如生理和社会需要、个人的经历、个人经历的后果等。特别是个人在收入最高期所达到的消费标准对消费习惯的形成有很重要的作用。人们往往

用一句古话来解释棘轮效应，就是"由俭入奢易，由奢入俭难"。在财富人士的财富传承过程中，二代所处的物质条件与一代是完全不一样的，一代在对二代的培养和要求的过程中，其实是需要理解和顾及棘轮效应的影响的。

（4）小概率迷惑。

中国的股市投资者很喜欢打新股，因为打新股是按一个折扣价格买入新股，其收益率比较高且基本无风险，但是正因为打新股的人太多，所以要通过摇号决定中签者，中签率就变得很低，投资者没有意识到的是，打新股这种投资方式的平均收益是按收益率乘以中签率来计算的，这个平均收益率其实非常低。但在投资者心目中，低折扣这个因素在决策时的权重被放大了，所以打新股就变得非常吸引人。

喜欢打新股是人们所具有的强调小概率事件倾向的典型例子之一。人们的这种"小概率迷惑"偏差，反映的是人们对于概率的反应有些非线性，对于小概率会反应过敏，对大概率则会估计不足，反映在决策时，就是内心给予一件事情的权重并不等于它的实际概率，人们会对突出事件放大权重，这和理性人遵循概率进行决策的做法完全不同。但这种使人产生偏差事件的特点具有很高的绝对损益，所以虽然概率很低，但投资者往往会被那个绝对收益吸引，在心目中放大概率。比如彩票，不但很多人买过，还有相当一批"彩民"。虽然从理论上看，买彩票赢钱的可能性微乎其微，可还是有人心存侥幸、试图博取小概率事件（中彩）的收益。再如保险，虽然遭遇风险事件的概率非常小，可人们还是希望通过经济手段规避风险，哪怕付出的保费比公平保费高很多。人们的这种倾向，是保险公司开展经营并获得利润的心理学基础。

在前述的确定效应和反射效应中，人们在涉及收益时是风险的厌恶者，在涉及损失时，是风险喜好者；但在小概率事件面前，人们的风险偏好又发生了逆转，面对小概率的盈利，多数人是风险喜好者。面对小概率的损失，多数人是风险厌恶者。

（5）参照依赖。

参照依赖指的是多数人对得失的判断往往根据参照点决定。投资者对一个决策结果的评价，是通过计算该结果相对于某一参照点的变化而形成的。人们看的不是最终的结果，而是看最终结果与参照点之间的差额。

有一项调查的结果是对参照依赖这种偏好的证实。假设某人在同样的环境下同时面对两份工作：第一种情况是其他同事年收入10万元的情况下，其年收入为12万元；第二种情况是其他同事年收入15万元的情况下，其年收入13万元。这个调查的结果是，大部分人选择了前者。实验显示，经济交易的公平与否不仅取决于客观数值，还受到比较、正当化、诱发动机、呈现方式等诸多因素的影响。人们对于自己薪资的满意程度不止取决于薪水金额的高低，还有与同事比较的结果。

这一偏好严重影响着人们对投资结果的评价：当市场普遍下跌、"哀鸿遍野"的时候，投资者对自己所持股票型基金遭遇亏损的不满就会有所减弱；而当市场上涨时，如果自己所持股票基金的盈利比别人低，投资者也会不满。

当投资者做出最终决策的时候，就是按照上述五点来判断的，先形成一个决策权重，然后逐一排序，做出选择。

（三）行为经济学视角下的资产配置

传统经济学家假设各类经济活动的参与主体，不是真实的普通人，而是虚拟的、完全理性的经济人。这种理性经济人的特征就是明确知道自己喜欢什么，知道如何按照自己的喜好得到自己最想要的结果。就好比给人一百块钱去超市买东西，他每次都有能力找到一个最满意的购物组合。总之，理性经济人做选择的时候，总是会遵循最优化的原则。传统经济学发展到现在，体系越来越庞大，越来越复杂，各种模型层出不穷，但这一切的背后，其实是一个非常简单的假设，这就是理性经济人假设。

理性经济人假设，其实一开始只是为了研究方便，就好像物理学家研究力学，要假设一个不受任何干扰的理想状态一样。但是，就是因为它用起来太方便了，传统经济学家越用越上瘾，对它产生了巨大的依赖，甚至是迷信。从西方经济学教科书都有的供求关系曲线，到华尔街那些令人眼花缭乱的资本市场模型，今天我们能看到的大量传统经济学成果，都建立在理性经济人假设的基础上。在这个基本前提下，传统经济学设计了各种经济模型。但这些模型对现实经济活动的解释和预测，却遭到了越来越多的质疑和挑战，甚至无法解释生活中的很多反常现象。

行为经济学是近年来经济学发展最快、最有活力的一个分支，它引入了心理学和其他社会科学的方法，关注了那些传统经济学关注不多的因素，比如人们的行为、认知、情感、心理效应、人格特质，甚至是偏见和错误，如何对个人和群体的经济决策产生作用，从而对整个经济系统造成影响，进而对传统西方经济学的理性经济人假设提出挑战，它认为，由于人的时间、精力和能力有限，人们通过不断学习、不断积累经验来提高理性程度的成效，是有限度的，而且理性本身的标准也存在问题。所以，传统经济学的理性经济人假设存在着比较明显的缺陷，经济活动中的主体，不是理性的经济人，而是受各种情绪甚至偏见影响的普通人，由此，形成了很多关于经济活动、经济决策和经济解释的全新观点。这些发现和观点，在资产配置角度也有着非常现实的意义。

1. 偏差的普遍存在及影响

中国的资产配置有一个明显的特点，就是权益资产在整体配置中占比偏低，这与投资者以散户化的方式参与股票市场的形式有关，但更与源自人性深处的各种行为偏差相关。

从长期统计学的结果来看，国内个人投资者在股票市场上的战绩基本都是"七亏两平一盈利"，但每一位市场的参与者都认为，自己能够进入10%盈利的那个部分，这就是"过度自信"效应的影响；在投资过程中，一旦买入股票，未来的买卖决策其实都应该只取决于投资标的本身，但绝大部分投资总是免不了要把价格跟买入的成本进行比较，这就是"框架效应"的影响；当投资进入盈利区域，"确定效应"就开始发挥作用，投资者倾向于落袋为安，正因如此，很难积累出真正的价值投资者；而如果投资者在追涨杀跌过程中被套，进入亏损区域，"反射效应"又会发挥效用，开始长期"捂"股；在此过程中，最大的风险是投资者产生流动性需求，也就是需要使用现金，这时候"损失厌恶"开始发挥效应，投资者往往会"售盈持亏"，卖掉表现相对好（盈利中或亏损少）的股票，留下表现相对差（亏损或亏损多）的股票，研究显示，投资跌幅在20%以内，投资者通常可以接受；跌20%~40%，人们会觉得损失惨重，如果跌掉40%~50%甚至更多的时候，大部分人的心理防线基本被击破，这时候的"损失厌恶"效应会影响他们选择割肉离场，把账面上的亏损变成真正的亏损。有些投资者会遵循资产配置的理论进行组合投资，在这个框架下，决定整个组合的风险不再是单只股票价格的起伏涨跌，而是组合中股票与股票之间的相关性，单个资产的波动会被其他资产平衡掉，对风险没有影响，理性投资者只需要关心资产之间的协同变化有没有发生变化，而不需要关注单个资产的涨跌。但是现实中，绝大部分投资者在"参照依赖"效应影响下，总是在关注某只股票亏了，某只股票赚了，那只亏的股票还是想等它回本，其实放在一起是赚了，但是投资者的意识里还是把它们分开处理，进而影响自己的操作决策，没有达到分散风险的目的。

事实上，按照证监会在公募基金行业设立20周年之际公布的数据显示，在这20年中，中国偏股型基金年化收益率平均为16.5%，超过同期上证综指平均涨幅8.8个百分点，远远跑赢大盘。这个收益水平是在一个足够长的时间段内的年化平均收益，可以代表市场所能提供的平均机会收益了，但数据公布之后，得到的主要反馈却是这组数据和大部分个人投资者的主观感受很不相符。市场提供了很好的收益机会但却不能够被投资者所把握的悖论长期存在。由此导致权益资产这个整体收益最高的大类资产在投资者资产配置中整体占比偏低的反常现象。

2. 偏差中的亏损与盈利

偏差影响了投资者在金融市场上投资效率，那谁是这种现象的获益者呢？在金融市场上，有一种"涨停板敢死队"的现象非常典型。

"涨停板敢死队"策略的一般做法是，在看到股票涨停后迅速买入，这是利用公开信息的交易行为，是正常的，然后在第二天卖出。然而，"涨停板敢死队"要赢得最后的获利，还需要满足其他条件，一是要能够买到涨停的股票，那么涨停的股票是谁卖出的呢？二是要能将股票在第二天卖出去，那接盘买入的人又是谁呢？

对第一个问题，我们发现是"框架效应"和"确定效应"发挥了作用。在理性条件下，投资者应该忘掉自己的买入成本，非常客观的"向前看"去判断股价的趋势，但在"框架效应"作用下，持股者会不自觉地将涨停板的价格与自己的成本价进行比较，这是一种"回头看"的做法，同时，在"确定效应"影响下，当股价上涨时，风险偏好占据主导，落袋为安的冲动发挥了作用，从而过早的出售了盈利资产。对第二个问题，我们发现是"框架效应""过度自信""信息易得"和"小概率迷惑"等效应发挥了作用。涨停之后，交易所和各大榜单会公布信息，这时候就会吸引一部分投资者关注（信息易得），对于这些"追涨"买入者，买入决策还是在"往回看"，总以为历史会重演，涨的还会再涨（框架效应），同时，投资者之所以对涨停这类市场热点产生关注，深层次原因还是受到这类现象背后的"高收益、低概率"特性的吸引（小概率迷惑），进而做出了买入的判断（过度自信）。但问题是，个人投资者的追涨行为往往慢人一拍。换言之,"涨停板敢死队"将自己前一天吸收的筹码有效出售给了慢他们一拍且关注力有限的普通投资者。此外,中国市场的投资者结构呈现典型的"二八"现象,即个人投资者数量超过总数的80%,但资金量并不大,也就是散户为主,但是能够控制市场的却是数量占比不足20%的机构,这样的投资者结构有利于形成"羊群效应"。在这样的市场结构下,一些机构或者上市公司仅仅依靠引导投资者形成羊群效应,就可以达到自己的目的。例如,2015年时国内特别火的概念是P2P,上市公司多伦股份就直接把公司的名字改成"匹凸匹",结果公司股价便连续多个涨停。"涨停板"也是一种非常有效的短期吸引个人投资者注意力的手段。有专门的数据统计研究显示,"涨停板敢死队"账户的平均日收益率为1.16%。但是普通个人投资者则在该策略中受损,第一个涨停时卖出的,损失了后面股价可能上涨带来的收益,而买入慢一拍的个人投资者,由于未来股价回归,平均将遭受0.88%的损失。

在"涨停板敢死队"这一行为模式里,同样的买入操作却有着天差地别的差距,敢死队的行为是有意识的,而普通投资者是无意识的,普通投资者与敢死队完全是反向操作。这就是专业投资者或者专业机构的行为金融交易策略——预测别人的错误,并且利用他们的错误盈利。如前所述,传统经济学和行为经济学是短期和长期的关系。传统经济学讲的是长期价格最终将会如何,行为经济学讲的是在短期中经常会出现什么偏离,人们可以利用这些偏离进行反向操作盈利,但这种反向操作又会引导价格向理性方向收敛。在真实的市场中,行为经济学交易策略的主要运作原理就是,一部分投资者会犯错,而另一部分专业投资者或者专业机构利用这种错误来盈利。

3.行为经济学的获利因子与传统经济学的对冲方法

与传统经济学认为"价格包含一切市场信息,所以必然会达成均衡"的观点不同,行为经济学认为受投资者偏差和偏好的影响,价格会出现高估或者低估。例如,在同等情况下,一家好公司值20元,一家差公司值10元,好公司比差公司的业绩好,所以价值更高。投资者会追捧好公司的股票,造成好公司的股票价格高估,涨至30元,而差公司则无人问津,股价跌至5元。行为金融策略成功的基本原理是反向操作——买入别人都不喜欢的,卖空别人都喜欢的。由此,行为经济学发现市场上存在着一种可以带来稳健获利的因子——"价值因子",所以价值因子的投资策略就是买入差公司价值股,因为它的价格被低估,未来等到价格向价值收敛,价值股将能取得高收益。类似的,因为小盘股的流动性不够,大型机构不太喜欢持有流动性较差、业绩较差的小盘股,造成市场错误估计了小盘股的价值,形成小盘股溢价,这就是"规模因子"。这些获利因子背后的市场逻辑也验证了投资是反直觉的观点。

那么如何利用因子获利呢?这时候行为经济学家们使用了传统经济学的经典方法——分散与对冲。基本的做法是:首先按"市值"这个特征将市场上所有股票进行排序;然后将排好序的股票分成若干个分组,比如10组;接着构建对冲组合,买入低估的,即未来收益好的分组,卖空高估的,即未来收益差的分组。以"规模因子"为例,既然判断认为小公司股票收益更好,就买入 1/10 最小规模公司的股票,卖空 1/10 最大规模公司的股票。最后,再对这个组合进行检验。数据显示,在美国的三大交易所股票市场上,通过"规模因子"对冲策略构建的投资组合,其年化收益率超过了8%。类似的,通过"价值因子"对冲策略构建的投资组合,其年化收益率超过了10%。当然,必须要同时指出的是,这些获利因子有效性是动态变化的,获利因子有效性会吸引市场资金涌入其中,导致获利空间被逐渐压缩以至于失效,资金就会再去寻找其他的获利因子,这也是一些顶级对冲基金从不对外公布其投资策略的主要原因。

所以,利用行为经济学的偏差是可以在市场上获利的。重点是,个人投资者或者在这一个维度上不能存在认知"死角",要理解"在别人恐惧的时候我要贪婪,在别人贪婪的时候我要恐惧"其实是一个经济学的观点,在自己的投资过程中注意努力克服人性的偏差;当然,还有另外一个更简洁的选择,就是将自己的投资委托给机构投资者。当我们深刻地认识到市场上存在着这些投资逻辑、投资机会以及投资路径的时候,就能有效地解决我们资产配置的合理结构问题。

综上,行为经济学虽然对传统经济学提出了挑战,但至少从目前来看,行为经济学并不是对传统经济学的否定和全盘颠覆。虽然行为经济学认为人的理性存在欠缺,应该用助推的方法适度干预个人决策过程,但它并不会颠覆个人有权自由选择的基本价值观。它所追求的,仍然是对原有体系的完善和修补,是在承认个人自由选择和决策权利的前提下,用助推的方式改进决策环境,提高个人决策质量。行为经济学不是对主流经济学的否定,而是扬弃,也就是抛弃不好的一面,发扬好的一面。一方面,行为经济学弥补了主流经济学的不足,改正了主流经济学的失误；另一方面，行为经济学用到的很多概念和分析方法，还是从主流经济学来的。行为经济学不能替代主流经济学，但是这个学科分支能让经济学更贴近现实，能够帮助我们更好地决策，更好完成我们的资产配置。

四、资产配置未来的变化趋势探寻

近几年来，有一个隐喻越来越多地被提及，这个隐喻叫作"硅谷攻占华尔街"，它的源头据说是在2016年，摩根大通的工程师们开发了一款名为"COIN"的金融合同解析软件，原先律师和经济师们每年需要36万小时才能完成的工作，COIN只需几秒钟就能完成，而且错误率大大降低。实际上，人工智能正在以越来越快的速度进入越来越多的领域，对原有的竞争秩序形成了巨大的冲击，包括财富管理领域。

（一）新的财富管理主体将不断产生

近年来，国内的互联网头部企业（其实也是国际的互联网头部企业）不断在深化"新零售"的概念，"新零售"本质上是互联网企业从线上向线下的流量拓展。基于互联网用户、技术和数据的有效整合，"新零售"也不断在向金融领域延伸。腾讯、阿里、百度、京东、小米、天天基金、好买基金，这些民营机构正在慢慢进入财富管理的领域。当然，更重要的是，这些新主体背后的新信用，与过往那些野蛮生长的P2P、现金贷等模式不同，这些新主体在过往的业务领域里积累了他们可以跟银行等传统金融机构竞争的最重要的特质——信用！马云超万亿的余额宝、马化腾近十亿的微信用户，背后最重要的属性是构建了自己的信用体系，这些信用积累在新形势下成了他们金融财富管理市场最大的背书。

传统银行和金融机构占据了金融市场80%以上的份额，他们的核心竞争力是信用，但是，这些机构的信用是国家给予的，因为他们背景大部分都是国有资本，只有少量的民营资本参与，而且金融行业是牌照式管理的，国家通过准入门槛的设置给予了其相对垄断的地位，这就是其信用的保证。但是，在未来，随着互联网金融、信用金融大潮的来临，随着BTA这种大体量、高信用等级同时又有着灵活的市场反应机制的巨无霸企业的进入，这种垄断就会被打破，从而倒逼传统金融机构发生一些变化。

新信用主体下的新主体最主要的特点就是去中介化和低门槛。去中介，让金融产品能够直达普通投资者。而这里的中介，主要就是传统的银行等金融机构以及它们的理财经理；低门槛，一元可理财，千元可组合，万元可配置。聚沙成塔，集腋成裘，一直都是互联网的一大优势。

（二）智能投顾与FinTech应用加速

2016年12月6日，招商银行正式推出"摩羯智投"，这是国内银行业首家智能投顾，"摩羯智投"除了数据和运算平台的基础技术积累、利用基础资源和大数据进行机器学习建模，以及最上层智能投顾、用户画像分析这样三层组合的模式运作之外，还具备优化的售后交互服务。"摩羯智投"推出之后，各大银行和金融机构都在跟进，用技术的手段增强自身在财富管理领域的竞争力，也进一步强化了"硅谷攻陷华尔街"的趋势和循环。从某种角度而言，传统金融机构也加入了"革自己的命"的队伍中。

一般来讲，金融机构都会把客户分成两种类型，一种是普通客户，比如有的金融机构将资产在1000元的客户列为有效客户，资产在10万元以下的有效客户就是普通客户；另一种是高净值客户，普遍的标准是资产在600万元以上的客户。普通客户有很多普遍的需求，但因为需求对应的金额偏小，需求数量众多，所以他们的需求很难被很好地满足，因为金融机构和理财经理们有考核的压力，有效率的压力，所以普通客户得到的关注和服务是不够的。但未来，随着技术手段的不断进步，理财的门槛会被不断降低，而在智能投顾与FinTech应用的支持下，低门槛的理财需求将不再需要人工来打理，只需要将相关的策略和产品放在网上，通过小额、配置、大数据的方式，就可以解决这些长尾客户的绝大部分需求。

（三）高净值客户将成为未来财富管理行业的决胜之地

如前所述，随着智能投顾与FinTech技术的应用加速，客户将会被清晰的分为"普通客户"和"高净值客户"。在长尾客户的需求被技术满足的同时，高端客户的需求则是个性化、多样性和定制化的，这就一定需要与财富管理者进行面对面交流和方案讨论，此时，综合专业性强的财富管理者的不可替代性就能得到充分的体现。"个人理财"这个词在不同的场景下是有不同含义的，对于普通客户，"个人理财"重在"理财"，但对于高端客户，"个人理财"重在"个人"。高净值客户将会成为未来财富管理的决胜之地。

(四)财富管理者将进入个体品牌化建设阶段

在分业监管的中国财富管理领域里,有个非常有意思的现象:在证券基金行业,是非常重视团队和品牌建设的,比如每年的"新财富最佳分析师奖""水晶球奖""金牛奖"等,都是业内团队和个人一展风采的大舞台,而获奖者的职业发展和收入待遇也与这些评选结果息息相关。但在银行业,团队和个人的品牌形象是不突出的,没有专门的评选活动,大众能看到和感知到的只有机构的品牌,如果要请老百姓说出几个著名银行理财师的名字,大家就会发现,这其实是一个完全空白的领域。

1."品牌建设"现状背后的逻辑

(1)从银行的角度而言,作为金融职能最基础、金融网络最发达,关系国计民生和金融安全的金融机构,其最大的竞争力可能还在于"垄断"地位基础上的获客能力。但正因为银行具备可以坐堂等客的资本,其对所管辖的理财经理们的要求其实更在于"标准化",批量的服务与批量的服务方式,更直接一点地说,至少在过往很长的一段时期里,银行体系对于个性化、品牌化的财富管理者的需求并没有那么迫切。

(2)站在证券基金行业的角度来看,其所提供的服务是高度不确定性、高竞争性,所以能否做好"投资者教育",能否帮助客户建立正确的投资理念,能否与客户之间建立良好互信的关系,就变得至关重要了。在这个过程中,财富管理者是否具有一定的辨识度和知名度,就成了一个非常重要而关键的"参数",由此回溯,我们就能够理解证券基金行业不断通过各类评选活动帮助从业者进行"品牌建设"的逻辑所在了。

(3)两相比较,无疑后者的选择是更加市场化的,伴随着中国经济的高速持续发展,国富民强发展进程的持续深入,私人领域的财富管理需求已经并且必将持续增长,对财富管理者尤其是高水平的财富管理者的需求只会是越来越多,在这个过程中,具备"品牌建设"意识,即是财富管理团队或个人的机遇,也是应当抢占的先机。

2.财富管理需要"品牌建设"

财富管理领域里的"品牌建设"不仅仅是外部竞争的需要,其实更是其内在持续发展的必然。必须要认识到,即便是与不远的若干年前相比,其实中国的财富管理市场已经发生了深刻的变化，体现在整体的财富量级在不断地增长；"二八定律"下高净值人群的财富增长更加迅速；"量变引起质变"，财富管理的需求变得更加多元；外部环境也在不断地发生着动态的变化，财富管理的技术要求也变得更加复杂，等等。这些变化在需求端，就反应为对财富管理者包括"品牌度"在内的更高、更综合的要求。

（1）在财富管理领域，普通客户的常规需求，将被FinTech技术批量化实现，这是一个不可阻挡的趋势。但对于高净值客户而言，其财富管理决策中所需要的信息是不可能透过FinTech技术来简单传递的，客户需要有对资产配置方案足够深刻的理解才能启动其决策机制，财富管理者与客户之间的交流互动这种人与人之间的沟通是极其关键且是任何人工智能AI都不可替代的。

（2）对于高净值客群而言，因为财富数量和财富量级的巨大，其财富决策往往都是事关重大和深谋远虑的，所以也往往是极其小心和慎重的。除了对专业的理解之外，对"品牌"的要求也就随之而来，因为"品牌"即信用，是社会整体对品牌所有者的认可，是历史业绩的体现与沉淀，对于客户而言，"品牌"即安全，"品牌"即效率。

（3）无论具体的路径为何，高净值人群的成功经验告诉我们，这是一个高认知的群体，所以他们才能敏锐地把握住过往的财富机遇，从而达到其目前的财富地位。从社会分工的角度而言，财富拥有者是负责"创富"的，而财富管理者是负责帮助其"守富"或"传富"的，这是两者能够平等对话的社会基础，换言之，高净值人群对财富管理者也是有着"匹配度"的要求的，而"品牌"，则是两者之间高效匹配的桥梁。

3.财富管理者的品牌打造

诚然，"品牌建设"能够给财富管理者带来巨大的效益，这件事也就绝不会是一件简单、容易实现的事情。"品牌建设"需要有底蕴，也需要有实践；需要有沉淀，也需要有突破。财富管理者的品牌打造是一个永远没有尽头的修行。

（1）专业为基。

"品牌"的根基一定是专业，但专业一定不是知识的堆砌。一个专人的人，不仅仅是一个掌握了大量"知识"的人，而应该是一个在知识、方法论、认知三个方面都很有经验的人，他跟客户的交流面是认知，但认知的基石一定是知识。

优秀的财富管理者与客户交流时，不能是"半桶水响叮当"的展示，而应是"恍然大悟"式的提点与启示。

近年来，一些比较具有战略意识的商业银行乃至国有大行，都以综合专业素养的提升为抓手，大力培养财富管理投资顾问FC的团队，并取得了明显的效果，这些理财投顾作为一线理财经理的中台支持力量，主要负责协助后者共同开发客户，这个群体以专业为底，极大地提升了所在机构的客户拓展和维护能力，其中不乏特别优秀者，辅之以著书立说、开通个性化自媒体平台等方式，逐步建立比较鲜明的个人形象，整体上，这一群体在业绩考核、职务晋升、职业拓展等方面都明显具备更强的竞争力。

（2）价值为本。

财富管理者需要对财富拥有者具有价值，这种价值不应该仅仅是个体的价值，而应该是一个基于价值网络的综合价值。我们常常讲，我们不要做一个"卖产品"的金融民工，而要做一个需求方案的提供者，这里所说的需求方案的提供，就是我们的价值网络。当然，在中国目前的分业监管、分业经营的背景下，财富管理者所能提供的综合服务一定是本位主义的，一定是不完备的，但作为财富管理者，如何站在个体的角度上构建更完善的价值网络，既是一个现实的课题，也是其"品牌"真正的"价值"所在。

从个人的专业塑造，到价值网络的构建，再到"1+1+N"团队的前后呼应与配合，这个过程实现了团队与个人的有机结合。实际上，在财富管理的过程中，既离不开个体的充分发挥，也离不开团队的密切配合，"品牌建设"是团队与个体需要共同完成的统一命题。在团队打造方面，香港的财富领域领先一步，在友邦AIA、英国保诚等机构里，都构建了非常完整和强大的培训和后台支持体系。在这个体系中，以团队为单位，以队长为中心，机构平台在以密集的培训不断提升成员的专业水平的同时，将法律、税务、医疗、教育等与客户需求高度相关的外部资源进行统一整合，这样，一方面业绩优良的团队将获得以个人名字命名专门工作室的荣誉。同时，当客户提出任何需求的时候，团队成员也能各施所长，对接各类平台资源，以团队服务的形式，共同实现客户的开发。

（3）品牌打造，杠杆提升。

在财富管理领域，大家都知道，适当的杠杆是获得超额收益的重要方式，同样的道理，品牌就是财富管理团队实现和发挥其自身价值的杠杆。因为品牌的本质就是信任，品牌意味着低成本高效率的客户触达，与品牌随之而来的就是财富管理领域中最宝贵的客户关系，在大众客户领域，客户关系可以通过金融机构的垄断获得，但在高净值客户领域，客户关系离不开人和人之间的沟通，商业关系中对速度和效率的需要，注定了品牌在其间的重要意义。

在上述的香港财富机构实践中，构建了相对庞大而复杂的荣誉体系，通过对成员和团队不断授予各种层级的荣誉奖励的方式，既实现了内部正向激励，又向外部展现了良好的品牌形象，达到了为团队赋能的效果。在内地，很多保险机构也开始借鉴这种有效的做法，一些商业银行，也开始尝试性地选择优秀员工以设立个人理财工作室的方式进行市场拓展，如此等等，都是财富管理品牌建设时代来临的迹象，相信未来，谁能更早地构建起自身的团队品牌优势，谁就能在这个竞争的市场中获得更好的先发优势。

第二十九章　专业视角看资产配置

一、理解资产配置的三个角度

说到专业视角看资产配置，首先就必须提及马科维茨（Harry M. Markowitz）。1952年，马科维茨在《金融杂志》上发表题为《资产选择：有效的多样化》的学术论文，该文堪称现代金融理论史上的里程碑，标志着现代组合投资理论的开端。该论文最早采用风险资产的期望收益率（均值）和用方差（或标准差）代表的风险来研究资产组合与选择问题。

尽管投资管理人和经济学家早就意识到把收益和风险同时考虑的必要性，然而他们却忽略了投资多样化和预期收益最大化之间的矛盾。马科维茨提出了"均值—方差"模型，通过均值方差分析来确定最有效的证券组合，在某些限定的约定条件下确定并求解投资决策过程中资金在投资对象中的最优分配比例问题。马科维茨继承传统投资组合关于收益—风险权衡的原则，通过对证券收益率分布的分析，合理假设证券收益率服从正态分布，因而能够以均值、方差这两个数字特征来定量描述单一证券的收益和风险。他进而考察投资组合收益率的均值和方差。组合收益率的均值是成分证券收益率均值的简单加权平均，但是组合收益率的方差却不再是成分证券收益率方差的简单加权平均。正是组合方差形式的巨大变化，使他发现了投资组合可以减小方差、分散风险的奥秘。马科维茨在均值—方差分析框架下，推导出证券组合的上凸的有效边界，也就是决策所需的机会集。有了有效边界，结合效用分析中下凸的无差异曲线，即决策所需的偏好函数，最优组合就被确定在两条曲线的切点处。

在马科维茨的组合投资理论基础上，被称为"全球资产配置之父"的加里·布林森给出了他那句著名的概括，"做投资决策，最重要的是要着眼于市场，确定好投资类别。从长远看，大约90%的投资收益都是来自成功的资产配置"，而根据对91支大型退休基金长达10年投资数据的实证研究显示，资产配置决定了91.5%的盈利（股票选择4.6%、买卖时点1.8%、其他因素2.1%）。

资产配置的重要意义不言而喻，而对资产配置的理解却不是那么理所当然，对于财富管理的不同角色，资产配置需要有不同角度的理解与解读。

1. 从投资者利益角度理解资产配置

在中国，无论是绝对值还是相对于其他市场，单一资产的波动率都是比较大的，配置起来具有较大的投资风险，而且具有非常大的不确定性。但是不同的资产间存在一定负相关性，数据和实证都显示，通过在多个资产间合理配置，可获得确定性更高的是合理收益。除了风险收益特征需要考虑之外，投资的收益率和流动性也存在矛盾。资产具有流动性溢价，因此高流动性资产的收益率较低，而低流动性资产则具有较高的收益率。例如，股票和债券，具有较高的流动性，其预期回报率，要低于房地产和PE股权投资。投资于低流动性资产，能够获得相应的流动性补偿，因此其回报率更高。资产配置在充分考虑投资者流动性需求的基础上，将部分资产配置的低流动性标的，能相应的提高组合的总体回报率。同时，中国资本市场曾经出现过各种风险收益不对称的优质资产，比如刚性兑付收益率超10%的信托、有政府背景的高收益低风险的城投债、抵押充分的分级A等，随着经济增速放缓和转型，优质收益的项目变少，高收益非标资产发展受政策限制，资产收益率全面下滑，房地产由于人口结构变化黄金十年终结，单个资产投资占优的情形不复存在，资产的风险收益特征越发明显。对过往这种情况的依恋和依赖也要及早打破。

在这样的背景下，国内的投资者普遍不专业，偏好择时和追涨杀跌，缺乏宏观基本面和估值等专业分析能力，其整体结果基本就是机构可以赚钱，但投资者个人很难赚钱，所以，将投资者引导到资产配置的方向上可谓是当务之急。同时，从投资者利益角度来看，资产配置在强化资产抗风险能力的同时，能让投资者保持投资情绪的稳定，使得投资的时间更长一些，避免追涨杀跌的损耗，最终真正实现投资盈利。

2. 从投资过程角度理解资产配置

在投资的过程中，有一种模式被称为"绝对式投资"，指的是有一部分人专注于一种资产，或者一个行业，甚至少数几个投资标的，对其进行专业与深入的研究，长期来看对其跟踪的投资目标有着非常高的把握，因此他敢于长期死抱，或者敢于越跌越买，或者敢于高抛低吸。但是无疑，能够驾驭"绝对式投资"的人，的确只会是能力超群的极少数人，且这种方法也很难延展到大众投资者的层面。

对大众投资者而言，因为知识积累的原因或能力边际的原因，对单一资产、单一行业或单一投资目标是无法做到极致而又深度研究的，因此也没有绝对的投资把握，这个时候，有意义的就是"相对式投资"了，即以相对思维，比较各资产吸引力，考虑与目标或基准的适度偏离，立足相对长期进行多元资产配置，这样，即便发生偏差时修正成本和难度都不大。"相对式投资"从本质上而言，就是大类资产配置。

3. 从营销服务角度理解资产配置

如前所述，资产配置事关"关系"，是财富管理者与财富拥有者在社会化分工的前提下的一种合作。站在财富管理者营销服务的角度，资产配置还有着更多的技术层面之外的意义。比如说，资产配置有利于打造跨资产、跨区域和跨策略的全天候顾问式营销队伍，减少长期客户投诉；在市场不好时照样能销售金融产品与服务，因为客户信任财富管理者会帮他们通过相对、比较的角度寻找低估资产；而不是给他们这样的印象，即所谓的财富管理者只是在市场下跌时才想到资产配置，而一旦市场平稳，就很容易切换到"搭短期业绩便车"的模式，很难形成良性循环，也很难有实质效果。

所以，对于财富管理者而言，资产配置考验的是自身的投资哲学、是对长期利益还是短期利益的把握，更重要的是对机构考评机制的考验。

二、理解资产配置的若干关键理念

资产配置的基础是理念，其次才是方法。如果不能形成真正的正确的资产配置理念，那么财富管理过程中的各类问题就会不断地"春风吹又生"。

1. 长期信心的问题

我们都知道，资产配置的核心是风险管理，风险管理的核心是波动性和不确定性的管理，这一点，在股市投资里尤其明显。如果要用一句话来概括股市的特点，即"股市是一个长期收益丰厚，但短期波动也十分巨大的市场"。从宏观上看，在趋势没有发生巨大逆转的前提下，股市的曲线总是从左下方向右上方延伸，如果把股市整体看作一只股票的话，那它提供盈利就是一个极大概率的事件；但从微观上看，股市在每一个点上向上或向下的方向都让人无所适从，波浪式起伏成为常态，任意两个时点之间股市的走向和是否能够让投资者获得盈利，总是充满了不确定性。而这恰恰是对投资者最大的考验。

如何理解和应对股市巨大的波动性？有很多种角度和方法，但最基础也是最朴素的一条，便是投资者的"信心"，在股票市场中，说"信心比黄金更重要"一点都不为过。作为"经济晴雨表"的股市，在经济低迷时走出独立行情，依靠的是投资者对未来的信心支撑；股市在经济形势一片大好时却掉头向下，往往也是信心出了问题。

无论在哪个阶段，中国股市投资者的信心都会受到巨大的考验，每个时期都有"坏消息"，比如近几年GDP的增速不断下台阶，宏观经济"L"型探底尚在进行之中，外部中美贸易战持续胶着充满变数，市场群体性信心跌入谷底。但是，对于投资者个体而言，"信心"的含义与群体性"信心"的含义又是不一样的，群体的信心更大程度上会受到情绪的扰动，但个体的信心更应该接受理性的控制，所以股市的逆转需要群体的信心，但投资机会的把握需要的是少数个体自己的信心，当群体的情绪拉动股票价格偏离价值中枢的时候，个体对股市的长期趋势是否具有"前途是光明的，道路是曲折的"这样的信心判断就成为投资者把握机遇的信仰支撑了。正如巴菲特所说的投资谏言一样，真正的投资者需要的是

"众人贪婪时我恐惧，众人恐惧时我贪婪"，这句话的背后，需要的就是对"信心"问题的深刻理解和果断执行。

2.逆周期操作问题

财富管理过程中总是充满了悖论，其中之一就是大部分投资者总是在投资行情火爆的阶段带着资金冲进市场，但在市场低迷的熊市，即便大批的投资标的价格腰斩，依然很少有人敢于出手入市，但每一次的牛熊周期过后，统计数据又总是会告诉大家，真正给投资者带来收益的，往往就是那些在熊市时买入的筹码。

当然，这个问题不能简单地归结为投资者理念不够成熟，重点在于投资是需要对抗人性的，人性总是驱使人们做看起来更安全的选择，从众、随大流，就是这种追逐安全感的体现，"行情总是在绝望中启动，在犹豫中爆发，在疯狂中死亡"，背后体现的也都是对抗人性的艰难。

每一轮的行情都在反复验证着这样的规律，在市场和经济有着长期支撑的前提下，熊市时反而是风险得到充分释放，资产价格向下偏离价值中枢因而蕴含了大量投资机会的阶段，这个时候也正是投资者需要克服人性中的"恐惧"，进而驱动自己的理性"贪婪"去大胆买入的时候，对抗人性，其实就是敢于"逆周期"。理解了这一点，其实也就把所谓的"人性"问题转化成了投资理念与操作方法的问题。

3.以长期投资和价值投资对抗不确定的问题

在投资中有一个有趣的现象，叫作"往后看黄金遍地，往前看悬崖峭壁"，因为过去的事情是已经发生了的，是确定的，做一个"事后诸葛亮"很容易，无论股市涨跌我们都能找到理据。但是，站在当下考虑未来，尤其是考虑自己真金白银的投资决策时，所面对的就是巨大的不确定性，每一个决定其实都是"如履薄冰"。择时，是股市投资中的一大难题。

对抗股市不确定性最好的办法，就是拉长投资期限。拉长投资期限最重要的含义，就是在股市"门前冷落车马稀"的熊市阶段，也要待在市场里。如前所述，这需要我们对未来有坚定的信心，并以此来化解我们内心深处的"恐惧"，此时大数据给我们提供了支撑，统计显示，以平衡型投资组合为例，过去十年，投资者任意一天进入市场，如果投资期限为一年、两年、三年，其获得正收益的概率是72%、82%、91%；投资期限超过五年，正收益概率就会超过99%，你的投资收益和什么时候入场关系并不大,和持多长时间比较匹配。

当然,上面的统计结果给出的只是胜率,而不是收益率,提升收益率,则应该坚持价值投资。价值投资从本质上来讲,就是一种提高盈利确定性的方法,与长期投资相结合,说的就是"我们不和你比谁跑得快,我们和你比谁活得久",尤其在中国的不规范性较强、短期波动十分巨大的股票市场里,股票投资从长期看,盈利是确定性的,从短期看,是不确定性的。关键在于,这个长期,可能是长到投资者的整个生命周期;这个短期,可能也会是一个跨越5~10年的时间区间。

三、理解资产配置的前提

资产配置是万能的吗?答案是否定的,资产配置也存在着一定的局限性,一方面,资产配置的目的是将多种资产组合后,降低任意一种单一资产的风险,资产配置可以有效分散非系统性风险或非市场风险,但它并不能降低系统性风险或市场风险,比如利率风险;另一方面,当资产的相关性失灵的时候,资产配置的效果也会受到限制。比如,2003年8月12日,当时的建设部起草的《关于促进房地产市场持续健康发展的通知》获准通过,第一次明确地把房地产行业作为"国民经济的支柱产业"进行了定位,由此启动了中国城镇化的周期,此后,中国房价除了2008年的短暂调整和2016年的宏观调控阶段之外,绝大部分时间是快速上涨的,这期间如果把资产分散到过多的资产类别当中,客观上就不能最大化地捕捉到房地产市场的单边上涨机会。再如,在2008年和2015年股灾的最恐慌阶段,股票、债券、黄金、商品等几乎是全线下跌的,资产之间并没有起到很好的风险分散和对冲作用。这些都是资产相关性失灵的表现。

要做到资产配置,事实上是有一定的"门槛"的,这些门槛,也就是资产配置的基本前提。

(1)资产配置有资产量级的前提要求。资产配置需要构建一个跨市场、跨币种甚至跨国别的资产组合,再加上非相关性条件限制,因此资产配置是需要有一定的资产量级才能够成立的。当然,对于低资产量级的人士,在有限范围内的适当配置,建立起正确的资产配置理念,也是非常重要的。

(2)资产配置有专业水平的前提要求。在资产配置的合作中,"知其然,知其所以然"是合作得以较好实现的一个有力保障,而面对资产配置方案中不同大类资产的风险收益属性，财富拥有者需要对其中的专业信息具有基本的理解甄别能力，从而对资产配置方案的合理性有基本的判断，在此基础上，形成对资产配置方案提供方的信任和理解，以及在资产波动期间的良性信息互动，对资产配置方案的长期、持续运行形成信心基础。

（3）资产配置有时间的前提要求。这有两个层面的要求，一方面，很多投资市场都是7×24小时的市场，对于一个普通投资者而言，要在全球范围内或是在多个市场范围内，持续跟踪，并能做好实时的产品配适和选择，如果不依靠专业团队，其实就是一个不可能完成的任务，也难以持续保证资产的最优化组合。另一方面，对投资者而言，要具备资产配置在时间维度上的理解，并对资产配置短期内的波动和长期投资的不同有足够的了解和接受。

（4）资产配置有投资者素质的前提要求。诺贝尔经济学奖得主罗伯特席勒曾明确指出，人是情绪性生物，很难在市场当中保持足够的理性，让市场达到一个完全透明、有序、有效的状态。尤其像包括羊群效应、过度自信等内在行为偏差的存在，在市场狂热或恐慌的时候，人们即便知道某些行为是对的，也可能不会去执行，而对一些不正确的事情，可能会忍不住去操作，这也就是所谓的"人们贪婪时更贪婪，人们恐惧时更恐惧"，而不是相反。这个时候，就需要用资产配置来解决这个难题，也就是用资产的分散或集中来对抗这种情绪和人性，虽然这一定绝非易事，换言之，资产配置需要财富拥有者具有基本的财富管理理念或者对正确的财富管理理念的基本理解力。

第三十章 资产配置的 CMS 模型

一、资产配置的若干常用模型

每一位财富主体都需要资产配置，但具体的资产配置方法却是多种多样的，需要依据每一位财富主体的需求目标、风险偏好、财富观念以及是否能够理解接受等因素来选定或组合。比如，买入并持有就是一种资产配置策略，根据盈利目标动态调整资产组合比例也是一种资产配置策略,各种策略和模型之间没有绝对的好坏优劣之分,只有是否适合的差别。下面我们将介绍若干常见的资产配置模型。

1. 美林时钟模型

美林的投资钟是一种将经济周期与资产和行业轮动联系起来的方法。根据经济增长状况和通胀情况,美林时钟模型将经济周期划分为四个阶段,在每个阶段,某些大类资产和行业的表现倾向于超过大市,而处于对立位置的大类资产及行业的收益会低过大市。

(1)"经济上行,通胀下行"构成复苏阶段,在此阶段,由于股票对经济的弹性更大,其相对债券和现金具备明显超额收益。

(2)"经济上行,通胀上行"构成过热阶段,在此阶段,通胀上升增加了持有现金的机会成本,可能出台的加息政策降低了债券的吸引力,股票的配置价值相对较强,而商品则将明显走牛。

(3)"经济下行,通胀上行"构成滞胀阶段,在此阶段,现金收益率提高,持有现金最明智,经济下行对企业盈利的冲击将对股票构成负面影响,债券相对股票的收益率提高。

(4)"经济下行,通胀下行"构成衰退阶段,在此阶段,通胀压力下降,货币政策趋松,债券表现最突出,随着经济即将见底的预期逐步形成,股票的吸引力逐步增强。

投资钟的分析框架,有助于投资者识别经济中的重要拐点,在周期的变换中更好地进行资产配置。

2. 成本平衡模型和时间分散模型

成本平衡模型,主要是指财富拥有者在做资产配置时,按照预定的计划,根据资产的分布和不同的价格,分批买进,以备资产出现无法预测的风险时,可以摊薄成本,从而规避一次性投入可能带来的较大风险。

时间分散模型,主要是指投资市场的风险,会随着投资期限的延长而降低,因此,要做到资产配置在时间上的分散。

成本平衡模型和时间分散模型的一个应用场景就是投资者应该尽早开始资产配置,且在资产配置的初期,可加大权益资产的比例,因为权益资产具有高风险高收益的属性，随着年龄的增长，则可以不断地减少权益资产的占比，保存投资成果，降低组合风险。

3.杠铃投资模型

杠铃是举重运动中的器械，中间一个横杠，两侧有杠铃片，重量集中在两侧，举重运动员除了有力量，还要掌握好平衡才能将杠铃举起来。杠铃投资模型也是如此，就是避开中间平均部分，用两端的低相关性甚至是负相关性的投资组合来平衡杠铃，比如，价值—成长，主动—被动，股票—债券，等等。

使用一个比喻，追求平均收益就是将全部鸡蛋都放在一个篮子里，看好它。而杠铃策略则是将鸡蛋分为两部分，将大部分鸡蛋放在一个篮子中，保证安全，将少量鸡蛋放在另一个篮子里，拿去孵小鸡，利用机会成本获得更大收益。第二个篮子中的鸡蛋可能会孵不出，那就成了臭蛋；但如果孵出了小鸡，小鸡长大后就能生蛋，获益丰厚。有点像投初创企业的风险投资，失败没关系，但如果成功一个，可能有几十、几百倍的收益。

二、资产配置的CMS模型

资产配置的CMS模型又称"核心—卫星"投资策略（Core-Satellite Strategy），其发轫于1990年，现在已经成为成熟市场上资产配置的主流策略之一，全球著名的资产管理机构如先锋、瑞银、巴克莱等都在应用这一策略为客户配置资产。在众多的资产配置模型中，我们将CMS模型做单独的特别的介绍，是因为这种资产配置理念特别符合人生规划以及客户思维的资产配置的逻辑。

人生的困扰，大多源于财富的匮乏或者处置不当，有效的资产配置以追求美好品质的生活为主要目标，它在财务管理基础上需要充分考虑生活的管理和安排。站在生命周期，放眼未来三年、五年、十年的家庭情况考虑财务安排；放眼全国市场，洞悉将会发生轮动的资产类别；放眼全球环境，了解更保值更值得持有的货币；放眼投资市场，辨别秉承积极风格或保守风格，然后才涉及基于这样的判断，家庭应该如何配置资产。这种先分析后选择，都是自上而下的思考模式。我们要避免"先上路再决定目的地"，而是"根据目的地选择交通工具"。比如，去香港坐飞机，去城市其他区坐地铁，去超市骑摩拜单车。人生中诸如教育、养老、医疗都是生活必然要面对的主题。财富管理的成败关乎生活，成功了,过上美好品质安心的生活,失败了,可能孩子的留学梦破碎或者自己的养老金就没有了。财富人群要根据自己家庭的风险偏好、财富水平去设立合理化的目标,要基于生活的目标来决定选择什么类别的资产。财富人群要从追求绝对回报／相对回报转变为追求最优回报。所谓最优回报,就是与自身风险承受能力相匹配的回报。追求最优回报的核心精神就是追求与自身风险承受能力相匹配的回报,而不是把这种比较的基准建立在别人的身上。这不仅有利于人们对抗风险、积累财富,还有利于人们从纷扰的投资世界里解放出来,用简洁的逻辑去理解和分配所创造的以及一生所需要的财富,拥有富足自由的生活。

在CMS模型里,资产配置的考虑不完全是收益和风险的最优配比,而是主要考虑人们在不同阶段的生活或事业的需求及目标。比如,在财富的初始阶段,人们面对的是住房、食物、医疗等基本需求,对应的是流动性较好、定价频率较高、比较简单的资产种类,如固收资产、高流动性资产等。在财富的巩固阶段,人们面对的是教育、生活方式提升、资产升级等需求,对应的是房产或RETTs、跨境、大宗商品等资产。在财富的实现阶段,人们面对的是家族、企业、地产、慈善等需求,对应的是股权、私人地产、风险投资等资产。从生活或事业的需求出发进而理解和建立相应的资产配置方案,其实能够更接近人们的真实需要。

从资产配置的角度,我们可以基于对自身财富水平与财富阶段,在特定风险承受能力与投资偏好下,对资产做"战略—战术"配置。战略性原则包含资产配置总的方向和目的,而战术性原则设计在金融市场上是投资者意图的具体执行。从实务层面看,战略性原则是依据财富拥有者的生活事业目标和风险偏好将资产分为核心(Core)资产和卫星(Satellite)资产,而战术性原则涉及具体资产的选取标准、比例设定和调整准则。

(一)资产配置CMS模型的结构

1.财务安全、财务独立与财务自由

人们追求财务上的成功,主要可以分为三个阶段:第一阶段叫财务安全,第二阶段叫财务独立,第三阶段叫财务自由。

(1)财务安全。

财务安全需要解决马斯洛需求理论中最基础的生理需要,即衣食住行。它的挑战在于,即便我们现在达到了这个标准,也并不一定能确认我们可以一直维持这个水准，这里会有风险存在。这种风险包含自身的风险，比如生老病死、家庭离散，以及来自外部社会的风险，比如资本市场的变化、经济危机等。

此外，在家庭资产负债表中，负债是刚性的，资产价格却会缩水。危机来临时，负债不会因为外部环境的变化而变化，然而资产会缩水，如1000万元资产，500万元负债。当危机来临，负债依然是500万元，资产价格降至800万元，净资产会变为300万元。此时，负债的贷款利息依然存在，如果现金流不够充沛，资产本身（如房产、股票资产）就存在被迫折价变卖或抵押机构收回的可能，甚至对家庭生活造成影响。因此，家庭资产负债表的健康非常重要。

整体上，财务安全的标准是当我们所处的金融市场，甚至是整个社会的经济周期发生重大变化时，我们的家庭成员不需要依赖别人或社会的救助，依然能过上基本的生活，且能够完成一些必要的中长期项目，如受教育、养老、居住等。

（2）财务独立。

财务独立的概念是靠自己丰衣足食。大环境好时，我们好；大环境差时，我们也不至于流离失所。比如，有的人关心社保水平的升降，而这些都跟财务独立的人没关系，因为其根本不依赖社保。比如，政策规定要延迟退休，有些人并不关心，因为他们已经做了必要的养老金储备，这叫财务独立。实现财务独立，不能单纯依靠工薪性收入，在适当的时候着手建立财务性收入的来源和渠道是十分关键的。

（3）财务自由。

财务自由，是指我们能够让自己的财富各自分工，各司其职，发挥其各自的作用，从而构建起自己的财务自由王国，我们可以不依赖我们的职业来对抗极端风险，并且保持时间自由、选择权自由、生活自由。更重要的是，财务自由能给我们带来生活本身的真谛：诚实地面对自己，面对那些烦琐的又是你必须驾驭的理财之道，以独立的姿态，宽松的心境，享受一直变化着的生活。

财务成功者是要经过以上所述的三个阶段的。这就决定了我们在进行资产配置的时候，不是想要什么，而是需要什么。首先保证财务安全，其次是财务独立，最后尽量追求财务自由。

因此，这三个不同的阶段对应着不同的资产类别。

2.核心资产、中场资产和卫星资产

从财务安全到财务独立，再到财务自由，对应的资产配置犹如足球比赛，后卫球员需要防守球门，核心资产就好比后卫。人的健康、职业、自住房是不可动摇的核心资产。

中场球员，进可攻退可守。中场（Midfield）资产，是可进可退的现金资产、专项储蓄、商业保险，它们是幸福生活的有力保障。在特殊情况下，也存在一定的灵活性，但一般不会轻易大幅度挪用。

前锋球员则担负着为整个球队争取战绩的重任，在后方安全的情况下，积极进攻很有必要。卫星资产，就好比前锋球员，包括另类投资、衍生品等，帮助我们在不同的趋势中获得收益。

（1）核心资产。

资产类型：人力资本、自住房产、职业收入。

理财功能：夯实家庭的财务基础，实现"财务安全"。

配置解读：对于家庭而言，财富不仅仅指金融资产，还包括人力资本（可以带来现金流），以及安居乐业、家庭和睦的精神财富。因此，我们将自住房产、职业带来的现金流（职业收入），以及家庭成员的健康与平安，视作家庭最核心的资产。核心资产是理财活动的坚实基础，也是生活的基础。在物理学中，三角形最具稳定性，所以这三样核心资产的意义是极其重大的。无论什么时候，我们都要努力保护家庭的核心资产。

（2）中场资产。

资产类型：现金类资产、保险类资产（保障型）、专项储蓄资产。

理财功能：进取有度，实现"财务独立"。

配置解读：中场是足球比赛中一个重要位置，主要是审时度势，组织进攻或协助防守。考虑到幸福生活的持续性，我们将现金类资产、保险类资产（保障型）及专项储蓄资产（保障家庭最刚性的需求，如子女教育与养老）作为既可保护核心资产又可灵活转化的中场资产，用以实现生活与财务的动态平衡。

（3）卫星资产。

资产类型：高收益债、私募股权、另类投资等。

理财功能：把握趋势，实现"财务自由"。

配置解读：卫星资产以短期的、风险相对集中的投资为主，主要是对市场热点机会的把握，博取风险收益。当前阶段的卫星资产包括股票市场（股票二级市场及各类基金）、高收益债（固收类信托、资管、分级基金优先级等）、另类投资（艺术品等）、衍生品、外汇、私募股权（PE/VC）、大宗商品（原油、黄金等）、房地产等主流投资资产。卫星资产可以在全球市场进行配置，利用不同的资产的周期性表现，对风险进行组合化管理，最终实现家庭资产在长周期里稳健成长。

核心资产、中场资产、卫星资产共同构成了中高净值家庭资产配置CMS模型。

（二）资产配置CMS模型的配置方法

在CMS模型的资产配置中，有一定的优先顺序，但又没有绝对固定的配置约束，实际业务中，有时中场资产与卫星资产是同步进行配置、分阶段进行补充的，并非一蹴而就。

1.配置"核心资产"篮子

（1）人力资本。

人力资本，亦称"非物质资本"，与"物质资本"相对。是指体现在劳动者身上的资本，如劳动者的知识技能、文化技术水平与健康状况等。其主要特点在于，它与人身自由联系在一起，不随产品的出卖而转移，并通过人力投资形成。

人们都期望财富能够增长，有人视其为成功的标志，有人视其为实现美好生活的唯一方式。幸福不一定因为钱，但不幸多半是因为钱。一定的财富积累可以帮助人们过上品质生活，更好地照顾所爱的人。一方面，财富应以人为本，为人服务。如果人都没有了，拥有财富又有什么意义？所以人的安全是非常重要的。另一方面，财富尽失之时，只要人还在，就可以重新创造财富。因此，在任何时候都要保持家庭成员的健康与平安。

家庭成员是很重要的人力资本，家庭核心资产最重要一项是家庭成员的健康与平安。健康平安是1，其他都是0。没有这个1，再多的0也毫无意义。

（2）自住房产。

房产在任何国家、任何时期都是一类特殊的商品。自住房产有两个属性，一是使用功能，可以为家庭成员提供栖身之所，实现"安居"；二是金融属性，它可以融资，在遇到特别好的机会或者遭遇重大困难时，可以利用房产抵押贷款或者变现。它既是一个生活资料，又是一个生产资料。

不管经济周期好与坏，投资创业失败与否，在任何时候，家庭成员都是需要居住自住房的。因此，除非人生遇到特别明确的机会或是极其困难的状况，否则我们都要慎重考虑卖房投资或者创业。

房子的使用功能决定了其在社会上注定被需要，它可以被出售，甚至被溢价卖出，所以房产有非常强的保值功能。此外，房产，不像艺术品那样二级市场太小、有可能卖不掉、且无法定价，而是广受欢迎的、可定价的、有广泛流通市场的一种商品。正是因为房产的这两种属性，其在长周期里才属于非常安全的资产。

（3）职业收入。

安居之后是乐业。职业能为家庭带来现金流，现金流稳定才能保证家人的衣食住行，对于绝大多数非创业者而言，职业收入是理财当中非常重要的东西。

同企业经营一样，家庭既要保证资产和负债之间的平衡，也要保证现金流的稳定，才能很好地应对生活中的各种风险，不因资金链断裂而导致困顿、窘境。资产变现需要周期，有资产但没有现金流的时候，生活品质往往会大打折扣。尤其在投资回报率低迷的时期，拥有一份良好的职业收入，等同于拥有一笔巨大的可投资资产才能带来的效应。

2.配置"中产资产"篮子

中场资产的作用是"进可攻退可守"，因此，相应资产需要确保具有很高的流动性与安全性。

（1）现金类资产。

尽管职业收入一般来说是相对稳定的，但也有可能因遭遇特殊情况而导致其中断，这个时候家庭就要有现金类资产来过渡。

现金类资产既可以应对一般财务风险，也可以用于捕捉转瞬即逝的市场机会。这类资产应具有完全的流动性，可随时取用，品种包括活期存款、货币型基金、理财型保险等。

现金类资产主要用来保证生活的稳定和提供安全感。非保守的人，可能需要准备3~6个月的日常支出资金量；保守的人，可能需要准备6~12个月的日常支出资金量。

在极端经济周期，拥有较高比例的现金类资产，既可以用于自我保护，也是抄底市场廉价资产的重要前提。

（2）保险类资产（保障型）。

这类资产能为家庭核心资产提供安全保障。

生活中风险无处不在，我们无法预测。要想规避，主要依靠事前的主动防范、事中的主动控制和事后的损失转移。比如，锻炼健身，是事前的主动防范；按时体检，是事中的主动控制；购买补充商业保险，是事后损失转移。

商业保险通过杠杆功能可以转移巨额风险损失，不仅包括人身风险，还包括财产风险和责任风险。

众所周知，人生的第一桶金是最难积累的，几乎全靠人力资本和时间来换取，因此要悉心加以保护。通过保险做好充分的保障，即使发生极端事件，也不至于生活破灭，还有东山再起的机会。

（3）专项储蓄资产。

教育、养老、医疗（往往指老年看护），甚至必要的改善性住房等，可能都不是当下正在发生的事情，却是未来生活中必然要发生的事情。这些项目因发生的必然性而容不得特别重大的社会风险，比如股灾、创业失败、金融危机等。

对于这些人生中非常重要的、不可改变的生活目标，需要做好专项储蓄，这种储蓄可能受益并不高，但是非常必要。这类资产的使用目的是特定目标，比如子女教育金与养老金储蓄，因此要求资产安全、收益稳定、易于变现。

专项储蓄不仅具有多重规划功能，还具有对抗市场极端风险的重要特点，比如应对金融市场的波动，经济的长周期衰退，以及人生的极端事件。

这种专项储蓄资产包括银行的定期存款、保险公司的理财年金、实物黄金或非常核心地区的商铺等。这类资产在经济环境好时可以变现进而投资，在环境差时可以很好地用于防范风险。

配置好核心与中场资产后，就能实现财务独立。这个时候，人就会变得意志坚定，心态从容，不容易患得患失，对风险投资有耐心。即使市场没有像自己预期的那样快速发展，投资者也能够比以往更有耐心地等待自己的判断得到验证。

3.配置"卫星资产"篮子

卫星资产的作用是捕捉周期性的战术资产的投资机会，让资产更快增值，追求一定风险水平下的收益最大化。

所谓的战术资产是指那些可以追逐热点审时度势，追求超额收益的资产，以实现增量财富，让财富人群获得财富上的增长。此时的战术资产要做跨市场的选择，要做资产类别的多元化。当前，任何一个单一资产的风险收益特征已经变得不稳定。在任何一个市场，都很难轻松地实现既安全又灵活，收益又高的投资成果。财富人群应该追求不同市场之间的平衡，在股票、债券、现金、外汇、另类资产和不动产中进行综合配置，追求稳健的组合回报率。战术资产的多元化配置有两大目的：一是增加资产的安全边际，在逆周期下，对抗可能性的、危机来临的极端风险；二是在市场轮动加快的市场环境下，捕捉转瞬即逝的结构性热点机会。

有时候，财富管理的成功很大程度上源于严格的纪律，而严格的纪律一方面来自投资者的良好理念，另一方面受制于投入资金的属性。投资最可怕的遭遇不是在高点进入，而是在低点因为情绪或急用资金而被迫退出。

由于有了核心资产与中场资产的坚实保障，投资时心里有底，意志就会相对坚定。确认好投资方向后，即便结果没有及时按预期实现，客户也可以安心继续持有，甚至增持，而不会轻易地追涨杀跌，从而提高投资的胜算和成功概率。

（三）资产配置CMS模型的动态调整

财富的价值也是动态变动的，不同的场景、不同的时空里，事物的重要性会发生转化。之前认为特别珍贵的，现在却一文不值；以前认为不重要的，现在可能就非常珍贵。"十年河东，十年河西""失之东隅，收之桑榆"等表达都是一种基于周期循环的转换思维。

资产配置的方案并非一经确定就再无更改，资产配置的动态调整与再平衡是有效资产配置的重要因素。资产配置的再平衡需要基于社会环境观察、市场周期分析，对于潜在严重后果进行预测，及时针对极端环境做好保护策略与方案。如果涉及的投资品类较多，动态调整实践起来会非常复杂，对专业知识、管理经验及交易条件的要求就很高。财富管理者需要注意不断提升此方面的专业能力，并积累相应的技术与经验。

经济总是处于不断循环的周期变化之中。在周期的不同阶段，商品、现金、股票、债券等不同类别的资产表现不同，其市场特征会发生变化，风险和收益呈现出明显的不对称性。持有由不同类型资产构成的资产组合，通过心态调整，方可适应快速变化的市场环境。

在经济复苏期，利率上升，股市表现较好，宜开始增持股票；在经济繁荣期，股票仍有吸引力，但是要开始减持，同时增加现金和债权类资产；在经济衰退期，则应增加现金类资产，减少股票；在经济萧条期，利率会继续下降，这时候债券市场的表现会比较好。

伴随全球地缘政治的动荡,全球经济进入再平衡周期,市场随时会出现"黑天鹅事件",我们要清醒地意识到"变迁时代"的来临,资产配置平衡随时会被打破,所以检视周期也需相应调整。资产再平衡成功的很重要的因素是心理状态,遵守理财纪律,对环境变化有洞察力,能细致入微地察看潜在的风险和资产收益的特征,保持审慎而又果敢的风格,你会发现,财富管理开始变成一种训练,甚至是人生的修炼。

第三十一章 大类资产的理解与解析

一、资管新政的影响及理解

如前所述,目前中国的金融行业正处于"资管新政"的调整阶段。资管新政的意义是极其重大和长远的,他将深刻地改变金融机构的行为底层逻辑,在金融服务经济的背景下,资管新政开启了中国金融行业的供给侧改革,自资管新政发布的那天起,就已经启动了中国金融行业的新生态系统构建的历程。

无疑,资管新政是中国金融领域未来相当长一段时期内最重要的事项。但也必须指出,资管新政是对系统性金融风险的高度警惕和预先防范,是对金融领域里的"灰犀牛"可能性的及时应对,针对的是金融大资管业务发展过程中存在的一些衍生问题,而绝不是对金融大资管行业过往发展与贡献的全盘否定,金融大资管行业在经历了资管新政的"诊疗"之后,将会以更加健康、稳健、合规的方式继续服务于整体经济。

(一)从理财产品的产生与发展理解金融资管业务

2004年,央行放开存款利率下限和贷款利率上限,在商业银行亟须通过业务创新突破有限资本金内业务扩张与盈利能力的限制,以增强收益、拓展客源、提升竞争力的背景下,中国光大银行在当年的2月、10月,先后推出了第一只外汇结构性理财产品和第一只人民币理财产品,从本质上看,前者是将大额外币结构化存款通过产品拆分发售给拥有小额外汇的普通零售客户，后者则担当了帮助个人投资者参与银行间市场投资实现跨市场套利的"中介和桥梁"的角色。在这一次的业务模式创新中，客户获得了银行信用下更高的收益，银行则获得了规模、收入、利润，整体金融市场的资源配置则得到了进一步优化，这无疑是一种多赢的格局。监管也迅速跟进，银监会于次年颁布《商业银行个人理财业务管理暂行办法》和《商业银行个人理财业务风险管理指引》，搭建了银行理财业务监管的基本制度框架和政策基础。

理财业务创新的序幕一旦开启，便呈现出极其强大的生命力和自我进化的能力，顺应着市场及监管政策的各种变化，银行与各类金融机构之间互相连接，相互交织，在中国的分业经营的框架之下充分发挥各自的牌照优势和资源禀赋优势，不断调整着理财资金的投资范围和理财产品底层资产类型，比如先后成为主流的银信合作模式、银证信合作模式、同业理财等，进而衍化成庞杂的资管体系，截至2018年9月末，资管规模合计达到123万亿元。

资管业务之所以能够如此迅猛的发展，其原因是多方面的，比如，财富管理的长期需求，金融机构利润追求，2008年的"四万亿"经济刺激，2012年的资管大松绑，等等，但其中非常重要的一个内在原因是资产管理业务属于"受人之托 代人理财"的代客性质的表外业务，对于一些金融机构如商业银行，其不占用和消耗银行的风险资产，不需要计提资本，因此不需要各经营机构缴纳资本收费，资本节约收益丰厚。再如，基金资管类子公司，由于没有净资本、风险资本考核等限制，以及更高效率的备案制度等使得其成为最具竞争力的SPV（特殊目的公司），"几乎什么都能做"，迅速成为其自身规模扩张，以及银行等金融机构和各类融资人实现结构化融资安排的"万能神器"。整体上，在政策允许的范围以及一些分业监管的模糊地带里，资管业务是有着极强的扩充动力并且事实上也得到了迅猛发展的。

（二）从投资与融资的需求理解金融资管业务

先看融资端即资产端，别于传统信贷业务，资管业务在性质上属于信托法律关系，依照客户的委托开展投资和管理，"投资的范围可以与人类的想象力一样广泛"。资管业务不仅可以开展债权投资，而且可以开展股权投资；不仅可以投资公开市场（股票、债券），而且可以投资非公开市场（未上市股权）。投资领域涵盖信贷市场、债券市场、资本市场、货币市场等，能最大限度满足客户和融资人的需求。

资管行业的大发展使得企业的融资模式发生了深刻的变化，它促进了资本市场、债券市场的发展，挤压了银行的信贷资产，这被称之为金融脱媒，而这种金融脱媒又正式对中小企业贷款难起到一个"及时雨"般的补充作用。中小企业贷款难是长期困扰实体经济发展的大难题，究其根本，中小企业的贷款风险，跟整个银行体系的风险管理逻辑是相冲突的。银行是债权性金融机构，银行信贷属于债权，它的风险对价是利息收益，其含义在于：一方面，在整个经济体系中，会有一大批中小企业，通过对趋势的把握、对技术的创新、对市场的敏感等因素成功脱颖而出，走上良性发展的道路，但其背后，则是中小企业生存周期平均只有约3.5年的现状，这一领域的整体风险还是较大的。另一方面，债权需要的是整体违约率的考量，而不是单个案例的比较，即使是那些成长起来取得了非常大成功的企业，给予债权人的收益也是有限的，债权人所获得的收益仅仅是资金的利息，但是，如果企业失败了，银行失去的却是全部或者大部分的本金。所以，在中国的银行信贷领域，其核心是对风险的把控和经营，即便是在大力倡导金融创新的背景下，所有的金融创新，也都是建立在扩大风险容忍度发放贷款的基础上，而这种容忍度是有边界的。很多中小企业的现状，可能并不在这个边界之内。资管业务的大发展，适逢其时的给中小企业的融资打开了一个新的路径。

在整个金融行业多方位全角度提供金融服务的情况下，大量的资产得到了盘活，某种角度上，对于企业而言，只要你的资产能提供未来的现金流，就可以进行ABS证券化，企业的融资能力、资产盘活能力大幅增强，企业的活力与竞争力、盈利能力大幅提升。

严格意义上来讲，市场上所看到的资管类产品的销售，其实质上是有着融资需求的底层资产的"募资"过程，即便是银行资管部门的巨量资金，其背后也主要是通过银行理财产品募集而来的私人资金。但是我们看到，在投资端即资金端，私人财富当前超过百万亿规模的私人财富正面临着投资渠道狭小的尴尬局面。传统的银行存款安全稳健，但是收益率能否对抗通胀尚未可知；在房价处于高位的阶段，作为低流动性的不动产投资，风险已经聚集，且明显不符合国家的政策导向；直接投资资本市场，中国散户化的股票市场历来对个体投资者不利，

"七亏两平一盈利"的投资结果显示这里的风险往往超出了个体的把握；而资产的全球配置，面临着信息不对称、境内外收益差距、法律与税务规则差异等若干难题，是未来的一个趋势性方向，但目前尚处于"知易行难"阶段，且与目前宏观层面中美贸易摩擦大背景下的外汇储备管理政策之间需要做好有效平衡。所以，立足国内，顺应中国经济结构调整的趋势性变化，把握国内实体经济升级换代的需求，并与国家层面的政策导向保持一致，仍然是私人财富优先考虑的资产配置策略。

资管业务的优势就是可以一头对接优质资产，一头对接个人私人财富，从而为个人提供丰富的投资选择机会，并在此基础上，在与宏观导向保持一致的前提下，促成私人财富资产配置"投行化"与企业融资需求的相互结合，发挥出对社会整体资源的优化配置作用！

（三）从风险管理理解资管新政

自2012年起的5年多时间，是资管业务大发展阶段，但在这个阶段，也相伴相生地产生了诸如刚性兑付、期限错配、多层嵌套、非标不透明、监管套利等种种问题，从某种角度看，资管业务就像是一个产生收益的黑盒子，输入的是资本，输出的是收益，中间的过程大家不知道，也无从知道，甚至也不想知道。

在激烈的竞争格局下形成了的普遍刚兑背景下，各类资管产品的同质化竞争是相当严重的，能够吸引投资者购买本机构的产品，无非就是因为产品提供的收益率够高罢了，这就不断地推高了市场是收益水平，如果所有资产管理类机构都有高收益兑付压力，在资产配置的时候就会采取增加期限错配、增加杠杆和降低资产信用资质的手段。

无论是期限错配还是杠杆增加，都需要产品规模不断膨胀才能续接，机构对流动性的依赖会不断增强。但如果出现产品流动性枯竭续接不上的情况呢？这时候系统性风险是被转嫁和堆积在金融体系之内的。随着资管规模的不断扩张，尤其在我国国民经济中政府、企业、居民三大部门负债率都已达到非常高的程度的情况下，原有的规模扩张模式再继续向上的空间已经越来越少了，这意味着经济转型的压力也已经非常之大，意味着政策上已没有大水漫灌的空间了，意味着经济中潜伏着一只灰犀牛。

资管业务中隐含的风险有多大，可以做一个简单的量化测算：以银行一年期定期存款基准利率上浮50%的大额存单利率，即2.25%作为无风险收益基准,再假设一年期刚兑理财平均收益保守值为4%,则无风险超额收益率为4%-2.25%=1.75%,对于一笔5万元的理财,即可获得5×1.75%=875(万元)的超额收益。逻辑不变,2017年年末大资管行业125亿总量中类银行理财性质的产品总量约为85万亿元,如果这些产品平均提供了1.75%的无风险超额收益,简单计算可得85×1.75%=1.48(万亿元)。换言之,全市场一年里提供的超额收益可以达到1.48万亿元的量级。但这些超额收益背后的风险并没有凭空消失,他隐含在总体的规模之中,一方面,我们之所以看不到这些风险,只是因为这些风险被转嫁了,从前期的投资者身上转嫁到了后期的投资者身上,从老百姓身上转嫁到了机构身上;另一方面,风险的一部分被刚兑机制所消化,但也有相当一部分被堆积,堆积的风险若要继续被掩盖,就需要刚兑规模的不断扩大,这就具备了庞氏的特征。此外,量变会引起质变,当旧机制膨胀到一定程度的时候,就会出现无以为继的情况,这个时候就可称之为"系统性风险"了,这也是资管新政所指向的"不发生系统性金融风险"的含义。

从某种角度而言,整体的经济就是资管行业的底层资产,资管业务就是资源配置的工具,两者之间相互作用,相互影响,从宏观的现象上来说,近年来资管大发展的脉络和所呈现的问题可概括如下:券商资管、基金子公司接棒信托为非标债权市场发展提供渠道和载体;银行表外理财高速扩张承接影子银行职能;宽松货币环境推动银行与非银投融资合作,加深多层嵌套复杂度。与此同时,经济增速下台阶降低实体投资吸引力,外汇占款由高速扩张转入平稳下滑,金融危机后越滚越大的国企及地方政府债务风险逐步显现并暴露。这些情况,一度被称之为"资管乱象"。

过往几年间金融行业的"金融创新"也逐渐发生偏离,一方面,是银行、信托、基金、券商、基子、期货、保险、租赁、保理、小贷、担保、三方支付、基金销售等18种金融牌照;另一方面,是过去几年来金融行业广泛运用的"刚性兑付""资金池""期限错配""通道""嵌套"等"创新武器"。某种角度而言,这几年整个资管行业的大发展,很大程度上就是依托这些牌照和这些"武器"错综复杂的相互作用。从监管角度来看,这种所谓的"金融创新",归根结底是跨监管的套利,是牌照价值的过度榨取,是金融机构主体信用的超限度运用,而并非在投资策略、交易品种和产品机制上的真正创新。这一类所谓的"创新"偏离了资产管理的本质,不仅无助于资管机构主动管理能力的培养,更累积了巨大的风险。因此,监管在这个时刻发布资管新规,意图重新培养机构的主动管理能力,疏导累积的风险,使资管行业能够走向健康发展之路。

概括而言,针对以上重大系统性风险适时推出的资管新政清晰地表明了未来金融机构的格局和监管思路——突出表内与表外的差异化运作。表内以机构信用为基础,以充足的资本金或准备金为保障,从事的业务如商业银行的各类存款、证券公司的收益凭证、保险公司的人寿保险等;而表外则统一划为"资管业务"的范畴,适用资管新规的管理和规范,受人之托代人理财。

(四)从"蒙代尔不可能三角"理解资管新政

在任何一个体系中,单一目标之下的逻辑可以是清晰而明确的,但在同一系统中的多个目标之下,不同目标之间的相互影响、牵制、叠加,其最终的结果则呈现出巨大的不确定性。比如,在资产配置中,既要风险低,又要收益高,还要流动性好,这基本就是一道无解之题;宏观经济中,资本自由流动、汇率稳定、货币政策独立,这也是无法同时实现的三个目标,留给我们的空间,只能是如何在其中做出抉择与取舍。这就是我们常说的"蒙代尔不可能三角"。

资管体系无疑是一个复杂的系统,在金融政策监管、资管业务大发展的过程中,也要面临一个艰难的"蒙代尔不可能三角",即去杠杆压债务、金融服务实体经济保持健康发展、防止金融系统不出现系统性风险。

从历史沿革来看,中国的经济发展也经历了一个艰难的发展历程,过往在计划经济体制下,货币政策和金融体系都没有独立性,各级政府以各种名义一纸命令就可以让银行掏钱"支持当地经济的发展",金融成为财政的后花园。到1998年改革时,才发现国有企业资本金不足,资不抵债,只能债转股,本来资本金就不足的国有银行系统,因为各种指令贷款形成坏账,不良率高企。自此,约束债务、保障银行体系,就是我国金融改革中最重要的事情之一了。

2003年以后,金融改革的核心就是在各级政府与银行系统之间建立防火墙,防止金融成为各级政府的提款机,但这一设计还是挡不住现实。2008年金融危机来袭,4万亿元计划出台,以"铁公鸡"为核心的经济刺激,财政扩张拿出4万亿元,但更大的钱是银行系统配套的信贷支持,将近20万亿元的规模,由此全国变成了热火朝天的大工地,也成为各级平台爆发的元年,各级地方政府靠融资平台从银行获得贷款投入城市建设，房地产迅速发展，房价起飞。

但借的钱，终究还是要还的。2013年，各家企业、平台的银行贷款到期，信贷扩张到了极限，再无力扩张，国企、地方政府还不了钱了。"钱荒"来袭，央企违约初见端倪，信用链条紧绷，以信用扩张累积起的资产价格也岌岌可危。

类似的，2012年大资管元年之后呈现的也是这样的一个循环，于是市场就进入当下的"强监管"时期。2017年启动的去杠杆，面临的最大挑战是借钱容易还钱难，地方政府借的钱，收税卖地才能还；企业借的钱，卖出产品才能还；房企借的钱，房价涨才能还。可是监管导向上是很强烈的在去杠杆，还要守住金融不发生系统性风险的底线，于是难以避免的就出现了一些运动式的监管行为，很多"雷"就留在实体经济里了，城投债发不出，AA+的公司债发不出，小微企业融资更难的景象越发明显。

所以在其后的一段时间里，各界还是发出了对于金融监管当局推动的去杠杆、强监管导致紧货币、紧信用造成经济下滑风险的反思声音。随即政策面又发出一连串的信号，比如"央妈"定向降准，窗口指导支持垃圾债，包括2018年7月20日资管新规细则出台的时候，也被解读为做了一定的政策放松等。2018年7月23日，人民日报刊发《结构性去杠杆稳步推进》文章，基调从去杠杆变成了稳杠杆，也提出了以"不大水漫灌"为前提的经济刺激的方向。在以上的政策调整过程中，可以看到，在外有中美贸易战，内有信用大收缩、债务违约高发、股市下跌等内忧外困之下，快速有效的经济动能转换固然是理想状态，但远水解不了近渴，最后还是需要有新政策来化解当下的困局。"蒙代尔不可能三角"的影响在资管新规的推进作用下不可避免地再次显现。

必须承认，在中国这个庞大而复杂的经济大棋盘上，内外部的因素太多，要解决的问题也太多，所以，经济上也需要顺势而为，不断调整。其实，资管新规在推进过程中进行不断的调整既很正常，也必然会是常态。在复杂的经济大格局下，即没有永恒的标准，也没有永恒的正确，经济服务于大局，这就是政治经济学的要义。

二、银行理财的理解及配置

作为信用等级最高、最擅长经营风险的金融机构，银行所发行的理财产品，必然会成为保证资产配置的安全性与稳健性的"底仓"品种。在过往的"刚性兑付"背景下,大众对银行理财的理解是遥远而模糊的。但同样是银行理财,不同时期不同阶段的理财产品的底层资产和运行逻辑却是不一样的。

(一)银行理财的发展与变革

1.从银行间市场到银信合作

2004年2月和10月,中国光大银行先后推出了第一只外汇结构性理财产品"阳光理财A计划"和第一只人民币理财产品"阳光理财B计划",蝴蝶的翅膀扇动,商业银行由此进入了理财业务时代。从本质上看,前者是将大额外币结构化存款通过产品拆分发售给拥有小额外汇的普通零售客户,后者则担当了帮助个人投资者参与银行间市场投资实现跨市场套利的"中介和桥梁"的角色。在此后的一段时期,除结构性理财产品外,银行理财产品主要投向央票等无风险资产,定位于帮助个人投资者获得银行间市场投资带来的跨市场套利。2005年以后,面对逐渐收窄的套利空间,银行理财一方面拉长投资期限,另一方面寻找其他高收益资产来应对。理财产品期限以6个月以下为主,拉长投资期限至1年以上便形成了最初的期限错配和资金池运作雏形。信托产品因投资范围广泛且收益高成为银行理财提高收益的重要产品投向——2006年3月,首只银信合作理财产品诞生。其后,面对日益旺盛的客户需求及存款市场的激烈竞争,各大银行纷纷加大理财产品的发行和创新力度,相继推出投资于新股申购、公募基金、港股类的理财产品。但随着2008年金融危机的爆发和股市萎靡,诸多结构性理财产品出现较大亏损,理财资产配置重点重回货币市场工具和债券等低风险资产。

2.资金池运作模式兴起

最初的银信合作理财产品资金均投向单一信托项目,并对投资者详细披露。但随着理财规模增大,产品与项目一一对应的操作模式需要占用大量精力。同时,每款理财投资一个"非标"产品也存在集中度风险,需要集约化运作。不管从降低操作难度还是集中度风险的角度,银行均逐步开始从事理财产品的集合管理,形成资金池管理模式,并逐渐成为主流。

2008年年底,政府出台"四万亿"经济刺激方案,银行大量放贷,但受制于资本充足率,以及存贷比、存款准备金、合意贷款规模等监管指标,贷款规模的增速还是被限制了。这时,银行发行理财产品募集资金,然后用理财募集资金认购信托产品或信托产品收益权,信托公司再将资金投向目标企业或项目的银信合作模式价值凸显，迎来蓬勃发展，其背后的理财资金池模式也开始壮大，逐渐成为我国商业银行理财业务的主流运作模式。在资金池运作模式下，理财产品的资金募集和运用开始形成"滚动发售、混合运作、期限错配、分离定价"等特点。2009年，国家出台一系列政策抑制"两高一剩"行业（高污染高能耗产能过剩行业），2010年，为了调控房价，出台了"新国十条"（《国务院关于坚决遏制部分城市房价过快上涨的通知》），进一步拉动了对银信合作资金池模式的需求。

"银信合作"是一种典型的"影子银行"，为银行体系积累了巨大的隐性风险。银监会对银信合作资金池模式背后的"影子银行"风险很快有所觉察，在2009-2011年间，连发数文监管银信合作业务。但就在银行与监管反复博弈时，2012年，证监会鼓励券商、基金公司创新改革，陆续颁布"一法两则"，为银行理财资金投资非标资产提供了新的通道。银行理财投资非标模式从"银信合作"扩展到"银证""银基""银证信"等合作方式。在此阶段，银行理财慢慢转变为将非标纳入投资范围，以资金池模式运作，并一直保持刚性兑付的"影子银行"，也埋下了一个个风险隐患的种子。

3.委外与同业理财兴起

资管规模的过快增长，尤其是"影子银行"中蕴含的风险引发了监管层的强烈担忧，2013年3月，银监会出台《关于规范商业银行理财业务投资运作有关问题的通知》（银监发〔2013〕8号），对银行理财资金的投向和规范运作等提出了明确要求，首次明确"非标准化债权资产"的定义，同时再次明确要三单管理。此后部分银行开始逐步将超额非标资产通过券商、信托等资管产品接手，再用表内资金以同业投资的形式承接，在不穿透核查底层资产的情况下，利用同业投资降低风险资本计提并绕开授信集中度等监管指标。8号文并未实质性解决银行及理财体系内的"影子银行"、资金池等运作风险。

进入2015年，实体经济回报率降低，货币政策开启一轮宽松周期，流动性充裕杠杆走高。在此过程中银行表内外加速扩张，并以中小银行的势头最为迅猛。2015年以来，部分股份行、城商行、农商行通过加大发行同业存单实现表内资产负债的扩张，同时表外发行同业理财进行主动负债，彼时银行发行同业存单及理财的规模还是未受监管的。手握巨额理财及自营资金的银行，在低利率环境下，寻求风险收益比较高的资产难度明显加大，快速增长的高成本负债却找不到合适的资产配置来消化,"资产荒"由此形成。部分银行为解决自身投资能力约束问题,持续增加委外投资需求,受托方则以证券、公私募基金、等非银机构为主,推动整体资产管理规模的快速扩张。

以同业负债和投资驱动的银行委外行为拉长了同业链条,增加了投资环节对利率变动的敏感性,并提高了资金运用的风险偏好,造成整个金融体系高杠杆、高风险的局面,并提升了实体经济实际融资成本。

4.从强监管到资管新政

从2004年到2017年,银行理财业务中累积的风险点已越来越多,风险已再难忽视。结合央行发布的《2017中国金融稳定报告》,总结来看主要有以下几点:

(1)资金池操作存在流动性风险隐患。通过资金池模式运作,银行将募集的低价、短期资金投放到长期的债权或股权项目,以寻求收益最大化,到期能否兑付依赖于产品的不断发行能力,一旦难以募集到后续资金,可能会发生流动性紧张,并通过产品链条向对接的其他资产管理机构传导。如果产品层层嵌套,杠杆效应将不断放大,容易造成流动性风险的扩散。

(2)产品多层嵌套导致风险传递。银行理财拥有大量资金来源,投资范围基本局限于债权,股权投资受到一定限制,且不能做分级产品设计。在不愿放弃优质项目的情况下,一些银行理财以信托、证券、基金、保险资产管理产品为通道,将资金投向股权、国家限制领域等方向。嵌套产品结构复杂,底层资产难以穿透,一旦发生风险,将影响各参与机构,增加风险传递的可能性,加剧市场波动。

(3)"影子银行"面临监管不足。银行信贷面临较为严格的资本充足率、合意贷款管理、贷款投向限制等监管要求,银行借助表外理财及其他类型资产管理产品实现"表外放贷"。银行表外理财,银信合作、银证合作、银基合作中投向非标资产的产品,具有"影子银行"特征。这类业务透明度低,容易规避贷款监管要求,部分投向限制性领域,而大多尚未纳入社融规模统计。

(4)刚性兑付使风险仍停留在金融体系。银行理财产品到期时一直以预先设定好的收益率进行兑付,刚性兑付问题显著。刚兑不但使风险在金融体系累积,也抬高了无风险收益率水平,扭曲了资金价格,影响了金融市场的资源配置效率,加剧了道德风险。

（5）投资者适当性不匹配。刚性兑付预期下，投资者风险意识缺乏，银行在发行和销售理财产品时在投资者适当性管理方面亦存在不足，最终投资者真实的风险承受能力与银行理财产品风险等级出现错位。不适当的投资者参与了不匹配的投资活动，潜在风险叠加，加剧了风险爆发的可能性。

理财规模越滚越大，风险层层叠加，自2016年8月底开始，监管环境已经开始发生变化；10月，中央政治局会议明确提出"要坚持稳健的货币政策，在保持流动性合理充裕的同时，注重抑制资产泡沫和防范经济金融风险"，中央对"防风险"的重视程度前所未有。在此背景下，自2017年3月底开始，银监会部署开展"三违反""三套利""四不当""十乱象"一系列专项整治活动，拉开强监管的序幕，矛头直指当前银行业市场乱象中最突出的三个领域：同业、理财和表外业务。2017年11月18日，国务院金融稳定发展委员会正式成立后，会同一行三会一局联合下发《关于规范金融机构资产管理业务的指导意见（征求意见稿）》；2018年7月20日，资管新规细则《关于进一步明确规范金融机构资产管理业务指导意见有关事项的通知》正式发布。

资管新规在整体思路上"非保本""净值化""破刚兑"，引导资管业务回归资产管理本质的方向非常明确。其提出的许多规定都将对资管业务的产品形态、投资运作、组合管理、人员组织架构等多方面带来深刻的影响。

（二）银行理财的宏观特点

银行理财在宏观上有以下几个特点：

（1）与宏观经济周期的波动密切相关。理财产品的格局变化在一定程度上是对当期宏观经济热点的反应，是对经济周期的前瞻反应。

（2）与金融监管和金融市场的变化密切相关。每当某类金融制度出现空缺或变化时，便会有理财产品帮助客户去追逐无风险的收益率，并随着市场的变化去把握低风险的获利机会。

（3）与商业银行的变革和转型密切相关。银行资金仍然是市场资金的主要源头；商业银行的投行化发展趋势，不断调整着资金的流向与效率。

三、信托产品的理解及配置

信托以其独特的、有别于其他金融机构的智能，牢固地在现代各国金融机构体系中占有重要的一席之地,并以其功能的丰富而被称为"金融百货公司"。

(一)信托的作用

信托有以下几方面的作用:

(1)信托拓宽了投资者投资渠道。对于投资者来说,存款或购买债券较为稳妥,但收益率较低;投资股票有可能获得较高收益,但对于投资经验不足的投资者来说,投资股市的风险也很大,而且在资金量有限的情况下,很难做到组合投资、分散风险。此外,股市变幻莫测,投资者缺乏投资经验,加上信息条件的限制,难以在股市上获得很好的投资收益。

信托作为一种新型的投资工具,把众多投资者资金汇集起来进行组合投资,由专家来管理和运作,经营稳定,收益可观,可以专门为投资者设计间接投资工具,投资领域可以涵盖资本市场、货币市场和实业投资领域,大大拓宽了投资者的投资渠道。信托之所以在许多国家受到投资者的欢迎,发展如此迅速,都与信托作为一种投资工具所具有的独特优势有关。

(2)信托通过把储蓄转化为投资,促进了产业的发展和经济增长。信托吸收社会上的闲散资金,为企业筹集资金创造了良好的融资环境,实际上起到了把储蓄资金转化为生产资金的作用。这种把储蓄转化为投资的机制为产业发展和经济增长提供了重要的资金来源,特别是对于某些基础设施建设项目,个人投资者因为资金规模的限制无法参与,但通过信托方式汇集大量的个人资金投资于实业项目,不仅增加了个人投资的渠道,也为基础设施融资提供了新的来源。而且,随着信托的发展壮大,信托的这一作用将越来越大。

(3)信托促进了金融市场的发展和完善。证券市场是信托重点投资的市场之一,信托的发展有利于证券市场的稳定。信托由专家来经营管理,他们精通专业知识,投资经验丰富,信息资料齐备,分析手段先进,投资行为相对理性,客观上能起到稳定市场的作用。同时,信托一般注重资本的长期增长,多采取长期的投资行为,不会在证券市场上频繁进出,能减少证券市场的波动。信托有利于货币市场的发展。《信托投资公司管理办法》中规定,信托投资公司可以参与同业拆借,信托投资公司管理运用资产的方式可以采用贷款方式,信托投资公司可以用自有资产进行担保,这些业务不仅是银行业务的重复,还是对于中国货币市场的补充。商业银行作为货币市场的主要参与者,有其运作的规模效应,但同时也限制了其灵活性。信托虽没有商业银行的资金优势、网络优势，但可以直接联系资本市场和实业投资领域，加上其自有的业务灵活性，对于企业的不同融资需求和理财需求能够设计个性化的方案，丰富货币市场的金融产品。

（二）信托业发展的背景

中国经济在过去约40年的时间里保持高速增长，使得国民财富迅速积累，居民对投资理财的需求迅速增加。在诸多的大类资产中，过往的固定收益以及资管新政下的类固定收益信托产品受到投资者的追捧。

在分业经营、分业监管的金融体制下，信托公司相比其他各类金融机构，投资范围最为广泛，投资方式最为灵活。

在持续的银行信贷规模管控环境下，信托公司满足了企业的融资需求。

四、债券产品的理解及配置

债券是重要的金融工具之一，债券市场为我国经济建设提供了大量资金。与我国股票市场相比，时间上，债券市场起步更早；规模上，债券市值与股票市值相当；在波动上，债券市场与股市方向大多时候相反，有一定的负相关性。债券市场的存在对我国的经济发展和金融稳定有着重要意义。

作为一般的投资者其是不会直接参与债券投资的，但是只要是投资者，基本都会以间接的方式投资债券。我们从客户相关的几个角度来了解债券产品。

（一）债券市场概览

根据债券性质的单纯还是复合，分为一般债券和类固收产品；根据发行主体信用程度，一般债券又分为利率债和信用债。从规模上来看，债券市场规模扩大，与品种的扩充和市场制度变迁紧密相关；从品种上来看，信用债发展晚于利率债，创新产品出现得更晚，但均发展迅猛。

1.利率债

国债：发行历史基本上也引领了我国债券市场的发展历史；流动性较佳；投资者以商业银行为主。

地方政府债：经历了禁止发行、代发代还、自发代还和自发自还几个阶段；规模由限额决定；期限以5年期为主；投资者绝大部分为商业银行。

政策性银行债：目前已是我国债券市场上发行量和存量规模最大的品种；

质押式回购交易比例最高；投资者以商业银行和广义基金为主，基金持仓比在增加。

2.信用债

企业债：跨市场交易较多；因收益率高受基金偏好；根据发行主体是否属于城投平台类公司，企业债可以细分为城投债和产业债，城投债发行主体中，东部省市平台余额较多，产业债发行主体中，公用事业、综合、采掘和交运产业占比较大。

公司债：发行要求放宽后爆发式增长；发行人以地方国有企业、非上市公司为主；金融和工业两个行业的公司债无论数量还是规模都非常大。

3.类固收产品

资产支持证券：信贷资产证券化的发起人以商业银行为主，基础资产为银行债权，而券商专项资产证券化和资产支持票据的基础资产为企业债权；整体交易活跃性不高；上清所托管的信贷资产支持证券持有机构主要是商业银行和广义基金，商业银行的持有占比在减小，广义基金的持有占比在扩大，市场关注度在提升。

可转债：发行门槛高、规模不大，但热度较高；从发行人行业来看，数量上材料和工业行业发行较多，规模上金融行业占比较大；债权集中度较高，以基金和国有商业银行为主。

分级A：母基金多为被动股票型；占母基金份额一般为0.5；以机构投资者为主，具体来看，保险公司持有比例最大。

（二）债券收益来源

债券投资的收益一般来自三个部分：利息收益、资本利得和再投资收益。

（1）利息收益，是指债券具有的票面利息，这是发行时就定好的，基本不会改变，不违约的情况下视同为持有到期可以实现的收益。

（2）资本利得，是指在债券的持有期内，低买高卖，博弈收益。不过，收益和损失是对等的，有收益就有损失。

（3）再投资收益，是指债券付息后，用利息继续买入持有其他更多的债券。

（三）债券与信用创造

债券的重要意义可以从它的信用创造功能以及与经济的相互关系中体现。举个例子，某人张三，觉得某一个项目有回报，但他自己没钱，就需要借钱做这个项目。这个时候他可以找银行贷款，贷款100万元。贷款100万元这个过程，对应银行的资产端贷款就多了100万元。同时，张三用这个钱做项目，钱可能就转到李四那儿——因为他向李四购买原材料和设备。钱转到李四处之后，李四再把钱存回银行。钱并没有离开银行的体系，它反映在资产端，贷款是100万元，存款是100万元。

这就反映了信用创造的一个基本过程：对于银行来说，它如果要满足张三的融资需求，必须一开始要存在一个基础货币。也就是说，一开始的时候如果央行给了这个银行100万元的基础货币，那么在商业银行的资产负债表上它的资产体现的是现金100万元，负债端体现的是向央行借款的100万元——这就是基础货币。当张三开始借钱的时候，现金就变成信贷100万元，这个钱又回到存款，所以在银行的负债端又有存款100万元。但是有了存款之后，需要缴纳法定存款准备金，假定法定存款准备金率是10%，银行就需要缴纳10万元的法定存款准备金，剩下的现金，也就是超额准备金就剩下90%了。我们可以与一开始的情况相比较。

一开始在张三没有借钱的时候，银行的资产负债表上现金是100%。在张三开始借钱之后，这个银行的资产负债表扩大了一倍。但是，它的现金，也就是超额准备金只剩下了90%。这是因为张三信贷的需求，他对钱的需求导致了银行体系的超额准备金变少了。本来银行拿着100万元可以去配债、可以用来拆借，但是由于张三有这个借贷需求，现金这一端就由100万元变为了90万元。张三的融资需求越强，他产生的信贷越多；产生的信贷越多，他派生出来的存款就越多，相应的缴纳法定存款准备金也就越多，对应的超额准备金，就是银行体系的现金就会越来越少，也就是配债资金越来越少。所以在信用比较宽松的时候，债券市场往往就是熊市。当信用比较紧张、货币比较宽松的时候，债券市场往往是牛市。

因为利率反映的是货币的价格，所谓的价格都是由供需关系决定的。简单来说就是在信用比较宽松的时候，所有的经济主体可能都有借钱的需求，这个时候大家都需要钱，所以钱的价格自然就水涨船高，利率自然而然就上去了。在信用比较紧张的时候，就是大家可能没有强的融资需求的时候，这个时候货币政策是宽松的。由于需求比较小，供给比较多，利率就下来了。所以，在信用比较紧张、货币比较宽松的时候容易出现债券市场的牛市。

对于中国的债券市场分析而言，融资需求非常重要。因为中国经济是一个典型的融资驱动增长的模式。首先，对于地方政府而言，过去的GDP考核使得地方政府很有动力去做大当地的经济，条件就是土地财政。地方政府在分税制之后收入是较少的，收入少又要发展经济，就会产生强烈的融资需求。所以，地方政府搞基建基本都是以融资形式进行，而且是以土地抵押的融资进行，就是把土地抵押给银行，相应的换取流动性，拿这个流动性投资诸如广场、铁路、基建、地铁等。相应地周边土地通过基建升值了，地方政府再通过卖地，把这个钱还过去。所以中国经济增长的核心模式主要是以融资形式进行，融资对中国的债券市场尤为重要。

（四）债券市场的配置

重视债券的根本原因，并不是简单的追逐市场的涨跌。而是回顾其他国家金融市场的发展历史，标准化资产成为投资者主流配置是大势所趋。在标准化资产的配置地位越来越重要的大进程中，债券的地位无可替代，也是未来很长一段时间，客户中低风险配置的主流品种。

同时，债券避险属性较强，是在收益下行周期中市场相对稳健的主要投资品种。

和股市一样，债券投资也有涨跌，也有风险。随着市场发展的逐步完善，国债期货、远期互换等品种的应用，以及各家机构对利率走势，不同企业信用分析能力的差异，会带来投资结果的分化。债券投资将从产品同涨同跌逐步进入比拼主动管理能力的时代。

五、权益产品的理解及配置

关于权益投资，是一个内涵和外延都极其丰富的领域，尤其是关于权益投资的各种投资方法和技巧，那可谓是八仙过海，各显其能，百花齐放，门派众多。但对于权益投资，更重要的是它的几个底层逻辑。

（一）权益投资的机会

有数据对美国自1801年至今200多年以来的大类资产回报表现进行了统计，假设从1801年起，在股票市场的初始投资为1万美元，并且所有的股利全部进行再投资，不考虑税收因素，其投资的终值为56亿美元，而且，这还是扣除通货膨胀因素之后的结果，而如果同样的初始资金投资于美国政府长期国债，所有的利息收入均再投资，到期终止将只略高于800万美元。在所有的投资品种中，股票市场是收益率最高的大类资产，其收益也是远高于其他大类资产的。

在中国的A股30年的发展历史上，市场提供的财富机会也是非常多的。有数据对进入21世纪之后的18年的优秀企业情况进行了统计,排在第一的是格力电器,在这18年的时间里提供了94倍的收益,其复合年化收益率达到了惊人的28.6%,万科提供的是58倍的收益和25.24%的复合年化收益率。证监会公布的数据则显示,截至2017年年底,公募基金行业管理的偏股型基金20年来的年化收益率平均为16.5%。

在这些涵盖了历史与现在,国内与国外的数据之下,在叠加考虑长期通货膨胀的影响之后,一个必然的问题就是:我们能不去把握权益类这样的投资机遇吗?

（二）权益投资的挑战

如前所述,在现实的财富管理实践中,我们经常能看到大量的理论与现实脱节的现象。比如平均收益与个体感受的差异、财富明星与被忘却的大多数、最聪明人的失败,等等。一方面,是一个个充满着诱惑和鼓动性的财富故事,甚至对于有些人而言,股市就是实现其从中产向富裕那一跃的机会;但另一方面,这些股票市场里的成功故事,是不是又存在着"幸存者偏差"的问题呢?"一将功成万骨枯",每一个成功故事的背后是不是又有着无数韭菜的牺牲呢?面对股市所提供的巨大的实现财富的机会,连牛顿、格雷厄姆、费雪这些顶尖的、高智商的高知分子都折戟于此,更何况一般的普罗大众呢。那么,权益投资,到底能不能参与呢?

（三）权益投资的理解

1.股市与经济

对于股市,有一个非常精练的概括:"股市是一个长期收益非常丰厚,但短期波动也十分巨大的市场",股市的长期收益丰厚,是因为股市是经济的晴雨表,它一定会反映出企业的盈利增长和经济的长期增长,但可以肯定的是,这种成长带来的收益一定是比较缓慢的,是与GDP的增速等外部因素相关的;但股市的收益肯定也远不止于此,否则的话,股市就和债市没有太大的区别了,股市还有一块来源于他对优质企业的价值发现,进而产生估值的收益。

2.股市的波动性

股市既然有估算,就会有估值发现和估值回归,这是一种非匀速的变化,在叠加以市场的情绪、各种突发事件等因素,就会产生巨大的波动,而波动,尤其是短期的波动,其实是完全无法预测的,这样,就会产生巨大的不确定性。这也就是我们说的股市无法预测的原因。股市的波动会有多么厉害,可以参考一组数据,从1991年到2018年,在这大约30年的时间里,中国的上证综指的涨幅是2286%，翻了22倍，但在这22倍的涨幅的背后，其振幅则高达4512%。在同样的时间段里，美国标普500指数，涨幅是594%，振幅一样达到了657%；法国CAC40指数、德国DAX指数、日本日经指数，都呈现出同样的规律。可见，波动性就是股市的一个天然的、如影相随的属性。这种高波动性说明了，如果在股市里持股集中过高，就可能将面临较大风险。

另外的一组数据，过去十年，上证50指数的年化波动率是31%，其最大回撤幅度是72%，中小板的年化波动率和最大回撤也达到了32%和67%。A股权益资产高风险溢价就源于其价格的高波动性，从A股波动分解来看，估值波动贡献远大于业绩驱动的贡献，但长期而言收敛于业绩驱动，这为拉长持有期限以获取权益资产风险溢价提供充分的理论依据。

所以，股市的现实就是在经济长期向好的背景下，以一种非常不明显的方式提供了一个长期向上的、确定性其实很高的收益机会，但是，这种机会被短期的巨大波动性所遮挡着。70%的投资者因为不够专业、不够了解这个市场而做着情绪化的操作，也就是我们所说的追涨杀跌、高买低卖，最后亏损累累，股市也就此背上了"高风险市场"的名声。

3.股市的轮动

轮动性也是股市波动的另外一个来源。而且，轮动也是股市的一个天然的属性，因为股市有着价值发现的功能，价值发现对应着估值，估值就是有空间的，但任何一个领域的估值都不会无限上升，当估值达到顶部区域的时候，资本就会像水一样流向低估值的领域，去进行下一轮的价值挖掘。同时，复杂的股市还有着宏观变化、事件驱动、多空博弈等各种情况，因此，轮动的动因就更加复杂了。

轮动代表着盈利点的切换，那么这种切换可以预测吗？依然不可精确预测，这就意味着除巨大的波动外，我们在股市上资金的时间效率也是非常不确定的。

4.黑天鹅与灰犀牛

什么是黑天鹅？凡是在原有的逻辑架构和认知体系之外，忽然就发生了给你一个"意外之喜"的事情都是黑天鹅。比如2014年8月16日的光大乌龙指，突然指数大幅拉升对很多短线技术派产生了巨大干扰和误导，进而引发了部分投资者的损失；再如在前期的股市背景下，医疗健康板块被很多机构看作一个相对安全的板块，投资医疗健康板块也是一个不错的投资策略。但是，忽然之间，长春长生疫苗造假事件爆发，股票直接ST，并连续跌停，还要面临退市的可能，投资长春长生股票的投资者的财富瞬间锁住，并且不断缩水，甚至灰飞烟灭。

所以，黑天鹅带来的短期内的巨大波动和不确定性，给投资者带来的是巨大的损失可能。在光大乌龙指的案例里，其主角光大证券的持有者们如果拉长事件，还可以有东山再起的机会，但是在疫苗造假的案例里，后续不确定就非常大了。

灰犀牛就是一个巨大的黑天鹅，略微不同的是，黑天鹅突然发生，灰犀牛却会有迹可循，但灰犀牛的可怕之处在于，即便你发现了他的迹象，由于其是一个巨大的体系，作为灰犀牛的影响对象，个体其实是没有能力改变它的。

比如，在资管新政实施之前，金融大资管业务中间刚性兑付、多层嵌套、期限错配等，加起来就是个灰犀牛，对这只灰犀牛的化解，不是那么简单的，将是一个漫长的过程。那放在权益市场，灰犀牛是什么？灰犀牛就是所谓的系统性风险，默默间慢慢积累，一旦形成很难纠偏，最后可能就会造成巨大的伤害。

5.权益投资基金化

基金是什么？

第一，基金就是一堆股票，但它不是随随便便的一堆股票，而是对一堆股票的权益增强。那什么又是权益增强呢？我们可以借助指数增强来说明一下，指数就是一个选择标准的体现，但在基本规则的基础上，把判断为最不好的那10%去掉，把对应的资源分配给判断为最好的那10%，就大概率能获得比基准指数更好的收益。所以，基金是股市投资的一种增强。

第二，基金就是概率提升。权益投资就是一种不确定性投资，没有人能够在股市里真正抓到100%的机会，只能说某个投资方案有多大比例的把握，这就是概率。同时，股市投资的各种方法，基本上都有技术的因素在里面，而所有的这些技术，无论是量化，还是CTA等，其实都是用技术的方法去提升成功的概率，而基金，就是这些技术方法的载体。

第三，基金就是专业的人做专业的事。掌握有效的技术方法是件有门槛的事情，或者说，那些林林总总能够帮助人们提高投资胜算的技术方法的掌握者必然是少数人，所以，基金的背后是一群专业的人，为什么基金能实现权益增强，为什么基金能提升胜算，因为基金是专业的人做专业的事。

6.指数化思维

什么是指数？从某种角度看，指数就是某项规则下的市场均值，比如上证综指、深证综指，可以理解为是其中的成分股的平均表现，并可以近似的理解成股市的平均表现。但是，指数可不只是这几个综合指数，还有很多行业指数、主题指数。比如，投资者如果能很好地理解医疗健康行业并有意进行投资，在所有的行业股票里，投资者就会面对所买的那只股票选错了的风险，这时优化的策略就是买行业指数，指数已经帮投资者把资产配置、风险分散的事情给做完了，并且给了投资者一个非常简单、清晰的投资逻辑。

所以，从宏观上对某一个行业或者某一个主题进行研究和把握，微观上将资金投入相应的指数上，就是一种很好的投资策略。

当然，指数还有一个非常重要的含义。从专业投资者的角度，有数据对基金经理的年化业绩与其任职年限之间的关系进行了分析，统计数据显示，基金经理的任职时间越长，其收益越贴近市场指数收益。这对于长期投资来说不是个好消息，这相当于投资者辛苦选中了一支优质基金，但较长时期以后，它的收益率将不可避免地趋向于指数均值。与此同时，能够在长期跑赢市场的偏股基金太少了。数据显示，长期来看，年收益高于沪深300指数收益率的基金只有不到60只；若以中证500为基准，更会减少到40只；而从几千只基金中选出这40只来投资，这将是一个难以完成的工程。所以，从长期投资的角度来看，筛选基金不仅难度太大，而且效果很差。所以，权益投资、基金投资其实可以化繁为简，通过指数化思维来实现。

六、保险产品的理解及配置

无论是在日常生活中还是经济活动或财富管理中，风险都是无处不在的，资产配置的一个核心诉求就是控制风险，而无论是风险规避、损失控制，还是风险隔离、风险对冲，保险都是最重要的风险管理工具之一，同时，在相应的规则体系之下，保险产品还可以通过合同关系和法律关系的架构，实现一些特定的财富管理目标。整体上，在资产配置中，保险具有诸多独特、必备而又无法被其他金融产品所替代的作用，一个没有保险维度的资产配置方案，可以说，就是一个不完整的资产配置方案。

（一）客户交流维度的保险理解

保险有一些比较特别的特点，比如保险首先是要交保费的，保费所保障的风险事件的发生还存在较大的不确定性，而对保障内容的实现在时间上又间隔很久,比如终身寿险的给付甚至要在被保险人身故之后,等等,所以,保险首先是一种理念,财富拥有者接受保险首先需要在理念上接受它。这也是财富管理者与客户之间交流的重点。保险可以和客户交流的理念非常多,下面仅摘选若干为例。

1. 保险不是在花钱而是在赚钱

在很多场景下,客户将保险视同花钱,所谓的"买保险"就是这种观念的一种表现。但以医疗保险为例,常见的场景是:因为没钱,所以不买保险,生病了花钱治疗,继续没有钱,而且可能会丧失资格不能再买保险,生病必须继续自费,永远不会有钱。如果重视保险,那么场景就可能是另外一种景象:因为没钱,所以省钱也要买份保险,生病了可以报销、医疗险报销、大病险理赔,留着自己的钱继续供自己或者家人使用。

看起来是在花钱的保险其实是在赚钱,同时,保险的保费和保险金之间是有杠杆的,在很多情况下,保费的钱是小钱,是我们可赚到的钱,而保险金是大钱,有时候我们赚不到的钱,比如终身寿,100万元的保费是大部分中产阶层能够拿出来的,但1000万元的保险金就不是每一个中产阶层都能一次性挣到的了。

2. 保险是现金流规划

随着经济水平和生活水平的不断提升,中国人的人均寿命也在不断地提升,大家都觉得这是一件好事,但很少人会想到长寿背后所需要的财务规划具体是怎样的,因为时间隔得还远;中国是人口大国,社会保障体系还不是特别的完善,社保的养老账户不足是这几年一直以来的热点话题,大家都知道这不是一件好事,但很少有人会想到这对自己退休后的生活会产生怎样的影响,因为时间隔得还远。

以上两件事情的背后其实反应的是财富管理面对的最大的需求之一,即如何做到老有所养,老有所尊。而资产配置需要解决的问题就是现金流的规划,将每个人有盈余的高峰期收入现金流转移到以支出为主的低峰期,并在期间有效的对抗通货膨胀。

长期的资产配置在执行中最大的挑战就是配置及其收益的稳定性,在这种情况下,保险及其背后的整个保险体系,为这种长期的资产配置相对稳定性提供了有力的保障,从而为客户在未来现金流的确定性方面提供了有效的保证。

3. 保险是增强型的价值投资

对保险产品的收益是否能够长期、相对稳定的实现是很多保险客户的另一个常见疑虑，其实这恰恰是保险产品的一个优势。我们多次强调过时间在资产配置中的重要意义，同样金额的"长钱"和"短钱"从本质上完全是两种不同的资源。保险资金其背后的资产管理恰恰就能够契合长期投资、价值投资的需求，从而为保险资金营利性的实现提供了相当有力的保障。

除了长期投资、价值投资、保险是"长钱"之外，在资产配置中还有一个容易被忽视的财富挑战，那就是"纠错能力"。

作为一般的投资主体，其资金总归是有限的。但在财富市场上，其实机会是无穷无尽的，对每一个机会的追逐，对资本金的需求是最为直接的。但是，市场又是不确定性的，没有谁能保证每一次投资决策的百分百正确。当我们的投资决策出现失误的时候，就需要进行"纠错"了。这时候同样的逻辑又出现了，谁又能保证"纠错"决策百分百正确呢？正如股票市场中常见的"是底不反弹，反弹不是底"，很多人的失败发生在他的"纠错"过程中。

反过来说，所谓的"纠错"抄底没抄对，其实是常态，对这种局面，反应的就是面对一个判断时，该如何投入，判断错了，资金投入太大，就没有后续摊薄成本的余地；判断对了，资金投入太小，其实际意义也就不大，所以说起来，投资，必须在明白大部分主体的资金是有限的这个前提，这样就能理解为什么要不断提高安全边际的意义了。

在此种情况下，保险资金的特殊性就体现出来了，保险资金不仅是"长钱"，而且是源源不断的"长钱"，一般情况下，保险公司每年收入的保费都会远远大于其给付出去的保险金，这就给保险公司提供了源源不断的"纠错"能力，进而有效地提高了其投资的胜率。

回头再看股神巴菲特，其成功的重要原因之一，其实就在于他背后的伯克希尔·哈撒韦保险公司源源不断的长线资金的支持，巴菲特从来不讳言他在投资中也会发生错误，但是，巴菲特的资金实力使得他具备了比别人具有更大的回旋余地和成功概率。

（二）财富管理维度的保险理解

保险，是一种保障，但其实更是一种财富管理工具。在《保险法》的支持和保障下，保险在一定的条件下可以有效满足财富拥有者的一些特殊的财富管理需求。

1.保险的债务相对隔离功能

首先需要明确的是，任何事物都是有前提的，所谓的"债务隔离"一定不是恶意逃债，而是在合理范围内的财富规划。保险是一份特殊的合同，投保人将保费交给保险公司，以被保险人的身体为保险标的，成立保险合同。保险公司依据法律和保险合同的约定，在不同的条件下将保险金给付指定或法定受益人，这一个保险合同的履约过程，实现了财产合法地在投保人和受益人之间的转移，当财产的所有权发生了转移的效果时，就产生了可以对抗原财产所有人的债务的效果。同时，因为保险合同很容易涉及第三人的利益，因此当保险合同面临债务追索时，也具备了一定的保全作用。

2.保险的婚姻财富规划功能

婚姻财富规划的挑战之一在于婚姻财产的极易混同，在漫长的婚姻生活中保持财富的清晰界限几乎就是一个不可能完成的任务，但保险在防止财富混同的问题上有着天然的优势。同样，在界定婚后财产属于夫妻一方婚内个人财产方面，保险也具有很清晰的保障，比如保险的死亡理赔金属于个人财产，等等。

婚后以父母为投保人，子女为被保险人的保单，保单赔付的钱都属于投保人的财产，不属于子女婚姻的共同财产，等等，这些都充分利用了保险合同的特殊结构而起到了婚姻财产隔离的作用。

3.保险的财富传承功能

保险的投保人和被保险人可以在法律规定的范围之内，灵活指定保险的受益人及其收益比例，并在保单赔付之前，具有更改受益人及其收益比例的权利，从而实现财富的传承，甚至代际之间的精准传承。

（三）保险配置中的若干重要概念

1.规划好投保人、被保险人和受益人

（1）保险相关人的重要意义。

人寿分红保险中，大家一般认为投保人按期取得分红，这个理解对吗？对，但是不完整，这只是最常见和最基本的情况而已。完整的情况如下：

分红保险可以获得合同规定的各种保障和保险可分配盈余，以保单是否到期和被保险人是否身故这两个时点为界，其利益分配分为以下情况：①在保单期限未到且被保险人未身故时，由投保人获得每年分配的保单红利；②如被保险人身故，由受益人获得投保时约定的保额，同时，获得未领取的累计保单红利；③保单期满且被保险人未身故时，由被保险人获得投保时约定的保额，同时，获得未领取的累计保单红利。

透过这个简单的例子，可以体现出保险的基本概念背后的专业性和复杂性。在实务中，一方面是很多客户或者财富管理者对投保人、被保险人和受益人等概念自认为都是了解的，所以普遍不重视；另一方面在很多情况下，尤其是在涉及重大利益的保单中，如果没有正确的安排好保险相关人，是会有很大的风险隐患的；在实务中，不正确的保险相关人安排，轻则使保单效用偏离投保人初始意愿，重则影响保单的正常理赔，客观上也加深了大众对保险业务和财富管理行业的误解，影响了大众对保险这一重要的财富管理工具的应用。

（2）保险相关人的基本概念。

投保人。缴付保险费的人，也就是保单持有人。保单是投保人的，类似于房产证上写的谁的名字，房产就是谁的。

被保险人。被保险人其实是保险合同的标的，人身保险合同是以被保险人的身体、生命和健康情况约定的。被保险人享受保险金请求权。生存受益人只能是被保险人本人。

受益人。人身保险合同中由被保险人或投保人指定，当保险合同规定的条件实现时有权领取保险金的人。投保人指定受益人时需经被保险人同意。被保险人或者投保人可以变更受益人并书面通知保险人。

投保人与被保险人可以同属一人；投保人、被保险人可以为受益人。受益人可以多位，并注明顺位。

在人寿保险中，从家庭的角度，被保险人的选择其实非常重要，其本质是当被保险人发生意外时，通过保险提供该被保险人未来所能创造财富的替代，从而尽量减少意外事故对家庭的未来规划和福利水平的影响。

投保人是保费的支出人，也是保单的所有人和控制人。而保单因其具备保单价值，也是一种有价证券，具备可以质押融资的金融功能。因此，投保人一般应从家庭财富管理人的角度设定。

受益人，往往就是投保人和被保险人心里最牵挂的人，是未来最需要被照顾的那个人。

（3）相关权利。

投保人。保单持有人，在约定风险事件没有发生时，是保单价值的拥有者。保单的所有权，类似其他的财产，在保单保费缴纳完毕后，可以进行转让。

被保险人。《保险法》第十二条规定，人身保险是以人的寿命和身体为保险标的的保险；被保险人是指其财产或者人身受保险合同保障，享有保险金请求权的人。由此可知，保险事故的发生，直接遭受损害的就是"被保险人本人的生命、身体、健康"，事故发生后的"保险金的请求权"本质上属于被保险人，其可以通过指定的方式转让（让渡）于其他人如"受益人"，其也可以采取不指定受益人的方式，将理赔金作为自己的遗产，由继承人继承。因此，指定谁为受益人，是被保险人对"自己权利的处分"，其他人无权干涉，不经被保险人同意的指定，属于无效指定，不产生指定的法律效果。

受益人。根据我国《保险法》的相关规定，受益人的概念只出现在人寿保险中，受益人享有独立的保险金请求权。受益人的设定要注意两点：一是受益人应尽量在保险合同中明确约定，若投保时没有约定，则保单受益人为法定受益人，在此情况下，被保险人身故之后，保险金就按照遗产处理，要优先偿还债务，剩余部分按《继承法》有关规定继承；二是根据《最高人民法院关于适用〈中华人民共和国保险法〉若干问题的解释（三）》，受益人的约定包括姓名和关系，保险事故发生时身份关系发生变化的，认定为未指定受益人。典型例子是夫妻离婚没有变更受益人且原来注明受益人与被保险人关系为夫妻的，因为离婚之后夫妻关系不再成立，认定为未指定受益人，原受益人丧失受益资格。

（4）典型应用。

以下是一些典型的保单保险相关人的设置案例。实务中，根据客户的具体需求，还会有各种各样的变化。

① 夫妻双方均是家庭收入来源，则应根据家庭保障需求和保费投入预算，分别以夫妻二人为被保险人进行投保。原则是：如果预算充足，可以增加终身寿险的保险金额，降低定期寿险的保险金额；如果预算不足，则降低终身寿险的保险金额，增加定期寿险的保险金额；如预算仍然不够，则缩短定期寿险保险年度，但尽量不要减少保险额度；如果家庭保费预算非常低，可以用保障范围受限制的意外险来替代寿险。

② 家庭财富的把控者以自己为投保人和被保险人，以子女为受益人投保高额终身寿险，实现财富的避税和无争议传承。这是充分利用了保险的非遗产属性，使得保险金不需要用来偿还被保险人的生前债务和税款，避免遗嘱继承可能遇到的烦琐程序或挑战，也不用担心法定继承的顺序和份额问题的纷争。

在上述场景中，如果直接以孙子女为受益人，则可以实现财富的隔代传承。

③ 家庭主妇没有工作，缺乏独立性和安全感，为增加保障，可以丈夫为投保人，以子女为被保险人和年金领取人，以自己为身故受益人投保年金保险。年金保险的缴费期不宜太长，比如不超过5年。在此场景下，由丈夫为子女投保，合情合理，易于达成同意意见；考虑到离婚风险，由于受益人为子女，且如果中途退保保单现金价值较低，能最大限度地规避退保风险；假设出现离婚情况且女方成为子女监护人，则年金险为未来的长期生活提供了保障，监护人可与子女一起享有后续的保险利益。

④ 某人有婚外子女，从家庭关系处理和社会影响等角度，无法直接将财产分配给婚外子女，可以自己为投保人和被保险人，婚外子女为受益人投保终生寿险，在自己身故后为婚外子女留下一份保障。这个例子也很充分地阐释了保险是"坟墓中伸出的一只手"这个关于保险在投保人身故后仍然可以控制财富的使用的功能与作用。

2.财富所有权的规划与转移

某种角度而言，"隔离"是财富拥有者的刚需。比如，某高净值人士作为企业经营者，其企业经营规范，税务安排合理，公私账务分明，有效地规避了常见的公私混同风险，但是，一旦其在企业发展过程中需要进行融资，那么融资方往往会要求其及配偶进行连带责任担保，而这种担保，其实就将企业的有限责任延伸成了个人的无限责任，而这种风险的延伸，对于达到一定量级的财富拥有者而言，其实是毫无必要的，所以说，对于这一类的财富拥有者，"隔离"是一种刚需。

在一定的条件之下，保单的合同架构就可以起到一定的"隔离"作用，如在保险事件发生之前，保单的价值体现为保单现价，这种保单价值是属于投保人的，这个保单本身就可以对抗债权人的代位权，同时，投保人是可以变更的，当保单的投保人由具有高债务风险的原投保人变更成低债务风险的新投保人时，实际上就实现了财富所有权的转移，进而达到了"隔离"效果；在保险事件发生之后，保单的价值体现为保险金，这种保单价值是属于受益人的，但只要保险金没有给付，就可以实现债务隔离的效果，而作为受益人，是有五年的时间来决定是否领取这份保险金财产的，这就提供了一个比较大的筹划空间；此外，在保单存续期间，部分产品在设计上就特意直接将保单设计为低保单价值产品，用这种结构提供了财富保护的空间。

3.中产阶级崛起机会

正如保险的起源是为了分散风险，以此为起点形成了保险领域相关的法律法规体系，但在此规则体系之内，又形成了保险的财富管理应用一样，很多的保险产品，其设计的出发点是为了做好财富管理，但在初始的目标之外，加以合理的其他应用，就可以达到更高的目标。保险的大时间跨度，复利生息的机制，使得其具备了更多的财富哲学的意味。

之前有一款保险产品，从技术层面看，它的基本设计是这样的：假设0岁孩子，父母为其每年投保10万元，10年共投入100万元，自保单生效次日即返还生存保险金28150元，此后逐年给付合计共返还80次；如果每年返还的金额均不领取，自动进入复利账户不断累积，按照当时的账户中档利率进行日计息月复利，被保险人80周岁可领取的数额约为：本金100万元+返还部分累积复利增值2146万元，共计2246万元（如按高档利率测算，预计将达到约2970万元）。这样，孩子无论是10余岁大学教育、20余岁出国深造，还是30余岁自主创业，四五十岁医疗保健，抑或六七十岁的退休养老，都多了一份额外的保障。

但换个角度来考虑，中产阶层的第二代在经历了家族精心培养、社会良好教育的基础上，大概率的将继续以白领精英的姿态进入社会，并凭借自身的实力与努力，完成自我的价值实现。当第二代作为被保险人抵达人生的80岁且完全没有使用该产品的保险金时，保险的实际受益人将成为家族的第三代（或者第四代）！这时，前述的复利账户中的约2200万元资金的意义就发生了非常有意思的变化：作为中产阶层，第二代在其一生中创造并累积千万级的财富虽然并非不可能，但在群体整体上也是一件很有挑战的事情；但通过该产品的复利积累，这种结果对购买了保险的个体成了大概率的事情；这份巨额的财富，便由一份保障型的资金，变成了第三代创业的基金，大大地提高了家族振兴的可能性。要知道，即便对于股神巴菲特，人生的第一桶金也是最难获得的。

作为第一代，家族振兴、事业有成应该是大部分中产阶层内心最深处的一个需求痛点。从现在的100万元投入，带来未来家族获得巨大成功的可能这个角度，保险所能发挥的作用，就从技术的层面提升到了中产阶层家族振兴的高度了。

第三十二章　理解需求，理解资产配置

在社会化、专业化分工的基础上，我们假设财富管理和资产配置的工作主要是由财富管理者协助财富拥有者完成，那么两者之间最主要的桥梁就是"需求"，这里的需求一定不是仅仅局限在收益率这样的单一目标上的，而应该是涵盖了财富拥有者的生活、家庭、家族、企业、时间等的综合性的需求。所以，从需求的角度理解资产配置，也就是从客户的角度理解资产配置。

一、财富人生的四大阶段

从一般的财富的角度看，绝大部分的人都处于以下四个阶段之一：初始阶段、中产阶段、富裕阶段、家族阶段。从这些阶段的特点出发，又呈现出不同的需求特点。

1. 初始阶段

初始阶段最典型的代表就是刚刚进入职业生涯的年轻人，拥有充沛的精力和发展前景但收入却处于起步阶段，在财务上最大的呈现就是金钱非常不够，月光一族，很难有所积蓄。这一阶段最主要的需求是职业的发展规划、个人能力的提升以及对成长机遇的把握。

2. 中产阶段

中产阶段是指具有了稳定、比较可观的收入，有较强的消费能力，有受人尊重的职业，摆脱了缺钱的状态，但又常常处于"有钱不够"的状态。事实上，大部分的人只要努力工作、不断学习、不断进步，就能抵达中产阶段。这一阶段最主要的需求是承担相应的职业责任和家庭责任，处理好工作，照顾好老人，培养好孩子，并与另一半共同成长。当然，绝大部分的中产也往往止步于这一个阶段，而并没有在财富量级上实现持续的进阶。

3.富裕阶段

富裕阶段是在通过努力和机遇把握的基础上实现了财富自由，建立了财务性收入的来源和机制，即所谓的"税后收入"，同时也形成了相当程度的财富积累。富裕阶段的人的类型也很多，比如民营企业家、职业金领等。这一阶段最主要的需求是处理好与方方面面的关系，维护和提升其主要财务性收入来源的体系。

4.家族阶段

与富裕阶段相比，家族阶段并不仅仅是财富数量上的更进一步，更多的是"财富资本"和"人力资本"上得到了进一步的扩展，需要纳入考量的因素更多，能够承担的责任也更大。这一阶段最主要的需求是对现有财富成果的保持与长远规划，资源在家族成员间的分配与传承，更大范围的社会责任承担，等等。

虽然从财富的角度可以将人的状态划分为以上四个阶段之一，但我们也可以清晰地看到，站在任意一个财富阶段的人，其主要的需求又绝对不是仅仅限制于财富，而是超越于财富的。

二、财富家族的六大深层次需求

能力越大，责任越大；责任越大，需求就有可能越抽象，作为处于家族阶段的财富拥有者，他们的需求必然与个体化的财富人士会有很大的不同，也必然会超越诸如财富收益率这样特别具体的需求，所以，财富家族的典型的深层次需求恰恰给我们提供了一个非常独特的理解什么是客户思维看资产配置的角度。

1.财富家族更需要稳定的政治经济环境

家族三代就可以过百年，百年就是大历史。天下大势，跌宕起伏，国运变迁、经济周期和产业周期等对家族的影响都会是巨大的。受政治经济环境的变化影响，中国的财富家族史是有过几十年的中断的，自改革开放以后，在中国民营经济不断发展及其产权体制逐步完善、民营企业主财富量级增长到一定水平的前提下，中国的家族财富才开始萌芽发展并渐具规模。以经济所有制为前提，财富家族主体多为民营经济企业主家族，家族企业也往往是家族财富的根本来源。财富家族对政治经济大环境的稳定性的需求比一般群体更加强烈。

2.财富家族更需要厘清家族财富的分类与属性

一是要厘清"创富"资产和"守富""传富"资产。中国当下处于财富家族一二代交班的时间点，家族一代依然把握着最主要的"创富"能力，在此背景下，将"创富"资产向"守富""传富"资产转换，就意味着财富创造能力的减弱。对于很多财富家族而言，财富的家族传承是一件"重要但尚不紧急"的事项，这导致了尽管其有着"守富""传富"的强烈客观需求，但在实际的推进过程中，许多与家族财富传承相关的长期安排往往会一延再延。在这里，"创富"资产主要会是家族的企业资产，"守富""传富"资产主要是家族置于个人名下的可投资资产。

二是要厘清企业资产和个人可投资资产。受历史发展历程因素的影响，中国的财富家族普遍存在着产权不清、公私不分的状况，产权相对模糊在我国的家族企业成长中几乎是普遍存在的现象，很少有企业在创立之初就对家族成员之间的产权进行清晰的界定；此外，国内家族企业的创始人及其家人习惯上持有公司大部分的股份，这通常使他们把公司资产与家庭资产混同起来。一些家族在企业出现问题的时候，习惯性地会采用无条件、不计成本的非理性支持，不去区分哪些是企业责任，哪些是家庭利益，往往将企业的有限责任变成家庭的无限责任，这种现状都蕴含了巨大的不确定性风险。

3. 财富家族更需要资产的全球配置

作为顶端财富拥有者，财富家族在对社会资源的合理统筹利用上更有优势。在经济全球化的背景下，"地球村"也是财富家族可以合理统筹利用的战略性的社会优势资源。

一方面，家族企业的产权梳理与正确的产权架构对财富的创造和保值增值影响巨大，这也是他们的最重要的需求痛点之一。金融的核心环节是投融资、红筹上市、VIE架构等，使得企业在现有规则体系下可以通过产权交易的渠道和企业发展需要实现更灵活的资产出入境调度；可以更灵活地实现产权的流转与继承，以及结合市场现状选择最优的上市路径，现实意义重大。另一方面，对财富家族的可投资资产进行全球配置，可以把握全球投资机会、分散风险、合理筹划税负，也成为财富家族越来越重视的事项。

无论是企业资产还是个人可投资资产的全球资产配置，其更重要的意义是将资产从单一的法律体系管辖调整为多国法律体系管辖，将财产纳入国际法的体系下，从而实现更好的财产保护。

4. 财富家族需要进行产业化投资和金融化投资

对于财富家族，其投资应主要包括两方面的含义：一是家族企业之外的投资性多产业运营，二是家族的金融化投资公司。

复星集团的创始人郭广昌曾说过一个非常深刻的观点，"一个企业如果要做多个产业的运营，其实就已经是在做投资了"。财富家族除了自己的主业之外，还应当对未来5~10年的产业发展机会进行梳理，以前瞻性和战略性的眼光，采用相对小投入、不控股、布局新的商业模式的方式，构建一道对主业的护城河，应对时代的剧烈变化和产业的转型压力，在时势发展到必要的时候，还可以进行家族主业与投资性产业的相互转化，实现家族产业的永续经营。如前述的复星集团，起步于市场调研行业，随后进入医药和房地产销售领域，在把握了钢铁、矿产行业的发展机遇之后，又转型成为全球性投资公司，布局大健康、大物贸、大文化、大金融。

此外，家族拥有的投资公司是目前常见财富管理形态之一，这些投资公司承载了家族的投资功能，为家族寻找各种投资机会，打理资产。例如，美的何享健家族旗下的盈峰投资，杉杉郑永刚家族旗下的杉杉创投、七匹狼周少雄家族旗下的移山资本等。以投资公司的形式管理家族的巨额可投资资产，既是对当下时代投资机遇的把握，也是很多家族二代的兴趣所在和自主选择。

对于前者，其本质是家族企业资产的发展需求，需要在包括并不限于法律、税务、家族成员国籍等综合筹划的基础上有更宏观的视野和战略洞察力；对于后者，其本质是家族的可投资资产的发展需求，需要将其纳入更高层面的产业组合的顶层设计之中。

5.财富家族需要从根本上做好家族教育规划

在过往的实践中，二代教育往往被当作家庭事务而不是家族规划，但实际上，二代教育的意义远不止于此。

从财富传承的角度看，子女是家族传承的核心，家族传承不仅是血缘的承接、财富的承接，而且是责任、精神、文化和价值观的传递，这个传递是一个长期的过程，也是一个演化的过程。现实中，当家族发展到第二代、第三代的时候，家族成员的个人自由发展往往和家族企业对继承者的要求不尽相符，如果等到家族企业不得不进行继承的时候，再对家族成员的个性进行塑造，那么收效将是极小的。合理的方式应当是未雨绸缪，从小就对家族成员进行规划，通过教育规划培养家庭成员的爱好、兴趣、性格和能力，将下一代家族成员的正式高等教育、实习和工作需要、国籍身份等进行系统化规划，并结合战略目标、家族结构、产业特征、地域布局等因素进行前瞻性的传承设计，让他们更顺利地继承"创一代"的开拓创新精神、为人处世之道，以及家族社会价值的实现。

当然，在现实中，下一代不适合或不愿意接班的情况也普遍存在，这时候，财富家族通过建立由精英商界人士、行业专家组成的专业团队来协助接班人治理企业，或放权给职业经理人来管理企业，也是越来越被财富家族接受的选项之一。但无论如何，财富家族都需要从更高的层面理解、看待和规划家族教育服务。

6.财富家族需要有做好"千年大计"的顶层战略能力

中国近现代史上有一个著名的海宁查氏家族，曾被康熙皇帝御笔赐字"唐宋以来巨族，江南有数人家"，近代分支中南查有著名的武侠小说大师金庸（查良镛），北查有现代诗歌的代表人物穆旦（查良铮）。查氏家族其中一支查济民（1914–2007），其事业起步于上海，但该家族及其决策团队善于把握大势，1947年移步香港创办中国染厂，继而拓展到房地产等领域；1969年，创办了具有家族办公室性质的CM资本；1970年，在美国硅谷开展风险投资和PE投资业务；改革开放后投资内地，1997年荣获香港特别行政区政府颁发的"大紫荆勋章"。在半个多世纪的动荡中，查氏家族从上海到香港，再到硅谷，最后又回到大陆，做出了自己的选择。

查氏家族的这个大跨度的变迁过程，从某种角度上讲，就是家族最大的资产配置决策，家族需要关注战略性风险，在重大的社会变迁面前，甚至需要面临生与死的考验。可以看到，中国历史上一些不幸消失的名门望族，他们完全有财富实力选择在世界的任何一个地方生活和开拓事业，但他们最致命的失败原因只在于没有在必要的时候做出果断的决策，这就是财富家族最需要的顶层战略能力。

以上的这些需求描述给财富家族画出了一个画像，也构建出了一个完全不同的语境，当财富管理者面对这样的服务群体的时候，便会发现，如果仅仅从传统的角度去切入，几乎就会找不到合适的平等对话的立足点，而唯有深入财富拥有者的深层次需求之中，去体会，去理解，去换位思考，去感同身受，才能找到共鸣，才能发现真正的需求解决方案，才能真正成为这些财富人士的陪伴者和意见参考者。

本部分开篇即提及，财富管理与资产配置事关收益与风险、事关短期与长期、事关技术与哲学，站在财富人士的境界之上，可以体会到收益、短期、技术不过只是财富的表象，风险、长期、财富哲学，方是财富的本质，财富管理中，最重要的并不是资产配置，而是人生的规划，或者说，人生规划大于财富规划！